权威·前沿·原创

皮书系列为
"十二五""十三五"国家重点图书出版规划项目

BLUE BOOK

智 库 成 果 出 版 与 传 播 平 台

华侨华人蓝皮书
BLUE BOOK OF OVERSEAS CHINESE

华侨华人研究报告（2021）
ANNUAL REPORT ON OVERSEAS CHINESE STUDY (2021)

主　编／贾益民　庄国土
副主编／陈文寿　游国龙

社会科学文献出版社
SOCIAL SCIENCES ACADEMIC PRESS (CHINA)

图书在版编目(CIP)数据

华侨华人研究报告.2021/贾益民,庄国土主编.——北京:社会科学文献出版社,2021.12
(华侨华人蓝皮书)
ISBN 978-7-5201-9264-4

Ⅰ.①华… Ⅱ.①贾…②庄… Ⅲ.①华侨-研究报告-世界-2021②华人-研究报告-世界-2021 Ⅳ.①D634.3

中国版本图书馆CIP数据核字(2021)第220470号

华侨华人蓝皮书
华侨华人研究报告(2021)

主　　编／贾益民　庄国土
副 主 编／陈文寿　游国龙

出 版 人／王利民
责任编辑／黄金平
责任印制／王京美

出　　版／社会科学文献出版社·政法传媒分社（010）59367156
　　　　　地址：北京市北三环中路甲29号院华龙大厦　邮编：100029
　　　　　网址：www.ssap.com.cn
发　　行／市场营销中心（010）59367081　59367083
印　　装／三河市东方印刷有限公司

规　　格／开　本：787mm×1092mm　1/16
　　　　　印　张：22.25　字　数：333千字
版　　次／2021年12月第1版　2021年12月第1次印刷
书　　号／ISBN 978-7-5201-9264-4
定　　价／178.00元

本书如有印装质量问题，请与读者服务中心（010-59367028）联系

▲ 版权所有 翻印必究

华侨华人蓝皮书编委会

主　　　编　贾益民　庄国土

副　主　编　陈文寿　游国龙

编委会顾问　谢寿光

编委会成员　(以姓名笔画排序)
　　　　　　刘　宏　李安山　李明欢　吴小安　张秀明
　　　　　　陈奕平　周　敏　郑一省　柯群英　施雪琴
　　　　　　郭世宝　黄子坚　黄建淳　黄绍伦　梁　在
　　　　　　曾少聪　廖赤阳

编辑部主任　游国龙

编辑部副主任　李继高　蔡　晶　贾永会

英文摘要编辑　贾永会

主要编撰者简介

主编

贾益民 籍贯山东惠民,毕业于暨南大学中文系,曾任暨南大学副校长、华侨大学校长,现为华侨大学教授、博士生导师。国务院侨务办公室专家咨询委员,享受国务院政府特殊津贴。荣获泰王国国王颁授的"一等泰皇冠勋章"、泰国吞武里大学荣誉博士学位。研究方向为海外华文教育、国际中文教育、华侨华人、文艺学、语言学及应用语言学、马克思主义哲学与美学,出版著作20余部,在《哲学研究》《学术研究》《世界汉语教学》等期刊发表学术论文50余篇。

庄国土 籍贯福建晋江,毕业于厦门大学历史学系。现为华侨大学讲座教授,厦门大学特聘教授,教育部社科司综合研究学部召集人,国家985东南亚创新平台首席专家,知名海外华人研究和东南亚研究专家,国务院侨务办公室专家咨询委员。研究方向为华侨华人、国际关系理论、中外关系史、东南亚地区问题与国别政治。

副主编

陈文寿 籍贯福建厦门,毕业于北京大学历史学系世界史专业,博士。现为华侨大学国际关系学院/华侨华人研究院教授。研究方向为东北亚区域史、华侨华人与侨务政策、台湾问题与两岸关系、移民与国际关系。

游国龙 籍贯台湾台北，毕业于北京大学国际关系学院国际政治专业，法学博士，北京大学政治学博士后，现为华侨大学国际关系学院/华侨华人研究院教授，心理文化学研究所副所长，入选中国科技部国家高端外专计划（文教类）。研究方向为华侨华人与国际关系、国际政治理论、心理文化学理论。

摘 要

《华侨华人研究报告（2021）》分为总报告、教育文化篇、文化认同篇、移民与留守篇、专题篇五个部分。

总报告对英国本土华文教师——海外华人群体中从事华文教育的教师群体对自身工作的满意度进行了调查。通过调查研究发现，英国本土华文教师对工作的整体满意度较高，各子维度的满意程度从高到低依次为"自我实现""人际关系""进修晋升""物质环境""外部支持""领导管理"；不同教师在性别、教龄、学历、任教机构和教学对象方面呈现较为明显的差异；在影响因素方面，学历、教龄、家庭与组织的支持是影响英国本土华文教师工作满意度的重要显著性变量。总报告在实证研究的基础上提出建议，应该通过增权赋能、精准培训、自我调节、专业发展和教研相长的方式，提升英国本土华文教师工作的满意度。

教育文化篇共有三篇报告。第一篇报告调查缅甸华侨华人中从事华文教育的教师的专业能力以及影响其专业水平的因素。第二篇报告调查泰国华裔留学生在中国利用不同社交媒介融入、适应当地生活的情况。第三篇报告比较泰国与印尼华裔留学生在学习、人际交往、适应中国本地生活的差异。三篇报告在整体上突破以往华文教育研究倚重经验总结和感性描述的传统研究范式，呈现了华文教育研究路向的可能性和丰富性。这三篇报告提出，应继续加大与各国的交流与合作，利用社交媒介对在华外籍人士关系的影响来开拓跨文化传播的影响力和文化涉入度。同时，鉴于东南亚国家在华学生跨文化适应能力相对较强，今后可吸引更多东南亚学生，尤其是攻读硕博士学位

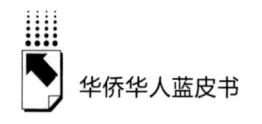

等高学历的学生群体来华留学，优化在华留学生源结构，提高我国高等教育的国际化水平。

文化认同篇有两篇报告。第一篇报告利用量表调查马来西亚新生代华人的双重文化认同以及文化变迁问题。第二篇报告调查马来西亚历史上不同年代的华文教育运动对马来西亚华人文化认同的影响。两篇报告从定量和定性等多个层面分析马来西亚不同世代华人的身份认同，认为应该注意到新生代华人文化、身份、国家等认同问题的复杂性。

移民与留守篇共有四篇报告，以浙江温州华侨华人及留守人群为对象进行调查。第一篇报告调查温州丽岙街道华侨华人移民西欧的历史与现状。第二篇报告调查目前温州丽岙华侨华人的中国妻子留守在老家的生活情况。第三篇报告调查温州丽岙侨乡义务教育阶段的跨国留守儿童的生活现状与学习问题。第四篇报告调查温州玉壶镇小学和玉壶镇中学留守儿童居于弱势处境表现出来的问题。四篇报告从移民海外的情况及留守侨乡等不同侧面进行分析，试图挖掘温州华侨华人和留守儿童的真实处境。这四篇报告建议，应重视侨乡留守人群的相关问题，特别是留守儿童的教育和关爱问题。

专题篇有四篇报告。第一篇报告从泰国华商网络视角出发考察华商网络在中国对泰投资中的影响，探讨华商网络在影响中国对泰投资中起到的作用。第二篇报告从华人商会发展与治理的角度探析影响菲律宾华人商会参与21世纪海上丝绸之路的内外因素，提出引导华人商会参与和助推21世纪海上丝绸之路建设的建议。第三篇报告考察近十年来日本中国新移民的人口特征与发展动态，分析华人社团、华文媒体、华文学校、华商企业的发展，以及它们在中日交流中的作用。第四篇报告调查阿根廷中国新移民人口发展、行业分布、社团功能、子女教育、融入主流等问题，探讨目前面临的主要困难及其发展对策。

《华侨华人研究报告（2021）》通过以上五个方面把握目前华侨华人在海外的最新生存现状，并提出有价值的政策建议。

目 录

Ⅰ 总报告

B.1 英国本土华文教师工作满意度调查（2018~2020）
　　　　　　　　　　　　　　　　　　　　　　　　李　欣 / 001

Ⅱ 教育文化篇

B.2 缅甸本土华文教师专业发展的实证研究……………付梦芸 / 021
B.3 泰国华裔留学生社交媒介使用与跨文化适应调查报告
　　　　　　　　　　　　　　　　　　　　　　郝瑜鑫　余　琪 / 041
B.4 泰国与印尼华裔留学生多维度跨文化适应比较研究……徐婷婷 / 066

Ⅲ 文化认同篇

B.5 马来西亚新生代华人双重文化认同调查报告
　　　　　　　　　李培毓　王博文　〔马来西亚〕李恩惠 / 088
B.6 马来西亚华文教育运动与华人文化认同………王晓平　张　昕 / 127

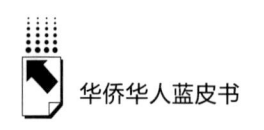

Ⅳ 移民与留守篇

- B.7 温州丽岙华侨华人移民西欧调查研究 ………… 徐　辉　吴征涛 / 148
- B.8 丽岙侨乡留守妇女的分布概况及成因 ………… 杨志玲　吴征涛 / 164
- B.9 温州丽岙跨国留守儿童的现状调查 …………… 苏玉洁　吴征涛 / 184
- B.10 温州侨乡留守儿童的弱势处境问题研究
  ………………………………… 邓纯考　严晓秋　叶雪珍 / 205

Ⅴ 专题篇

- B.11 华商网络在中国对泰投资中的作用效果及机制
  ………………………………… 赵　凯　陈泽平　李　磊 / 225
- B.12 菲律宾华人商会的发展与功能 ………………… 徐　晞　魏　菲 / 255
- B.13 日本中国新移民调查研究 ……………………………… 贾永会 / 272
- B.14 阿根廷中国新移民调查研究 ……… 洪桂治　胡建刚　罗燕玲 / 294

Abstract …………………………………………………………… / 324
Contents …………………………………………………………… / 327

总 报 告
General Report

B.1
英国本土华文教师工作满意度调查（2018~2020）*

李 欣**

摘 要： 本土华文教师是海外各国开展华文教育的生力军，当前海外华文教育的转型发展有赖于本土华文教师发挥积极的主导作用，把握他们职业心理状态极其关键。英国是欧洲乃至海外极为重要的华文教育阵地，对英国本土华文教师工作满意度的研究具有重要的实践价值。本调查通过对144份有效问卷的深入分析，揭示了英国本土华文教师工作满意度水平及其影响因素。研究发现，受访教师对其工作的整体满意度较高，各子维度的满意程度从高到低依次为"自我实现""人际关系""进修晋升""物质环境""外部支持""领导管

---

* 本文系中央高校基本科研业务费资助·华侨大学哲学社会科学青年学者成长工程项目"'一带一路'华文教育共同体构建研究"（项目编号：17SKGC-QG17）的阶段性成果。
** 李欣，教育学博士，华侨大学华文教育研究院副教授，研究方向为华文教师、比较教育。

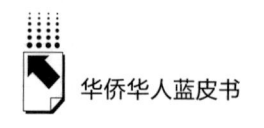

理"；不同教师在性别、教龄、学历、任教机构和教学对象方面呈现较为明显的差异；在影响因素方面，学历、教龄、家庭与组织的支持是影响英国本土华文教师工作满意度的重要显著性变量。据此，研究提出了旨在提升英国本土华文教师工作满意度的相关建议：改善组织管理并为本土华文教师的个人发展提供外部支持、对不同教龄和任教机构的本土华文教师开展针对性培训、关注本土华文教师的情感智力和自我心理调适能力、建立本土华文教师学习交流机制并提供职业发展通道，以及促进华文教育研究者与一线华文教师双边合作与共同发展。

关键词： 英国　本土华文教师　工作满意度

一　引言

教师是所有教育变革中的决定性因素，华文教师是海外"三教"问题中的关键问题。近年来，在我国政府和海外华侨华人的共同努力下，海外华文教育的标准化、正规化和专业化取得了长足的发展，特别是华文教师的专业化发展日益受到重视。在此方面，中国政府采取了"输血工程"和"造血工程"双管齐下的措施，一方面为外国积极提供汉语志愿者和公派教师，另一方面在暨南大学和华侨大学特别开设华文教育专业，为海外培养高学历正规化的华文师资；这些措施虽然在很大程度上缓解了海外华文教师师资短缺和质量欠缺的问题，但如果要彻底解决问题，还需要依靠外国的本土师资。

英国华侨华人的移民历史将近 200 年，在英华裔人口数量颇具规模，英国一直是欧洲重要的华文教育阵地。在过去的几十年，欧洲是除了北美之外华侨华人数量增长最快的大陆。从20世纪80年代初的40.8万人增长到2017年的300万人。① 而在欧洲的44个国家中，英国华侨华人的数量占欧洲的11%。英国国家统计局（ONS）2017年关于族裔（ethnicity）身份的调查显示，近年来华裔是英国人口增长速度最快的少数族群，在英常住人口中，华裔占总人口6680万的0.5%，约33万人，其中16~24岁的华裔新生代占全英同年龄段人口数的1.1%。② 广大华裔青少年群体及其家长对祖籍国语言文化的学习需求激发了英国华文教育的持续发展。

在英国，"华文"也被当地华人称为"中文"，与东南亚国家的全日制华文学校不同，英国的华文教育主要在周末进行教学活动，这些学校也因此被称为"周末中文学校"。从性质上说，它是独立于国民教育体系之外、具有公益性质的周末制社区学校，是华裔子弟（也包括少数其他族裔的青少年）学习中华语言和文化的场所。"本土华文教师"是指在当地长期生活的华侨华人，此类教师大多为兼职教师，在工作日从事固定的职业或是在家做"全职太太"，只是在业余时间和周末从事华文教育工作，主要在周末中文学校任教或各类语言培训机构任职。少数本土人士获得英国政府教师文凭，从而有机会进入国民教育体系内工作，这些教师中也有人在业余时间到周末中文学校或其他教育机构兼职。在本研究中他们被统称为"本土华文教师"，借以区分由原中国国家汉办派出的公派教师和志愿者教师。

与许多国家一样，"三教"问题（教师、教材、教法）成为困扰英国华文教育转型发展的拦路虎，其中华文师资问题最令人关注。而当前关于海外华文教师的培训和研究大多集中在提高教学技能和增进专业知识方面，对他们工作心理状态的研究相当有限，针对本土华文教师工作满意度的国别研究非常缺乏，难以为实践工作提供有效指导。本研究想在这方面进行初步尝试，通过问卷调查来掌握英国本土华文教师的工作满意度情况，摸清他们对华文教师工作的整体满意度水平，以及在"自我实现""人际关系""进修晋升"

---

① 庄国土：《21世纪前期世界华侨华人新变化评析》，载贾益民、张禹东、庄国土主编《华侨华人研究报告（2020）》，社会科学文献出版社，2020，第21页。
② 根据英国国家统计局（ONS）官方网站的2017年统计数据整理而成。

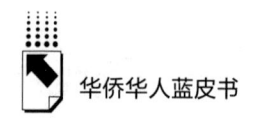

"物质环境""外部支持""领导管理"六个不同子维度的满意度情况，挖掘影响其满意度的内外部因素，为改善英国本土华文教师工作满意度，推动英国华文教育"标准化、专业化、正规化"转型发展提供一定的参考。

二 调查的内容、对象与样本特征

（一）调查内容与对象

工作满意度是人们对工作构成要素的主观反应和态度体验。在国际教育竞争日益激烈的时代背景下，教师对其工作是否满意将直接影响教师工作的效果和教师队伍的稳定，关系到整个国家教育工作的成败。教师工作满意度是了解某一国家或某一地区学校运行状况及总体教学面貌的一个重要指标。

教师工作满意度的研究源于工作满意度研究，"工作满意度"的概念由美国心理学家赫波克（R. Hoppock）于1935年首次提出，他认为"工作满意度是个人从心理和生理方面对环境因素的感知，即个人对自身所处的工作情境的主观反应，个人是否对工作满意以及对工作满意的程度，可以通过征询个体对工作的感受得知"。[①] 此后，不同研究者基于自己的知识背景和学术立场将工作满意度研究运用到教师研究领域。近30年来国际范围的教师工作满意度研究高频关键词包括工作压力、自我效能感、绩效、职业承诺等。多项研究发现，在个体背景特征上，教师的种族、性别、教龄、学历都会影响其对工作满意度的主观体验。[②]此外，学校性质（公立还是私

[①] R. Hoppock, *Job Satisfaction*, New York: Harper & Brothers Publishers, 1935.
[②] R. M. Klassen & M. M. Chiu, "Effects on Teachers' Self-efficacy and Job Satisfaction: Teacher Gender, Years of Experience, and Job Stress," *Journal of Educational Psychology*, Vol. 102, No. 3, 2010, pp. 741-756. H. Hulpia, G. Devos, Y, Rosseel, "The Relationship between the Perception of Distributed Leadership in Secondary Schools and Teachers' and Teacher Leaders' Job Satisfaction and Organizational Commitment," *School Effectiveness and School Improvement*, Vol. 20, No. 3, 2009, pp. 291-317.

立)、教学对象(学龄前儿童、小学生、中学生、大学生还是成人)、管理层和家长的支持、教师的专业自主权、同事关系等外部因素也会影响教师工作满意度。[1] 教师工作满意度还会与其他的教师主观心理感受或倾向产生交互影响,如归属感、教学效能感、职业倦怠、组织承诺、离职动机等。[2]

本研究主要聚焦英国的本土华文教师,旨在揭示当地华侨华人在华文教师职业体系中的人口特征、本土华文教师的工作满意程度及相关影响因素。

(二)调查样本的人口统计学特征

本次调查的英国本土华文教师样本量为144份,通过对调查样本的统计分析,见表1,得出以下人口统计学特征。

表1 调查样本的人口统计学特征

基本信息		样本数(人次)	百分比(%)	基本信息		样本数(人次)	百分比(%)
性别	男	9	6.3	任教机构	周末中文学校	100	69.4
	女	135	93.8		公立中小学	32	22.2
最高学历	高中及以下	10	6.9		私立中小学	4	2.8
	大学本科	54	37.5		社会补习学校	6	4.2
	硕士研究生	73	50.7		孔子学院本部	16	11.1
	博士研究生	7	4.9		其他	9	6.3

---

[1] R. M. Klassen & M. M. Chiu, "Effects on Teachers' Self-efficacy and Job Satisfaction: Teacher Gender, Years of Experience, and Job Stress," *Journal of Educational Psychology*, Vol. 102, No. 3, 2010, pp. 741 – 756. M. Zembylas & E. Papanastasiou, "Sources of Teacher Job Satisfaction and Dissatisfaction in Cyprus," *Compare*, Vol. 36, No. 2, 2006, pp. 229 – 247.

[2] E. M. Skaalvik & S. Skaalvik, "Teacher Job Satisfaction and Motivation to Leave the Teaching Profession: Relations with School Context, Feeling of Belonging, and Emotional Exhaustion," *Teaching and Teacher Education*, Vol. 27, No. 6, 2011, pp. 1029 – 1038. F. D. Betoret, "Stressors, Self-efficacy, Coping Resources, and Burnout among Secondary School Teachers in Spain," *Educational Psychology*, Vol. 26, 2006, pp. 519 – 539. R. M. Klassen, V. M. C. Tze, S. M. Betts, & K. A. Gordon, "Teacher Efficacy Research 1998 – 2009: Signs of Progress or Unfulfilled Promise?" *Educational Psychology Review*, Vol. 23, No. 1, 2010, pp. 21 – 43.

续表

基本信息		样本数（人次）	百分比（%）	基本信息		样本数（人次）	百分比（%）
专业	汉语国际教育	38	26.4	教学对象	学龄前儿童	30	20.8
	文史类	39	27.1		小学生	115	79.9
	理工类	20	13.9		中学生	47	32.6
	艺术类	9	6.3		大学生	18	12.5
	其他	38	26.4		社会人士	24	16.7
教龄	2年及以下	78	54.2	学生身份	以华裔为主	95	66.0
	3~5年	31	21.5		以非华裔为主	49	34.0
	6年及以上	35	24.3				

注：因四舍五入，有些项目百分比之和不等于100%。

第一，英国本土华文教师以女性占绝大多数，主要任职于周末中文学校。

此次受调查的本土华文教师中，女性占比高达93.8%，男性教师仅为9人（6.3%），男女教师比例为1:15。这一性别失衡的现象与海外其他国家本土华文教师队伍女多男少的现状相一致。英国本土华文教师主要任职于周末中文学校。此次调查对象在各个周末中文学校任职的本土华文教师所占比例高达69.4%，其次为英国的公立中小学（22.2%）和孔子学院本部（11.1%）。说明周末中文学校是本土华文教师的首要任教机构，也是华裔青少年接受中华语言文化教育的核心场所。公立中小学作为主流教育体制内的主要教育机构，不但为本土华文教师提供了就业机会，也正在成为华裔和其他族裔学生学习中文的重要场所。

第二，英国本土华文教师的受教育程度较高，且专业背景较好。

此次受调查的英国本土华文教师有半数（50.7%）教师的最高学历为硕士研究生，近四成（37.5%）的教师最高学历为大学本科，还有7人（4.9%）的最高学历是博士研究生。这说明，与早期的本土华文教师相比，当前的本土华文教师的学历水平已有大幅提升。英国早期的华文师资以香港移民为主，文化水平普遍不高，普通话水平也有限。20世纪90年代中后期，来自中国内地的新移民及留学生迅速增加，为华文教育注入了新鲜血液，也提升了华文教师的学历水平，自此高学历的本土华文教师成为一种常态。本次调查中，共计93.1%的本土华文教师拥有大学本科及以上的学历，仅有6.9%的本土教师为高中及以下学历。

受访者专业背景主要为汉语国际教育（占比26.4%）及文史类专业（占比27.1%），两者共占全部本土教师的半数（53.5%），这说明英国本土华文教师的专业程度也得到了改善，且以文科生为主。此外，理工类专业背景的本土教师占比为13.9%，艺术类专业背景的为6.3%，其他专业背景的为26.4%。这些数据表明英国本土华文教师专业背景的复杂性，科班与非科班兼而有之，文理艺术等学科杂糅，如何扬长避短发挥不同教师在华文教学中的学科优势，是日后英国本土华文教师培训工作需要解决的问题。

第三，英国本土华文教师以新手教师和兼职教师居多。

本次调查的"教龄"为受访教师在英国教授华文的年限，不包括其之前的任教经历。调查样本中，半数（54.2%）教师的教龄为2年及以下，教龄3~5年的占21.5%，6年及以上的占24.3%。说明英国本土华文教师中的新手教师过多，梯队结构仍有待完善，但并未出现东南亚一些国家本土华文教师青黄不接的问题。新手本土华文教师为英国华文教育注入了新鲜的血液和活力，然而新手教师大多处于职业生涯的生存期，需要得到更多的关注和帮扶。

英国本土华文教师进行兼职教学的人较多，整体上的教学对象以小学生为主。在前期调研中发现英国本土华文教师的兼职现象较为普遍，有一些教师工作日在公立、私立中小学或大学授课，而周末会在中文学校或语言培训机构兼职，因此本题项被设置为人口特征题项中的多选题，选择各选项的本土教师总计167人次，而本土教师实际人数为144人，说明本土华文教师兼职比例较高。

第四，英国本土华文教师的教学对象主要为小学生，且以华裔学生居多。

本土华文教师中，教学对象为小学生的教师占绝大多数（79.9%），其次为中学生（32.6%）和学龄前儿童（20.8%），以社会人士和大学生为教学对象的分别占16.7%和12.5%,说明少年儿童是英国华文教育的绝对主体。英国本土华文教师的教学对象大致呈现为一个中间大两头小的纺锤形结构,即中小学生居中为大,学龄前儿童居一端、大学生和社会人士居另一端。此外,66.0%的英国本土华文教师以华裔学生为主要教学对象,以非华裔为主要教学对象的占34.0%,说明学生群体的种族具有多元性,需要教师提升跨文化教学的能力。

三 调查的设计与实施

(一)英国本土华文教师工作满意度问卷的编制

工作满意度的测量工具从管理学、心理学领域借鉴而来,在实际操作中,由于问卷法可操作性强,大多数研究者采用问卷法进行工作满意度测量。具有代表性的问卷有谢泼德等人1974年编制的工作满意度通用量表、以工作满意度的差距理论为基础的需要满意度问卷(NSQ)、由斯佩克特1985年编制的工作满意度调查量表(Job Satisfaction Survey,JSS)[1],以及运用较为广泛的明尼苏达满意度量表(Minnesota Satisfaction Questionnaire,MSQ)。在这些研究中,尽管研究者对工作满意度的维度划分不尽相同,但都体现出明显的层次结构,即首先对工作本身的内在要素及工作之外的环境因素加以维度归类,继而下设次级维度进行深入分析。这些量表为本研究的问卷设计提供了思路和方向。通过参考明尼苏达满意度量表,以及相关硕博士学位论文中所使用的教师工作满意度问卷,结合英国本土华文教师的实际情况,编制出适合于本研究的满意度问卷。

(二)英国本土华文教师工作满意度问卷的因子分析

经过对数据的KMO及Bartlett球形检验后发现,KMO测试值为0.932 >

---

[1] P. E. Spector, "Measurement of Human Service Staff Satisfaction: Development of the Job Satisfaction Survey," *American Journal of Community Psychology*, Vol. 13, No. 6, 1985, pp. 693–713.

0.5，Bartlett球形检验值小于0.001，说明适合进行因子分析。然后通过运用主成分分析法，经过方差最大正交旋转后，共得到6个因子，解释总方差达到67.84%（见表2）。根据因子的共同特征，在此将工作满意度的6个因子分别命名为"物质环境""人际关系""领导管理""进修晋升""自我实现""外部支持"。

表2　英国本土华文教师工作满意度的因子分析

	名称	特征值	解释变异量(%)	累计解释变异量(%)
因子1	物质环境	12.69	43.75	43.75
因子2	人际关系	2.03	6.99	50.74
因子3	领导管理	1.65	5.67	56.42
因子4	进修晋升	1.20	4.14	60.56
因子5	自我实现	1.08	3.71	64.27
因子6	外部支持	1.04	3.57	67.84

（三）英国本土华文教师工作满意度问卷调查的实施

本研究采取方便抽样方法，于2018年底至2020年，在英国华文教育促进会的协助下，研究人员利用网络调查方式广泛联系英国各地华文学校，将电子问卷发放到华文学校邮箱以及华文教师微信群、教师论坛等交流平台。

为确保研究的严谨性，本研究先进行了试测，共发放电子问卷109份，回收有效问卷108份。在对施测样本分析后，对问卷题目做了进一步的删减与微调。正式问卷题目共30道，涉及工作满意度的整体水平及各个子维度的满意度情况。调查问卷的第二部分采用李克特（Likert）的五级计分法，用1、2、3、4、5分别代表"极不符合""不符合""不确定""符合""非常符合"，分值越高，代表被测者对题项所述内容满意度越高。问卷确定后进行了正式调查，最终回收问卷176份，其中有效问卷144份，有效率81.8%。正式问卷信度值为0.95，效度值为0.875，问卷的信效度较高。

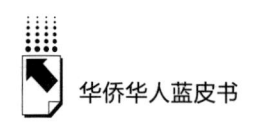

四 调查结果的数据分析

(一)英国本土华文教师工作满意度的主要特征

1. 英国本土华文教师的整体工作满意度较高,对"自我实现"的满意度最高

经过进一步分析发现,英国本土华文教师对其工作的整体满意度较高,均值为4.13(最高值为5),与最高值之差仅0.87,说明受访的英国本土华文教师对其工作在整体上持满意的态度。

各子维度的满意度均值依次为:"自我实现"(4.32)>"人际关系"(4.27)>"进修晋升"(4.15)>"物质环境"(4.14)>"外部支持"(4.00)>"领导管理"(3.90)。由此可见,英国本土华文教师对工作的"自我实现"维度满意度最高,"人际关系"维度满意度次之,对"外部支持"和"领导管理"维度最不满意。这为今后的英国华文教育工作,特别是华文教师专业发展工作指出了努力的方向。

2. 英国本土华文教师工作满意度在性别、教龄、学历、任教机构和教学对象方面存在显著性差异

在差异性方面,经过均值比较发现,英国本土华文教师的工作满意度在性别、任教机构和教学对象、学历、教龄方面存在显著性差异($p<0.05$)。

第一,性别方面的显著性差异。本研究经T检验发现,在英国的本土华文教师中,男教师的各项工作满意度均低于女教师,且"人际关系""进修晋升""自我实现""外部支持"子维度在性别方面存在显著性差异(见表3)。这与本土华文教师大多处于中小学教育层次有关。类似的研究发现,不同教育层次和研究层次的教师工作满意度在性别上存在差异。高校男教师的工作满意度高于女教师,高校女教师对个人和专业发展,特别是工作和家庭之间的平衡,不太满意。[①] 而在学前、小学和中学

[①] M. D. L. Machado-Taylor, K. White, O. Couveia, "Job Satisfaction of Academics: Does Gender Matter?" *Higher Education Policy*, Vol. 27, No. 3, 2014, pp. 363 – 384.

教师群体中，女教师的工作满意度普遍高于男教师。① 这与本研究的结果相似。

表3　各子维度工作满意度在教师类型方面的 T 检验

	性别(1=男,2=女)	是否周末中文学校 (1=是,2=否)	华裔学生是否超过半数 (1=是,2=否)
物质环境	-0.041	2.314*	-0.023
人际关系	-0.828*	5.691**	2.121**
领导管理	-0.465	3.112**	1.789**
进修晋升	-2.892**	6.955***	5.423***
自我实现	-1.179**	4.051**	0.011
外部支持	-2.697**	4.930**	3.235**

注：*** 表示 $p<0.001$，** 表示 $p<0.005$，* 表示 $p<0.05$。

第二，任教机构和教学对象方面的显著性差异。在"任教机构"和"教学对象"方面，在周末中文学校工作的教师，其六项满意度均高于在其他机构任教的中文教师，且均存在显著性差异（见表3）。在教学对象方面，以华裔学生为主要教学对象的教师在"人际关系""领导管理""进修晋升""外部支持"等四个子维度的满意度要明显高于以非华裔学生为主要教学对象的华文教师。

第三，学历方面的显著性差异。在学历方面，经单因素方差分析发现（见表4），学历高的教师工作满意度反而最低，特别是在"自我实现"与"外部支持"子维度，博士研究生、硕士研究生、大学本科、高中及以下学历之间均存在显著性差异。许多研究都发现了学历与教师工作满意度负相关的结论，这通常与教师的工作期待有关。② 就华文教师工作而言，大学本科学历的教师起点相对比较低，倾向于认为这份工作与其价值相匹配，因此满

---

① D. A. Nieto, E. Lopez-Martin, "Spanish Teachers' Job Satisfaction in 2012-13 and Comparison with Job Satisfaction in 2003-04: A Nationwide Study," *Revista De Educacion*, Vol. 36, No. 5, 2014, pp. 96-121.
② 关恒达、赵正洲：《中西部地区农村中学教师工作满意度实证研究——基于对586名农村中学教师的调查》，《农业技术经济》2010年第6期；程凤春、姚松：《陕西地震灾区灾后中小学教师工作满意度研究》，《宁波大学学报》2011年第2期。

意度较高；而博士研究生学历的教师做华文教师难免会产生"低就"的心理落差，故而满意度也较低。

表4　各子维度工作满意度在学历方面的单因素方差分析

	最高学历I	最高学历J	均值差(I-J)		最高学历I	最高学历J	均值差(I-J)
物质环境	大学本科	硕士研究生	0.009	进修晋升	大学本科	硕士研究生	0.312*
		博士研究生	0.138			博士研究生	0.441*
		高中	-0.310*			其他	-0.789**
	硕士研究生	博士研究生	0.152		硕士研究生	博士研究生	-0.009
		高中及以下	-0.314*			高中及以下	-0.997***
	博士研究生	高中及以下	-0.402*		博士研究生	高中及以下	-0.932**
人际关系	大学本科	硕士研究生	0.192*	自我实现	大学本科	硕士研究生	0.191*
		博士研究生	0.202*			博士研究生	0.214*
		高中及以下	-0.410**			高中及以下	-0.310**
	硕士研究生	博士研究生	0.061		硕士研究生	博士研究生	0.215
		高中及以下	-0.619			高中及以下	-0.472**
	博士研究生	高中及以下	-0.617*		博士研究生	高中及以下	-0.534**
领导管理	大学本科	硕士研究生	0.056	外部支持	大学本科	硕士研究生	0.198*
		博士研究生	0.213*			博士研究生	0.373*
		高中及以下	-0.289*			高中及以下	-0.672**
	硕士研究生	博士研究生	0.269*		硕士研究生	博士研究生	0.198*
		高中及以下	-0.412**			高中及以下	-0.756***
	博士研究生	高中及以下	-0.452**		博士研究生	高中及以下	-0.889***

注：*** 表示 $p<0.001$，** 表示 $p<0.005$，* 表示 $p<0.05$。

第四，教龄方面的显著性差异。如图1所示，在教龄方面，从纵向看，教龄在"2年及以下"的本土教师对"自我实现"最为满意，对"外部支持"最不满意；教龄为"3~5年"的教师对"人际关系"最为满意，对"领导管理"最不满意；教龄为"6年及以上"的教师对"自我实现"最为满意，也对"领导管理"最不满意。在六个子维度中，三个教龄段的华文教师满意度均值在"自我实现"子维度最高，在"领导管理"子维度最低；

从横向看，在"物质环境"子维度，教龄在"2年及以下"和"6年及以上"的本土教师更为满意；在"人际关系"子维度，教龄在"3~5年"

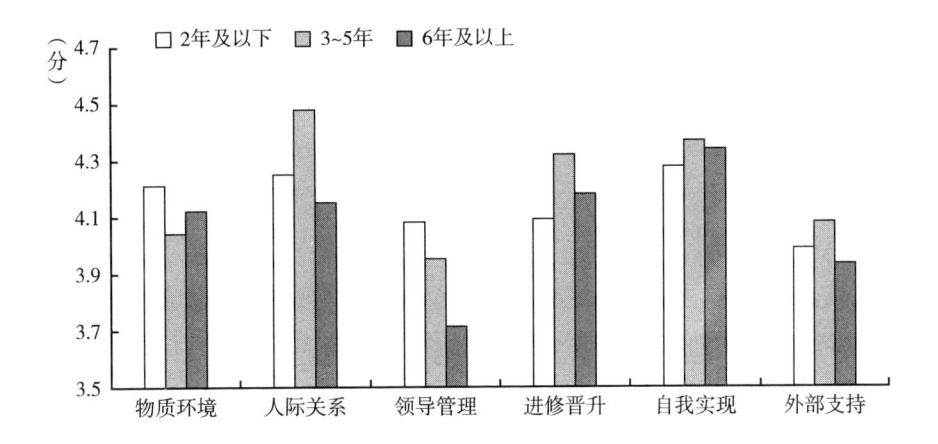

图1 各子维度工作满意度在教龄方面的差异

的教师满意度明显更高；在"领导管理"子维度，满意度与教龄呈明显负相关，即教龄越短，对"领导管理"越满意，反之，教龄越长则满意度越低；在"进修晋升"子维度，教龄在"3~5年"的教师满意度最高，其次为教龄在"6年及以上"的教师，教龄在"2年及以下"的新手华文教师在这方面满意度明显低于前两类教师；在"自我实现"子维度，教龄在"3~5年"的教师满意度最高，其次为教龄在"6年及以上"的教师，教龄在"2年及以下"的新手华文教师对"自我实现"的满意度明显低于前两类教师；在"外部支持"子维度，教龄在"3~5年"的教师满意度最高，其他两个教龄段的教师满意度略低。

（二）英国本土华文教师工作满意度的影响因素

根据相关研究文献及问卷的设置，这里将运用有序（ordinal regression）逻辑回归方法，分析华文教师工作满意度的影响因素（因变量为教师的总体满意度感受）。通过分析发现，负对数似然值＝1751.25，$p<0.005$，说明该模型具有统计学意义；经过 Deviance 检验，$p=1.000$，说明该模型拟合度较好。

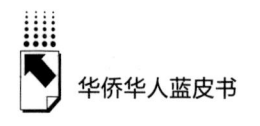

表5　英国本土华文教师工作满意度的有序回归分析

	自变量	参数估计值	显著性
个体特征	性别(男=0,女=1)	0.157	0.641
	教龄(以2年及以下为参照)		
	3~5年	0.885	0.015
	6年及以上	-0.898	0.035
	是否为华文教育或语言类专业(是=1,否=0)	0.036	0.147
	最高学历(以高中及以下为参照)		
	大学本科	-0.654	0.040
	硕士研究生	-0.769	0.037
	博士研究生	-1.673	0.003
任教机构和教学对象	是否为周末中文学校(是=1,否=0)	0.014	0.120
	是否以华裔学生为主(是=1,否=0)	0.076	0.065
工作支持	学生支持程度(1~5逐步递增)	1.101	0.000
	学生家长支持程度(同上)	0.834	0.000
	家人支持程度(同上)	0.968	0.000
	领导支持程度(同上)	1.348	0.000
	同事支持程度(同上)	1.208	0.000

表5显示了英国本土华文教师工作满意度的有序回归分析结果，可以发现性别、专业、任教机构及教学对象的影响已不再显著（$p>0.05$），与方差分析的结果相似，教龄、最高学历、外部支持程度的影响显著（$p<0.05$）。换言之，英国本土华文教师工作满意度的影响因素主要为教龄、最高学位和外部支持。第一，在教龄中，相比2年及以下的教师，3~5年教龄的教师满意度最高，之后有所下降，这说明满意度与教师专业发展阶段相关；第二，最高学历与教师满意度呈负相关，学历越高，满意度越低；第三，在外部支持方面，学生、学生家长、教师的家人、领导及同事的支持均与教师满意度呈正相关，这五个群体对华文教师的工作支持程度越大，教师满意度越高。

五　结论与建议

（一）研究结论

英国本土华文教师对其工作的整体满意度较高，在各子维度中，满意程度最高的前三项依次为"自我实现""人际关系""进修晋升"。

在差异性方面，与大多数研究结论相似，男性英国本土华文教师的各项工作满意度均低于女教师，特别是在"人际关系""进修晋升""自我实现""外部支持"子维度与女教师存在显著性差异；在任教机构与教学对象方面，"在周末中文学校任教"和"以华裔学生为主"的教师的工作满意度较高；在学历方面，学历高的教师工作满意度最低，特别是"自我实现"与"外部支持"方面，各学历之间均存在显著性差异；在教龄方面，从事华文教育工作3~5年的本土华文教师满意度最高，尤其是在"人际关系""进修晋升""外部支持"子维度的满意水平远高于其他两个教龄段的教师。

在影响因素方面，学历、教龄及家庭与组织环境的支持是影响英国本土华文教师工作满意度的重要显著性变量。学历与教师满意度呈负相关；教龄中，相比2年及以下教龄的教师，3~5年教龄的教师满意度更高，6年及以上教龄的教师满意度更低。此外，来自本土华文教师的生活环境（教师家庭）、工作环境（领导、同事、学生）以及社会环境（学生家长）的理解与支持均是影响华文教师工作满意度的显著因素。

（二）相关建议

1. 赋权增能：改善组织管理并为本土华文教师的个人发展提供外部支持

本研究表明，英国本土华文教师对工作的"自我实现"子维度满意度最高，对"外部支持"和"领导管理"子维度最不满意，二者满意度均值相当。如何改善组织管理？如何为本土华文教师提供全方位的外部支持？这些问题应该引起海内外相关机构的重视。管理制度的好坏、外部的支持，将

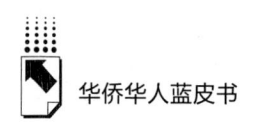

直接影响到本土华文教师的归属感和情绪倦怠,进而间接影响教师的工作满意度乃至离职动机。

因此,要对本土华文教师赋权增能,各类华文教育机构在制定发展规划、管理规章、奖惩制度时,要广泛征求华文教师的意见和建议,增加华文教师对华文教育机构发展的参与感。组织行为学角度的教师满意度研究发现,当教师个体需要的满足与教育组织的目标实现一致时,更容易引发较高的教师满意度,而工作满意度高的教职员工会以更为积极的心态来参与教育组织内的活动,对工作的期望和参与度更高,形成良性互动。[1] 华文教育机构要制定明确的发展目标,要让所有华文教师知晓组织发展目标,并确立与组织目标相一致的个体发展目标,使个体与组织的发展形成合力。

此外,还要在对华文教师赋权增能的过程中增加其自主性。大量研究表明,教师在工作环境中所感受到的自主性与教师工作满意度密切相关。教师自主是对教师赋权增能的一种形式,教师自主意味着他具有选择教学目标、教学方法、策略的自由,而这些选择往往与教师个人的教育信念和价值观高度一致。工作环境是否给予了教师足够的自主度,关系到教师对自身人格完整与自由的体验。华文教育环境充满了复杂多变的未知因素,华文教师更加需要一定的自主度来进行华文教育情境里的各类决策,教师感受到的自主性能够预测其对工作的投入和工作满意度。

2. 精准培训:对不同教龄和任教机构的本土华文教师开展有针对性的培训

本调查发现,在教龄方面,相比2年及以下教龄的教师,3~5年教龄的教师工作满意度最高,之后有所下降,这与教师专业发展阶段相关。根据华文教师专业发展阶段理论,"新手阶段"是指华文教师刚刚进入华文教育工作领域的一个时期,通常会持续1~2年的时间,这一时期他们需要完成由准教师向合格华文教师的角色转变;"熟手阶段"指华文教师已经进入持

---

[1] T. Saaranen, K. Tossavainen, H. Turunen, & H. Vertio, "Occupational Wellbeing in a School Community—Staff's and Occupational Health Nurses' Evaluations", *Teaching and Teacher Education*, Vol. 22, No. 6, 2006, pp. 740–752.

续稳定的发展阶段,对待工作得心应手,有了较为明确的发展目标和发展动机。新教师通常需要3~5年的经验积累才能完全适应手头的工作,成为"熟手教师";在这一阶段,华文教师教育教学能力的成长最为迅速,而后会逐渐步入职业稳定期。"能手阶段"的华文教师在教学上能够做到游刃有余,对自己的教学风格较为清晰,对华文教育及教学有自己的初步看法和反思,有明确的发展目标,这样的教师通常具有6年及以上的工作经验。[①] 根据这一划分,教龄在3~5年的华文教师处于职业生涯的"熟手阶段",这一阶段褪去了新手教师的生涩,尚未产生职业倦怠,具有较高的工作满意度。需要指出的是,随着时间的推移,华文教师在适应了新的工作环境,完成了新工作的挑战之后,对华文教师工作失去了新鲜感,工作热情可能会逐步丧失,日常工作或限于简单的重复,有些教师会产生难以抑制的倦怠感,职业发展陷入高原期,对工作的满意度也随之下降。本研究也发现,6年及以上教龄的教师工作满意度比较低。因此,要正视华文教师的职业倦怠,提供有针对性的培训或帮扶措施,避免华文教师产生离职倾向,造成华文师资流失。

本研究还发现,在周末中文学校工作的英国本土华文教师工作满意度高于在其他类型教学机构的本土华文教师,说明不同类型的教学机构带给华文教师的感受不同。因此,培训工作的开展要更具针对性,对工作在周末中文学校、公立中小学、私立中小学、社会补习学校的不同本土华文教师群体制定不同的培训方案,解决他们在各自教学场域中遇到的特有问题。此外,在教学对象中,以华裔学生为主的本土华文教师在"人际关系""领导管理""进修晋升""外部支持"方面的满意度要明显高一些。这说明在华裔学生占主导的课堂,华文教师的教学更为顺畅,教学效果也许更好。因此,还要加强本土华文教师对非华裔学生的跨文化教学能力。

3. 自我调节:关注本土华文教师的情感智力和自我心理调适能力

近年来,随着华文教育事业的发展,英国的华文学习者人数逐渐增多,

---

① 李欣:《华文教师专业发展概论》,社会科学文献出版社,2021,第69页。

学习者的身份也逐渐多元，教学对象和行业标准的改变对本土华文教师提出了新的要求和挑战，华文教师工作因变得更具有挑战性而压力重重。因此要关注本土华文教师的"情感智力"（Emotional Intelligence）、自我心理调适等内在心理品质。布拉克特、鲁伊斯等许多研究者发现教师情绪调节能力与工作满意度、职业倦怠和个人成就感有重要关联。[1] 尹弘飙通过对1000多个中国教师的调查发现教师情感智力的二阶因素模型，认为教师的情感智力对教师满意度及其情感劳动策略具有重要影响。[2] 这些研究者都认为心理调适、自我动机对教师工作满意度具有影响，认为心理调适可以提高教师工作满意度。

在本研究中，男性本土华文教师各子维度的满意度均低于女性，学历高的教师工作满意度最低，特别是在"自我实现"与"外部支持"子维度。对此，除了要给予男性和高学历本土华文教师更多有针对性的帮助之外，还应该让他们学会进行自我心理调适，提升其情感智力，突破对于男性及高学历人士担任华文教师的刻板印象，正确看待华文教师职业的重要价值，通过自我心理调适最终改善他们对于华文教师职业的态度和体验。

4. 专业发展：建立本土华文教师学习交流机制并提供职业发展通道

Pearson等人的研究发现，随着教师被赋权感和专业水平的提升，工作焦虑会随之下降，工作满意度随之上升。[3] 因此，不仅要给英国本土华文教师赋权增能，同时也要提升其专业水平。华文教师职业是一个需要不断地根

---

[1] M. A. Brackett, R. Palomera, J. Moisa-Kaja, M. R. Reyes, & P. Salovey, "Emotion-Regulation Ability, Burnout, and Job Satisfaction among British Secondary-school Teachers," *Psychology in the Schools*, Vol. 47, No. 4, 2010, pp. 406 – 417. Maria Ruiz Quiles, Juan Antonio Moreno-Murcia, Vera Lacarcel, Jose Antonio, "The Support of Autonomy and Self-determined Motivation for Teaching Satisfaction," *European Journal of Education and Psychology*, Vol. 8, No. 2, 2015, pp. 68 – 75.

[2] H. Yin, J. C. K. Lee, Z. Zhang, & Y. Jin, "Exploring the Relationship among Teachers' Emotional Intelligence, Emotional Labor Strategies and Teaching Satisfaction," *Teaching and Teacher Education*, No. 35, 2013, pp. 137 – 145.

[3] L. Carolyn Pearson, William Moomaw, "The Relationship between Teacher Autonomy and Stress, Work Satisfaction, Empowerment, and Professionalism," *Educational Research Quarterly*, Vol. 29, No. 1, 2005, pp. 38 – 54.

据教学对象和教学情境进行自我学习和系统更新的职业,因此要为他们打造学习交流的发展平台和发展通道。要建立有效的华文教师学习交流机制,由"独学"变为"群学",由"封闭学习"变为"开放学习"。本土华文教师一方面要以专业发展为引领,另一方面要以教育教学实践中的亲身经历和真实问题为出发点,有目的地开展正式或非正式的专题讨论、经验分享、理论学习等活动。

为了推动海外华文教师更好的专业化发展,国内一些组织和高校积极探索"走出去"办学的路子,为海外华校教师"送教",提供培训和学历教育。例如,中国华文教育基金会在英国举办了各类教师研习班和远程培训项目;暨南大学与英国中文教育促进会在英国伯明翰合作举办华文教育远程学位班,开办专升本课程和研究生班,通过教师面授、自学、集中授课等方式,当地教师获得学历提升,从而满足不同学历华文教师专业发展需求。

5. 教研相长:促进华文教育研究者与一线华文教师双边合作与共同发展

要加快速度打造一支英国华文教师研究及培训者队伍,形成一个系统的英国华文教师培训模式,从华文师资建设的源头促进华文教育的发展。第一,加强对英国本土华文教师的研究,在为其教学实践提供指导和帮助的同时,要立足于英国华文教育实际问题,在师资培养中履行"引领者""示范者""促进者""研究者""跨文化合作者"等职能作用。[①] 第二,鼓励英国本土华文教师努力成为反思型、研究型教师。本土华文教师由于兼职、学历、专业背景等因素,不太可能进行系统化的学术研究,一些有效的、经过实践检验的、成熟的教学经验无法得到推广,只能作为不成文的经验"烂在肚里"。[②] 应该鼓励英国华文教育一线教师与海内外华文教育研究人员共同合作,采用行动研究法,在实际情境中,针对现实问题提出改进计划,通过在实践中实施、验证、修正研究假设,积累实践性知识。第三,建立英国

[①] 郝雷、康振国:《国际汉语教师教育者的概念意涵及角色任务——基于教师教育者国际比较研究的启示》,《河北师范大学学报》(教育科学版) 2020 年第 1 期。

[②] 崔永华:《教师行动研究和对外汉语教学》,《世界汉语教学》2004 年第 3 期。

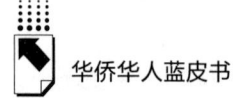

华文教学案例库和互动平台，聚焦于英国真实教学问题，整合和归纳本土华文教师交流和自学资源，为华文教师的教学实践提供参考。通过这些途径，本土华文教师在华文教育教学工作中可获得专业能力提升和成长感。

（三）研究不足与展望

最后需要说明的是，由于本研究只是立足于现有样本得出有关结论，该研究结论可能不适用于全英所有的本土华文教师。本研究主要采取量化统计分析方法，缺少质性研究的深入分析。此外，英国本土华文教师的工作满意度与教师的职业倦怠、离职动机、情绪耗竭、学生成绩等方面的关系也有待在今后研究中加以关注。

教育文化篇

Education and Culture

B.2
缅甸本土华文教师专业发展的实证研究[*]

付梦芸[**]

摘　要： 华文教师专业发展强调华文教师工作的专业性，包括专业知识、专业能力、专业理念和职业道德等方面。本文利用问卷调查方法，通过数据分析发现，缅甸本土华文教师的专业发展水平不高，特别是专业对口性、职业化程度和学历水平及专业知识水平方面偏低；在专业发展提升途径上，缅甸本土华文教师的专业发展更多的是采用外部形塑的策略，以培训形式为主；在相关影响因素方面，缅甸本土华文教师的专业发展水平是教师个体、家庭和学校等多重因素相互作用的结果。因此，为提高缅甸本土华文教师的专业水平，政府和相关部门应当进一步提高华文教师待遇，继续加大与中国的交流与合作。同时，教师本人也要加强教学反思，提高专业自觉。

---

[*] 本文系华侨大学高层次人才科研启动项目（17SKBO209）的研究成果。
[**] 付梦芸，女，博士，华侨大学华文教育研究院讲师，研究方向为海外华文教育。

关键词： 缅甸 华文教师 专业发展

缅甸是共建"一带一路"的重要国家之一，也是实施华文教育的主要阵地。近年来，随着我国国际影响力的提高以及"一带一路"建设的展开，缅甸对华文教育的需求也日趋升高。而在华文教育过程中，"教师、教材和教学法问题成为制约该项事业发展的主要问题，而其中的关键是教师问题"[①]。缅甸华文教师主要包括外派教师（如原中国国家汉办派出的汉语教师志愿者）和本土教师两部分，而本土教师是促进华文教育可持续发展的重要力量。华教大计，教师为本。因此，如何推动本土华文教师专业发展、提高华文师资队伍水平，既是缅甸华文教育发展的重大议题，也是华文教育的永恒主题。本研究将利用相关问卷调查数据，系统阐述当前缅甸本土华文教师专业发展的现状特征与相关对策。

一 华文教师专业发展的内涵与提升路径

（一）专业

华文教师专业发展首先意味着华文教师是一种专门性的职业，强调华文教育教学工作的专业性。所谓专业，可追溯至中世纪时期的行会，即为了维护共同利益而自发形成的组织。一般来说，教师成为职业进而成为一个专业是随着知识的专门化以及现代学校的产生而逐步形成的。

1948年，美国教育协会（NEA）提出，教师作为一门专业需要满足八个条件，即具有基本的智力活动、专门化的知识体系、长时间的专门训练、持续性的职业成长、提供终身从事的职业生涯和永久的成员资格、建立自身

---

① 崔希亮：《汉语国际教育"三教"问题的核心与基础》，《世界汉语教学》2010年第1期。

的专业标准、置服务于个人利益之上、有自己的专业团体。① 1966 年，国际劳工组织（ILO）和联合国教科文组织（UNESCO）联合发布《教师地位建议书》，倡导教师应被视为一种专门职业，这种职业要求教师必须经过严格并持续不断的训练才能获得并维持专门的知识及专门性技能的公共服务。美国学者利伯曼（M. Lieberman）认为专业一般具有八个要素，即范围明确；可以垄断地从事社会工作；拥有高度理智的技术；需要长期的专业训练；从事者无论个人还是集体有自律性；在专业的自律性范围内，直接负有做出判断和采取行为的责任；非营利，以服务为动机；建立了自治组织并拥有具体的伦理纲领。② 威尔逊（L. Wilson）则认为，专业应当具备长时期的专业训练、严格的准入标准、严谨且有相对难度的能力测试、无工作合同条款、不受利益的限制、对自己的专业和顾客有积极的责任和义务等六个要素。③ 结合这些要素归纳可以发现，华文教师的专业性体现在：经过长时间的汉语教育专业训练，具有专门的汉语教育知识、技能、伦理规范，协会组织，以服务汉语教育、促进汉语教育事业发展为宗旨等几个方面。

（二）教师专业发展的内容与标准

就当前文献来看，关于教师专业发展的内容主要围绕知、情、意等维度展开，大多数研究者认为教师专业发展的内容应当包括专业知识、专业技能和专业理念。比如，古斯基（T. R. Guskey）认为教师专业发展的内容包含专业知识、技能和态度三个方面；④ 戴（C. Day）将其归为专业思想、知识、技能和情感智能四个维度，⑤ 我国学者叶澜等则认为教师专业发展应涵

---

① National Education Association, *Division of Field Service*: *The Yardstic of a Profession*, Institutes on Professional and Public Relations, Washington, D. C: The Association, 1948, p. 8.
② M. Lieberman, *Education as a Profession*, N. J.: Prentice Hall, 1956, pp. 2 – 6.
③ L. Wilson, *The Academic Man*: *A Study in the Sociology of a Profession*, New York: Oxford University Press, 1942.
④ 〔美〕古斯基：《教师专业发展评价》，方乐、张英等译，中国轻工业出版社，2005，第 12 页。
⑤ C. Day, *Developing Teachers*: *The Challenges of Lifelong Learning*, London: Routledge Falmer, Taylor & Francies, Inc., 1999, p. 4.

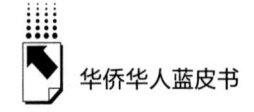

盖观念、知识、能力、专业态度和动机、自我专业发展需要意识等不同侧面。①

综合相关研究，这里将华文教师专业发展的内容与标准概括为专业理念、专业知识和专业技能三个方面。其中专业理念是指华文教师对华文教育教学活动的认识、动机与态度；按照舒尔曼（L. S. Shulman）的知识分类，华文教育专业知识主要包括汉语语言学学科知识、教育教学知识（如教育学知识、心理学知识）、学习者及其特征的知识、中国文化及其他人文知识；专业技能也就是完成华文教学任务的方式和策略，包括华文教学设计、教学实施、教学评价等方面的能力。专业知识是华文教师专业发展的核心，专业理念和技能是其灵魂和两翼，三者缺一不可，共同组成了华文教师专业发展的内容。

（三）教师专业发展的提升路径

华文教师的专业发展贯穿于教师职业生涯的全部阶段，是一个持续性的发展过程，正如戴所言："教师专业发展包含教师所有自然性的学习经验和有意识组织的各种活动，在与学生、同事或者其他人员教育教学生活的每一阶段，教师都可以学习到优质的专业思想、知识、技能和情感智能。"② 比如，有学者专门研究了职前阶段的教师专业发展，认为职前教师的专业化需要教师教育机构和基础教育学校共同努力。③ 但也有学者认为职前阶段，由于个体在受教学校所扮演的角色仍旧是学生，与将来工作中的教师角色恰好相反，职前教育培训的效果并不明显。④

就当前研究来看，大多数学者强调入职后的教师专业发展培养。有些学者强调了教师个体的作用，比如，20世纪80年代舍恩（D. A. Schon）提出

---

① 叶澜、白益民等：《教师角色与教师发展新探》，教育科学出版社，2001，第226页。
② C. Day, Developing Teachers: The Challenges of Lifelong Learning, London: Routledge Falmer, Taylor & Francies, Inc., 1999, p. 4.
③ 李学农：《论教师职前专业发展的实践基础》，《教育发展研究》2009年第20期。
④ 吴康宁：《教育社会学》，人民教育出版社，1998。

的"反思型实践者",波斯纳(G. J. Posner)提出的"教师成长＝经验＋反思",都主张教学反思是促进教师专业成长的重要策略和有效方式。[1] 还有些学者重点关注任职学校的作用。比如,胡惠闵强调"除了依靠政府的力量促进教师专业发展之外,教师任职的学校应该承担更重要的职责,学校应当成为教师专业发展的基地"[2]。崔允漷、柯政也强调学校实践对教师专业发展的重要性,主张"教师专业发展最好在真实的学校情境中发生、在教师同伴合作的过程中进行、在教师反思自己的经验中完成"[3]。段恒耀也认为任职学校在教师专业发展中具有至关重要的作用,"学校管理层的条件保障、组织保障、制度保障和文化引领机制,教师发展共同体的知识共享生成、能力协同提升机制,教师个体的自主实践—反思、自我叙事机制,协同配合构成了校本自组织服务机制"[4],这三者共同服务于教师专业发展。

二 问卷设置与数据说明

根据相关文献并结合缅甸本土华文教师的自身特点,设计的问卷包括教师基本信息、专业发展水平与专业发展路径三部分,除基本信息外,其余题目均采用李克特五级量表式,从 1 至 5,程度逐步递增。为提高问卷的效度,在正式发放问卷前,先进行了试测,然后根据分析结果对相关题目进行了调整和修改,最后确定了 45 个题目。分析发现,本问卷总体效度为 0.812,其中专业发展水平部分的效度为 0.824,包括专业理念、专业知识和专业技能三个方面,共 30 个题目;专业发展路径部分的效度为 0.791,包括教师个体、同事指导与学校组织(含中方提供的各种培训)三个层面,

---

[1] G. J. Posner, *Field Experience: Methods of Reflective Teaching*, London: Longman Publishing Groups, 1989, p. 22.
[2] 胡惠闵:《走向学校本位的教师专业发展:问题与思路》,《开放教育研究》2007 年第 6 期。
[3] 崔允漷、柯政:《学校本位教师专业发展》,华东师范大学出版社,2013,第 1 页。
[4] 段恒耀:《中小学教师专业发展的校本自组织服务机制初探》,《当代教育科学》2017 年第 1 期。

共15个题目。也就是说，问卷的总体效度和各部分效度较高，所测量到的结果可以较好地反映缅甸本土华文教师的真实状态。

问卷调查采用简单随机抽样，通过电子发放和纸质发放两种形式，其中纸质发放主要针对来华培训的缅甸本土华文教师；电子问卷使用问卷星平台，主要针对在缅甸的本土华文教师，包含已来华培训和未参加培训的华文教师两种类型。调查从2018年9月开始实施，截至2019年3月，共收到514份问卷，其中有效问卷为392份，问卷有效率为76.3%。

如表1所示，本次调查数据中，缅甸本土华文教师女性居多，占67.9%；大多数教师已婚（58.9%），来自华裔家庭（64.3%）；年龄分布上以40岁及以下的中青年教师居多，其中30岁及以下教师占37.5%，31~40岁教师占27.0%，这说明中青年教师组成了缅甸华文教育的重要力量。在教龄方面，工作时间越长，人数越少，这是因为来华培训的教师主要针对新手教师。如果按照我国学者连榕关于教师发展阶段的划分理论，[①] 教龄在5年及以下的新手教师和教龄为6~15年的熟手型教师各约为40%，工作16年及以上的熟手型教师接近20%，也就是说，缅甸华文教育的师资队伍结构虽然尚未达到理想状态，但还算相对比较合理。在学历方面，大专学历的占比最多，接近38%；其次为本科，约占27%，而具有研究生学历的教师最少，不足21%，这说明缅甸华文教师的学历水平和受教育层次不高，有待加强。在岗位性质方面，兼职与全职的教师比例约为6∶4；专业是否对口方面，有大约55%的教师"教非所学"、专业不对口。

表1 调查样本的基本特征分布

单位：人，%

类别		人数	百分比	类别		人数	百分比
性别	男	126	32.1	婚姻	已婚	231	58.9
	女	266	67.9		未婚	161	41.1

---

① 连榕：《教师教学专长发展的心理历程》，《教育研究》2008年第2期。

续表

类别		人数	百分比	类别		人数	百分比
家庭背景	华裔	252	64.3	教龄	0~5年	155	39.5
	非华裔	140	35.7		6~10年	100	25.5
年龄	30岁及以下	147	37.5		11~15年	68	17.3
	31~40岁	106	27.0		16~20年	38	9.7
	41~50岁	75	19.1		21年及以上	31	7.9
	51岁及以上	64	16.3	学历	高中及以下	58	14.8
岗位类型	兼职	224	57.1		大专	147	37.5
	全职	168	42.9		本科	105	26.8
专业是否对口	是	175	44.6		硕士研究生	48	12.2
	否	217	55.4		博士研究生	34	8.7

注：因四舍五入，有些项目百分比之和不等于100%。

三 缅甸本土华文教师专业发展现状

（一）教师专业发展水平的总体描述

本研究采用因子分析的主成分分析法，经过方差最大正交旋转后，共得到4个因子（见表2），解释总方差为75.96%，特征值均超过1，说明得到的这四个因子解释程度较高。为此，这里将其分别命名为专业知识、专业实践能力、专业理念和职业道德。其中，专业知识包括汉语语言学基本知识、语言学习的理论知识、教育心理学知识（如教育学知识、心理学知识、现代教育技术性知识）、中华文化及其他人文知识（如中华文化知识、中国基本国情知识）三大类；专业实践能力包括教学设计能力、课堂管理能力、教学评价能力以及华文教育教学研究能力；专业理念主要是教师对华文教师职业的认识、理解与态度；职业道德包括教师的基本道德准则、华文教育教学态度、对学生的态度等方面。

表2　缅甸本土华文教师专业发展水平的因子分析

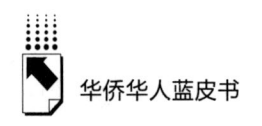

	名称	具体内容	特征值	解释变异量(%)	累计解释变异量(%)
因子1	专业知识	汉语语言学基本知识(如语音、语法、阅读、听力、写作等)、语言学习的理论知识(如第二语言习得、汉外语言对比)、教育学知识、心理学知识、现代教育技术性知识、中华文化知识、中国基本国情知识、中华才艺知识以及其他相关的基本人文知识	12.604	52.22	52.22
因子2	专业实践能力	教学设计能力、课堂管理能力、教学评价能力以及华文教育教学研究能力	2.486	10.36	62.58
因子3	专业理念	教师对华文教师职业的认识、理解与态度	1.883	7.85	70.43
因子4	职业道德	教师的基本道德准则(如教书育人、为人师表等)、华文教育教学态度、对学生的态度	1.327	5.53	75.96

进一步描述性分析发现，缅甸本土华文教师的总体专业发展水平一般，均值为3.36。如图1所示，这四个方面的掌握水平从低到高依次为专业知识（2.84）、专业实践能力（3.28）、专业理念（3.51）和职业道德（3.81）。

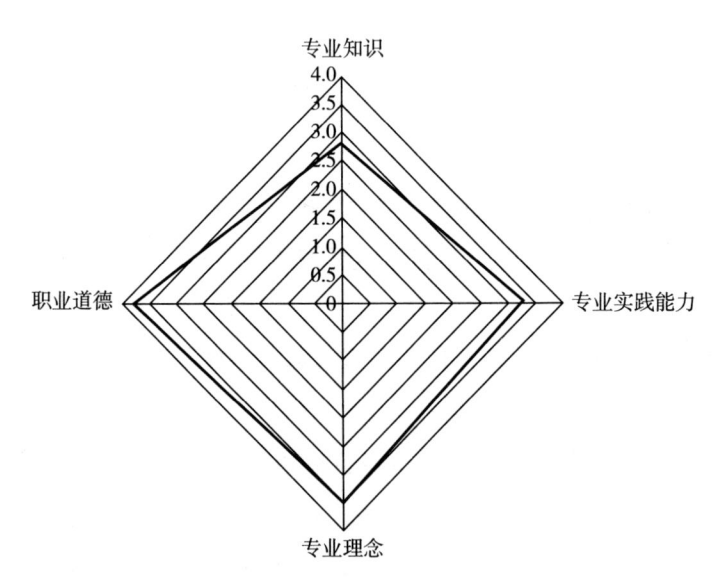

图1　教师四个维度上的专业发展水平

在专业知识方面（见表3），教师的掌握水平最低的是中华文化及其他人文知识类，均值仅为2.62，而且只有不到1/4的教师认为处于较高水平，特别是中华文化知识和中国基本国情知识，均值仅为2.58和2.70，有相当一部分教师还停留在20多年前课本教材中关于中华文化与中国基本国情的认知。其次是语言学习的理论知识，均值为2.74，其中汉外语言对比和第二语言习得方面的知识均值分别为2.72和2.76，均未达到专业知识的平均水平。教育心理学知识整体掌握水平相对较高，均值达3.04，但是在现代教育技术性知识方面掌握程度较差，均值为2.80，而且尚有接近45%的教师低于一般水平。

表3 缅甸本土华文教师的专业知识水平

	均值	标准差
汉语语言学基本知识	2.96	3.673
语言学习的理论知识	2.74	2.875
教育心理学知识	3.04	4.108
中华文化及其他人文知识	2.62	6.147

在专业实践能力方面（见表4），教师具备基本的教学设计、课堂管理（含课外活动）、教学评价方面的能力，但是华文教育教学研究能力（3.02）较低，均值在一般水平左右。此外，教学设计能力中整合中文资源的能力较弱，均值仅为2.96，有超过一半（51.2%）的教师认为缅甸的中文资源非常缺乏，不清楚如何查找或者整合现有的中文资源为自己教学所用；课堂管理能力中促进课堂教学的趣味性（2.98）和课外活动实践能力（3.01）较弱，有接近1/3的教师（32.5%）照本宣科，运用最传统而基本的讲授法将中文知识传授给学生，很少使用其他技巧以促进中文课堂教学的趣味性。

表4 缅甸本土华文教师的专业实践能力水平

	均值	标准差
教学设计能力	3.43	2.876
课堂管理能力	3.33	5.601
教学评价能力	3.32	4.341
华文教育教学研究能力	3.02	5.412

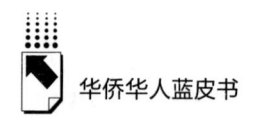

在专业理念与职业道德方面，教师均达到较高的水平，但是华文教师职业的忠诚度一般，均值为3.01。而且在全职教师中，有接近一半（47.8%）的教师"如果有机会，不会选择从事华文教师工作"。

（二）教师专业发展水平与职业生涯轨迹

教师专业发展的四个维度因教师类型的不同而有所变化，由于工作年限是教师专业发展阶段的重要划分依据，也是教师专业发展的基本立足点，这里将重点阐述教师在不同教龄上的专业发展水平，其他诸如性别、婚姻、家庭背景等方面的人口统计学因素将在下文回归分析中进行阐述，这里不再重复。

如图2所示，随着教龄的增长，教师各维度的专业发展水平大致呈波浪式上升状态，大致可以分为五个阶段，即工作1~6年、7~10年、11~17年、18~22年、23年及以上。具体来讲，工作前6年为教师专业发展初期，大多数教师刚接触华文教师工作，对各方面都有较强的新鲜感，在工作上表现出较强的干劲，各方面的专业发展水平也会逐年升高，至第6年基本达到峰值；但工作6年之后，多数教师开始对华文教学产生厌倦、反感心理，各方面的专业发展水平也开始有所下降，特别是专业实践能力、专业理念和职业

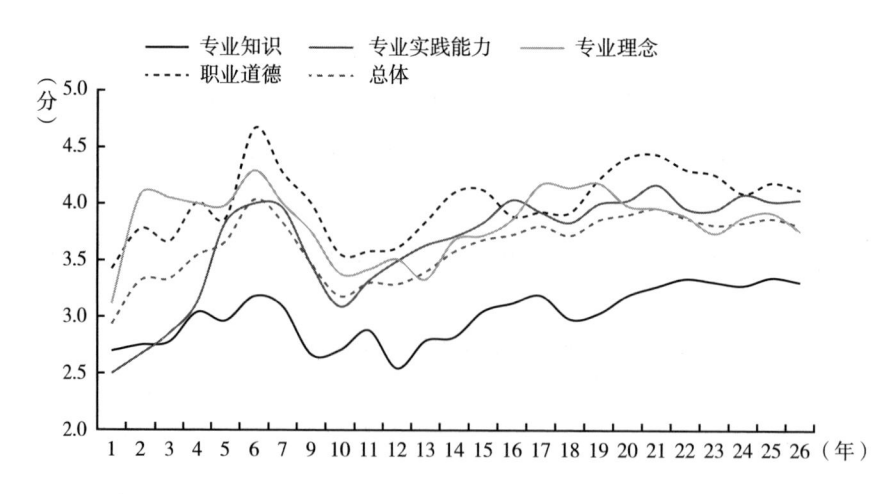

图2 教师在不同教龄上的专业发展水平

道德方面降幅最大；过了这3年低迷期，教师又开始逐渐恢复，专业发展方面也开始小幅提高；但在工作18年时，各方面水平又略有下降，但此时持续时间不长，仅为1年，之后又小幅提高；再工作4~5年，即教龄在22~23年时，又有小幅下降，之后再趋于平稳。

（三）教师专业发展的提升路径

按照调研结果（见图3），在教师个体、同事指导与学校三个层面中，大多数教师（51.2%）认为学校，特别是中方提供的华文教师培训是提升专业发展水平的最有效途径。

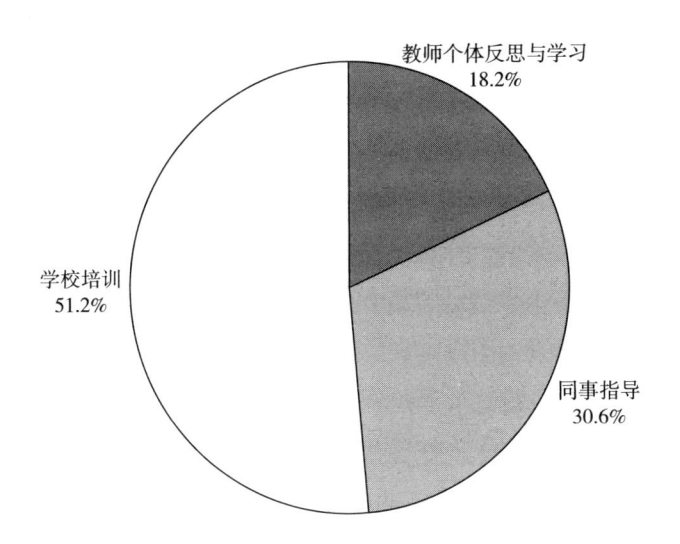

图3 专业发展提升路径的有效性占比

具体来说，在个体层面，缅甸本土华文教师的教学反思（3.05）能力和主动学习能力（3.16）一般，有大约40%的教师很少对自己的中文教育教学工作进行反思，也不会主动关注和学习华文教育教学的前沿知识。在同事指导与学习层面，教师之间更多的会进行集体备课（34.4%）、互助指导（39.7%）和课堂观摩学习（35.7%），很少进行小组合作教学（22.7%）、科研合作（13.7%）（见图4）。

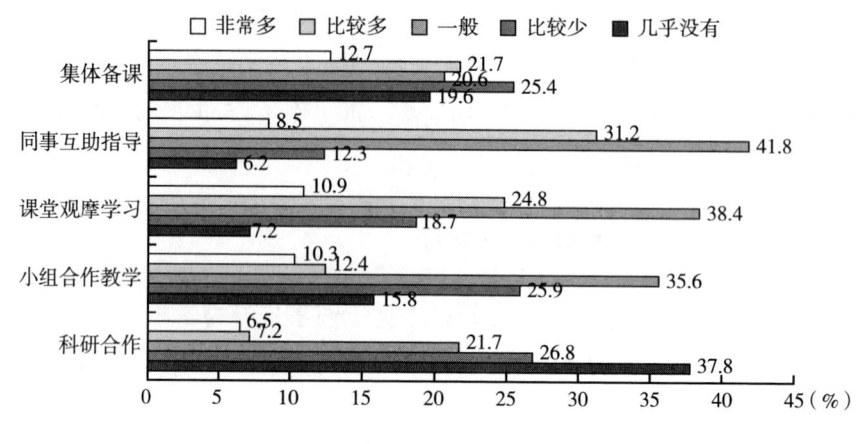

图4 同事合作方面的比例分布

学校层面的教师专业发展路径主要是校本培训和在华培训。虽然诸如缅甸曼德勒云华师范学院、华文教学促进会、华文教育协会等在本土华文教师培训中发挥了重要作用,但由于多数本土华文教师为兼职,且工作机构是个人创办的补习班、社会补习学校或中文培训机构,校本培训的力度并不大,目前提升华文教师专业发展的有效方式仍然是在华培训。从在华接受的培训次数来看,教师平均接受相关的华文教师培训为1.78次,最小值为0,最大值为8。也就是说,缅甸华文教师的培训分布不均衡。如图5所示,参加1~2次和3~4次培训的教师最多,二者共计占54.0%;还有26.4%的教师参加了5次以上,而其余的大约20%的教师从未在中国接受过相关华文教师的学习、培训或教育。

而接受过相关培训的教师群体中,有接近55%的教师认为培训内容比较重复。就调查所反映的培训内容看(见图6),主要以专业知识(70.6%)为主,专业知识中又以语音、语法、阅读、写作等汉语语言学基本知识(43.8%)为主。结合上述的教师发展水平可以发现,当前教师培训的目标性和针对性并不强,在教师掌握水平低的领域(如中华文化知识、中国基本国情知识、现代教育技术性知识等方面)并没有在培训中得到相应的加强。

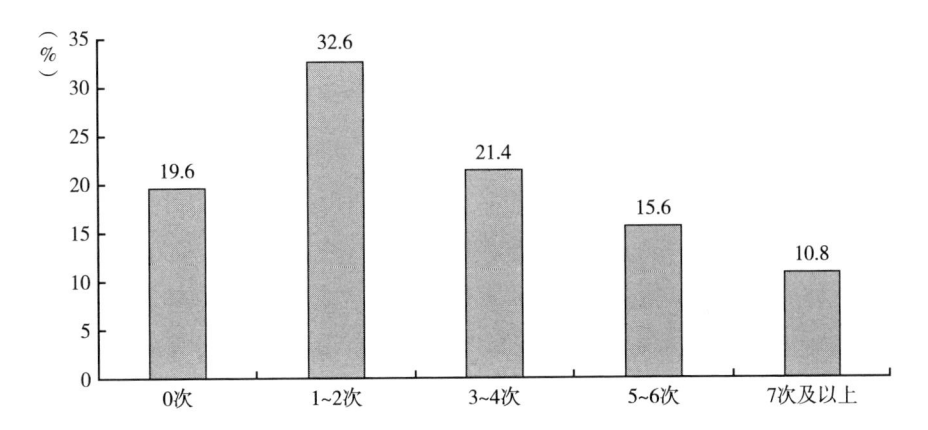

图5 在华培训次数占比

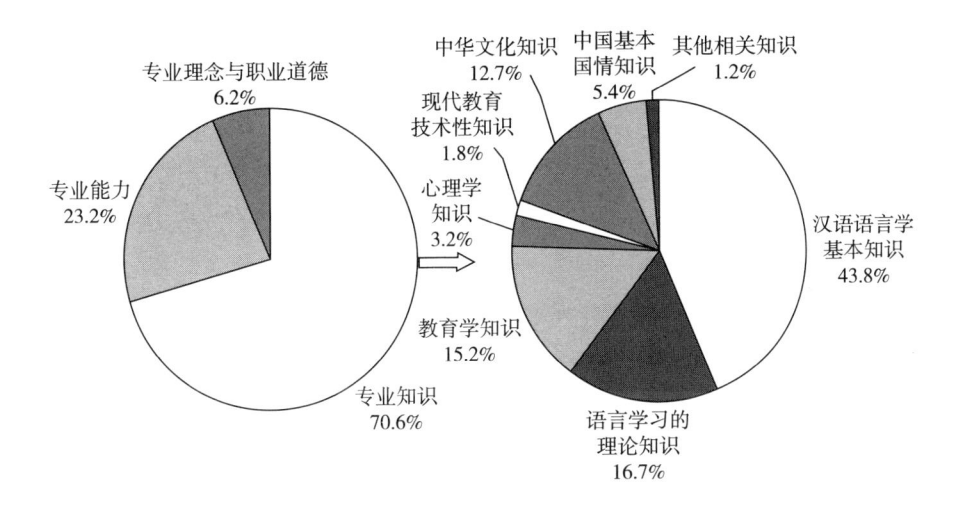

图6 在华培训的内容占比

四 华文教师专业发展水平的影响因素

为了更好地了解缅甸本土华文教师专业发展背后的影响因素，这里采用多元线性回归方法，从教师个体、家庭和学校三个层面进行分析，具体回归模型如下：

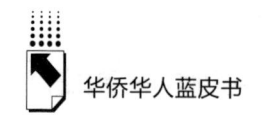

$$Y = \beta_0 + \beta_1 \sum per + \beta_2 \sum fam + \beta_3 \sum ins + \varepsilon$$

Y 为因变量，即华文教师专业发展的总体水平，β_0 为常数项，β_1，β_2，β_3 为回归系数，$\sum per$，$\sum fam$，$\sum ins$ 是影响各项活动时间的自变量，分别为个体因素集、家庭因素集与学校因素集，ε 表示随机误差项。其中，个体因素中，性别（男=1，女=0）、专业背景（对口=1，不对口=0）为虚拟变量，年龄、教龄为实际数值，是连续变量，学历和工作爱好采用由低到高的 5 分赋值，为连续变量；家庭因素中，婚姻状况（已婚=1，未婚=0）、是否华裔（是=1，否=0）均为虚拟变量；学校因素中，学校所提供的岗位性质（全职=1，兼职=0）为虚拟变量，在华培训次数是实际数值，为连续变量，同事指导、领导期望、物质与经济奖励、精神鼓励与支持采用由低到高的 5 分赋值，为连续变量。

经过数据分析发现，各变量的方差膨胀因子 VIF 值均小于 3，说明该模型不存在明显共线性；相应的 F 值具有统计意义，$p < 0.001$，说明本模型具有一定的合理性，适于分析；调整的 $R^2 = 0.748$，说明该模型具有较强的解释意义。表 5 显示了教师专业发展水平的多元线性回归分析结果，可以发现，缅甸本土华文教师的专业发展水平是教师个体、家庭和学校各因素共同影响的结果。

在个体因素中，性别和专业背景并不对教师专业发展水平产生显著影响（$p > 0.05$），也就是说，无论是男性还是女性、无论专业是否对口，教师的专业发展水平都不存在显著性差异。学历、年龄、教龄、工作爱好、收入均对教师专业发展水平产生显著的正相关（$p < 0.05$）：学历越高、年龄越大、从事华文教育时间越长、对华文教育工作的爱好程度越高，教师的专业发展水平越高。特别值得注意的是，从事华文教育时间和对华文教育工作的爱好程度，二者每提高一个单位，教师的专业发展水平大约提高 0.15 倍。这一方面说明教师的专业发展提升离不开教师自身华文教育教学的具体实践，教师只有在华文教育教学中不断摸索，才能提升自身的专业发展水平；另一方面也反映了教师专业发展水平是建立在对华文教育工作的热爱基础之上的，

对华文教育教学工作的价值观、情感、信念等是教师专业成长的基石，也是教师专业发展的前提，因此，如何保持华文教师的职业忠诚与华文教育信念，促进专业化水平，也是需要进一步思索的问题。

在家庭因素中，家庭背景（是否华裔）对教师专业发展水平产生显著影响（$p<0.05$），华裔比非华裔教师的专业发展水平大约高出 0.107 倍。这是因为家庭语言环境是语言学习的重要因素，相对于非华裔教师，出身华裔家庭的教师自然更容易获得相关的中文知识，更容易掌握相关的语言能力。而婚姻状态并不对教师专业发展水平产生显著影响，无论婚否，教师专业发展水平均不存在显著性差异（$p>0.05$）。

在学校因素中，工作机构所提供的岗位性质并不对教师专业发展水平产生显著影响（$p>0.05$），兼职教师和全职教师的专业发展水平差异性并不明显。而其余各变量均对教师专业发展水平产生显著的积极影响（$p<0.05$）：在华培训次数越多、同事指导程度越高、领导期望越大、物质与精神方面的支持度越大，教师的专业发展水平越高。也就是说，缅甸的学校如果能够进一步加强教师的来华培训、重视教师之间的学习与交流、提高物质与精神方面的支持的话，将会大大促进华文教师的专业发展水平。尤其是同事指导，每提高一个单位，教师的专业发展水平高出约 0.7 倍。

表 5　教师专业发展水平的回归分析

维度	变量	系数	Sig. 值
个体因素	性别(男=1,女=0)	0.128	0.165
	年龄	0.035	0.011
	学历	0.095	0.037
	教龄	0.153	0.005
	专业是否对口(是=1,否=0)	0.092	0.091
	工作爱好	0.147	0.001
	收入	0.102	0.032
家庭因素	婚姻状态(已婚=1,未婚=0)	0.093	0.571
	是否华裔(是=1,否=0)	0.107	0.003

续表

维度	变量	系数	Sig. 值
学校因素	岗位性质(全职=1,兼职=0)	0.021	0.134
	在华培训次数	0.160	0.003
	同事指导	0.701	0.037
	领导期望	0.021	0.041
	物质与经济奖励	0.254	0.002
	精神鼓励与支持	0.160	0.004

五 研究结论与相关建议

（一）研究结论

根据调查数据，本文得出的研究结论归纳如下。

第一，缅甸本土华文教师的专业化程度不高。尽管联合国教科文组织早已明文规定了教师的专业化性质，但在缅甸本土华文教师群体中，存在大量的兼职现象，全职教师不足一半，而且学历水平、专业对口程度均偏低，有相当一部分教师尚未达到最基本的本科学历水平，有超过一半的教师"专业不对口"，"教所非学"。在专业发展结构上，华文教师具有基本的汉语语言学基本知识，但是中华文化和教育心理学类的知识掌握程度不高；教师具备基本的教学设计与课堂管理能力，但是在中文资源整合、促进学生学习中文兴趣和课外活动实践能力方面较为欠缺；教师具有较高的职业道德与心理素质，但是对华文教师工作的忠诚度不高。

第二，在专业发展实现途径上，华文教师的专业发展更多的是采用外部形塑的策略，而较少地以自我行为表现为依据进行自我解析与自我反思。教学专业发展的路径一般包括两个方面："一是外在的影响，指对教师进行有计划有组织的培训和提高，它源于社会进步和教育发展对教师角色与行为改善的规范、要求和期望。二是教师内在因素的影响，指教师的自我完善，它源于教师自我角色愿望、需要以及实践和追求。"[①] 但是对于缅甸本土华文教师群体来说，专业成长往往得益于外部，特别是中国方面提供的中文教育培训，而作为专业发展主体的教师，其自身的主动性和自觉性并不高。

第三，华文教师专业发展水平受多重因素的影响。个体因素中，年龄、教龄、学历、工作爱好、收入对教师专业发展水平产生显著的正向影响；家庭因素中，是否来自华裔家庭对教师专业发展水平产生显著的影响，华裔家庭比非华裔家庭的教师专业发展水平高；学校因素中，所提供的在华培训次数、同事指导程度、领导期望、学校物质与经济奖励以及精神方面的支持，对教师专业发展水平产生显著的影响。可以说，在教师专业发展的场域中，教师个体、同事、领导、专家构成了教师专业发展的主要行动群体，教师个体的自主性、同事之间的交流、领导的支持、专家的培训指导成为推动教师专业发展的重要因素。

（二）相关建议

1. 提高华文教师待遇，促进华文教师专业化

有别于其他职业，教师所从事的工作更为强调非营利性、以服务为动机。这也正如美国华盛顿哥伦比亚特区巡回上诉法院对有关专业的判决书中所言："一个专业的实践不是一部赚钱的机器。专业的业务不存在纯商业化的要素。诚然，专业人员依赖于他（她）挣的钱生活，但是他（她）的主要目的和愿望是服务于那些寻求他（她）帮助的人们和他（她）本人所在的社区。"[②] 但这种利他性并不是说教师不需要生存保障，恰恰相反，只有获得相应的稳定生活保障，不必为最基本的生存与生活所烦扰，教师才能够更好地专心致力于教育教学工作。

本研究表明，收入对教师专业发展水平具有积极的正向作用。虽然近年来缅甸政府也致力于提高华文教师的薪资水平，但华文教师的待遇依然处于

---

① 张立昌：《试论教师的反思及其策略》，《教育研究》2001年第12期。
② B. A. Kimball, *The True Professional Ideal*, Cambridge, Mass.: Blackwell Publishers, 1992.

较低层次。有学者通过调查发现，缅甸华文教师的"月工资一般在 800～1200 元（人民币）"①，这种低收入不但不利于华文教师工作的稳定性，还会使很多华文专业的毕业生在就业时不会优先选择从事华文教育工作。通过进一步对华文教师整体的职业忠诚度与收入的相关性分析发现，二者的相关系数高达 0.703。所以，提高华文教师收入，不仅是维护缅甸本土华文教师生存权和专业发展的需要，而且是增强其职业地位，从而吸引更多优秀人才从事华文教育教学工作的重要条件。为此，缅甸政府以及相关教育部门必须进一步增加华文教育投入，切实提高本土华文教师待遇，让教师过上一种体面且有尊严的生活，专心华文教育教学工作。

2. 继续加大与中国的交流与合作，提升教师专业化水平

师资匮乏、专业化水平不高是缅甸本土华文教师所面临的重要问题。虽然中国每年都会派送大量的汉语教师志愿者或者专业教师，但这并不能从根本上解决缅甸华文师资问题。近年来，随着中缅多领域合作的日益密切，缅甸学习华文的人数也逐渐增多，这不但给本土华文教师提出了新的要求，也给缅甸的华文教育工作提出了新的挑战。中国是华语的大本营，因此，缅甸应利用"一带一路"的政策契机，继续进一步加强与中国的交流与合作，完善华文教育体系，提高华文教师质量。

一方面，缅甸政府要加大优秀人才来中国的选送与培养，增强华文师资的本土化"造血"功能。虽然有些高校也开设了汉语或华文教育相关专业，但由于语言文化环境差异，在中国学习的效果往往更佳。而且在华文师资供不应求的背景下，缅甸更应继续加大来中国留学的支持力度，选派更多的学生来中国进行系统而长期的学历教育。同时，缅甸相关机构或华文教育组织还要继续选派更多的本土华文教师来中国进行华文教育教学培训。另外，需要注意的是，培训内容要具有针对性，密切围绕缅甸本土华文教师的专业需求，提升华文教师队伍的专业化水平。

---

① 齐春红：《影响缅甸华文教育师资发展的因素及相关对策研究》，《东南亚纵横》2015 年第 11 期，第 59 页。

另一方面，要充分利用中方派出的师资和教育教学资源，在本地建立和完善华文师资培养与培训系统。一是缅甸当地高校要充分利用中国政府、高校或其他组织所提供的各种华文教育资源，进行华文教育相关学位点建设，在适当扩大缅甸本土华文教育专业人才培养规模的同时，保障教育质量，使更多的优秀人才进入华文教育队伍中；二是当地政府或相关华文教育组织要利用中方的支持力量，加强本土华文教师培训机构建设，进一步完善华文教师培训制度，提高教师职业能力和专业素养；三是进一步加强学术交流与合作，利用好与中方学术交流的机会，进一步拓展华文教育教学理论与方法论知识，提升教师的华文研究能力。

3. 加强教学反思，提高教师专业发展的自觉性

教学反思是教师从自己的教学经验中不断学习，对教学经验不断建构的过程。它可以培养教师的问题意识和批判意识，帮助教师更好地分析、评价和改进教育教学实践中所遇到的各类问题，是教师专业成长的重要标志。教学反思意味着教师自我发展的主动性，需要教师正确认识自己所具备的专业知识、专业技能和专业精神，并就专业水平的短板进行自觉性弥补与提升。

教学反思的核心是反思性教学，实质是探究教学实践的真正意义，促进教师的教育教学能力。按照布鲁巴赫（J. W. Burbacher）的理论解释，教学反思可分为对实践的反思、实践中反思和为实践的反思三种。[1] 对实践的反思一般发生在教学实践之后，是对教学经验的回顾与分析；实践中反思是教师在教学实践过程中的思考与探究；为实践的反思主要发生在教学实践之前，是对教学情境的预测与分析。缅甸本土华文教师不妨按照此理论，从教学实践的不同阶段来反思自己的华文教育教学态度、教学行为与教学结果，变革华文教育教学方法与策略，促进自身的专业水平。

同时，华文教师还要增强自我意识，从自身、学生、同事、管理者等多种角度，主动总结华文教学实践经验，完善知识结构。自我意识是主体性的

---

[1] 朱旭东：《教师专业发展理论研究》，北京师范大学出版社，2011，第185页。

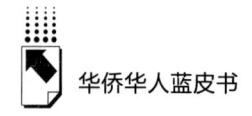

根基，人的一切自主活动都是为了构建和完善主体的自我。① 华文教师专业发展固然需要依托诸如政府、学校等的外在条件保障，但作为主体的教师本身是专业发展的关键性所在。教师只有把华文教育教学培训、教学实践与教学反思结合起来，善于发现华文教育中的问题，才能建构自己的教育智慧，促进自身的专业成长。

---

① 毛玥、卢旭：《教师主体性发展的困境及其突破》，《中国教育学刊》2016年第8期。

B.3 泰国华裔留学生社交媒介使用与跨文化适应调查报告

郝瑜鑫 余 琪[*]

摘 要： 教育全球化带来了学生跨国流动的频繁状况，留学生如何在异国他乡完成文化适应是该背景下的重要议题，但是关于华裔留学生的研究并不多见。本文以泰国华裔留学生为研究对象，使用问卷调查与深度访谈的混合研究法探讨泰国华裔留学生的社交媒介使用与跨文化适应。研究结果显示：第一，泰国华裔留学生在心理适应、文化适应、生活适应、对中国文化的认同和人际交流方面均具有较高水平。第二，泰国华裔留学生社交媒介使用强度的强弱顺序为微信、Facebook、Line、Twitter、微博、QQ，旅居地媒体成为留学生完成文化适应和文化融入必不可少的社交媒介工具。此外，泰国华裔留学生使用社交媒体的个体差异状况明显，其中语言水平显著影响留学生在中国社交媒体上的跨文化交际能力和学习能力。第三，不同社交媒介在跨文化适应过程中扮演着不同角色。其中，祖居地社交媒介在留学生媒介使用经验中扮演心理舒压和长期陪伴的角色，它为泰国华裔留学生提供了归属感与精神表达的空间，而旅居地社交媒介更多的是承担信息交换工具的角色。

---

[*] 郝瑜鑫，博士，华侨大学华文教育研究院副教授、硕士研究生导师，研究方向为华文教育和二语习得；余琪，重庆大学新闻学院在读硕士研究生。

关键词： 社交媒介　跨文化适应　泰国华裔留学生

一　引言

随着教育全球化和中泰两国经贸与文化的频繁往来，中国已成为泰国学生出国留学的重镇。中国教育部数据显示，在来华留学的49.21万名学生中，泰国留学人员达28608人，列留学生来源国的第二位，而泰国华裔则是其中重要的组成部分。[①] 尽管泰国学生赴中国留学人数庞大，但由于中泰两国在政治、经济、社会、文化等方面的差异，泰国华裔留学生面临着跨文化适应的问题。有研究发现，泰国华裔留学生在"汉语学习、社会价值观、人际关系构建、社会支持获取"四个方面存在适应困难。[②] 面对陌生文化的冲击，泰国华裔留学生是如何完成跨文化适应的？他们是如何在跨文化沟通中完成身份转变的？这成为亟待开展的课题。

近年来，以数字化、网络化、移动化为特征的社交媒介在日常沟通中扮演重要角色，它们也顺势成为留学生完成文化适应的重要工具。国外学者发现，在进行跨文化沟通的过程中，社交媒介支持留学生加强、构建与维护人际关系，并在网络中建立虚拟社区，确保留学生同时与原文化群体和主文化群体在网络世界互动。[③]

过往对于泰国华裔留学生的跨文化适应研究集中于语言学习、教育政策、区域性跨文化适应等面向。有研究从汉语学习的议题入手，探讨留学生汉语学习动机、二语习得能力与习得问题、语言学习与文化认同关系等具体问题。也有研究从留学生在华留学的教育政策出发，对汉语教学设计、留学

[①] 《2018年来华留学统计》，中华人民共和国教育部网站，http://www.moe.gov.cn/jyb_xwfb/gzdt_gzdt/s5987/201904/t20190412_377692.html。

[②] 全修忠：《在渝泰国留学生跨文化适应调查研究》，硕士学位论文，西南大学，2013，第22页。

[③] R. Sawyer & Chen Guo-Ming, "The Impact of Social Media on Intercultural Adaptation," *Intercultural Communication Studies* 21 (2012): 151–169.

生的汉语学习问题进行研究。还有部分研究从跨文化传播的角度出发，针对不同地区的泰国华裔留学生进行跨文化适应的研究。但社交媒介在其跨文化适应中发挥的作用则鲜有涉及。本报告引入社交媒介这一影响因素，关注泰国华裔留学生整体的跨文化适应状况和问题，探讨泰国华裔留学生如何以社交媒介为中介进行跨文化适应，阐释社交媒介在泰国华裔留学生跨文化适应过程中承载的作用与意涵。

二 概念定义与文献综述

（一）跨文化适应

Oberg 认为，文化冲击（culture shock）是指个人移居到新环境的过程中，面临失去熟悉的社会符号和社会交往象征，而在心理上引发焦虑、忧郁等负面情绪。①面对陌生文化的冲击，旅居者的文化适应显得格外重要。Redfield 等最早提出了跨文化适应的概念，他们认为："文化适应是指两种不同文化的群体在接触的过程中所导致的文化模式的变化。"②

对于跨文化适应的测量，Berry 认为可从跨文化心理适应与跨文化社会适应两个方面入手，③其中跨文化心理适应可以通过旅居者个人心理对生活的满意度来体现，跨文化社会适应则是对旅居者适应旅居地社会文化环境能力的研究，包括对旅居者在旅居地生活、人际交往、语言水平、对旅居地文化理解等方面。④本调查借鉴 Berry 对跨文化适应的测量，将跨文化适应分

---

① K. Oberg "Cultural Shock：Adjustment to New Cultural Environments" *Practical Anthropology* 7 (2006)：177 - 182.
② R. Redfield et al., "Memorandum for the Study of Acculturation" *American Anthropologist* 38 (1936)：149 - 152.
③ J. W. Berry, *Acculturation as Varieties of Adaptation*, Westview Press, 1980, pp. 9 - 25.
④ C. Ward, A. Kennedy, "The Measurement of Sociocultural Adaptation," *International Journal of Intercultural Relations*, 2 (1999)：659 - 677.

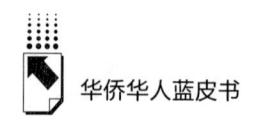

为心理适应、生活适应、人际交流、文化适应和对中国文化的认同五个方面。

为了继续探求泰国华裔留学生的跨文化适应状况，本调查提出第一个问题。

RQ1：泰国华裔留学生的跨文化适应现状如何？

（二）跨文化适应与社交媒介使用

在探讨社交媒介对跨文化适应的影响时，通常将社交媒介按照语言系统分为旅居地媒体和祖居地媒体。旅居地媒体就是个体来到所旅居的国家后接触到的各类媒介渠道。祖居地媒体就是个体在母国使用的媒体，其文字载体基本为祖居地语言。①中国和泰国拥有不同的社会环境和文化环境，在社交媒介的发展和应用上也呈现不同的样貌。在中国，以"金盾工程"为代表，网络防火墙的出现极大地改变中国的社交媒介发展环境。部分国外社交网站包括如Facebook、Twitter、YouTube、Line等在中国无法使用。这导致了中国与世界其他地区迥异的社交媒介发展样貌。②微信是当下中国最具代表性的社交媒介，其对留学生的跨文化适应也有重要影响。奥莉亚对天津青年留学生的研究发现，微信使用有助于其创造社会资本，加强文化适应能力；③金恒江和张国良发现微信使用对提高留学生的中国社会认同感和强、弱社会关系具有较大正面作用，但对于社会参与的作用则影响有限。④

根据We Are Social于2018年统计的泰国社交媒介数据，最受欢迎的前

---

① M. A. Johnson, "How Ethnic Are US Ethnic Media: The Case of Latina Magazines," *Mass Communication & Society*, 3 (2000): 229–243.
② 李娜、胡泳：《社交媒介的中国道路：现状、特色与未来》，《新闻爱好者》2014年第12期。
③ 奥莉亚：《天津青年留学生的微信使用与跨文化适应调研》，硕士学位论文，天津师范大学，2015，第56页。
④ 金恒江、张国良：《微信使用对在华留学生社会融入的影响——基于上海市五所高校的调查研究》《现代传播》2017年第1期。

五名社交媒介分别为 Facebook、Line、Twitter、Instagram、Youtube。[1] 泰国社交媒介的发展和使用较为"国际化"。对于泰国华裔留学生来说,最常使用的祖居地媒体则包括泰文版的 Facebook、Twitter、Line 等社交媒介,最常使用的旅居地媒体则包括微信、微博和 QQ 等社交媒介。依循此,本调查将泰国华裔留学生的社交媒介研究范围设定在 Facebook、Twitter、Line、微信、微博和 QQ 这六个社交媒介。

当留学生远离家乡在外求学时,作为旅居者的他们会如何使用这些社交媒介?这些社交媒介又会起到什么样的作用?为了进一步探求泰国华裔留学生的各个社交媒介使用对跨文化适应有何种影响,本调查提出第二个研究问题。

RQ2:泰国华裔留学生社交媒介的使用对其跨文化适应有什么样的影响?

(三)跨文化适应过程中媒介使用的个体差异

Kim 认为,没有两个个体的跨文化经验是相同的,跨文化适应下的媒介使用往往受到性别、年龄、旅居地语言能力、居留时长、性格等因素的影响。[2]

在旅居地语言能力方面,有学者认为文化的学习能力和跨文化交际能力主要取决于旅居地语言的熟练程度。而文化的学习、跨文化交际都离不开媒介。[3] 多项研究证明,旅居地语言能力与旅居地媒体的使用或偏好呈正相关。Ye 发现在美国的东亚留学生,英语的熟练程度越高,其使用美国媒体的强度也就越高。[4]

---

[1] 《2019 年数字东南亚之泰国》,We Are Social,http://www.199it.com/archives/832717.html。
[2] M. S. Kim, "Intercultural Communication in Asia: Current State and Future Prospects," *Asian Journal of Communication*, 20 (2010): 166 - 180.
[3] W. Searle & C. Ward, "The Prediction of Psychological and Sociocultural Adjustment during Cross-cultural Transitions," *International Journal of Intercultural Relations*, 14 (1990): 449 - 464.
[4] J. Ye, "Acculturative Stress and Use of the Internet among East Asian International Students in the United States," *Cyber Psychology & Behaviw*, 8 (2005): 154 - 161.

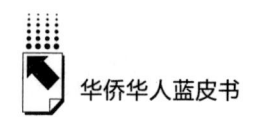

在居留时长方面，Greenberg 认为，刚刚进入陌生文化的个体，居留的时间越长，当地主流媒体的使用率也就更高。他发现墨西哥移民在美国的居住时间越长，阅读当地报纸的频率就越高，但花在阅读西班牙语报纸上的时间越短。① 同样地，在美国居留时间越长的中国留学生，比起新来的同辈更精于使用旅居地媒体。值得补充的一点是，学者们对居留时长与祖居地媒体的关系存在不同结论。Hsu 等人指出没有证据可以证明留在美国时间越长的留学生，越少使用祖居地媒体。② 但其他学者持不同意见，他们发现居留时长与祖居地媒体使用强度呈显著负相关，即在美国时间越长的韩国移民越少使用韩国媒体。③

除此之外，过往的文献研究还将性别与学生身份囊括在内。Pfeil 发现，各个年龄组或不同学历的人在使用 MySpace 上存在诸多差异，尤其是不同功能的使用。④ Colley 和 Maltby 发现，男性使用互联网主要为了职业利益，女性则是为了社交。可见，年龄与性别是研究社交媒介中不可忽视的两大变量。⑤

基于上述探讨，为了继续探求泰国华裔留学生的社交媒介使用情况和个体差异状况，本调查提出第三个问题。

RQ3：泰国华裔留学生的社交媒介使用强度为何？存在怎样的个体差异？

---

① B. Greenberg, "Minorities and the Mass Media: 1970s to 1990s," in *Media Effects: Advances in Theory and Research*, edited by J. Bryant, and D. Zillmann N. J. Hillsdale, Lawrence Eribaum Associates, 1994, pp. 66 – 75.

② T. Hsu, A. Grant, & W. Huang, "The Influmce of Social Networks on the Acculturation Behavior of Foreign Students," *Connection*, 16 (1993): 23 – 36.

③ S. Moon, & C. Y. Park, "Media Effects on Acculturation and Biculturalism: A Case Study of Koean Imimgrants in Los Angeles," *Mass Coication and Society*, 10 (2007): 319 – 343.

④ U. Pfeil, "Age Differences in Online Social Networking: A Study of User Profiles and the Social Capital Divide among Teenagers and Older Users in MySpace," *Computers in Human Behavior*, 25 (2009): 643 – 654.

⑤ A. Colley, J. Maltby, "Impact of the Internet on Our Lives: Male and Female Personal Perspectives," *Computers in Human Behavior*, 24 (2008): 5 – 13.

三 研究问题与方法

（一）研究问题与假设

基于以上探讨，本文提出以下研究问题。

RQ1：泰国华裔留学生的跨文化适应现状如何？

RQ2：泰国华裔留学生社交媒介的使用对其跨文化适应有什么样的影响？

RQ3：泰国华裔留学生的社交媒介基本使用强度为何？存在怎样的个体差异？

针对以上问题，本文从理论回溯、提出问题、研究设计、实证校验、反思讨论五个大的步骤出发，论证和探讨社交媒介语境中在华泰国华裔留学生的媒介使用行为及其跨文化适应。

要了解泰国华裔留学生的媒介使用及跨文化适应情况，单纯使用问卷调查或半结构式访谈方法都无法更为细致全面地进行探讨，因此本调查采用混合式研究路径，本调查使用问卷调查的方法收集数据进行社交媒介使用与跨文化适应相关关系的分析，为了弥补量化研究无法深入探讨个体行动因素的局限，补充使用深度访谈研究方法，对问卷调查中体现的相关现象进行挖掘。

（二）问卷调查法

1. 数据搜集与样本状况

本文运用问卷调查的方法对人口统计学差异、社交媒介使用强度、社交媒介使用动机、跨文化适应状况之间的可能性关系进行探究。调查对象为在中国留学的泰国华裔学生（包括本科生、硕士研究生、博士研究生、政府官员培训班学生），调查问卷上传、发布于"问卷星"网站（https://www.wjx.cn/），并利用"立意抽样"与"滚雪球抽样"方法抽取研究样本。在问卷的发放过程中,本调查委托学生干部和华文学院教师通过微信、QQ、手机短信、线下填写四种方式邀请被调查对象填写问卷。除此之外,本调查还将问卷链接发布 Facebook 动态以及各类留学生的微信群、QQ 群等,帮助调查进一步扩大传播范围。截至 2020 年 1 月 10 日,本调查共成功收回问卷 170 份,将拥有异常数据、无效数据的问卷以及非华裔调查者的问卷予以剔除,而后剩余 146 份,问卷的有效回收率为 85.88%。

在调查的 146 份样本中,样本群主要涵盖了中国的 4 座城市(厦门、广州、北京、武汉)的 6 所大学(华侨大学、厦门大学、暨南大学、北京师范大学、北京外国语大学、华中科技大学)。调查样本的基本信息如下。

在性别方面,男性占比 18.49%($N=27$),女性占比 80.82%($N=118$),其他为 0.68%($N=1$)。调查对象的男女性别比例约为 1∶4,男女人数差距较为悬殊,这主要是受泰国华裔留学生在中国所学专业的影响。研究数据显示,泰国华裔留学生在中国高校进修专业主要包括汉语相关专业、管理类专业、医学类专业、机械理工类专业。而其中汉语相关专业占比则达七成,专业性别比例也约为 1∶4。[1]

在年龄方面,泰国华裔留学生最小的为 18 岁,最大的为 36 岁,平均值为 21 岁($SD=3.71$);在学生身份类型方面,本科生占比 89.04%($N=130$),硕士研究生占比 8.22%($N=12$),博士研究生占比 1.37%($N=2$),政府官员培训班学生占比 1.37%($N=2$)。

在居留时长方面,在中国居住 3 个月以内的占比 8.22%($N=12$),居住 3 个月到半年的占比 28.77%($N=42$),居住半年到 1 年的占比 9.59%($N=14$),居住 1 年到 3 年的占比 40.41%($N=59$),居住 3 年以上的占比 13.01%($N=19$)。泰国华裔留学生的居留时长大多以一年为分界线,一年以内和超过一年的占比相当。

在汉语水平方面,总体上的汉语综合水平平均分为 2.63($SD=1.18$),接

---

[1] 陈博谦:《在陕泰国留学生跨文化适应问题研究》,硕士学位论文,西北大学,2017,第 32 页。

近于均值3，汉语水平整体合格。而分为具体的汉语听力、汉语阅读、汉语口语、汉语写作方面，平均分则分别为2.94（$SD=1.65$）、2.38（$SD=1.20$）、2.70（$SD=1.52$）、2.52（$SD=1.40$），其汉语听力和汉语口语略强于汉语阅读和汉语写作，其语言的实践应用能力强于书面表达能力（见图1）。

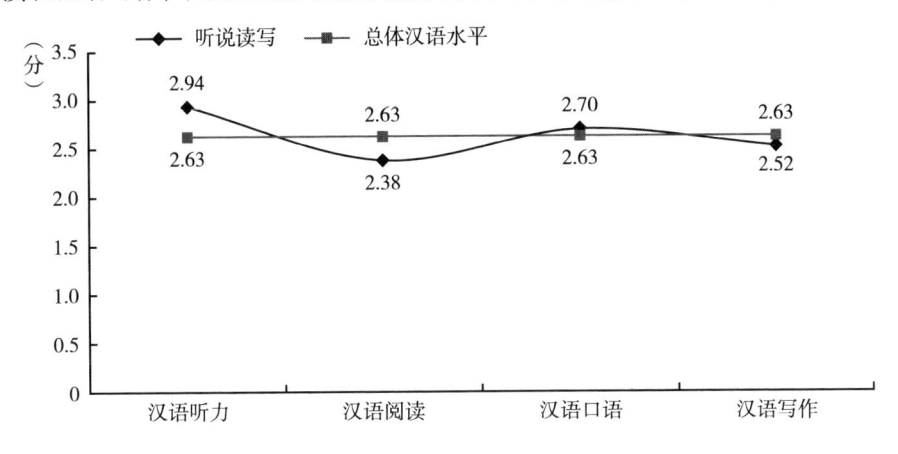

图1 泰国华裔留学生的汉语水平

2. 测量工具

根据研究问题，本调查的问卷整体上分为四部分：人口统计学信息、社交媒介使用强度、社交媒介使用动机和跨文化适应状况。

（1）人口统计学变量

参考既往跨文化适应研究中的问卷，本文对于人口统计学信息的统计主要包括"性别、年龄、学生身份、是否为华裔、在华居留时长、汉语水平"这六个方面。该部分不仅能够帮助研究者宏观地了解被研究对象的群体基本特征，也能够在检验时作为自变量对社交媒介使用情况进行相关分析。其中对于语言水平的测量，本调查参考了《2001年欧洲语言教学与评估共同参考框架：学习、教学、评估》中的"语言水平自测表"。[①]

[①] Council for Cultural Co-operation Education Committee, *2001 Common European Framework of Reference for Languages: Learning, Teaching and Assessment*, Cambridge: Cambridge University Press, 2001, p.65.

（2）社交媒介使用强度

社交媒介使用强度是指个体积极参与社交媒介的程度及其对社交媒介的依赖度。本调查采用由 Ellison，Steinfield，Lampe 设计的 Facebook 使用强度量表（Facebook Use Intensity Scale）来测量个体的社交媒介使用强度。[①] 该量表具有良好的信效度，已被大量文献采用以研究中国的社交媒介，如"微博""QQ 空间"等，经检验具有良好的适应性。[②]

本调查借鉴上述研究处理方式，将原问卷中的"Facebook"修改为"该社交媒介"。修订后的量表共有 7 个题目，所有题目的平均分即代表个体的各个社交媒介使用强度。具体问题为："请估算您过去一周中，平均每天使用以下社交媒介的时长""请估算您目前平均每个月使用以下社交媒介的时间""该社交媒介已成为我日常生活的一部分""我乐于让大家知道我是该社交媒介用户""如果一段时间没有使用该社交媒介，我会感到与他人/社会失去了联系""如果卸载了该社交媒介，我会因为不能继续使用而感到低落或焦虑""我感觉自己是该社交媒介平台中的一员"。本文对 7 个题项的测量形式统一采用李克特 7 级量表，从 1 到 7 代表"非常不同意"到"非常同意"来计算每项描述的分数，如果某个题项的得分在问卷中的均值显著大于 4，我们认为受访者对该社交媒介的使用程度及依赖性较显著。

（3）跨文化适应量表

跨文化适应包括心理适应和社会适应，它们是跨文化适应的核心变量。其中心理适应主要通过旅居者个人心理对生活的满意度来体现，本问卷参考

[①] N. B. Ellison, C. Steinfield, C. Lampe, "The Benefits of Facebook Friends: Social Capital and College Students Use of Online Social Network Sites," *Journal of Computer-Mediated Communication*, 12（2007）: 1143 - 1168.

[②] M. Chan, X. Wu, Y. Hao, R. Xi, & T. Jin, "Microblogging, Online Expression, and Political Efficacy Among Young Chinese Citizens: The Moderating Role of Information and Entertainment Needs in the Use of Weibo," *Cyberpsychology Behavior and Social Networking*, 15（2012）: 345 - 349. 牛更枫、孙晓军、周宗奎、孔繁昌、田媛：《基于QQ空间的社交网站使用对青少年抑郁的影响：上行社会比较和自尊的序列中介作用》，《心理学报》2016 年第 10 期。

了 Ward 和 Kennedy 的心理适应问卷和严文华的生活满意度问卷。① 在社会文化适应方面，本调查借鉴 Ward 和 Kennedy 的社会文化适应问卷，包括旅居者在旅居地生活、人际交往、对旅居地文化理解等方面内容。② 综上，本问卷将泰国华裔留学生的跨文化适应水平分为心理适应、生活适应、人际交流、文化适应和对中国文化的认同五个方面。同样采用李克特 7 级量表，从 1 到 7 代表"非常不同意"到"非常同意"来计算每项描述的分数。

3. 数据处理

本问卷进行数据搜集的平台为问卷星，进行数据处理的软件为 SPSS 26.0。为了保证调查问卷的结果具有统计学意义，本调查对问卷进行了信度分析。

本量表进行信度分析主要采用克隆巴赫信度系数（Cronbach's Alpha）进行检测。对于社交媒介使用强度量表，根据 SPSS 的信度分析，信度系数值为 0.901，大于 0.9，说明研究数据信度质量很高。具体数据见表 1。

表 1 社交媒介使用强度量表信度分析

Cronbach'α 系数	标准化 Cronbach'α 系数	项数
0.901	0.904	7

对于跨文化适应量表，根据 SPSS 的信度分析，五个类别的量表 Cronbach'α 系数均大于 0.8，说明研究数据信度质量高。具体数据见表 2。

表 2 跨文化适应量表信度分析

类别	Cronbach'α 系数	标准化 Cronbach'α 系数	项数
心理适应	0.881	0.886	5
生活适应	0.936	0.935	8
人际交流	0.885	0.886	5
文化适应	0.918	0.918	5
对中国文化的认同	0.834	0.846	4

---

① 严文华：《跨文化适应与应激、应激源研究：中国学生、学者在德国》，《心理科学》2007 年第 4 期。

② C. Ward, A. Kennedy, "The Measurement of Sociocultural Adaptation," *International Journal of Intercultural Relations*, 23 (1999): 659–677.

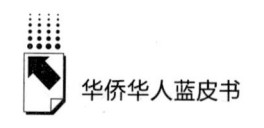

（三）深度访谈法

本调查的访谈部分是为了弥补量化研究无法深入探讨个体行动因素的局限，故而对问卷调查中体现出的现象和需要细节补充的部分列出问题。

在对访谈对象的选择上，本调查在问卷调查后获取了愿意进一步访谈的六位被访者联系方式，在征得本人同意后，本调查对其进行线上或线下的半结构式访谈。访谈对象信息见表3。

表3　访谈对象及相关信息

访谈对象	访谈日期	访谈时长	访谈方式	学生身份	所读大学
A	2020.01.10	104分钟	面对面访谈	硕士生一年级	华侨大学
B	2020.01.11	81分钟	面对面访谈	硕士生一年级	华侨大学
C	2020.02.23	48分钟	电话访谈	本科二年级	暨南大学
D	2020.02.24	31分钟	电话访谈	本科三年级	华侨大学
E	2020.02.24	34分钟	电话访谈	本科三年级	北京语言大学
F	2020.02.26	25分钟	电话访谈	本科四年级	北京师范大学

四　泰国华裔留学生跨文化适应与社交媒介使用现状

本部分将通过描述性统计的方式回答两个研究问题。

RQ1：泰国华裔留学生的跨文化适应现状如何？

RQ3：泰国华裔留学生的社交媒介基本使用强度如何？存在怎样的个体差异？

先呈现泰国华裔留学生的跨文化适应现状，其后分析泰国华裔留学生社交媒介使用现状。

（一）泰国华裔留学生的跨文化适应现状

本调查将跨文化适应分为心理适应、生活适应、人际交流、文化适应和对中国文化的认同五大类别。从表4中可以看出，五大类别的跨文化适应平均值都超过3.5，说明泰国华裔留学生在心理适应、生活适应、人际交流、文化适应和对中国文化的认同方面都有良好的表现。具体而言，泰国华裔留学生在心理适应、对中国文化的认同和文化适应这三个方面表现突出，平均值均超过5.0；而在生活适应和人际交流方面表现不佳，尤其是在人际交流方面，平均值仅4.723（见图2）。

表4 泰国华裔留学生跨文化适应状况数据（$n=146$）

名称	最小值	最大值	平均值	标准差	中位数
心理适应	3.000	7.000	5.175	1.049	5.000
生活适应	1.875	7.000	4.973	1.026	4.875
人际交流	1.000	7.000	4.723	1.044	4.600
文化适应	2.250	7.000	5.036	0.994	4.750
对中国文化的认同	1.750	7.000	5.146	1.050	5.000

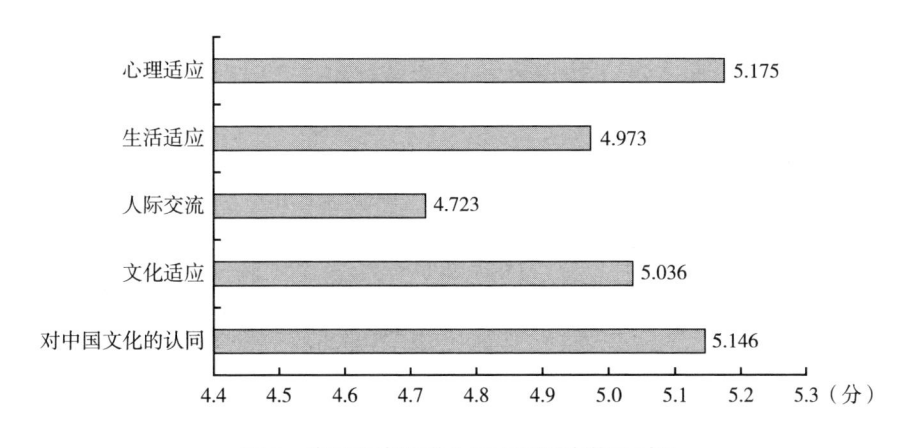

图2 泰国华裔留学生跨文化适应状况对比

在心理适应方面，既有研究表明，大多数泰国华裔留学生由于其本国宗教及文化的影响，性格相对于其他国家的留学生更加乐观平和。在跨文化背景下，由于其性格，心理适应也能得到一定的缓解。

而在人际交流方面，华裔留学生往往会因为汉语水平和文化差异而遇到

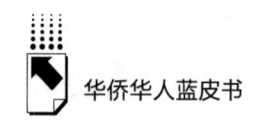

诸多问题。来自暨南大学的C同学谈到自己曾经对中国某道菜的误解：

> 在中国菜馆里面点菜时经常会碰到这样的情况，有一次我的学长带我出去吃饭，我看到菜单上有一道菜是"红烧狮子头"，我以为这道菜跟狮子肉有关系，所以不敢点。我比较害羞，不敢问老板，但是又很想知道是什么，我就问学长，学长告诉我说应该是面包一类的东西。直到有一天我偶然看到quora上面有关于这道菜的回答，才明白是什么。（受访者C）

除此之外，华裔留学生自身也倾向于同本国留学生进行交流而较少主动地结识中国朋友，这使其与中国人的人际交流表现不佳。来自北京语言大学的E同学说道："来到中国后，我觉得大多数泰国人包括我自己，都会先主动地加入本校的泰国留学生联合会，认识来自泰国的同学，而与中国同学的交往和交流并不多。"

（二）社交媒介使用强度及个体差异分析

1. 社交媒介使用强度情况分析

本调查将问卷数据导入SPSS软件进行描述性分析，可得出各社交媒介使用强度的平均值、标准差及中位数。本调查以数据的平均值作为使用强度的衡量标准，分析发现在华泰国华裔留学生社交媒体使用强度的强弱顺序为微信、Facebook、Line、Twitter、微博、QQ（见图3）。

前述文献探讨显示，在泰国国内使用语境下，大学生群体社交媒介使用强度的强弱顺序为Facebook、Line、Twitter，在中国的使用语境下，大学生群体社交媒介使用强度的强弱顺序为微信、QQ、微博。但在跨文化的语境中，泰国华裔留学生的微信使用强度超过了Facebook、Line和Twitter，这显示了旅居地社交媒介在留学生跨文化适应中的重要性，旅居地媒体成为留学生完成文化适应和文化融入必不可少的社交媒介工具。

我们认为这可能与微信是中国人最广泛使用的社交媒介有很大关系。微

```
Facebook使用强度  4.12
Twitter使用强度   2.85
Line使用强度      3.65
微信使用强度       5.31
QQ使用强度        1.75
微博使用强度       1.77
```

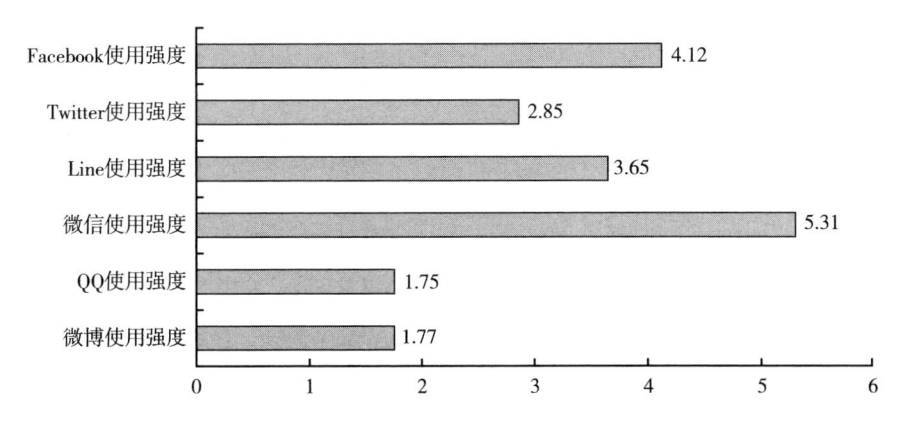

图3　泰国华裔留学生社交媒介使用强度对比

信作为中国的一款社交媒介，渗透率超过94%，如今已逐渐将社交与游戏、运动、电子商务、职业招聘、影音娱乐等结合，渗透到人们的日常生活中，而泰国留学生为了适应在中国的留学生活，也不得不使用微信这一社交媒介。

在对泰国华裔留学生的访谈中，微信的易用性、有用性、同伴压力是三大使用原因。来自华侨大学的D同学已经使用微信三年了，她说道：

> 来中国之前，我就查资料发现中国这边不用FB、IG这一类的App，最常用的是Wechat和QQ，我之前还担心会很不习惯它的操作，但是来中国一周后就习惯了。因为有些老师或同学下课后会让我们加他的微信，我们自己也会建立班级的微信群，到这边来，微信是必不可少的。（受访者D）

除此之外，也有留学生反映微信对日常生活购物的重要性。刚来到中国时，泰国华裔留学生发现无现金支付方式比在泰国更为普遍，为了满足日常生活购物的需求，留学生也会尽快而高频地使用微信。

总之，微信能够满足泰国华裔留学生的社会交往、生活购物、娱乐休闲等多种需求，已成为泰国华裔留学生的必要社交媒介。

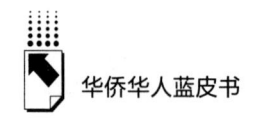

2. 社交媒体使用的个体差异分析

本研究包含的被调查者的个体差异包括"性别""学生身份""汉语水平""在华居留时长"四个方面。

（1）性别差异

首先是对于社交媒体使用的差异，本研究利用独立样本t检验去研究"性别"对于6种社交媒体使用强度的差异性。结果显示，"性别"只对于Facebook使用强度呈现0.05水平显著性（$t = -2.265, p = 0.025$），具体分析发现，男性的平均值（3.97）会明显低于女性的平均值（4.66）。换言之，在中国留学期间，女性华裔留学生比男性华裔留学生更多地使用Facebook（见表5）。

表5　性别与社交媒体使用强度t检验分析结果

	Facebook 使用强度	Twitter 使用强度	Line 使用强度	微信使用 强度	QQ使用 强度	微博使用 强度
t	-2.265*	0.807	-0.291	0.64	-0.204	0.79
p	0.025	0.421	0.772	0.523	0.839	0.431

注：*$p<0.05$。

（2）学生身份差异

对于社交媒体使用的差异，本研究利用单因素方差分析去研究"学生身份"对于6种社交媒体使用强度的差异性，发现"学生身份"对于Line使用强度呈现0.05水平显著性（$F = 2.973, p = 0.034$），并且发现在Line的使用上"政府官员培训班学生＞博士生；政府官员培训班学生＞本科生"，也就意味着政府官员培训班的泰国留学生使用Line的强度明显高于其他学生身份的泰国华裔留学生。

表6　学生身份与社交媒体使用强度方差分析结果

	Facebook 使用强度	Twitter 使用强度	Line 使用强度	微信使用 强度	QQ使用 强度	微博使用 强度
F	1.776	1.498	2.973*	1.75	2.233	2.101
p	0.155	0.218	0.034	0.16	0.087	0.103

注：*$p<0.05$。

(3) 汉语水平差异

对于社交媒体使用的差异，本研究利用相关分析去研究6种社交媒体使用强度分别和"汉语水平"之间的相关关系，使用 Pearson 相关系数去表示相关关系的强弱情况。发现 Line 使用强度与"汉语水平"之间有着负相关关系（$F = -0.172$，$p = 0.038$）。而微信（$F = 0.188$，$p = 0.023$）、QQ（$F = 0.379$，$p = 0.000$）和微博（$F = 0.206$，$p = 0.013$）的使用强度与"汉语水平"之间有着正相关关系。换言之，中文程度越好的留学生，越常使用旅居地社交媒体，而中文程度欠佳的留学生，则倾向于使用祖居地社交媒体。具体情况见表7。

表7 汉语水平与社交媒体使用强度相关分析

	Facebook 使用强度	Twitter 使用强度	Line 使用强度	微信使用强度	QQ 使用强度	微博使用强度
相关系数	0.161	0.013	-0.172*	0.188*	0.379**	0.206**
p	0.053	0.876	0.038	0.023	0.000	0.013

注：$*p<0.05$，$**p<0.01$。

(4) 在华居留时长差异

对于社交媒体使用的差异，本研究利用相关分析去研究6种社交媒体使用强度分别和"在华居留时长"之间的相关关系。具体分析后发现，Line 使用强度与"在华居留时长"之间有着负相关关系（$F = -0.320$，$p = 0.023$），而 QQ 使用强度与"在华居留时长"之间有着正相关关系（$F = 0.309$，$p = 0.000$）。具体情况见表8。

表8 在华居留时长与社交媒体使用强度相关分析表

	Facebook 使用	Twitter 使用强度	Line 使用强度	微信使用强度	QQ 使用强度	微博使用强度
相关系数	0.118	0.066	-0.320*	0.100	0.309**	0.052
p	0.156	0.431	0.023	0.230	0.000	0.533

注：$*p<0.05$，$**p<0.01$。

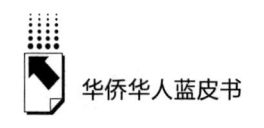

五 各类社交媒介对跨文化适应的影响分析

为了得到各类社交媒介与跨文化适应的影响分析，本调查将各类社交媒介的使用强度作为自变量，分别以心理适应、生活适应、人际交流、文化适应和对中国文化的认同作为因变量，进行线性回归分析，得出以下研究结果。

（一）作为总体的跨文化适应分析

本节将通过回归分析的方式探讨问题二。

RQ2：泰国华裔留学生社交媒介的使用对其跨文化适应有什么样的影响？

如上文所述，我们将心理适应、生活适应、人际交流、文化适应和对中国文化的认同五个方面的适应情况平均值作为总体的跨文化适应值。我们将Facebook使用强度、Twitter使用强度、Line使用强度、微信使用强度、QQ使用强度、微博使用强度作为自变量，而将跨文化适应作为因变量进行线性回归分析，得出以下结果。

从表9可以看出，模型R^2值为0.265，意味着Facebook使用强度、Twitter使用强度、Line使用强度、微信使用强度、QQ使用强度、微博使用强度可以解释跨文化适应的26.5%变化原因。对模型进行F检验时发现模型通过F检验（$F=8.347$，$p=0.000<0.01$），也即说明6种社交媒介中至少有一种会对跨文化适应产生影响关系。另外，本调查通过检验发现，模型中VIF值均小于5，所以不存在共线性问题；并且D-W值在数字2附近，因而说明模型不存在自相关性，样本数据之间并没有关联关系，模型较好。最终具体分析结果如下。

Facebook使用强度的回归系数值为-0.027（$t=-0.547$，$p=0.585>0.05$），意味着Facebook使用强度并不会对跨文化适应产生影响关系。Twitter使用强度的回归系数值为0.001（$t=0.014$，$p=0.988>0.05$），意味着Twitter

使用强度并不会对跨文化适应产生影响关系。Line 使用强度的回归系数值为 0.023（$t=0.501$，$p=0.617>0.05$），意味着 Line 使用强度并不会对跨文化适应产生影响关系。微信使用强度的回归系数值为 0.413（$t=6.512$，$p=0.000<0.01$），意味着微信使用强度会对跨文化适应产生显著的正向影响关系。QQ 使用强度的回归系数值为 -0.063（$t=-0.911$，$p=0.364>0.05$），意味着 QQ 使用强度并不会对跨文化适应产生影响关系。微博使用强度的回归系数值为 -0.021（$t=-0.335$，$p=0.738>0.05$），意味着微博使用强度并不会对跨文化适应产生影响关系。

表 9　五项社交媒介使用强度与跨文化适应回归分析表

	非标准化系数		标准化系数	t	p	VIF	R^2	调整 R^2	F
	B	标准误	$Beta$						
常数	2.988	0.366	—	8.173	0.000**	—			
Facebook 使用强度	-0.027	0.050	-0.045	-0.547	0.585	1.284			
Twitter 使用强度	0.001	0.039	0.001	0.014	0.988	1.176			
Line 使用强度	0.023	0.046	0.038	0.501	0.617	1.064	0.265	0.233	$F(6,139)=8.347$, $p=0.000$
微信 使用强度	0.413	0.063	0.511	6.512	0.000**	1.166			
QQ 使用强度	-0.063	0.069	-0.081	-0.911	0.364	1.503			
微博 使用强度	-0.021	0.062	-0.029	-0.335	0.738	1.399			

因变量：跨文化适应

D-W 值：2.001

注：** $p<0.01$。

通过研究结果，我们发现：仅有微信使用强度会对跨文化适应产生显著的正向影响关系，Facebook 使用强度、Twitter 使用强度、Line 使用强度、QQ 使用强度、微博使用强度都不会对跨文化适应产生影响关系。

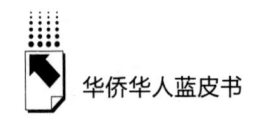

（二）跨文化适应的具体分析

为了得到各类社交媒介在泰国华裔留学生跨文化适应中起到的具体作用，接下来，在线性回归模型中，我们保持自变量不变，即自变量仍为Facebook使用强度、Twitter使用强度、Line使用强度、微信使用强度、QQ使用强度和微博使用强度，而将跨文化适应当中的心理适应一项设为因变量。所得的结果中，我们把"显著性"一栏的数据提取出并添加到表中。同样地，当我们依次把"生活适应""人际交流""文化适应""对中国文化的认同"四个方面的适应情况设为因变量并进行运算后，我们将每一次所得的结果中"显著性"一栏的数值添加到表中。如此，表10汇总了跨文化适应中的各项受Facebook使用强度、Twitter使用强度、Line使用强度、微信使用强度、QQ使用强度和微博使用强度的影响结果。

研究显示，在心理适应层面，Facebook使用强度、Line使用强度和微信使用强度会对心理适应产生显著的正向影响关系。Facebook使用强度的回归系数值为0.109（$t=2.091$，$p=0.042<0.05$），意味着Facebook使用强度会对心理适应产生显著的正向影响关系。Line使用强度的回归系数值为0.113（$t=2.162$，$p=0.032<0.05$），意味着Line使用强度会对心理适应产生显著的正向影响关系。微信使用强度的回归系数值为0.449（$t=6.194$，$p=0.000<0.01$），意味着微信使用强度会对心理适应产生显著的正向影响关系。

在生活适应层面，我们发现仅有微信使用强度会对生活适应产生显著的正向影响关系，微信使用强度的回归系数值为0.451（$t=5.910$，$p=0.000<0.01$），意味着微信使用强度会对生活适应产生显著的正向影响关系。

在人际交流层面，我们发现微信使用强度和QQ使用强度会对人际交流有显著的正向影响。微信使用强度的回归系数值为0.416（$t=5.288$，$p=0.000<0.01$），QQ使用强度的回归系数为0.143（$t=2.383$，$p=0.020<0.05$），意味着微信和QQ的使用强度会对人际交流产生显著的正向影响关系。

在文化适应层面,我们发现微信使用强度和微博使用强度会对文化适应产生显著的正向影响关系。微信使用强度的回归系数值为 0.348 ($t=4.493$, $p=0.000<0.01$),微博使用强度的回归系数值为 0.383 ($t=2.406$, $p=0.018<0.05$),意味着微信和微博的使用强度会对文化适应产生显著的正向影响关系。

在对中国文化的认同方面,我们发现仅有微信使用强度的 p 值小于 0.05,其回归系数值为 0.403 ($t=5.075$, $p=0.000<0.01$),意味着仅有微信使用强度会对中国文化的认同产生显著的正向影响关系。

表10　五项社交媒介使用强度与六项跨文化适应回归分析

	心理适应	生活适应	人际交流	文化适应	对中国文化的认同
Facebook 使用强度	0.042*	0.298	0.939	0.743	0.725
Twitter 使用强度	0.460	0.303	0.679	0.829	0.861
Lin 使用强度	0.032*	0.483	0.852	0.718	0.632
微信使用强度	0.000**	0.000**	0.000**	0.000**	0.000**
QQ 使用强度	0.066	0.770	0.020*	0.388	0.087
微博使用强度	0.492	0.294	0.897	0.018*	0.882

注:$*p<0.05$,$**p<0.01$。

六　结论与启示

(一)研究结论

本文的主要发现如下。第一,泰国华裔留学生在心理适应、对中国文化的认同和文化适应这三个方面表现突出,而在生活适应和人际交流方面表现不佳。第二,泰国华裔留学生社交媒介使用强度的强弱顺序为微信、Facebook、Line、Twitter、微博、QQ,旅居地媒体成为留学生完成文化适应和文化融入必不可少的社交媒介工具。此外,泰国华裔留学生使用社交媒体的个体差异状况明显,其中语言水平显著影响留学生在中国社交媒体上的跨

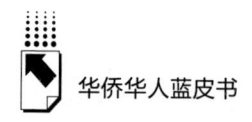

文化交际能力和学习能力。第三,不同社交媒介在跨文化适应过程中扮演着不同角色。其中,祖居地社交媒介在留学生媒介使用经验中扮演心理舒压和长期陪伴的角色,它为泰国华裔留学生提供了归属感与精神表达的空间,而旅居地社交媒介更多承担信息交换工具的角色。

(二)启示

1. 建构归属感:祖居地社交媒介在留学生活中的主要作用

通过研究,我们发现,尽管泰国媒体对跨文化适应没有显著性的影响,但是具体来看,作为泰国媒体的 Facebook 和 Line 则对跨文化适应中的心理适应有着显著影响。

当旅居者身处跨文化环境时,由于不同的文化准则和陌生的社会环境,其心理层面对于自我行为结果的不可预见性增大,从而给个体一定的适应困难与心理应激。如果应对不当,个体将会经历焦虑、躁郁、恐慌等负性情绪。当华裔留学生遭遇此种情绪体验时,绝大多数会转向社会网络中获取支持。有研究发现,社会支持使跨文化适应者获得被尊重的心理体验,并获得一种群体归属感,其对心理压力具有调节和缓冲作用。[①] 基于此,泰国华裔留学生寻求社会支持的途径大体有两种,一种是转向本国家人、朋友以获得社会支持,另一种是转向在东道国的泰国朋友社交圈。而在跨文化适应初期,大多数留学生会采取第一种方式疏解压力与排解心绪。

除此之外,作为祖居地的社交媒介承载了祖居地中丰富的文化身份信息内容,为留学生建构文化身份提供了不断增长的资源。对于留学生来说,祖居地社交媒介是一个意义建构平台,也是一个文化再生产机制,它承载了本民族文化身份内容,诸如本民族文化核心的价值特质、独特的仪式等。此种功能使祖居地媒体成为留学生本族身份认同的重要建构来源。

2. 信息交换工具:旅居地社交媒介在留学生活中的主要作用

本调查发现,微信使用强度对跨文化适应的各个方面都有正向显著影

---

① 吕催芳:《中国在美留学生心理和社会文化适应质性研究》,《教育学术月刊》2017年第5期。

响，QQ使用强度则对人际交流有正向显著影响，微博使用强度则对文化适应有正向显著影响。微信、QQ和微博这三类东道国媒体在跨文化适应中功能差异明显，这主要是由于泰国华裔留学生对三类社交媒介的使用强度和使用需求不同。对于微信，泰国华裔留学生普遍使用强度高，对其跨文化适应过程中的各方面都不可避免地起到作用。而对于QQ和微博来说，前述研究已发现，泰国华裔留学生的使用强度都偏弱，且其使用动机均仅包含跨文化适应动机，这也侧面证明QQ和微博仅对跨文化适应中的某一方面起显著作用这一结论的合理性。接下来，我们将具体分析这三类社交媒介对跨文化适应的具体作用。

关于微信使用对跨文化适应的全方位影响这一结论，部分符合了已有的研究发现，也对既有的研究有拓展。例如，金恒江、张国良发现，在微信中，不同国家的文化区隔被弱化，在华留学生在线上进行交往和互动时更能够使自己融入新圈子，并在新的关系圈子里重新拼接自己，进行自我呈现，最终实现以情绪共鸣、理性对话等为基础的新社会认同。此外，在与中国朋友、外国朋友的社会互动中，在华留学生的文化认同观念与对中国文化的认同观念也会受到相应的涵化作用。[①] 本文的研究也与该研究相符，对于泰国华裔留学生来说，微信使用促进了其在东道国的人际交流适应、文化适应和对中国文化的认同。

既有的研究大多数都是从微信使用对留学生社会关系的建构方面进行研究，鲜有涉及其心理适应和生活适应的层面。本调查则发现，微信使用对泰国华裔留学生的心理适应和生活适应方面都有正向的显著影响。如上文所述，在遭遇负面情绪体验时，也有泰国华裔留学生选择使用微信与新圈子好友进行沟通。又例如，被访者谈到其使用微信进行购物、打车、住宿、医疗挂号等操作，都极大地方便了其在中国的旅居生活。

[①] 金恒江、张国良：《微信使用对在华留学生社会融入的影响——基于上海市五所高校的调查研究》，《现代传播》2017年第1期。

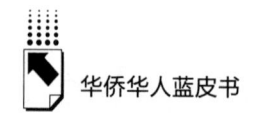

然而，总体来说，多数留学生对于微信的使用偏向于工具性层面，此种类型的使用是出于信息、生活等方面的原因而寻求特定的媒介内容。尽管微信使用极大地促进了泰国华裔留学生的跨文化适应，但这种作用机制更多地应该被看作一种"嵌入"，一种旁观者的选择性适应，留学生往往是在保持独身的同时，选择通过微信了解和接触居留地的风俗和文化，它意味着媒介使用的功利性和目的性。

至于QQ和微博，大多数访谈者表示，在日常生活中很少使用到这两个软件，QQ主要是作为与学校社团和好友沟通的通信工具而存在，微博则是作为信息搜索渠道而存在，用于课业学习和新闻渠道。大部分泰国华裔留学生都偶有使用QQ和微博的经历，但对其都持冷淡疏离的态度。这种工具性的使用，只是出于交流便利和信息获取便利的考虑，对于泰国华裔留学生在中国的跨文化适应很难起到实际的作用。

3. 建议：重视、引导在华留学生社交媒介的使用

本调查发现无论是祖居地媒介还是旅居地媒介都在留学生的跨文化适应中发挥着"中介化"的作用，通过连接协调和互动促进了泰国华裔留学生的跨文化适应，社交媒介的使用对跨文化传播发挥着重要的协调和促进作用。因此，政府相关部门、留学生培养单位、留学生本人应该重视社交媒介的使用。第一，在中华文化国际传播和中文国际教育的大背景下，政府相关部门应该系统调查主要来华留学生祖居国的社交媒介使用情况，在全面掌握相关情况的基础上能够从宏观层面做出政策性的部署。第二，社交媒介是留学生在华学习、生活的日常重要交流途径，培养单位需要引导留学生对中国社交媒介的使用，在教材、课堂教学中应该涉及社交媒介的使用，甚至可以安排专门的培训学习中国社交媒介的使用。第三，就留学生本人来说，使用中国社交媒介对其融入中国生活、提升汉语水平、了解中国文化具有重要的价值，因此，应该具有积极主动使用中国主流社交媒介的意识，并在日常学习、生活中加以运用。

此前的跨文化传播更多注重向国外输出主流媒体的宣传或报道，如广告、纪录片等，而缺乏对在华外籍人士的传播。因此，利用社交媒介对在华

外籍人士关系的影响来开拓跨文化传播的影响力和文化摄入度也应作为跨文化传播的新路径和学界研究的新方向。除此之外，由于跨文化适应过程的复杂性和变化性，本调查认为可以采取纵向追踪研究对象的方式，对相同对象进行系统的定期研究，会比本文能够更好地反映社交媒介使用与跨文化适应之间的关系。

B.4
泰国与印尼华裔留学生多维度跨文化适应比较研究[*]

徐婷婷[**]

摘　要：跨文化适应是国际学生在异域文化中面临的首要问题。本文通过对244名泰国和印度尼西亚华裔留学生的调查，了解两国留学生在学习、交往、生活、社会等维度的跨文化适应情况。调查结果显示，两国留学生整体跨文化适应状况较好，处于中等水平；不同维度适应性不同，生活适应难度最小，社会适应难度最大。适应情况呈现国别差异和阶段差异；印度尼西亚留学生适应比泰国留学生好；随着在华学习时长的增加，适应趋势呈"U"形曲线。泰国和印度尼西亚留学生在华整体心理适应情况较好，各年级呈现不同的学习生活感受。根据留学生文化适应特点，本文提出相应的策略和建议。

关键词：　跨文化适应　泰国留学生　印度尼西亚留学生

一　引言

随着"一带一路"倡议的实施与发展，来华留学生人数逐年增加。截

---

[*] 本文受到华侨大学华文学院课题"东南亚留学生跨文化适应实证研究"（HW201802）的支持。
[**] 徐婷婷，博士，华侨大学华文学院讲师，研究方向为语言习得与认知、华文教育。

至2018年底，来华留学生人数突破49万；其中学历生人数超过25万，占来华留学生总数的52.44%；来自亚洲的留学生居首位，超过29万，占来华留学生总数的59.95%。① 2019年，来华留学学历生的比例更是增加到54.6%。② 跨文化适应是国际学生在异域文化中面临的首要问题。正确处理好跨文化适应问题，帮助留学生顺利度过留学生涯，是对高校留学生教育提出的严峻考验，也是衡量高等教育国际化水平的重要标准。

国外关于跨文化适应研究起步较早，理论和实证研究成果丰富。最初始于20世纪初期的美国，主要研究移民的心理健康问题。美国人类学家R. Redfield、R. Linton和M. J. Herskovits首次指出"文化适应"是指两种不同文化的群体在接触的过程中所导致的文化模式的变化。③ 20世纪80年代随着移民潮和留学潮的出现，跨文化适应研究进入黄金时期，其研究范围、研究视角不断扩大。研究对象不仅包括移民，还包括国际学生、商业人士、专业技术人士等。跨文化研究视角也从最初的人类学、社会学向语言学、心理学、教育学、跨文化交际学等其他学科延伸。如Bach《从比较的角度看留学生的影响与适应》是比较教育界研究留学生跨文化适应的代表作，Ward《东道国文化和旅居者文化对留学生跨文化适应过程的影响研究》是从跨文化交际学的视角研究跨文化适应，日本学者奈仓京子《"故乡"与"他乡"——广东归侨的多元社区、文化适应》则从人类社会学的角度研究中国广东归侨的文化适应等相关问题。从文化适应的理论来看，主要有Lysgaard提出的跨文化适应U形曲线假设，该理论认为文化适应是一种动态的过程，以兴奋开始（蜜月阶段），逐渐出现危机，而后缓慢回调，最后在

---

① 《2018年来华留学统计》，中国教育部网站，http://www.moe.gov.cn/jyb_xwfb/gzdt_gzdt/s5987/201904/t20190412_377692.html。
② 《"十三五"时期来华留学生结构不断优化》，中国教育部网站，http://www.moe.gov.cn/fbh/live/2020/52834/mtbd/202012/t20201222_506945.html。
③ R. Redfield, R. Linton, M. J. Herskovits, "Memorandum for the Study of Acculturation," *American Anthropologist*, 38（1936）: 149–152.

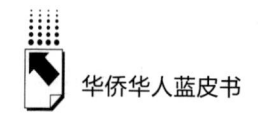

新的文化环境中逐渐适应;① Oberg 提出了"文化冲击"模型,该模型将文化适应过程分为"蜜月期""危机期""恢复期""适应期"四个阶段;② Berry 根据文化维持情况、接触与参与情况这两个维度,提出了融入、分离、同化和边缘化四种文化适应的模式。③

黄展指出国外跨文化适应研究对象多为硕博士高学历群体,且发达国家提供的支持性教育条件好;④目前我国国际学生多以本科生为主,汉语水平普遍较低,主客观因素对他们跨文化适应都存在影响。一方面,国外研究的理论成果和实践经验是否适用于我国还有待验证;另一方面,目前对中国境内的跨文化适应研究相对薄弱,与中国高等教育国际化的快速发展很不相称。⑤国内学者对来华留学生跨文化适应研究主要有以下几个方面:(1)跨文化适应影响因素研究。相关研究表明,影响跨文化适应的主要因素有国籍、在华旅居时间、语言水平、已有的跨文化经历,以及与东道国的社会互动关系等。⑥(2)对来华留学生在中国各城市跨文化适应情况的整体调查。孙乐芩等比较了昆明、北京、广州、上海四地高校留学生的适应性差异,结果表明北京高校留学生总体适应情况最好,欧美留学生总体适应水平高于东南亚和东亚学生,但由于调查对象来自不同城市、不同国家,文化背景、年龄、所在城市等不同,留学生在时间维度上的适应变化没有出现跨文化适应

---

① S. Lysgaard, "Adjustment in a Foreign Society: Norwegian Fulbright Grantees Visiting the United States," *International Social Science Bulletin*, 7 (1955): 45 – 51.
② K. Oberg, "Culture Shock: Adjustment to New Cultural Enviroments," *Practical Anthropology*, 7 (1960): 177 – 182.
③ J. W. Berry, "Immigration, Acculturation, and Adaptation, "*Applied Psychology*, 46 (1997): 5 – 34; J. W. Berry, "Acculturation: Living Successfully in Two Cultures," *International Journal of Intercultural Relations*, 29 (2005): 697 – 712.
④ 黄展:《近十年来国际学生跨文化适应的国外研究新进展》,《比较教育研究》2014 年第 8 期。
⑤ 文雯、刘金青、胡蝶、陈强:《来华留学生跨文化适应及其影响因素的实证研究》,《复旦教育论坛》2014 年第 5 期。
⑥ 陈慧、车宏生、朱敏:《跨文化适应影响因素研究述评》,《心理科学进展》2003 年第 6 期;文雯、刘金青、胡蝶、陈强:《来华留学生跨文化适应及其影响因素的实证研究》,《复旦教育论坛》2014 年第 5 期。

U形曲线。① 王祖嫘对北京高校留学生跨文化适应的调查也显示其整体适应较好，欧美学生适应性最好，东南亚次之，非洲和东亚学生最弱，② 与孙乐芩等得出的结论一致。但在时间因素上的考察，王祖嫘的研究显示北京高校留学生在文化适应和心理适应维度上呈现U形曲线，在语言和生活维度上则没有出现。(3)对不同国家生源留学生在中国的适应特点研究。涉及的国家主要有韩国、俄罗斯、泰国、越南、塔吉克斯坦等。③ 国别化研究逐渐增多，不同国家的来华留学生适应特点呈现了区域差异。针对来自不同文化圈的留学生适应研究也越来越丰富，早期以欧美地区为主要研究对象，现在范围逐渐扩大，有非洲、中亚、南亚等。④

目前的跨文化适应研究多以北京高校来华留学生为研究对象，其他地区的相对较少。不少研究采用实证方法，但有的样本较小，总体数量较少；有的样本较大，但样本自身差异未能很好地控制，得出的结论科学性有待检验。特别是时间因素对跨文化适应产生的影响需要更有说服力的研究，目前国外和国内都存在不一致的结论，西方语境下提出的跨文化适应U形曲线理论是否适用于我国还有待于进一步的验证。不同文化圈生源的跨文化适应研究逐渐丰富，但东南亚生源的研究不是很多，特别是近年来东南亚生源迅速增长，2019年来华留学人员中泰国学生数量居韩国和美国之后的第三位，

---

① 孙乐芩、冯江平、林莉、黄筱杉：《在华外国留学生的文化适应现状调查及建议》，《语言教学与研究》2009年第1期。
② 王祖嫘：《北京高校留学生跨文化适应实证研究》，《中国高教研究》2016年第1期。
③ 亓华、李秀妍：《在京韩国留学生跨文化适应问题研究》，《青年研究》2009年第2期；亓华、李美阳：《在京俄罗斯留学生跨文化适应调查研究》，《语言教学与研究》2011年第2期；亓华、陈玉凤：《在京泰国留学生跨文化适应调查研究》，《云南师范大学学报》（对外汉语教学与研究版）2015年第6期；李冬梅、李营：《越南留学生在华跨文化适应研究——广西师范大学个案透视》，《广西师范大学学报》（哲学社会科学版）2013年第3期；李雅：《来华塔吉克斯坦留学生跨文化适应问题研究》，《民族教育研究》2017年第4期。
④ 吕玉兰：《来华欧美留学生的文化适应问题调查与研究》，《首都师范大学学报》（社会科学版）2000年第S3期；林琳：《来华非洲留学生的跨文化适应实证研究》，《经济师》2018年第2期；刘运红：《新疆中亚留学生跨文化适应现状调查》，《民族教育研究》2015年第3期；卢炜：《南亚国家留学生跨文化适应压力问题及相应策略》，《中国教育学刊》2015年第S2期。

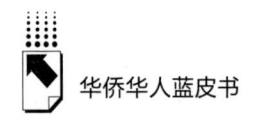

印度尼西亚（以下简称印尼）位居第九。① 国别化研究虽然也逐年增多，但将两个国家进行对比的案例比较少。选择东南亚文化圈的国家，对来华留学人数最多的两个国家泰国和印尼进行跨文化适应比较，特别是在控制样本差异的前提下比较，探讨国籍、在华学习时长与跨文化适应的相互关系，是一个有益的尝试，同时也可以深化目前的研究。

鉴于此，本研究选取来自泰国和印尼就读于华侨大学，学制四年的学历生为研究对象，主要因为华侨大学的留学生大多来自东南亚，其中以印尼和泰国留学生最多，地区、国别相对集中，且华侨大学是华侨聚集的学府，华裔学生人数较多，据相关教师对华文教育专业学生的抽样调查，班级华裔人数比例达到60%多。因此，本研究在较好地控制样本内部差异的情况下，以华侨华人子弟为主要研究对象，探讨国籍、在华学习时长等变量与文化适应的相互关系，一方面以期验证国外跨文化适应理论是否适用于我国；另一方面观察东南亚留学生在中国文化和教育情境下的社会文化适应的总体特点，以及东南亚国家内部的差异。由此帮助留学生更好地适应在中国的学习和生活，同时也希望为高校留学生教育和管理提供有益的参考。

二 研究方法

（一）研究问题

基于前面的讨论，本文将围绕国籍、在华学习时长、社会和学习支持、心理感受等因素及其与跨文化适应的关系，着重解决以下几个问题。

问题1：泰国和印尼留学生跨文化适应总体程度怎样？两国有没有显著差异，哪个国家留学生适应得更好？

问题2：各个年级的泰国和印尼留学生文化适应程度有没有明显的差异？是否支持相关的跨文化适应理论假说等？

---

① 山东教育网，http://www.jxdx.org.cn/gnjy/14176.html。

问题3：泰国和印尼留学生在华心理感受情况是怎样的？是否随在华学习时长的变化而变化？

问题4：泰国和印尼留学生在跨文化适应中对偏见和歧视的感受如何？

问题5：提高东南亚留学生跨文化适应有哪些策略和建议？

（二）研究对象

本研究向华侨大学华文教育专业一年级到四年级来自泰国和印尼的260名留学生[①]（抽样率为20%）发放问卷，回收260份，回收率为100%，其中有效问卷244份，有效问卷率为93.85%。他们在中国留学的时间基本上与年级匹配：一年级为来华3~4个月，二年级为1~2年，三年级为2~3年，四年级为3年以上。调查问卷由各任课老师在同一时间发放并回收。

表1 样本基本人口统计学描述

单位：%

		泰国（$N=129$）	印尼（$N=115$）
性别	男	17.83	27.83
	女	79.84	72.17
	未填	2.33	0.00
年龄	<18岁	10.08	9.57
	18~22岁	80.62	78.26
	23~29岁	6.98	8.69
	未填	2.33	3.48
在华学习时长	3~4个月	31.01	39.13
	1~2年	31.01	18.26
	2~3年	19.38	24.35
	>3年	18.60	18.26

---

① 调查对象均具有华人血统背景，多数为第三、第四或第五代华裔。其祖上是华人，文中的在华留学生即指在华华裔留学生。

（三）调查问卷设计

在调查问卷的编制上，笔者结合被调查者的实际情况，同时参考了杨军红[①]、朱国辉[②]、Ward 和 Kennedy[③] 的社会文化适应量表。问卷主体共分为三部分。第一部分是社会文化适应量表，包括学习、交往、生活和社会四个维度，每个维度各9个项目，共36个项目，采用五度计量法对各个项目适应难度进行表态，"5"表示"非常难"，"4"表示"很难"，"3"表示"还可以"，"2"表示"有点儿难"，"1"表示"不难"。第二部分对13个项目进行表态，如"如果我汉语更好的话，我在中国的生活也会更好"，选择"同意""不同意""很难说""无所谓"。第三部分是4个单项选择题和3个多项选择题，了解被调查者来华学习原因、是否有过留学经历和工作经历、如何获得学习支持和生活支持等，还有2个开放题，描述在中国学习和生活的感受，以及写出3个在中国遇到的不喜欢的事物。

对244份问卷进行可靠性分析，计算采用克隆巴赫 a 系数（Cronbach's alpha），报告显示问卷整体内部信度为0.88，在可接受范围内，表明调查结果较为可信。

三　结果和讨论

（一）泰国和印尼来华留学生跨文化适应总体情况

将国别和在华学习时长（年级）作为自变量，跨文化适应难度总均值

[①] 杨军红：《来华留学生跨文化适应问题研究》，博士学位论文，华东师范大学比较教育研究所，2005。
[②] 朱国辉：《高校来华留学生跨文化适应问题研究》，博士学位论文，华东师范大学高等教育研究所，2011。
[③] C. Ward, A. Kennedy, "The Measurement of Sociocultural Adaptation," *International Journal of Intercultural Relations*, 23, 4 (1999): 659–677.

作为因变量，用 SPSS 20.0 进行两因素被试间方差分析，结果见表2，括号内为标准差（SD）。

表2 泰国和印尼留学生在各年级各维度的适应难度平均分

		学习	交往	生活	社会	各年级平均值
泰国	一年级	2.54(0.69)	2.63(0.75)	2.50(0.72)	2.74(0.69)	2.60(0.62)
	二年级	2.95(0.63)	2.98(0.73)	2.79(0.90)	2.91(0.51)	2.91(0.59)
	三年级	2.72(0.75)	2.47(1.01)	2.54(1.02)	2.92(0.73)	2.66(0.77)
	四年级	2.42(0.87)	2.48(0.82)	2.24(0.94)	2.47(0.87)	2.40(0.76)
	各方面平均值	2.68(0.74)	2.68(0.83)	2.55(0.89)	2.78(0.70)	2.67(0.69)
印尼	一年级	1.91(0.57)	2.21(0.69)	2.14(0.57)	2.44(0.76)	2.18(0.57)
	二年级	2.60(0.49)	2.57(0.53)	2.31(0.54)	3.11(0.40)	2.65(0.35)
	三年级	2.47(0.48)	2.56(0.70)	2.34(0.77)	2.76(0.61)	2.54(0.53)
	四年级	2.30(0.66)	2.30(0.56)	2.14(0.80)	2.63(0.57)	2.34(0.53)
	各方面平均值	2.24(0.62)	2.38(0.66)	2.22(0.66)	2.68(0.67)	2.38(0.54)

统计显示，泰国和印尼来华留学生跨文化适应状况处于中等水平，整体适应难度不大（泰国 M=2.67，印尼 M=2.38，总 M=2.53）。从不同维度的适应性来看，无论对泰国还是印尼的留学生而言，社会维度的适应难度最高（印尼 M=2.68，泰国 M=2.78），生活维度的适应难度最低（印尼 M=2.22，泰国 M=2.55）。前人研究也表明，相比东亚学生，东南亚学生适应性较强，但弱于欧美学生，处于中间水平，尤其是语言和生活方面表现突出。[1] 本研究的结果也部分印证了这个结论。

平均值的方差分析表明，国别主效应显著（$p<0.05$）；年级主效应显著（$p<0.05$）。由此表明，泰国和印尼留学生在跨文化适应上有明显差异，泰国留学生跨文化适应难度（M=2.67）总体大于印尼留学生（M=2.38），印尼留学生的适应程度更好。各个年级阶段的跨文化适应也有明显差异，二年级的适应难度（泰国 M=2.91，印尼 M=2.65，总 M=2.82）最大，适应最困难；一年级（泰国 M=2.60，印尼 M=2.18，总 M=2.38）和四年

---

[1] 王祖嫘：《北京高校留学生跨文化适应实证研究》，《中国高教研究》2016年第1期。

级适应难度（泰国 M = 2.40，印尼 M = 2.34，总 M = 2.37）最低，适应比较容易；三年级的适应难度居中（泰国 M = 2.66，印尼 M = 2.54，总 M = 2.60）。由此可见，来华 3~4 个月及生活 3 年以上的学生对学习的适应较为顺利，来华 1~2 年的学生适应则较为困难。从整体来看，泰国和印尼留学生的学习适应模式是一种典型的动态曲线模式，符合美国社会学家 Lysgaard 提出的跨文化适应 U 形曲线假设理论（见图 1）。泰国和印尼留学生在来华 3~4 个月的阶段处于"蜜月阶段"，适应性是最好的；居留 1~2 年适应难度最大，适应性最差；而后缓慢回调，最后在新的文化环境中逐渐适应，印尼留学生的回调过程比泰国留学生稍缓慢。

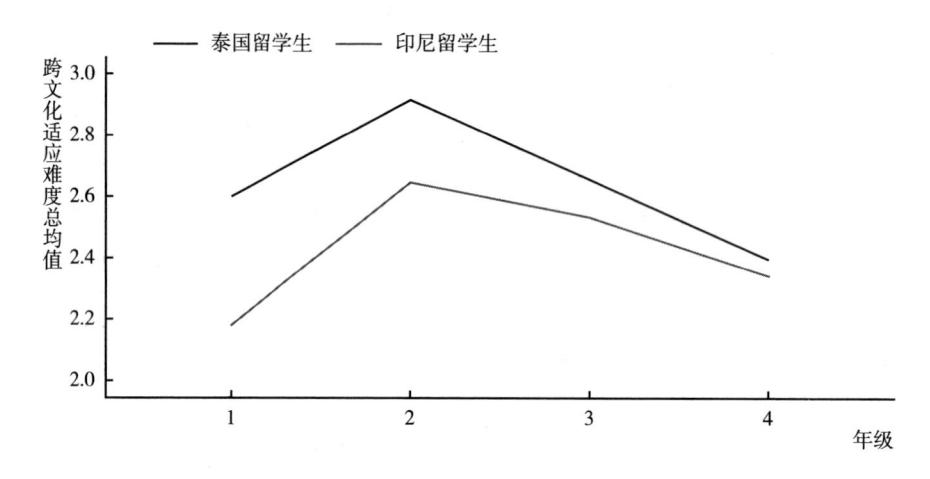

图 1 泰国和印尼留学生总体跨文化适应曲线

（二）泰国和印尼来华留学生不同维度适应情况

下面笔者结合国别因素和在华学习时长因素，分别从学习、交往、生活、社会四个维度来分析留学生的跨文化适应情况。将国别和在华学习时长作为自变量，四个维度的适应均值作为因变量，第一个因变量是学习适应难度均值，第二个因变量是交往适应难度均值，第三个因变量是生活适应难度均值，第四个因变量是社会适应难度均值。

1. 学习适应

留学生与来华旅居者等其他群体不一样，学习是他们的主业，能否适应在中国的学习生活尤为关键。方差分析表明，国别主效应显著（$p<0.05$），泰国和印尼留学生在学习方面的适应程度有明显差异（泰国 M=2.68，印尼 M=2.24），泰国留学生在各个阶段的学习适应难度都大于印尼留学生，印尼留学生适应情况更好；年级主效应显著（$p<0.05$），各年级在学习方面的适应难度有明显差异，无论是泰国留学生还是印尼留学生，二年级（泰国 M=2.95，印尼 M=2.60）和三年级（泰国 M=2.72，印尼 M=2.47）的适应难度明显大于一年级（泰国 M=2.54，印尼 M=1.91）和四年级（泰国 M=2.42，印尼 M=2.30），二年级的适应难度（总 M=2.83）最大，适应最困难。学习维度上的适应情况呈现标准的 U 形曲线（见图 2）。在学习适应的 9 个项目中，难度最大的三项是"处理学业压力"（总均值为 2.68）、"学习时集中精力"（总均值为 2.68）和"通过考试，得到学习证书或学分"（总均值为 2.61），其次是"使用图书馆（学习、看书、借书）"（总均值为 2.57）、"解决学费问题或处理奖学金事宜"（总均值为 2.55）和"遵守学校规章"（总均值为 2.45），难度最低的三项是"正常按时上课，保证出勤"（总均值为 2.18）、"按时完成作业"（总均值为 2.36）和"明白老师或者教授讲的内容"（总均值为 2.38）。华侨大学华文学院对学风建设比较重视，对考勤管理也比较严格，华文教育专业的学生总体学习态度积极，学风良好。同时作为本科专业的学生，课程比较多，安排比较紧凑，所以学生普遍会有学习的压力。

为了了解留学生是如何获得学习支持以便更好地适应新环境的，笔者对留学生"在遇到学习方面的问题时，你会找谁帮忙"进行了调查，结果见图 3。图 3 显示，留学生在遇到学习困难的时候，主要求助对象是本国朋友。本国朋友尤其是班级同学中的本国朋友是留学生学习、生活关系最密切、影响最长久的伙伴，且同本国人交流没有语言和文化障碍，所以最方便也最直接。来自本国朋友的支持对减缓留学生跨文化适应压力起到了很大的作用。同时这种过于单一的支持，也让他们在中国的生活更加舒适，从而减少了与中国学生跨文化交流的机会。不过，由于本国朋友语言水平的限制，

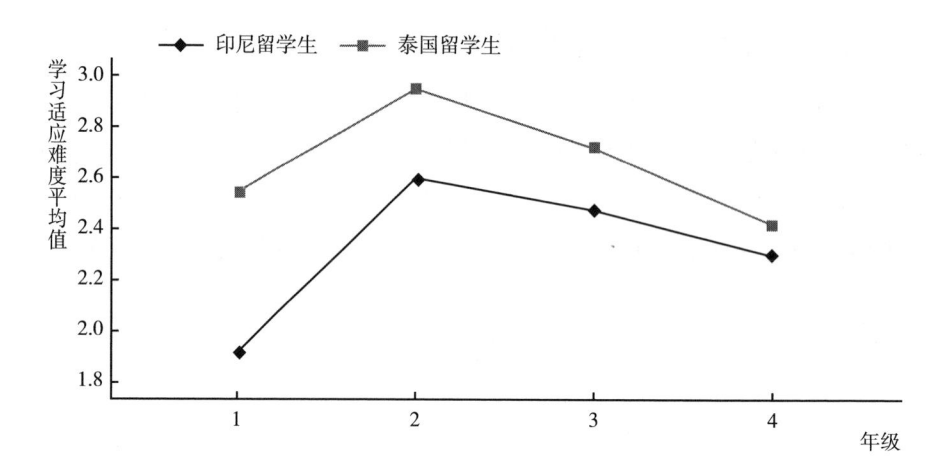

图2 泰国和印尼留学生学习适应难度情况

仍有40%左右的学生会在学习上求助于中国朋友和中国老师。另外，在做问卷第二部分的"中国人在生活上和学习上给我很大帮助"这一题目时，有67.83%的印尼学生和44.96%的泰国学生选择同意。可见，在华侨大学留学的泰国和印尼学生与中国老师、学生的学习交流互动处在一个比较良好的状态，尤其是印尼留学生，对从中国老师和朋友获得的帮助给予充分的肯定，这种积极正面的态度也促进了自身的跨文化适应。

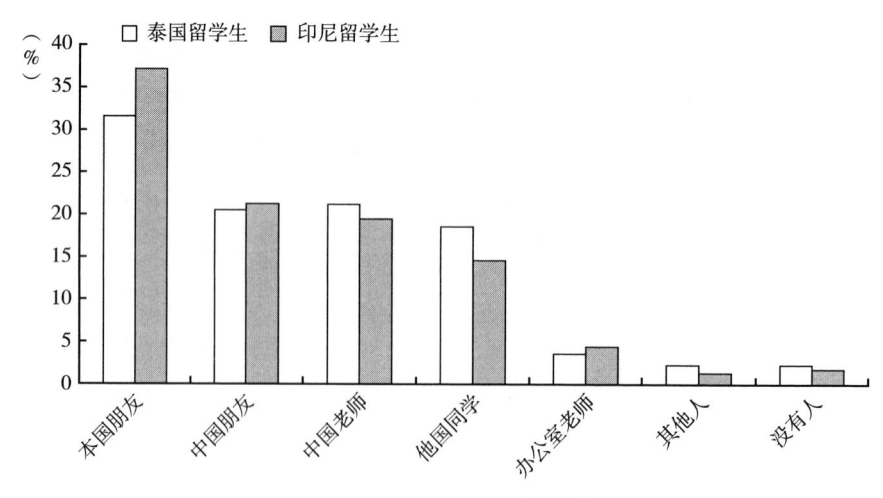

图3 泰国和印尼留学生在遇到学习困难时的求助对象

2. 交往适应

本研究关注的是留学生作为学生在大学校园里的人际交往,包括与中国学生、本国学生及别的国家留学生交往,与教师交往,与学校行政人员的交往。社会交往是一种有效的跨文化接触。研究表明,跨文化接触越多以及对接触的满意度越高,则意味着其遭遇的文化困境越少。一般而言,留学生的交际适应情况反映了其在特定文化背景下的交际能力,同时也反映了留学生在新的文化背景下所获得的社会支持情况。[①] 所以留学生的社会交往能较好地反映其在华的文化适应情况。方差分析表明,国别主效应显著($p < 0.05$),泰国和印尼留学生在交往方面的适应程度有明显差异,泰国留学生在交往方面的适应难度($M = 2.68$)大于印尼留学生($M = 2.38$),印尼留学生适应情况更好;年级主效应显著($p < 0.05$),各年级学生在交往方面的适应难度有差别,二年级的学生适应难度($M = 2.84$)最大,适应最困难。在交往适应的9个项目中,难度最大的四项是"跟学校里的秘书沟通"(总均值为2.89)、"跟中国学生成为朋友"(总均值为2.69)、"参加课外活动或参加学生社团"(总均值为2.68)和"让别人明白自己的想法"(总均值为2.67)。在跨文化情况下,交往往往比学习、生活更为困难,首先在与学校辅导员、老师沟通学业各种问题时要先克服语言障碍,其次还要做到互相理解。在交往上,留学生表现出了更容易"跟自己国家的留学生成为朋友"(总均值为2.09)、"跟别的国家的留学生成为朋友"(总均值为2.28),而"跟中国学生成为朋友"(总均值为2.69)则相对困难。

3. 生活适应

饮食、气候、购物、交通、住宿、医疗等日常生活是构成社会文化环境的重要因素,对当地生活环境的适应是跨文化适应的重要方面。方差分析表明,国别主效应显著($p < 0.05$),泰国和印尼留学生在生活方面的适应程度有明显差异,泰国留学生在生活方面的适应难度($M = 2.55$)大于印尼留

---

① 文雯、刘金青、胡蝶、陈强:《来华留学生跨文化适应及其影响因素的实证研究》,《复旦教育论坛》2014年第5期。

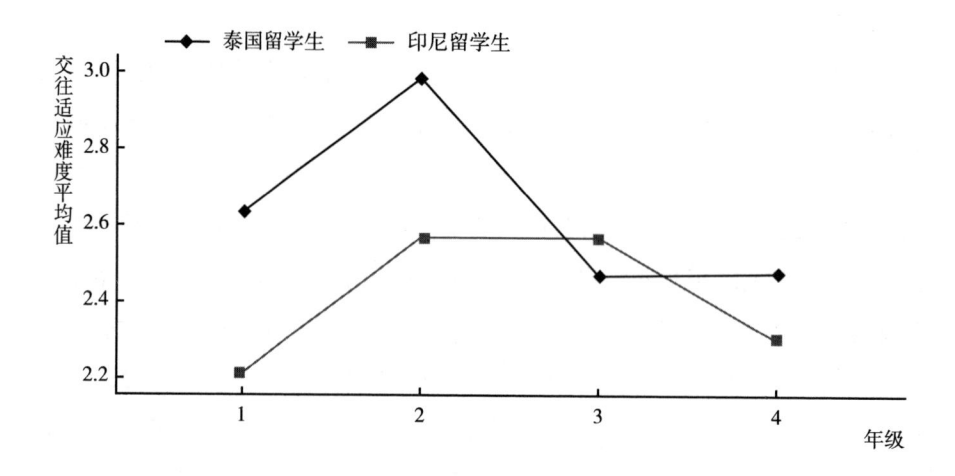

图4 泰国和印尼留学生交往适应难度情况

学生（M=2.22），印尼留学生适应情况更好；年级主效应不显著（$p=0.115$），各年级学生在生活方面的适应难度差别不大。就泰国留学生而言，生活维度上年级主效应也不显著（$p=0.115$），但其变化趋势仍然表现为U形曲线（见图5）。在跨文化适应的四个维度中，生活的适应难度（M=2.40）是最低的。王祖嫘对北京高校留学生跨文化适应的调查显示，从适应的维度上看，北京高校留学生在生活维度上的整体适应性最差，问题和负面评价也最为集中；从不同国别生源来看，东南亚学生相比东亚学生，适应性较强，尤其是语言和生活方面表现突出（$p<0.01$）。[①] 对于前一个结论，我们的研究结果正好与之相反，在华侨大学（厦门校区）就读的泰国和印尼留学生在生活维度上的整体适应性是最好的。这是因为相比于北京，厦门是一个旅游城市，环境优美，空气良好，气候宜人，交通也没有大城市拥挤。对于后一个结论，本文的研究则印证了东南亚留学生在生活维度上较好的适应性。主要是因为华侨大学有侨校的背景，东南亚生源中以泰国和印尼留学生最多，长久积累下来的新老生互动氛围良好。在入学之初，学院组织

---

① 王祖嫘：《北京高校留学生跨文化适应实证研究》，《中国高教研究》2016年第1期。

境内外老生提供各种生活帮助和指导,学院也重视新生入学教育,关心学生学习和生活。所以生活适应相对来说没有太大困难,难度最大的项目是"处理不满意的服务"(总均值为2.75)和"处理医疗健康问题"(总均值为2.74),其次是"克服思乡情绪"(总均值为2.56)和"适应中国的天气和气候"(总均值为2.56),"适应本地的住宿条件(宿舍等)"(总均值为2.48)、"找到自己喜欢吃的和喝的"(总均值为2.20)、"乘坐本地的交通工具(比如地铁、公共汽车、出租车等)"(总均值为2.12)、"使用银行或者ATM"(总均值为2.02)和"买东西"(总均值为1.99)则相对容易。

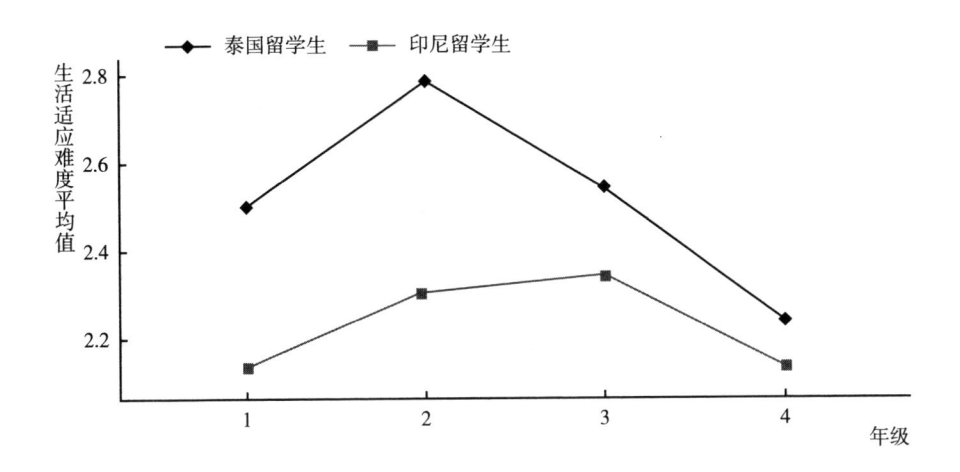

图5 泰国和印尼留学生生活适应难度情况

笔者对留学生"在遇到生活方面的问题时,你会找谁帮忙"进行了调查,结果见图6,58.60%的印尼留学生和42.33%的泰国留学生会首先寻求本国朋友的帮助,其次寻求其他国家同学帮助(10.19%的印尼留学生和15.73%的泰国留学生),最后才会找中国朋友和中国老师。由此可见,泰国和印尼留学生与中国人在生活上的主动交往互动较少。因为泰国和印尼留学生长久积累下来的新老生互动氛围良好,从本国同学及他国同学那里可以得到很多帮助支持,因此泰国和印尼留学生在生活维度上适应难度最小,与中国学生、中国人在生活上的交往互动也较少。

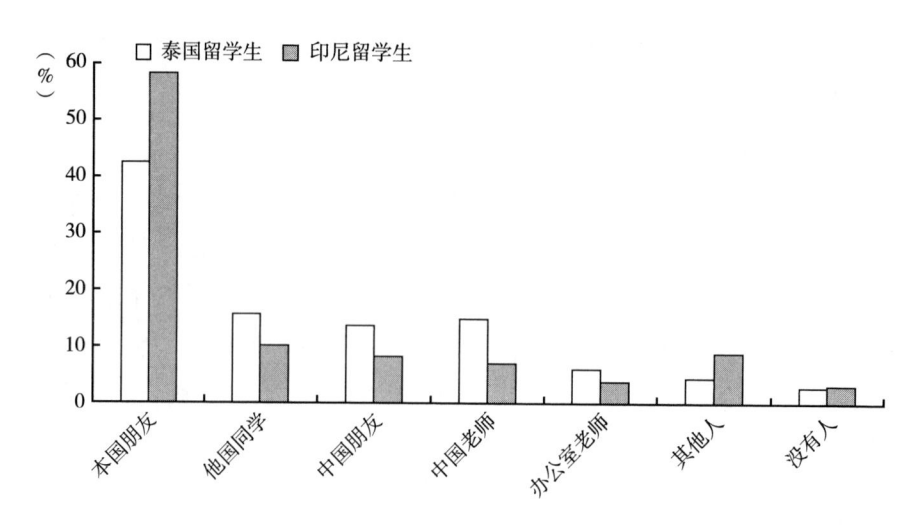

图 6　泰国和印尼留学生在遇到生活方面困难时的求助对象

4. 社会适应

留学生对中国文化的认知，对当地风俗礼仪的适应，以及对中国人价值观念的理解是影响其社会文化适应的重要方面。统计表明，国别主效应不显著，泰国留学生（M=2.78）和印尼留学生（M=2.68）在社会方面的适应难度差异不显著；年级主效应显著（$p<0.05$），二年级（M=2.98）和三年级（M=2.84）难度大于一年级（M=2.58）和四年级（M=2.54）。在跨文化适应的四个维度中，社会适应难度（M=2.73）是最大的，泰国和印尼留学生都表现出了最高的适应困难，各项目的平均值基本上超过了2.5。从图7可以看出，对印尼留学生来说，刚来3～4个月的一年级学生适应难度最低，这可能是由于初到中国，还没有时间出去体验中国文化，也缺乏对中国社会文化认识感知的途径，对融入中国的社会文化需求还不强烈，所以尚未体会到适应困难。在调查的这些项目中，最困难的是"适应本地的公共卫生间"（总均值为3.36）、"处理别人盯着你看的问题"（总均值为2.85）和"适应本地的人口密度（很挤）"（总均值为2.83）；其次是"理解中国人的幽默"（总均值为2.76）、"理解中国人的价值观念和人们的行为"（总均值为2.69）、"适应本地的生活节奏"（总均值为2.60）、"适应

本地的文化、风俗、礼仪"（总均值为 2.59）和"理解民族差异、文化差异"（总均值为 2.58）；"保持原有的价值观，像以前一样参加宗教活动"（总均值为 2.49）则相对容易，但其难度均值也接近于 2.5。

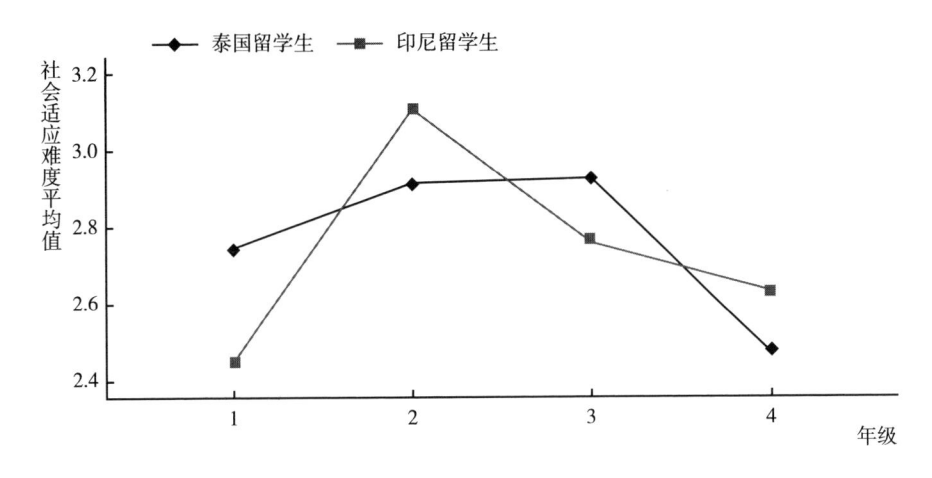

图7　泰国和印尼留学生社会适应难度情况

（三）泰国和印尼留学生在华心理感受分析

跨文化心理适应以情感反应为基础，在跨文化接触过程中如果不会或较少产生心理上的想家、孤独、沮丧、挫败等消极负面的情绪，就算达到了心理适应。问卷中要求被调查者用一个词或几个词描述一下在中国学习和生活的感受，最后以"正面""中性""负面"对调查结果进行编码，表达正面感受的如"高兴""兴奋""既高兴又兴奋""开心""有意思"等，只表达了负面感受的如"想家""孤独""寂寞"等，中性感受是既表达了正面感受又表达了负面感受，如"高兴，想家""有时想家有时高兴""还可以"等。

结果如图8所示，调查发现四个年级表达正面感受的留学生占大多数，均超过各年级人数的50%。其中，四年级正面感受比例最高，一年级其次，二年级最低。只表达了负面感受的人数在各年级中比例最少。这表明，泰国和印尼留学生在华侨大学的整体心理适应情况较好。一年级是刚来华3~4

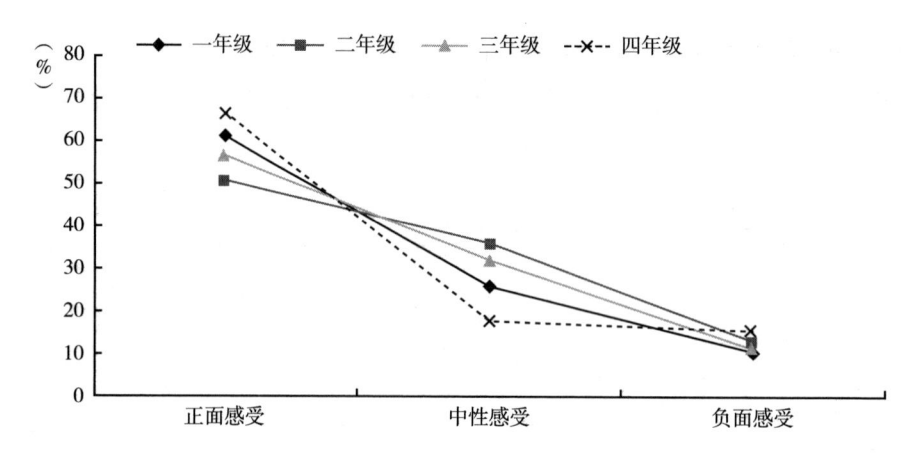

图 8　泰国和印尼留学生在华心理感受

个月的留学生,正处于"蜜月阶段",多数留学生表现出了兴奋、高兴等感受,负面情绪主要表现为想家。在中国待了一两年后,留学生与中国人的交往增多,对中国的环境逐渐熟悉,对中国文化也有了一定了解,二、三年级的留学生表达感受时出现了一些变化和比较,如"比刚来时更高兴""习惯""认识了新朋友""比泰国好,不想回国了"等,也有负面感受加重的情况,如"常常感到想家""学习越来越难""学习压力很大,不如在家好"等。四年级的留学生正面感受和负面感受比例在各个年级中均为最高,正面感受比例最高的原因在于随着时间的推移,留学生对中国以及对同学的感情日渐深厚,加上面临毕业的离别,出现了一些新的正面的感受,如感恩、精彩、丰富、幸运、舍不得;同时有些留学生因为在华时间久,对周围的环境逐渐失去新鲜感和兴趣,加上毕业的压力,负面情绪不再是想家,而是"压力太大,怕写不出论文""坐立不安""失望"等。上文数据显示,二年级无论在学习、交往、生活还是社会方面的跨文化适应难度都是最大的,这也造成了他们的心理感受在四个年级中正面比例最小,负面比例较大的现象。可见,语言交流障碍、生活遇到的困难、人际交往的不顺、社会文化的难以适应等各个方面遇到的困难都会加重他们想家的情绪和孤独的感受。

在问卷调查中,多项选择题"在遇到学习方面的问题时,你会找谁帮忙"和"在遇到生活方面的问题时,你会找谁帮忙"可以帮助我们了解留学生为了更好地适应新环境,是如何获得学习支持和生活支持的。如图3和图6所示,分别有1.77%的印尼留学生和2.28%的泰国留学生认为自己在遇到学习方面的问题时,没有人可以帮助自己;同样也分别有3.18%的印尼学生和2.82%的泰国学生认为自己在遇到生活方面的问题时,没有人可以帮助自己。这些数据也揭示出部分学生负面消极的行为态度和心理感受。

(四)泰国和印尼留学生对歧视和偏见的感受分析

歧视和偏见也是影响跨文化适应的一个很重要因素,[①] 因此问卷中设计了一些关于歧视与偏见的问题,调查者对相应的表述做出"同意""不同意""很难说""无所谓"的选择(见表3)。总的来说,大部分被调查者在中国感受到了友好的氛围。数据显示,79.51%的印尼和泰国留学生认为"中国教授、老师、学生对我很友好",51.23%觉得"本地中国人对我很友好",只有少部分人(5.33%和9.84%)不同意这两种说法。另外,半数左右留学生认为"中国人在生活和学习上给我很大帮助""如果我有问题或麻烦,很容易找到人帮忙"(分别是55.74%和45.90%选择同意),说明留学生可以在学习和生活上获得较好的支持和帮助。不过仍有12.70%的留学生不同意"中国人在生活和学习上给我很大帮助",接近20%的学生在遇到问题或麻烦时,不容易找到人帮助,这些学生需要老师和学校给予更多的关心与关注。

表3 关于歧视与偏见等相关问题的选项分布(%)

单位:人,%

	项目表述	同意	不同意	很难说	无所谓	未答
1	我很少有机会认识中国人。	45.49	22.13	24.18	7.38	0.82
2	如果汉语更好的话,我在中国的生活也会更好。	72.95	13.93	10.25	2.87	
3	中国教授、老师、学生对我很友好。	79.51	5.33	11.07	4.10	

---

① 陈慧、车宏生、朱敏:《跨文化适应影响因素研究述评》,《心理科学进展》2003年第6期。

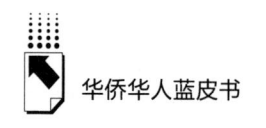

续表

	项目表述	同意	不同意	很难说	无所谓	未答
4	我觉得本地中国人对我很友好。	51.23	9.84	34.02	4.92	
5	中国人在生活和学习上给我很大帮助。	55.74	12.70	23.36	7.38	0.82
6	如果我有问题或麻烦，很容易找到人帮忙。	45.90	19.67	29.51	4.92	
7	我觉得中国人总是把我当成外国人并且对我很好奇。	41.39	17.21	32.38	8.20	0.82
8	中国人想认识我，只是因为他们想练习外语。	28.69	33.20	29.10	9.02	
9	我觉得一些中国人的行为让我很难理解。	45.08	15.57	31.97	6.97	0.41
10	我对一些不好的行为感到不舒服，比如：盯着我看、吐痰、随便扔垃圾、在地铁上推我。	61.48	12.70	20.08	5.74	
11	我觉得中国人的公共道德比较差。	29.92	18.44	41.80	9.02	0.82
12	在中国我感受到偏见和歧视，让我很难受。	30.74	25.00	36.89	6.56	0.82

虽然被调查者对相关表述的看法意见不一，但从数据来看，30.74%的留学生同意"在中国我感受到偏见和歧视"，41.39%的留学生觉得"中国人总是把我当成外国人并且对我很好奇"，不同意这几种说法的留学生比例均少于同意者的比例，由此可见，泰国和印尼留学生在中国还是感受到了来自中国人的偏见，也因此可能产生被歧视的心理。此外，对留学生而言，中国人的某些行为和表现也会让他们不理解或者不舒服，甚至产生偏见。45.08%的被调查者认为"一些中国人的行为让我很难理解"，61.48%同意"对一些不好的行为感到不舒服，比如：盯着我看、吐痰、随便扔垃圾、在地铁上推我"，29.92%认为"中国人的公共道德比较差"。无论是留学生感受到中国人的偏见和歧视，还是他们对中国人的偏见，都会影响其跨文化适应的程度。

四　结论及建议

（一）结论

泰国和印尼留学生跨文化适应总体难度不大，处于中等水平。其中，社会维度的适应难度最大,生活维度的适应难度最小,学习和交往的适应难度居中。

虽然泰国和印尼同为东南亚国家,但两国留学生的跨文化适应仍然表现出了显著差异。具体表现在两方面,一是泰国留学生的总体适应难度大于印尼留学生,也就是说,印尼留学生的跨文化适应容易;二是泰国留学生在学习、交往、生活和社会四个维度上的适应难度均大于印尼留学生,也就是说,泰国留学生在各个维度的适应都比印尼留学生困难。

泰国和印尼留学生跨文化适应呈现阶段性差异。二年级(来华1~2年)在四个维度上的适应难度都最大,适应最困难,一年级(来华3~4个月)和四年级(来华3年以上)适应难度最低,适应比较容易。我们的研究很好地验证了Lysgaard在西方语境下提出的跨文化适应U形曲线假设理论。

泰国和印尼留学生在华整体心理适应情况较好,超过一半的被调查者对中国的生活有"高兴""兴奋""有意思"等正面积极的心理感受。各年级呈现不同的学习生活感受,二年级无论在学习、交往、生活还是社会方面的跨文化适应难度都是最大的,他们的心理感受在四个年级中正面比例最小,负面比例较大。语言交流障碍、生活遇到的困难、人际交往的不顺、社会文化的难以适应等各个方面遇到的困难都会加重他们"想家"的情绪和"孤独"的感受。

大部分泰国和印尼留学生在中国感受到友好的氛围,也有少部分感受到偏见和歧视,需要慢慢适应。

(二)建议

目前,华侨大学的留学生源主要是东南亚国家,以泰国和印尼居多。我们的研究显示泰国和印尼生源跨文化适应能力较强,今后可以扩大教育规模,吸引更多的东南亚学生,同时也吸收硕博研究生等高学历群体,以优化生源结构,提高我国高等教育的国际化水平。

高校教师和留学生管理人员应注重跨文化适应的国别差异和阶段差异,

针对不同国家留学生和不同阶段留学生的适应难点及困难提供相应的帮助。泰国和印尼同为东南亚国家，但出于两国历史文化的差异以及与中国文化距离不同等原因，两国留学生表现出了不同的跨文化适应程度。在社会适应维度上，两国留学生差异不明显；但泰国留学生在学习、交往和生活三个维度上的适应难度均大于印尼留学生。因此，学校应加强对泰国留学生的教育、管理和帮助。针对学历生的阶段差异，应该为每个班级配备固定的班主任，帮助学生做好年级之间的过渡和调适，要着重关注二年级和四年级阶段。二年级是心理和文化适应的关键阶段，学生处于跨文化适应的焦虑期，心理压力逐渐积累，应加强师生之间的联系，给予更多的学习和生活支持。四年级阶段，可以增设一些论文写作指导、毕业就业指导相关课程和讲座，帮助学生处理学业压力和就业压力。

加强留学生与中国老师、朋友的交流互动，关注跨文化适应的问题人群。人际互动水平对社会文化适应程度影响较大。如前文所述，在遇到学习和生活方面的问题时，"会找谁帮忙"，留学生首先寻求本国朋友的帮助，尤其在生活方面寻求中国朋友帮助的比较少，与中国人的交流互动比较缺乏。甚至有部分学生回答"没有人"，这部分学生有边缘化倾向，易成为问题人群，应更多地关注其心理感受，鼓励他们积极融入学生社团和集体活动。鼓励中外学生共同开展活动，加强生活、学习和文化的深度交流与互动。

最后，要深入挖掘中华优秀传统文化蕴含的思想观念和人文精神，激发留学生对汉语和中华文化的兴趣，促进在华留学生对中国文化的了解和认同，使他们更好地适应中国的文化价值系统，成为今后两国文化交流的传播者。

五 结语

东南亚留学生是来华留学生中的重要组成部分，跨文化适应是国际学生在异域文化中面临的首要问题。本文通过对244名泰国和印尼留学生的调查，了解两国留学生在学习、交往、生活、社会等维度的跨文化适应情况。调查结果显示，两国留学生整体跨文化适应状况较好，处于中等水平；不同维度适应性不同，生活适应难度最小，社会适应难度最大。适应情况呈现国别差异和阶段差异；印尼留学生适应比泰国留学生好；随着在华学习时长的增加，适应趋势呈 U 形曲线。泰国和印尼留学生在华整体心理适应情况较好，各年级呈现不同的学习生活感受。根据调查所反映的泰国和印尼留学生跨文化适应特点，有针对性地提出了相应的策略和建议。

  泰国和印尼同为东南亚国家，泰国和印尼留学生跨文化适应表现出了显著差异。导致这一现象的原因还有待深入分析，如历史文化的差异，与中国的文化和地缘政治距离，对中国文化的认同，来华学习的动机，华裔与非华裔的比例等，对两国留学生跨文化适应的具体影响因素可以做进一步的实证研究，以便提供更有针对性的指导和帮助。

文化认同篇
Cultural Identity

B.5
马来西亚新生代华人双重文化认同调查报告[*]

李培毓　王博文　[马来西亚]李恩惠[**]

摘　要： 本文以333名马来西亚新生代华人为研究对象，调查海外新生代华人的双重文化认同的情况以及涵化现象。调查结果显示，马来西亚新生代华人对原生文化的认同度较高，对主流文化的认同度较低。对中华文化与华族身份也保持着较高的认同，对华族身份和马来西亚身份的认同都高于对中华文化与马来文化的认同。马来西亚新生代华人的中华文化认同与华族身份认同具有中度正相关，但彼此之间的相互影响有弱化的现象。马来西亚新生代华人存在四种涵化模式：整合

---

[*] 本文为国家社会科学基金青年项目"华裔新生代的沟通意愿与沟通策略研究"（18CYY028）的阶段性成果。
[**] 李培毓，博士，华侨大学华文学院讲师，硕士研究生导师，研究方向为华文教育和国际中文教育；王博文，华侨大学华文教育研究院2020级语言学及应用语言学专业硕士研究生；李恩惠，华侨大学华文学院2017级汉语国际教育专业本科生。

型、同化型、隔离型和边缘型。以整合型人数最多,隔离型人数最少。

关键词: 马来西亚　新生代华人　双重文化认同

一　引言

自 2013 年提出共建"21 世纪海上丝绸之路"倡议以来,中国秉承"共商、共享、共建"的原则与沿线国家展开密切的合作,8 年以来取得了巨大成绩,我国和东南亚各国的联系也日益紧密,特别是在新冠肺炎疫情期间,中国积极援助东南亚各国,展现了良好的国家形象。马来西亚是东南亚地区的重要国家,其华人数量众多,马来西亚国家统计局的数据显示,2020 年华人人口占马来西亚人口的 22.6%,为马来西亚的第二大民族,是世界上最多的海外华人群体之一。[1] 其庞大的华人群体,对于中马关系提升以及"一带一路"建设有重要的纽带和桥梁的作用。

文化认同(cultural identity)是维系海外华人和祖籍国联系的重要因素,海外华人的文化认同状况在潜移默化中会影响他们对于祖籍国的态度以及相应的行为。马来西亚是一个多元文化(multicultural)及多民族(multi-ethnic)的国家,了解马来西亚华人的文化认同有着重要的意义。目前对于文化认同的研究大都是针对某一地区的海外华人开展单向认同的研究,从而集中了解他们对中华文化、身份、语言以及国家方面的认同。以马来西亚华人为对象进行相关的研究也不少,如陈建山提到马来西亚华人的文化认同更倾向于语言和传统习俗方面。[2] 陈奕平等对马来西亚华人对中国的形象认知

---

[1] 马来西亚国家统计局(Current Popuiation Estimate, Malaysia),2021-2-14,https://www.dosm.gov.my/v1/。

[2] 陈建山:《马来西亚华人与印度人的文化认同和政治参与》,《国际研究参考》2013 年第 7 期。

调查分析中发现，他们在文化上认同中华文化，认为中华文化对他们的生活、事业产生了很大的影响。①徐祎对马来西亚华语与华人族群认同进行梳理，总结出在华语成为马来西亚华人社会的通用语之后，统一的华人族群认同和文化认同得以形成，在马来西亚独立以前，马来西亚华人社会对于中华民族和中华文化有着较强的归属感和认同感，马来西亚独立后，马来西亚华人对中华民族和中华文化的认同度降低。②此外，关于马来西亚新生代华人的研究也受到关注，如胡春艳通过实地考察马来西亚新生代华人对中国认知状况，总结出他们对华态度总体上是积极的，而且保持强烈的文化认同与族群认同，但其心中的中国形象有待于进一步提升。③

近几年，海外华人的双重文化认同（dual cultural identity）现象受到重视。目前普遍的共识为，第一代华人移民具有较强的中华文化认同或双重文化认同，而新生代华人一般具有双重文化认同或所在国的文化认同。④总体来看，当前有关海外华人双重文化认同的研究并不多，代表性研究如李永对二战前美国土生华人的双重文化认同成因进行了探析，刘燕玲以美国华人为例对海外华人的双重文化认同特征进行了研究。⑤何国忠曾指出，马来西亚政府强制性地建立一个马来西亚文化的观点造成了更多身份危机，不管是马来人还是华人，每个人的心目中都存有两种文化。⑥那么马来西亚华人的双重文化认同的状况以及倾向性是怎样的？尤其是新生代华人已经不同于老一辈的华人，他们在成长环境、所受教育等各个方面都发生了变化，他们现在

---

① 陈奕平、宋敏锋：《关于马来西亚华人与中国形象的问卷调查分析》，《东南亚研究》2014年第4期。
② 徐祎：《马来西亚华语与华人族群认同的历时共变》，《文化软实力研究》2018年第1期。
③ 胡春艳：《马来西亚华裔新生代对中国的认知——基于田野调查的分析》，《华侨华人历史研究》2015年第4期。
④ 刘燕玲：《当代海外华人双重文化认同特征探析——以美国华人为例》，《华侨华人历史研究》2021年第1期。
⑤ 李永：《二战前美国土生华人"双重文化认同"成因探析》，《世界民族》2018年第1期；刘燕玲：《当代海外华人双重文化认同特征探析——以美国华人为例》，《华侨华人历史研究》2021年第1期。
⑥ 何国忠：《马来西亚华人：身份认同、文化与族群统治》，华社研究中心，2002，第12页。

是否还仍然维持着"三代成峇"①的现象？我们认为，以马来西亚新生代华人为对象展开关于双重文化认同的研究，可以更好地把握马来西亚华人现今的认同状况。

此外，马来西亚新生代华人的双重文化认同状况有何特征，也同样值得归纳分析。对于双重文化认同的变化趋势，研究者通常用"涵化"（acculturation）的概念进行分析。如马来西亚学者陈志明用涵化的概念来解析华人文化的变迁问题，认为涵化是源自对主流文化环境的社会及文化调适。② 李宝钻、饶安莉曾对马来西亚华人的文化认同以及他们在马来西亚的涵化情形进行探究。③ 因此，本文也从涵化的角度切入，拟对这些特征进行分析。

二 相关概念

（一）双重文化认同

"认同"在心理学上是指个人与其他人、其他群体产生心理或者情感上的趋同。认同包含很多类型，但核心是文化认同，因为各种类型的认同都包含着文化的内容与因素，此外，认同所蕴含的身份合法性也离不开文化。④ "文化认同"意指民族群体或个体对本民族价值的笃信，对本民族生活方式、命运的理解和关注以及对族际关系的认识等。⑤ 从宏观上来说，文

---

① 指的是在马来西亚土生土长的华人，在经过三代人的岁月后，慢慢变成以讲英语和马来语混杂为主，但又保留明显华人文化特色的"峇峇与娘惹"（Baba & Nyonya）。转引自房仲谅《三代不能成峇，六代可以吗?》，当代评论网站，http：//contemporary - review. com. my/ 2019/10/24/1 - 213/。
② 陈志明：《涵化、族群与华裔》，载郝时远主编《海外华人研究论集》，中国社会科学出版社，2002。
③ 李宝钻：《马来西亚华人涵化之研究——以马六甲为中心》，《台湾师范大学历史研究所专刊》1998年第28辑；饶安莉：《马来西亚华裔留学生的文化认同对其在马涵化策略和来台再华化策略之影响》，硕士学位论文，暨南国际大学，2014。
④ 崔新建：《文化认同及其根源》，《北京师范大学学报》（社会科学版）2004年第4期。
⑤ 邓治文：《论文化认同的机制与取向》，《长沙理工大学学报》（社会科学版）2005年第2期。

化认同包含民族认同和国家认同；从微观上来说，文化认同包含对待特定群体的态度、认知、情感等内部心理过程。① 由此可知，文化认同包含着对民族文化和民族身份乃至国家身份的认同。一般而言，有良好文化认同的个体通常具有比较正面的自我概念和跨文化态度，有良好文化认同的群体则能凝聚和延续民族文化共同体的精神纽带和思想基础。

所谓的"双重文化认同"，是指在多种族的社会中，移民及其后裔既有对祖籍民族文化特性的保留，又有对移居地国家主流文化的趋同。② 对海外华人来说，居住环境的变化以及居住国文化的影响，使他们对于居住国和祖籍国的文化认同也会产生变化。他们会对居住国文化和祖籍国文化进行文化价值判断，以寻找自己的文化身份，也会对祖籍国和居住国的关系进行定位，影响他们对祖籍国和居住国的态度。而随着海外华人在居住国落地生根，他们陆续开枝散叶，作为一种特殊群体的存在，一方面要尽快融入当地主流社会，另一方面又有对原生文化传承的责任。换句话说，他们既有面对主流社会文化认同的问题，同时还有着面对原生文化认同的问题。

（二）涵化模式

"涵化"是指两种不同文化在文化态度、价值观及行为上，因持续不断地接触而逐渐转型的一种文化现象。③ 涵化包含两个层面，一是"心理层面"或"个体层面"的涵化，二是"文化层面"或"群体层面"的涵化。④ 本文主要了解后者层面的涵化，探究马来西亚新生代华人的双重文化认同情况。涵化发展包括两种概念，分别为涵化单维发展和涵化二维发展，单维发展认为涵化是个体从自身文化同化到新文化的过程，二维发展认为个体在自身文

---

① 董莉、李庆安、林崇德：《心理学视野中的文化认同》，《北京师范大学学报》（哲学社会科学版）2014年第1期。
② 李永：《二战前美国土生化人"双重文化认同"成因探析》，《世界民族》2018年第1期。
③ J. W. Berry, J. Trimble, E. Olmedo "Assessment of Acculturation," *Field Methods in Cross-cultural Research*, eds. W. Lonner & J. Berry, Newbury Park, CA: Sage, 1986, pp. 291–324.
④ J. W. Berry "Acculturation: Living Successfully in Two Cultures," *International Journal of Intercultural Relations*, 29 (2005): 698.

化与新文化的导向是个别独立,且可以二者并存或均不存在。① 本文重点在于探讨涵化二维发展,分析马来西亚新生代华人双重文化认同的涵化模式。

Berry 在涵化二维发展的基础上,整理出四种涵化模式来解释涵化发展产生的类型,分别为整合（integration）、同化（assimilation）、隔离（separation）和边缘（marginalization）。② 整合是指高度认同主流文化,高度认同原生文化,与主流文化族群和原生文化族群互动较多。隔离是指低度认同主流文化,高度认同原生文化,与主流文化族群互动较少,但与原生文化族群互动较多。同化是指高度认同主流文化,低度认同原生文化,与主流文化族群互动较多,但与原生文化族群互动较少。边缘是指低度认同主流文化,低度认同原生文化,较少与主流文化族群和原生文化族群互动。因此,本文把马来西亚华人的双重文化认同分为对原生文化的认同与对主流文化的认同,这里所说的原生文化认同是指对中华文化的认同和对华族身份的认同。由于马来西亚政府于 1971 年制定了国家文化政策,明确提到国家文化要建立在马来文化之上,马来民族的人口比例也达到该国的 69.6%,所以这里所提的主流文化认同是指对马来文化③的认同和对马来西亚身份的认同④。

三 调查设计

（一）研究问题

本研究的主要问题如下。

---

① 王暄博、林振兴、蔡雅薰、洪荣昭：《"外籍生在台文化涵化量表"的信效度衡鉴与潜在剖面分析》,《测验学刊》2018 年第 1 期。
② J. W. Berry, "Acculturation: Living Successfully in Two Cultures," *International Journal of Intercultural Relations*, 29 (2005): 698.
③ 在马来西亚,新生代华人一般认为马来文化等同于马来民族的文化,因此本文以马来文化指称马来民族的文化。
④ 这里说的马来西亚身份认同指的是对马来西亚国家的认同,而这个国家是建立在以马来文化为主体的多元文化体之上。

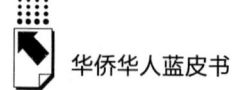

1. 马来西亚新生代华人的双重文化认同情况如何？
2. 马来西亚新生代华人的中华文化认同与华族身份认同有无相关性？
3. 马来西亚新生代华人双重文化认同的涵化模式如何？

（二）量表设计与实施

本研究主要采用量表调查的方式。Miller 等表示，涵化量表必须能测出单维涵化，即少数族裔对主流文化的适应，或能测出二维涵化，包含对于自身文化的适应。[①] 本次的双重文化认同的调查，正好符合二维涵化量表所测的目的。所以，此次双重文化认同的问卷设计除了参考 Zea 等[②]和王建勤[③]的选项内容，把量表分为对祖籍国原生文化的认同与对居住国主流文化认同两个维度外，也借鉴 Miller 等的涵化观点、Suinn 等[④]的维度分类和李培毓等[⑤]所整理的标准框架，在此基础上设计量表的题目，并作为维度命名的依据。

在量表编制的过程中，为了确保量表的质量，首先针对每个题目都提供了例子[⑥]，方便调查对象了解题目的意思。其次，在正式施测前访谈了两位马来西亚学生，以结合当地的具体情况调整相关选项和叙述。而后，邀请了三位相关领域的专家进行审阅评估，做出适当的调整后确定。之后，采用题

[①] M. J. Miller, A. E. Kerlow-Myers, "A Content Analysis of Acculturation Research in the Career Development Literature," *Journal of Career Development*, 35 (2009): 352-384.

[②] M. C. Zea, K. K. Asner-Self, D. Birman, L. P. Buki, "The Abbreviated Multidimensional Acculturation Scale: Empirical Validation with Two Latino/Latina Samples," *Cultural Diversity and Ethnic Minority* Psychology, 9 (2003): 107-126.

[③] 王建勤：《华裔学习者跨文化族群认同及其传承语习得研究》，《台湾华语教学研究》2013 年第 2 期。

[④] R. M. Suinn, K. Rickard-Figueroa, S. Lew, P. Vigil, "The Suinn-Lew Asian Self-Identity Acculturation Scale: An Initial Report," *Educational and Psychological Measurement*, 47 (1987): 401-407.

[⑤] 李培毓、王帅：《第二语言文化教学理念比较分析——以美、欧、中三套标准为基础》，《华语文教学研究》2016 年第 4 期。

[⑥] 如"C11：我了解中华传统美德（如：尊老爱幼、孝敬父母）""M12：我了解马来民族的传统文化（如：Congkak、马来武术）"。

项分析来了解量表题项的适合与可靠程度，其中有3个题项，在各自的维度中，无论是题项鉴别度还是题项信度指数都是最低的，我们将这3个题项删除，最终得到共22个题项的正式量表。

我们还使用探索性因子分析来进行效度检测，并确定量表的维度。主要采用最大方差旋转法来提取该量表的有效因子，放弃因子载荷量低于0.400的题项。在探索性因子分析之前，先进行Bartlett球体检验和KMO值检验，以确定本量表是否适合做因子分析。Bartlett球体检验结果显示p值小于0.001，拒绝无差别假设，说明本量表相关矩阵有公共因子存在。KMO值检验结果显示，KMO值为0.923，KMO值在0.9以上说明其因子分析适切性极佳，非常适合进行因子分析。接着采用主成分分析法来进行探索性因子分析，最终提取了6个因子共22个题项，且各个因子中每一个题项的因子载荷量都在0.400以上，这说明该量表具有较好的收敛效度与区分效度。因子一是行为倾向，含4个题项；因子二是生活形态，含3个题项；因子三是传统认知，含4个题项；因子四是情感态度，含5个题项；因子五是群体互动，含2个题项；因子六是身份归属，含4个题项。这6个因子的累积解释变异量为66.4%，累积解释变异量达到60%表示提取后保留的因子相当理想。其中，因子一到因子四为维度一，即对中华文化或对马来文化的认同，因子五和因子六为维度二，即对华族身份或对马来西亚身份的认同。

为确保经过题项分析与探索性因子分析所得到的最终量表的可靠性和稳定性，我们对量表进行了内部一致性信度Cronbach's alpha系数检验，量表的整体系数为0.930，两个维度的系数分别为0.912和0.796，可知Cronbach's alpha系数大于0.7，说明量表之间具有较高的内在一致性，显示量表具备良好的信度[1]。

最终本量表包括三个部分，第一部分是调查对象的个人基本情况，第二

---

[1] 由于本文的双重文化认同会牵涉到原生文化认同和主流文化认同之间的对比，为了具有可比性，加上本文最终落脚在对原生文化的关注上，所以我们的题项分析、效度和信度分析都以原生文化的量表为主，所显示的都是原生文化的数据。

部分是对原生文化的认同，第三部分是对主流文化的认同。个人基本情况部分包括性别、年龄、学习中文时长及主观判定自身的双语能力等方面；对原生文化的认同包括对中华文化的认同与对华族身份的认同两个方面；对主流文化的认同包括对马来文化的认同与对马来西亚身份的认同两个方面。问卷主要采用李克特五级量表的形式，请调查对象根据自身真实的情况和感受进行选择①。

受疫情限制，基于可行性和时效性的考量，本次问卷采用"方便抽样"和"雪球抽样"的方式，于2021年1月至2月发放于马来西亚几个主要社交媒体，如脸书（Facebook）、Instagram、微信（Wechat）和Whatsapp等。在回收问卷以后，我们对问卷进行人工核查，以排查出无效问卷。最终，回收问卷总数333份，有效问卷333份，回收率和有效率都是100%。

（三）访谈设计与实施

为了挖掘调查结果背后的原因，有助于更好地了解马来西亚新生代华人，除了问卷调查以外，我们还采用"目的性抽样"的方式，按照涵化模式的归类结果，分别从整合、同化、隔离和边缘四种类型抽取合适的访谈对象，并根据性别、年龄、职业背景、受教育程度等方面进行挑选。为的是了解不同群体的情况，以期覆盖面更全，最终选择了10位马来西亚新生代华人进行个别访谈。访谈采用的是半结构式访谈的形式，对调查分析有着较好的补充作用。

本次访谈于2021年2月至3月进行，由于疫情，本次访谈利用线上的方式，通过视频、语音、电邮等方式进行调查。在访谈过程中了解他们对原生文化和主流文化的态度，借此深入了解马来西亚新生代华人群体的想法。

---

① 我们曾在正式施测前找来四位华裔学生进行试测，经过反馈发现，若是等级划分越细，很难把握细微差距，辨识度不会太高，无法准确回答，因此最终选择五级量表的形式进行作答。

(四)调查对象的基本情况

由于1983年马来西亚全面实行注重马来语文的小学3M新课程①,马来西亚政府有意从教育下手让非马来人更了解马来文化,同年马来西亚全国15个华团向政府表达关于国家文化政策及建设马华文化的立场和观点,并开始举办一年一度的"华人文化节",成为马来西亚华人社会重要的文化活动。② 我们认为这是一个重要时间点,因此,本次调查对象的年龄主要集中在马来西亚18岁至35岁的新生代华人,本文所说的"新生代",指的是"土生土长"的马来西亚华人,即在马来西亚出生和成长的马来西亚华人。

通过对有效问卷的统计,我们发现,在性别上,女性的数量远远大于男性,其中,女性有243人,占总人数的73.0%,男性则只有90人,占27.0%。在年龄方面,"18~25岁"这部分的调查对象居多,"22~25岁"这一年龄段人数最多,有156人,占46.8%,其次是"18~21岁"这一年龄段,有126人,占37.8%。其余年龄段的人数、占比分别为:26~29岁26人,占7.8%,30~35岁25人,占7.5%(见表1)。

表1 调查对象基本情况

单位:人,%

性别	男	90	27.0
	女	243	73.0
年龄段	18~21岁	126	37.8
	22~25岁	156	46.8
	26~29岁	26	7.8
	30~35岁	25	7.5

注:因四舍五入,百分比之和不等于100%。

---

① 这里的3M指的是读、写、算三项基本技能训练。
② 详见董总《华教60年大事纪要(1954年~2014年)》,https://resource.dongzong.my/historical-figure-2/60year-important。

另外，此次调查中，所有的调查对象都具有一年以上的中文学习背景。其中，学习中文时长在"8~10年"的人数最多，有103人，占30.9%，其次是学习中文时长在"超过20年"和"11~20年"这两个时间段，前者有87人，占26.1%，后者有82人，占24.6%。学习中文时长在"1~4年"的人数最少，有1人，占0.3%（见表2）。在所有的调查对象中，还有10人认为中文为自身的母语。

表2 调查对象学习中文时长分布

单位：人，%

学习中文时长	少于1年	0	0.0
	1~4年	1	0.3
	5~7年	17	5.1
	8~10年	103	30.9
	11~20年	82	24.6
	超过20年	87	26.1
	其他	43	12.9

注：因四舍五入，百分比之和不等于100%。

我们还对他们的中文和马来语的语言能力进行调查。有关中文能力，从图1可知，调查对象认为中文听力很好的占51.1%（170人），中文口语能力很好的占35.1%（117人），中文阅读能力很好的占41.4%（138人）以及中文书写能力很好的占24.0%（80人）。通过访谈得知，之所以只有一半左右的马来西亚新生代华人认可自身的中文听说读写能力，原因在于他们多半只接受了小学六年的中文教育，很多人的中文水平仍停留在小学程度。少部分新生代华人升上中学后，会利用课余时间继续报读一周一次的中文课，可知在长时间以英语和马来语为主的学校教育环境影响下，他们的中文能力相较于老一辈呈现下滑趋势。

有关马来语能力，从图2可知，调查对象有41.7%（139人）认为马来语听力一般，有48.0%（160人）认为马来语口语能力一般，有38.4%

□ 不好　□ 不太好　□ 一般　■ 好　■ 很好

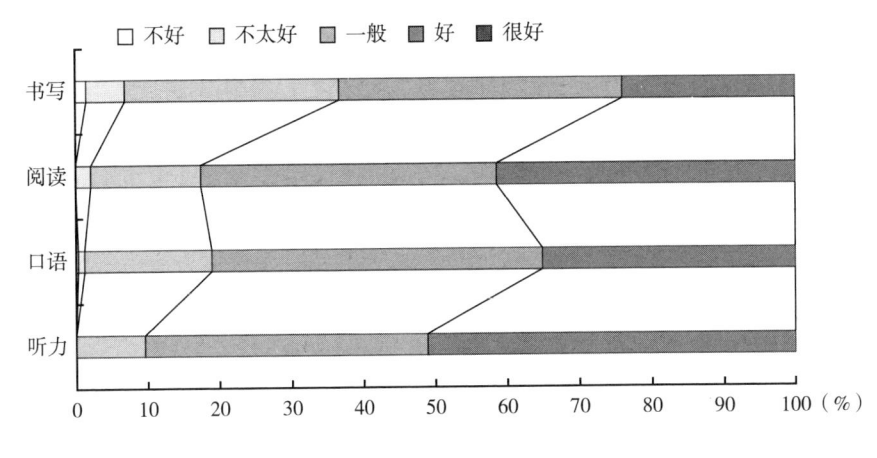

图1　调查对象的中文能力

(128人)与42.6%(142人)认为阅读和书写马来语的能力一般。基本上马来西亚新生代华人的中文掌握能力明显比马来语能力强。我们进一步访谈发现，大部分的马来西亚华人家庭从小开始对他们孩子的中文教育较为重视。而马来语作为他们的"国语"，是他们需要学习的第二语言。新生代华人一般小学毕业后，都会选择到离家较近且以马来语为媒介语的国民中学就读。学习马来语是为了课业上的需要、与其他民族进行交流以及处理政府部门的文件，马来语在这时起到了较为重要的作用。

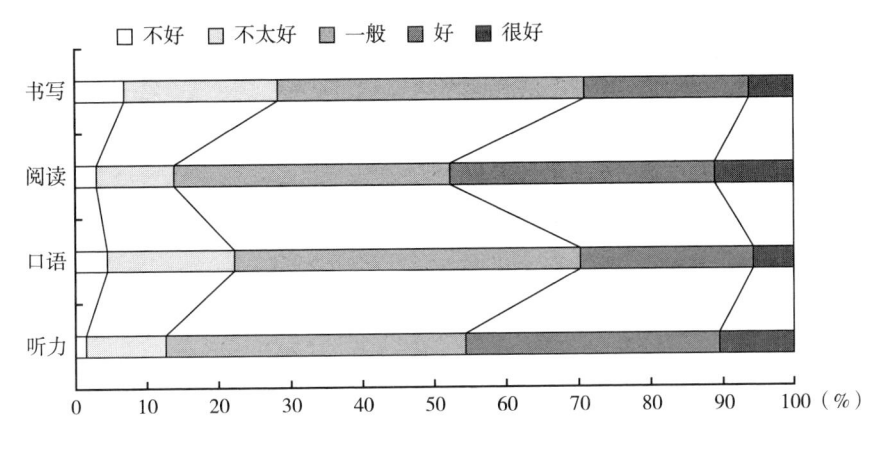

□ 不好　□ 不太好　□ 一般　■ 好　■ 很好

图2　调查对象的马来语能力

四 马来西亚新生代华人双重文化认同的调查结果

本研究认为,双重文化认同包括两个方面,分别是对原生文化的认同和对主流文化的认同,我们以此来考察马来西亚新生代华人对于两种文化的认同状况。

(一)对原生文化的认同

1. 对中华文化的认同

(1)行为倾向

关于行为倾向的调查,我们从"我会参加与中华文化有关的节庆活动""我会参加与中华文化有关的宗教活动""我会遵守与中华文化有关的礼仪和习俗""我会在学校加入一些和中华文化有关的社团"四个方面展开(见图3)。

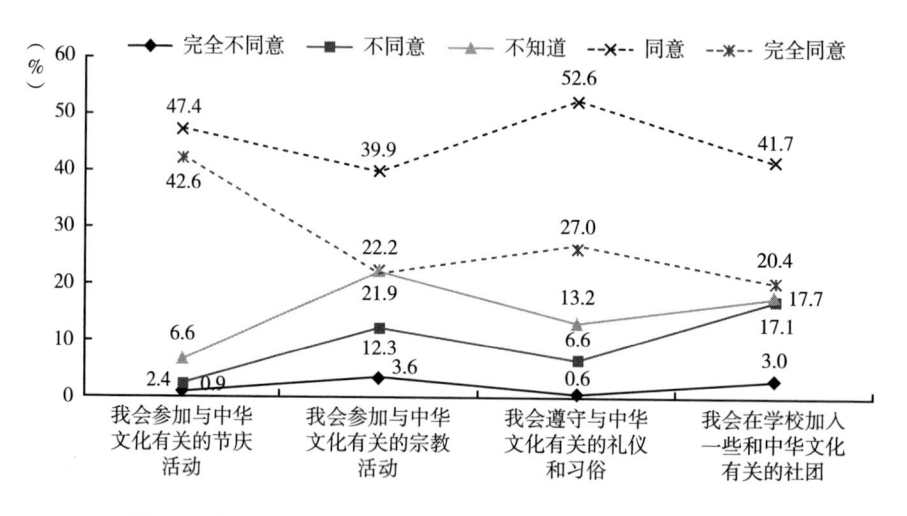

图3 马来西亚新生代华人在行为倾向上对中华文化的认同情况

在行为倾向上,马来西亚新生代华人对中华文化的认同度较高,认同度都超过了60%,其中有高达90%的马来西亚新生代华人对于"我会参加与中华文化有关的节庆活动"持正向态度,为行为倾向维度认同度最高的部分，其次是"我会遵守与中华文化有关的礼仪和习俗"，认同度为79.6%，"我会参加与中华文化有关的宗教活动""我会在学校加入一些和中华文化有关的社团"的认同度分别为61.8%和62.1%。

我们通过访谈发现，马来西亚新生代华人的父母在他们行为倾向上对中华文化的认同中扮演着重要角色，他们的父母经常向他们强调中华文化的重要性，也会带领他们参加各种中华文化活动。此外，马来西亚华人比较注重中华传统节日，节日期间会举行庆典活动，特别是进入21世纪以来，马来西亚政府更加重视华人的文化认同与传承的问题，普及与推广具有中华民族特色的体育项目，[①] 如"24节令鼓"在2019年就被马来西亚教育机构列入课余活动，这些举措在一定程度上促使马来西亚新生代华人参与到与中华文化相关的活动中，也提高了马来西亚新生代华人在行为倾向上对中华文化的认同。

（2）生活形态

关于生活形态的调查，包括"我习惯中国式的生活方式""我会去因华人聚集而著名的商业街、美食街""我关注现代中国的样貌"三个方面（见图4）。

在生活形态上，马来西亚新生代华人对中华文化的认同度较高，认同度同样都超过了60%，其中对于"我会去因华人聚集而著名的商业街、美食街"的认同度最高，有83.8%的新生代华人表示认同。其次是"我习惯中国式的生活方式"，认同度为77.8%，有63.0%的新生代华人对"我关注现代中国的样貌"表示认同。

这三方面属于日常生活中的"小C文化"[②]，可看出马来西亚新生代华人在生活中还是保留了与中华文化相关的习惯，也会主动去亲近与中华文化有关的文化产物。进一步访谈得知，这是马来西亚新生代华人自幼就接触

[①] 陈建山：《马来西亚华人与印度人的文化认同和政治参与》，《国际研究参考》2013年第7期。

[②] 所谓的"小C文化"，指的是日常生活，如居家、服饰、食物、交通等情况，相对应的"大C文化"，指的是正式制度，如社会、政治、经济等方面的知识。详见李培毓、王帅《第二语言文化教学理念比较分析——以美、欧、中三套标准为基础》，《华语文教学研究》2016年第4期。

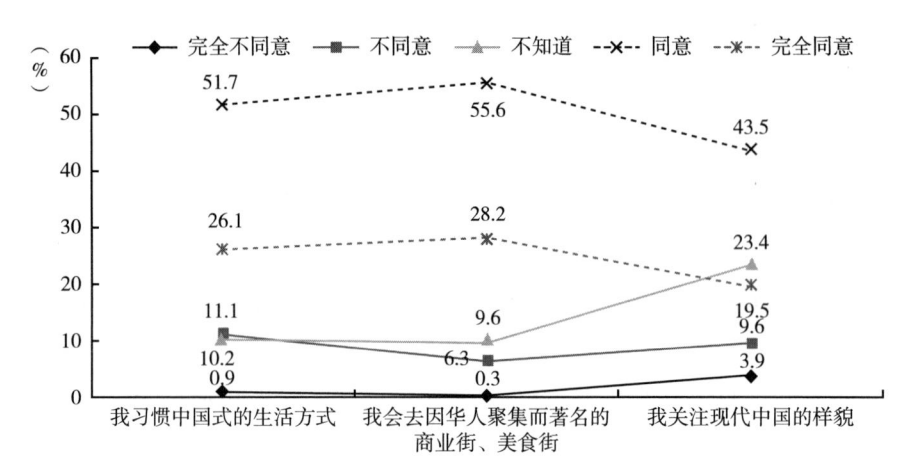

图4 马来西亚新生代华人在生活形态上对中华文化的认同情况

的,已经成为生活中的一部分,外加有些新生代华人长大后会到中国大陆和港澳台留学,也加深了他们对中华文化圈生活形态的认同。

(3)传统认知

关于传统认知的调查,包括"我了解中文的谚语、俚语和成语""我了解中华传统思想""我了解中华传统美德""我了解中华传统文化产物和形式"四个方面(见图5)。

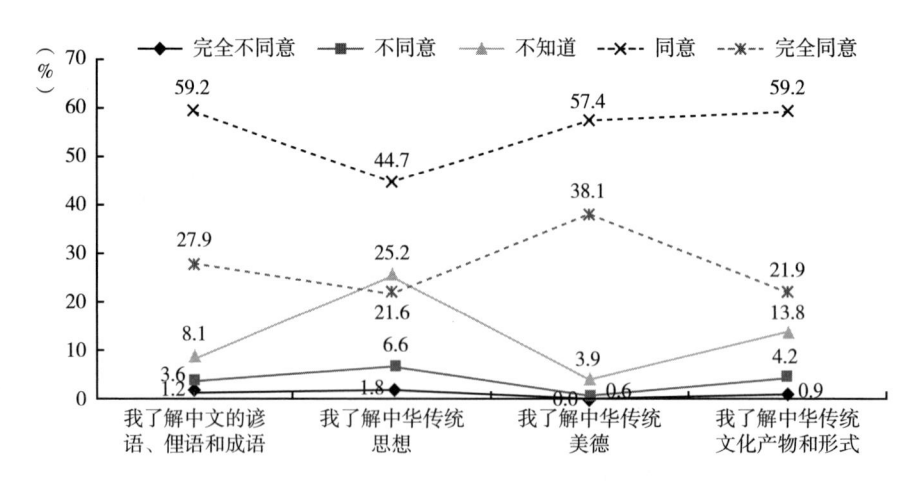

图5 马来西亚新生代华人在传统认知上对中华文化的认同情况

在传统认知上，马来西亚新生代华人的认同度同样都超过了60%，保持较高的认同。其中，"我了解中华传统美德"的认同度最高，高达95.5%的马来西亚新生代华人表示认同。其次是"我了解中文的谚语、俚语和成语"，有87.1%的马来西亚新生代华人表示认同。

我们通过访谈了解到，马来西亚新生代华人对于中华文化的认同，一方面有赖于马来西亚新生代华人的家庭环境，老一辈的马来西亚华人对中华传统文化有较深的了解，并对传承中华民族的文化传统有较强的使命感，在家庭文化的传承下，中华传统文化得以代代相传；另一方面，与马来西亚的华文教育体系有着重要的关系，马来西亚是海外华文教育保留最完整的国家，[①] 马来西亚新生代华人通过华文教育进一步了解中华文化的相关知识，因此，发达的华文教育体系对于提高马来西亚新生代华人对于中华文化的认同有重要的作用。

（4）情感态度

关于情感态度的调查，包括了"我对中华文化有强烈的亲近感""我为中华文化感到自豪""我愿意传承和保护中华文化""我认为了解中华文化对华人发展有帮助""越来越多的外国人了解中华文化，我为此而感到骄傲"五个方面（见图6）。

马来西亚新生代华人对情感态度维度的各个部分的认同度同样是保持较高的状态，每个部分的认同度都超过了70%，其中对于"我愿意传承和保护中华文化"的认同度最高，有高达90.1%的马来西亚新生代华人表示认同，持有积极态度。其次是"我认为了解中华文化对华人发展有帮助"和"我为中华文化感到自豪"两部分，认同度分别为88.3%和86.1%。

从心理学上讲，认同是一个过程，是一个将外在的理念、标准内化于心、外化于行的社会心理过程。[②] 而情感既是人性的重要组成部分，又是推

---

① 胡春艳：《马来西亚华裔新生代对中国的认知——基于田野调查的分析》，《华侨华人历史研究》2015年第4期。

② 李建华：《情感认同与价值观认同》，https://baijiahao.baidu.com/s?id=1601677367100134936&wfr=spider&for=pc。

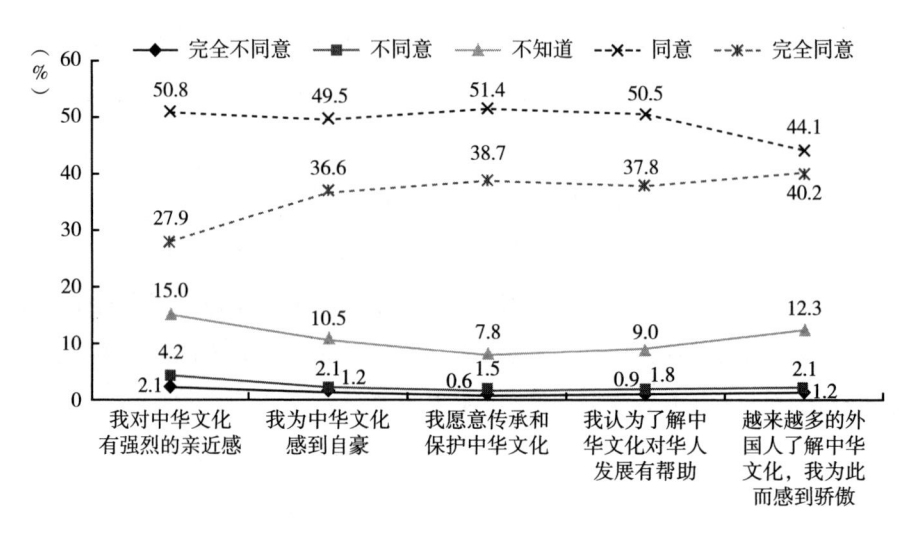

图6　马来西亚新生代华人在情感态度上对中华文化的认同情况

动社会变革的重要力量，与社会的发展息息相关。正向的情感可以提高文化认同水平，而负向的情感则可能降低文化认同水平。根据我们的访谈，马来西亚新生代华人对中华文化的认同与马来西亚华人社会的文化代际传承密切相关。他们从小就接受中华文化的熏陶，学习中华传统文化知识。另外，华文教育的发展、与中华传统文化相关的节庆仪式和纪念活动的举办，这些都有助于对中华文化的正向情感，也对马来西亚新生代华人提高对中华文化的认同度有重要作用。

2. 对华族身份的认同

（1）群体互动

关于群体互动的调查，包括了"我的朋友大部分是马来西亚华人""在非华裔族群面前，我不会隐藏自己的华人身份"两个方面（见图7）。

马来西亚新生代华人在群体互动维度上对华族身份保持很高的认同度，对于"我的朋友大部分是马来西亚华人"有95.8%的新生代华人表示认同，有94.6%的新生代华人表示"在非华裔族群面前，我不会隐藏自己的华人身份"。

通过统计结果可知，马来西亚新生代华人的同伴环境以华人为主，且对

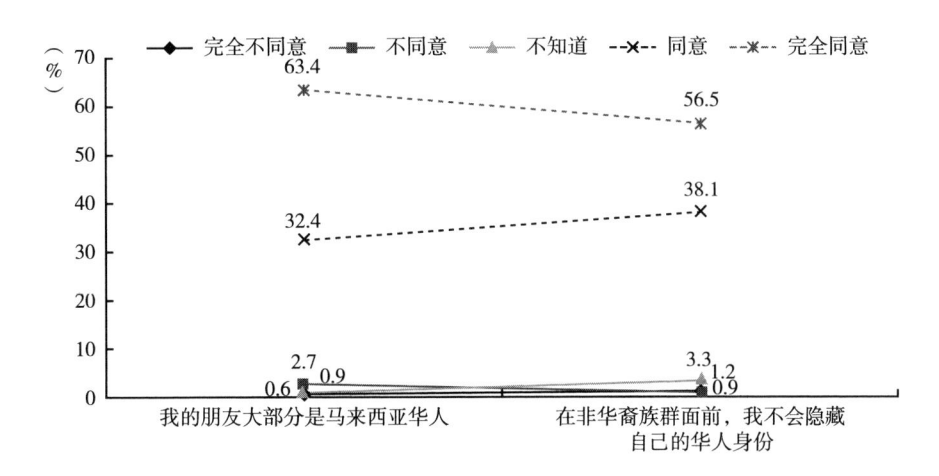

图7 马来西亚新生代华人在群体互动上对华族身份的认同情况

于自身华人身份也能高度认同。事实上，华人和马来人之间的关系一直不错，在群体层次上的结构性冲突在个人层次上得以回避，[①]彼此之间相敬如宾，却也无须隐藏。

（2）身份归属

对身份归属的调查，包括了"我很欣赏本地华人及其成就""我对自己所属的华人社团具有强烈的依附感""我认为自己是华族的一分子""我对成为华族的一分子感觉很好"四个方面（见图8）。

在所有的调查对象中，表示"自己是华族的一分子"占比为93.6%，认同度最高；表示"欣赏本地华人及其成就"的占比为90.4%；表示"对自己所属的华人社团有强烈的依附感"的占比为68.1%；表示"对成为华族的一分子感觉很好"的占比为85.2%。总的来看，马来西亚新生代华人对华族身份有较高的认同度。

身份认同是个人对所属群体的角色及其特征的认可程度和接纳态度。[②]

[①] 陈志明：《族群认同与国家认同：以马来西亚华人为例（下）》，罗左毅译，《广西民族学院学报》（哲学社会科学版）2002年第6期。

[②] 黄铃：《我国中小学心理教师身份认同感现状分析》，《云南教育》（继续教育版）2007年第8期。

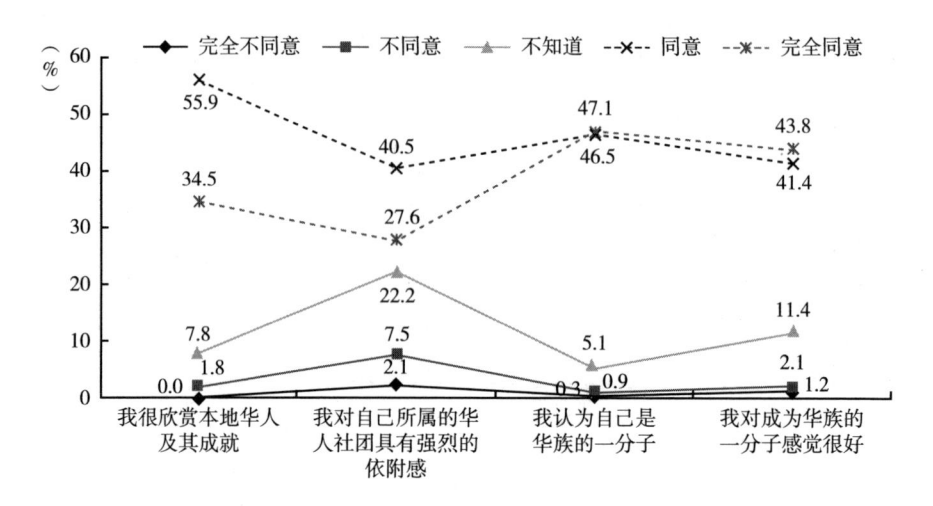

图 8　马来西亚新生代华人在身份归属上对华族身份的认同情况

马来西亚华人对华裔身份的认同本质上是一种族群认同。我们通过访谈调查发现，大部分马来西亚新生代华人会从长辈那里得知自己的祖籍并且大都有族谱，还有部分新生代华人会回到祖籍国展开寻根之旅。此外，不少马来西亚新生代华人从小就说华语，庆祝中华民族传统节日。因此，马来西亚新生代华人不会对自己的华族身份进行否认，他们一直对自己的华族身份保持较高的认同。此外，马来西亚华人拥有4000多个各种类型的社团，社团是他们团结互助，维护和争取自身权益的核心力量,[①] 这或许也是将近七成的新生代华人对所属的华人社团有强烈的依附感的原因。

（二）对主流文化的认同

1. 对马来文化的认同

（1）行为倾向

对行为倾向的调查，包括了"我会参加与马来文化有关的节庆活动""我会参加与马来文化有关的宗教活动""我会遵守与马来文化有关的礼仪

---

① 陈建山：《马来西亚华人与印度人的文化认同和政治参与》，《国际研究参考》2013年第7期。

和习俗""我会在学校加入一些和马来文化有关的社团"四个方面（见图9）。

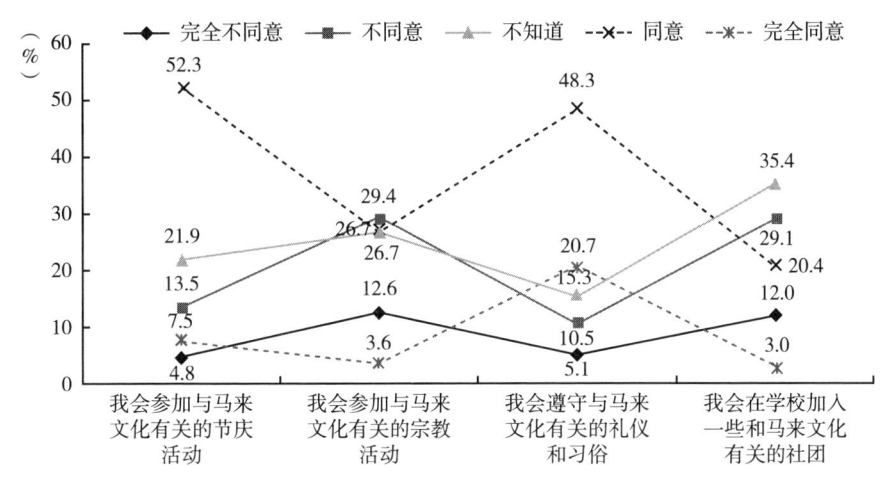

图9 马来西亚新生代华人在行为倾向上对马来文化的认同情况

调查显示，马来西亚新生代华人在行为倾向上对马来文化的认同度相对于中华文化来说较低。马来西亚新生代华人对于"我会遵守与马来文化有关的礼仪和习俗"的认同度最高，有69.0%的人持有积极态度，表示认同。而对于"我会参加与马来文化有关的宗教活动"的认同度是最低的，有42.0%的马来西亚新生代华人表示不认同。

在多元文化的社会中，认同主流族群的文化对个人（尤其是少数族裔）的发展是一种普遍趋势。马来人作为马来西亚最大的民族，其民族文化会影响到其他民族，马来西亚新生代华人从小就生活在马来西亚多元的社会环境里，他们除了接受来自家庭的中华文化的熏陶，自然也会受到马来文化的影响。在我们的访谈中，许多被试表示，因为从小生活在马来西亚多元的社会环境里，不同族群的文化交流使他们并不排斥马来民族的文化，并且会遵守马来民族节日的礼仪与习俗。一般而言，礼仪习俗、节庆活动和宗教活动是"区别色彩"比较鲜明的文化现象，是区分不同文化的重要标志，宗教活动更是属于深层的文化认同。因此，对于华人身份高度认同的马来西亚新生代华人，参与与马来文化有关的宗教活动水平显然低于其对马来文化的认同水平。

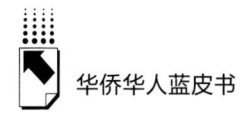

（2）生活形态

对生活形态的调查，包括了"我习惯马来式的生活方式""我会去因马来人聚集而著名的商业街、美食街""我会关注现代马来西亚的样貌"三个方面（见图10）。

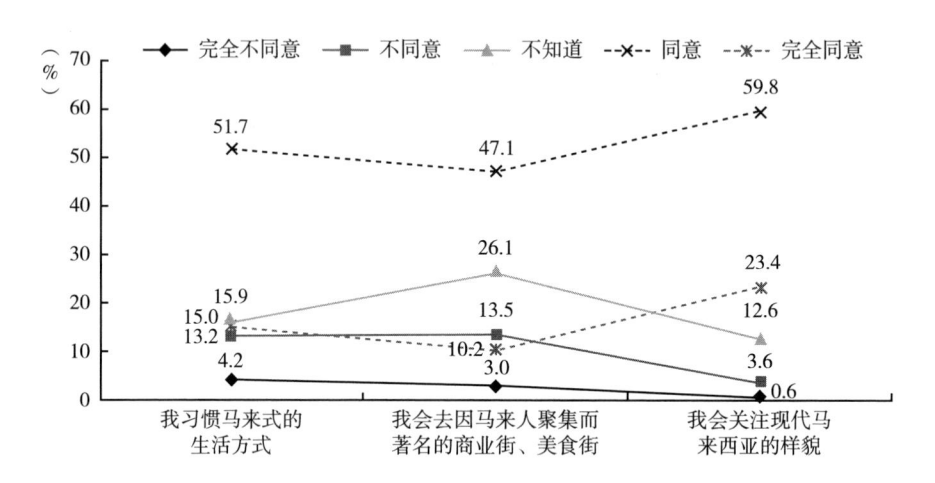

图10 马来西亚新生代华人在生活形态上对马来文化的认同情况

调查显示，马来西亚新生代华人在生活形态维度上对马来文化的认同度相对于中华文化来说较低。马来西亚新生代华人对于"我会关注现代马来西亚的样貌"的认同度最高，有83.2%的人持有积极态度，表示认同。对于"我习惯马来式的生活方式""我会去因马来人聚集而著名的商业街、美食街"的认同度分别为66.7%和57.3%。

对于国家发展的关注，既属于文化认同，也属于国家认同。对"现代马来西亚的样貌"的关注，显示出马来西亚新生代华人对马来西亚国家认同的水平较高。他们会关注在主流文化所主导的马来西亚政治、经济、社会等方面是否能达到公平公正。尤其是马来西亚新生代华人强调与马来人的平等权利，这和他们对马来西亚的归属感息息相关。①

---

① 陈志明：《族群认同与国家认同：以马来西亚华人为例（上）》，罗左毅译，《广西民族学院学报》（哲学社会科学版）2002年第5期。

（3）传统认知

对传统认知的调查，包括了"我了解马来语的谚语、俚语和成语""我了解马来文化的传统思想""我了解马来文化的传统美德""我了解马来传统文化产物和形式"四个方面（见图11）。

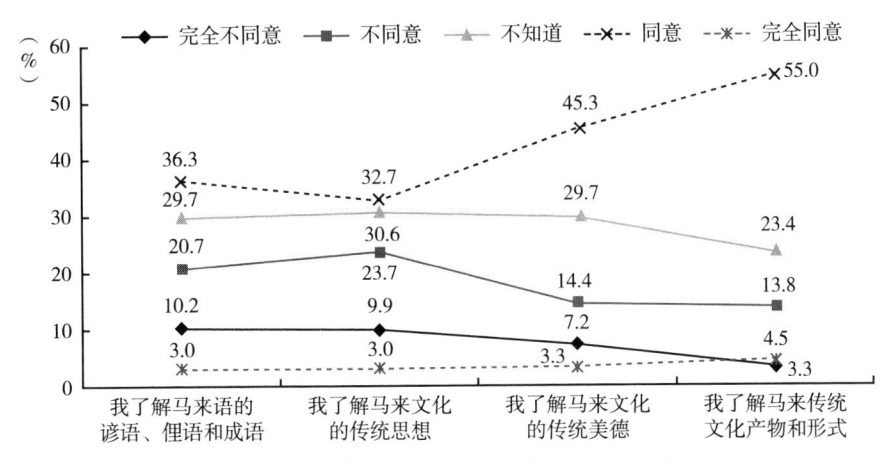

图11 马来西亚新生代华人在传统认知上对马来文化的认同情况

调查显示，在传统认知上，马来西亚新生代华人对马来文化的认同度较低，有59.5%的马来西亚新生代华人对于"我了解马来传统文化产物和形式"这一观点持有肯定的态度，为传统认知维度认同度最高的部分。对于"我了解马来文化的传统思想""我了解马来语的谚语、俚语和成语"的认同度较低，分别只有35.7%和39.3%的马来西亚新生代华人表示认同。

文化认同可以分为三个层次，表层是对文化形式的认同，中层是对文化规范的认同，内层是对核心价值的认同。传统认知对应出马来西亚新生代华人对马来文化深层次的认同度。由于对不同语言和文化传统的认同，涉及语言和文化历史及影响力的对比，在我们的访谈中，有被试表示汉语、汉字以及中华文化历史悠久，影响深远，同时又受到家庭环境和学校教育的影响，对马来语言及文化的认同度不太高。

（4）情感态度

对情感态度的调查，包括了"我对马来文化有强烈的亲近感""我为马来文化感到自豪""我愿意传承和保护马来文化""我认为了解马来文化对华人的发展有帮助""越来越多的外国人了解马来文化，我为此而感到骄傲"五个方面（见图12）。

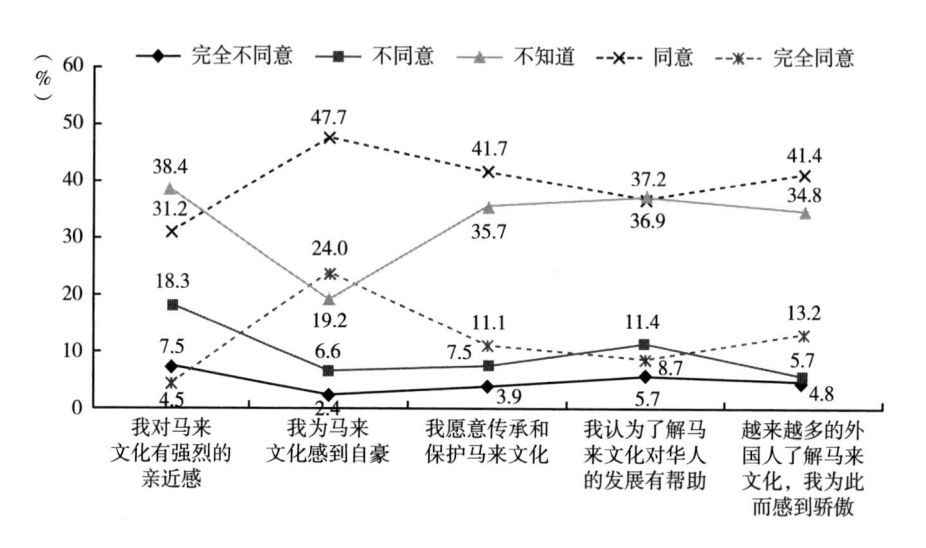

```
            完全不同意   不同意   不知道   同意   完全同意
```

图例数据：
- 我对马来文化有强烈的亲近感：完全不同意 7.5，不同意 18.3，不知道 38.4，同意 31.2，完全同意 4.5
- 我为马来文化感到自豪：完全不同意 2.4，不同意 6.6，不知道 19.2，同意 47.7，完全同意 24.0
- 我愿意传承和保护马来文化：完全不同意 3.9，不同意 7.5，不知道 35.7，同意 41.7，完全同意 11.1
- 我认为了解马来文化对华人的发展有帮助：完全不同意 5.7，不同意 11.4，不知道 36.9，同意 37.2，完全同意 8.7
- 越来越多的外国人了解马来文化，我为此而感到骄傲：完全不同意 4.8，不同意 5.7，不知道 34.8，同意 41.4，完全同意 13.2

图12 马来西亚新生代华人在情感态度上对马来文化的认同情况

马来西亚新生代华人在情感态度维度上对马来文化保持着较高的认同度，有71.7%的马来西亚新生代华人对"我为马来文化感到自豪"持有积极态度，是情感维度中认同最高的部分。其次是"越来越多的外国人了解马来文化，我为此而感到骄傲"，有54.6%的马来西亚新生代华人持有肯定态度。

多民族国家必须共享国家认同，马来西亚新生代华人对"为马来文化感到自豪"的较高认同度，显示出他们对以马来民族为主体的马来文化的认同度较高。而对于"为外国人了解马来文化而感到骄傲"，也显示出马来西亚新生代华人对主流文化的趋近倾向。通过访谈我们发现，随着马来西亚的发展以及民族的融合，马来西亚新生代华人对马来西亚有较高的认同度，作为马来西亚的公民，他们乐于见到主流文化的保护与传承，同时也会为自己国家的主流文化得到传播而感到骄傲。

2. 对马来西亚身份的认同

（1）群体互动

关于群体互动的调查，包括了"我的朋友大部分是非华裔的人""在华人面前，我不会贬低非华裔的人的身份"两个方面（见图13）。

马来西亚新生代华人在群体互动上，只有20.1%的新生代华人对于"我的朋友大部分是非华裔的人"表示认同，有90.7%的新生代华人表示"在华人面前，我不会贬低非华裔的人的身份"。

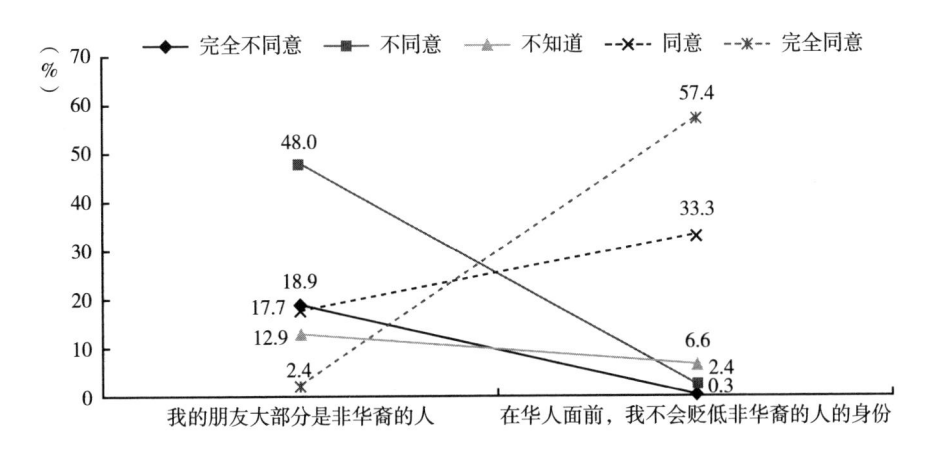

图13 马来西亚新生代华人在群体互动上对马来西亚身份的认同情况

从中可看出马来西亚新生代华人有明显的族群意识，有学者指出，绝大多数的马来西亚华人确实有族群认同的强烈意识，[1] 但这其实也是马来西亚整个国家的情况，其他如马来民族、印尼民族的族群划分也很明显。此外，值得注意的是，虽然华人所憧憬的是一个不为马来人所控制的多元文化的马来西亚，[2] 但新生代华人对待不同族群不会带有负面的观感。

---

[1] 陈志明：《族群认同与国家认同：以马来西亚华人为例（下）》，罗左毅译，《广西民族学院学报》（哲学社会科学版）2002年第6期。

[2] 陈志明：《族群认同与国家认同：以马来西亚华人为例（上）》，罗左毅译，《广西民族学院学报》（哲学社会科学版）2002年第5期。

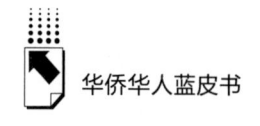

（2）身份归属

关于身份归属的调查，包括"我很欣赏非华裔的人及其成就""我对非华裔的主流社团有强烈的依附感""我认为自己是马来西亚的一分子""我对成为马来西亚的一分子感觉很好"四个方面（见图14）。

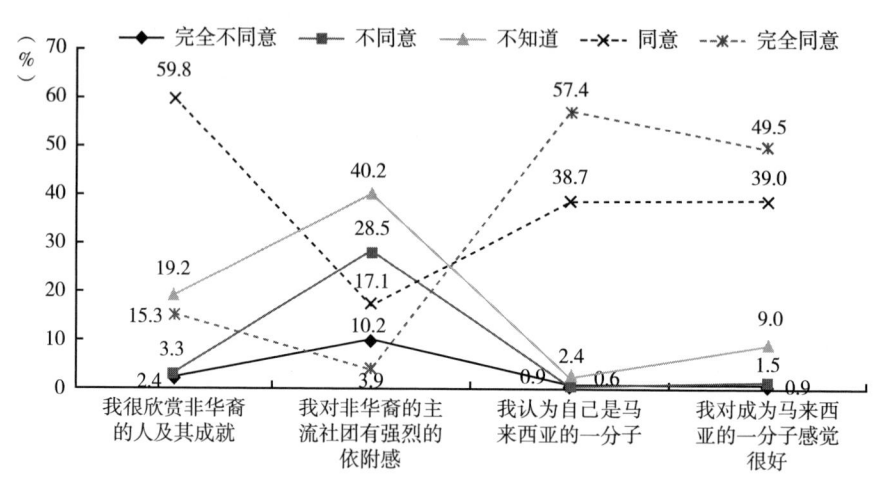

图14 马来西亚新生代华人在身份归属上对马来西亚身份的认同情况

在身份归属的调查结果中，表示"欣赏非华裔的人及其成就"的占比为75.1%；表示"对非华裔的主流社团有强烈的依附感"的占比为21.0%；表示"认为自己是马来西亚的一分子"的占比为96.1%，为认同最高的部分；表示"对成为马来西亚的一分子感觉很好"的占比高达88.5%。

总的来看，马来西亚新生代华人对于马来西亚身份存在较高的认同度。在我们的访谈中，一些马来西亚新生代华人表示"自己是华人，但首先是马来西亚人"，这与他们的家族已在马来西亚生活好几代，对马来西亚的感情深厚有关。现代国家的民族不再只是一个具有名称的有着共同祖先、传说、历史记忆和文化因素的人群，而是超越了族群性的综合了政治、经济和文化因素在内的政治共同体，它包含了种族性、政治意义上的国家疆界、社会成员认同的文化传统、历史和命运。[①] 由于马来西亚是一

---

① 骆莉：《二战后东南亚民族国家共同体中的华人身份认同》，《东南亚研究》2001年第4期。

个多元民族的国家,马来西亚新生代华人在一个多元的社会环境下成长,已经适应了马来西亚的多元文化与多元民族生活,对基于马来文化的马来西亚身份认同度比较高。

(三)双重文化认同情况对比分析

整体来看,马来西亚新生代华人对于原生文化认同的平均分为4.09,对于主流文化认同的平均分为3.45,可知马来西亚新生代华人对于原生文化的认同要高于对主流文化的认同。进一步对比发现,马来西亚新生代华人对中华文化认同的平均分为4.01,对马来文化认同的平均分为3.35;对华族身份认同的平均分为4.29,对马来西亚身份认同的平均分为3.71,可知马来西亚新生代华人在中华文化与华族身份的认同度上都要高于对马来文化与马来西亚身份的认同,且对华族的身份认同度高于对中华文化的认同度,对马来西亚身份的认同度也高于对马来文化的认同度。此外,在六个指标上的平均分均超过了理论平均值3,且与理论平均值有显著差异($p<0.01$)。其中,在对原生文化认同上,族群互动的平均值最高,生活形态的平均值最低;在对主流文化认同上,身份归属的平均值最高,传统认知的平均值最低。

在对原生文化认同上,除了"关注现代样貌""认为自己是一分子"和"认为自己是一分子感觉很好"这三个选项,马来西亚新生代华人对马来文化与马来西亚身份的认同度要高于对中华文化与华族身份的认同度,其他的各个选项都是对中华文化与华族身份的认同度要高于对马来文化与马来西亚身份的认同度。进一步来看,群体互动维度中的"朋友大部分是马来西亚华人"的平均值最高,行为倾向维度中的"在学校加入与中华文化有关的社团"的平均值在所有选项中最低,即他们对于"朋友族群的类别"这一选项的认同度最高,对于"在学校加入有关文化的社团"这一选项的认同度最低。在对主流文化认同上,身份归属维度上的"认为自己是马来西亚的一分子"的平均值最高,是马来西亚新生代华人对主流文化认同感最高的部分;群体互动指标中的"朋友大部分是非华裔的人"的平均值最小,是马来西亚新生代华人对于主流文化认同感最低的部分。

马来西亚新生代华人之所以能保持较高的对中华文化的认同度,一方面有赖于马来西亚华人较大的人口规模和较高的经济地位,另一方面也有赖于较为充分的社会支持。如前所述,华人为马来西亚的第二大民族,且占据较高的经济地位,这为华人保持中华文化的认同度奠定了基础。加上马来西亚华人与中国大陆、港澳台的经济互动密切,经济地位得到进一步提升,其华人意识也得到加强。① 此外,从父母家人处得到的社会支持也是一个重要的影响因素。根据 Ward 等的研究,父母能够对子女的文化认同产生影响,子女的民族信仰、价值观和行为方式在很大程度上都是从父母那里学到的。②

有研究指出,马来西亚新生代华人对现代中国的情感相对淡漠,没有强烈的了解意愿,③ 这和我们的调查结果是一致的,现在的马来西亚新生代华人关注居住国的现代样貌多过于关注祖籍国的当今情况,因为相较于祖籍国的遥远,居住国的情况和自身密切相关,自然也受到较多的关注。也有研究指出,有六成的马来西亚新生代华人明确表示自己首先是居住国的公民,但也很清楚自己的华裔身份,④ 我们的调查结果也可说明这一现象,可以说他们对华族身份和马来西亚身份都有强烈的要求。东南亚华人族群认同起主导作用的是族群文化意识,高度表现为自我的"华人意识",在很大程度上是一种主观归属感。⑤ 可以发现,马来西亚新生代华人基本上还是有很强烈的族群身份归属,从交友范围以华人群体为主就可证明。已有的研究也发现,文化认同和交友群体有关,和本民族同伴建立友谊关系的新生代有更高的族群认同。⑥

---

① 庄国土:《略论东南亚华族的族群认同及其发展趋势》,《厦门大学学报》(哲学社会科学版) 2002 年第 3 期。
② C. Ward, S. Bochner, & A. Furnham, *The Psychology of Culture Shock*, London: Routledge, 2001, p. 384.
③ 沈玲:《东南亚新生代华裔文化认同的国别比较研究》,《民族教育研究》2017 年第 6 期。
④ 杨晋涛、俞云平:《东南亚华裔新生代的"祖籍记忆"——马来西亚、泰国、印度尼西亚个案比较》,《世界民族》2007 年第 6 期。
⑤ 庄国土:《略论东南亚华族的族群认同及其发展趋势》,《厦门大学学报》(哲学社会科学版) 2002 年第 3 期。
⑥ J. S. Phinney, I. Romero, M. Nave, D. Huang, "The Role of Language, Parents, and Peer in Ethic Identity among Adolescents in Immigrant Families," *Journal of Youth and Adolescence*, 30 (2001): 135 – 153.

表3 马来西亚新生代华人双重文化认同情况的结果

维度	指标	类别	对原生文化的认同		对主流文化的认同	
			平均分	标准差	平均分	标准差
中华文化/马来文化的认同	行为倾向	参加节庆活动	4.29	0.77	3.44	0.98
		参加有关宗教活动	3.64	1.06	2.8	1.09
		遵守礼仪和习俗	3.99	0.85	3.69	1.07
		在学校加入有关文化的社团	3.59	1.08	2.73	1.01
	生活形态	生活方式	3.91	0.94	3.6	1.03
		去著名的商业街、美食街	4.05	0.81	3.48	0.95
		关注现代样貌	3.65	1.02	4.02	0.75
	传统认知	了解谚语、俚语和成语	4.09	0.78	3.01	1.05
		了解传统思想	3.78	0.92	2.95	1.04
		了解传统美德	4.33	0.58	3.23	0.98
		了解传统文化产物和形式	3.97	0.78	3.44	0.9
	情感态度	有强烈的亲近感	3.98	0.89	3.07	0.99
		对文化感到自豪	4.18	0.79	3.84	0.94
		愿意传承和保护文化	4.26	0.72	3.49	0.93
		了解文化对华人发展有帮助	4.23	0.76	3.32	0.98
		为外国人了解文化而感到骄傲	4.20	0.82	3.53	0.96
华族身份/马来西亚身份的认同	群体互动	朋友的族群类别	4.55	0.71	2.37	1.05
		在别人面前不隐藏或贬低族群身份	4.48	0.72	4.45	0.75
		欣赏族群的人及其成就	4.23	0.66	3.82	0.81
	身份归属	对社团有强烈的依附感	3.84	0.98	2.76	0.98
		认为自己是一分子	4.39	0.66	4.51	0.66
		认为自己是一分子感觉很好	4.25	0.83	4.35	0.78
	合计		4.09	0.87	3.45	1.10

（四）中华文化认同与华族身份认同的相关性

为了更真实地掌握马来西亚新生代华人对中华文化认同与对华族身份认同之间的关系，我们对中华文化认同与华族身份认同的相关性展开分析，并绘制出散点图（见图15）。由图15可知，当中华文化认同发生变化时，华族身份认同也相应地发生变化，两者呈线性变化，也就是说，马来西亚新生代华人对于中华文化认同与华族身份认同之间存在线性相关。我们进一步采用 Pearson 相关系数，了解线性相关性程度的高低。结果显示，中华文化认同与华族身份认同两个维度的 Pearson 相关系数（$r=0.668$，$p=0.000$）。这就表明马来西亚新生代华人的中华文化认同与华族身份认同之间存在显著的中度正相关关系，也就说明马来西亚新生代华人对中华文化认同度越高，对华族身份认同度就越高，反之亦然。

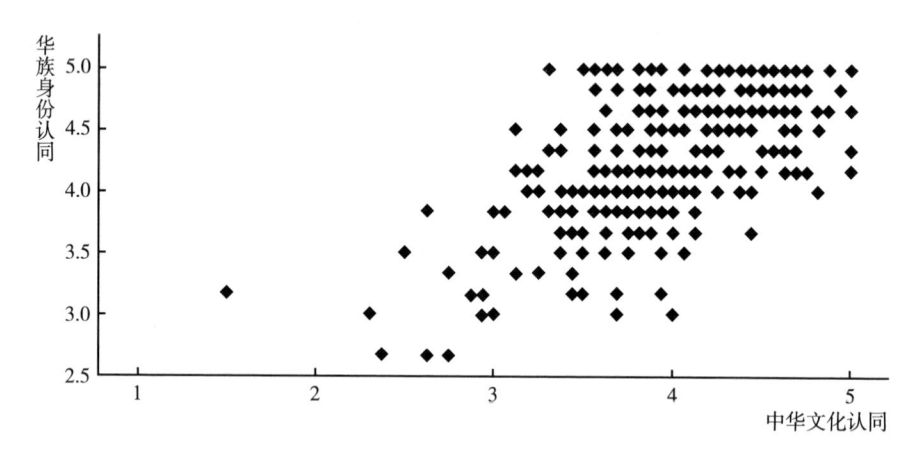

图 15　马来西亚新生代华人中华文化认同与华族身份认同相关性散点图

注：图中每个点代表一个调查对象，横坐标代表对中华文化认同的程度，从 1.0 开始到 5.0 代表认同程度逐级增高；纵坐标代表调查对象对华族身份认同的程度，从 1.0 开始到 5.0 代表认同程度逐级增高。

一个族群的身份认同是建立在血缘和文化意识的基础上，可以说文化认同是身份认同的核心内容，并集中表现为文化认同。① 马来西亚新生代华人的中华文化认同与华族身份认同彼此之间存在线性的正相关，这主要源于家庭环境的影响。华人家庭通过传递传统美德、庆祝传统节庆、遵守民俗礼仪等方式来进行文化传承，新生代华人从小接受这种中华文化的熏陶，对中华文化还保持着较高的认同。此外，社会环境的影响也很大，一方面全马来西

---

① 刘延超：《族群认同与文化认同——新加坡英语文学中的身分认同困惑初探》，《广西师范大学学报》（哲学社会科学版）2012 年第 2 期；李乃涛：《从身份认同到文化认同》，《人文岭南》2019 年第 99 期。

亚有7000多个华人社团，①各社团举办的传统节日庆典和文化活动，对传承和发扬中华文化产生了积极的作用，"文化传承"是在马来西亚华人报章上出现率极高的词语，②也可由此窥探一二。另一方面，马来西亚的华文教育虽然遭受约束和打压，但全马来西亚还有60所华人赞助维持创办的独立中学，③马来西亚华社有从"华小""独中"到大专的完整华文教育体系，④在一定程度上延续了新生代华人对于中华文化和华族身份的认同。而马来西亚庞大的华人群体，使中华文化没有在马来西亚出现断层，华族身份意识一直保留，⑤这都为马来西亚新生代华人认同中华文化和华族身份提供了条件。可以说，马来西亚新生代华人对中华文化的认同不断加深了他们对于华族身份的认同，而对于华族身份的认同又促进了他们对于中华文化的认同。

不过，马来西亚新生代华人的中华文化认同与华族身份认同之间只存在中度正相关，其原因在于，在全球化的影响下，欧美文化、日韩文化通过新媒体强势传播，对马来西亚新生代华人的中华文化认同与华族身份认同产生了一定影响。有报道指出，马来西亚时下年轻人长期从网上接受大量外国文化，导致他们有着对自身原生文化感到枯燥烦闷等情况。⑥此外，和老一辈华人相比，新生代华人对祖籍国的认知和情感在逐渐流失，相关研究也发现马来西亚新生代华人对祖籍国有一定的亲近之情，但其中华文化认同总体呈

---

① 林金树：《马来西亚华人的多元文化经验》，南大教育与研究基金会，2021年2月28日，http：//nantah.org.my/index.php?option=com_content&view=article&id=173。
② 陈祁雯：《趋同或分殊？马来西亚、印尼侨外生身份认同与文化认同关系之研究》，《侨教与海外华人研究学报》2016年第7期。
③ 饶安莉：《马来西亚华裔留学生的文化认同对其在马涵化策略和来台再华化策略之影响》，硕士学位论文，暨南国际大学，2014。
④ 林金树：《马来西亚华人的多元文化经验》，南大教育与研究基金会，2021年2月28日，http：//nantah.org.my/index.php?option=com_content&view=article&id=173。
⑤ 朱锦程：《代际传递视阈下马来西亚华商群体的多元文化认同》，《八桂侨刊》2020年第4期。
⑥ 《东方上电台：对中华文化 青少年兴趣不再？》，马来西亚东方日报，https：//www.orientaldaily.com.my/index.php/news/diantai/2013/06/07/57462。

代际减弱的趋势,① 这使马来西亚新生代华人的中华文化认同与华族身份认同的相关性有所降低。

五 马来西亚新生代华人双重文化认同的涵化模式调查分析

为了深入分析马来西亚新生代华人的双重文化认同的具体特征,我们根据调查对象各个方面的平均分和标准差对他们的文化认同水平进行了划分。我们发现,对原生文化认同度"高"的有17人,占比5.1%;对原生文化认同度"较高"的有142人,占比42.6%;对原生文化认同度"较低"的有158人,占比47.4%;对原生文化认同度"低"的有16人,占比4.8%(见表4)。

表4 马来西亚新生代华人对原生文化认同的水平

单位:人,%

水平	人数	百分比
低(<3.22)	16	4.8
较低(3.22~4.09)	158	47.4
较高(4.09~4.96)	142	42.6
高(>4.96)	17	5.1
合计	333	99.9

注:1. 因四舍五入,百分比之和不等于100%。
2. 对原生文化认同的总平均分是4.09,总标准差是0.87,若调查对象的平均分>总平均分+总标准差(4.96)为高认同;若总平均分(4.09)<调查对象的平均分<总平均分+总标准差(4.96)为较高认同;若总平均分-总标准差(3.22)<调查对象的平均分<平均分(4.09)为较低认同;若调查对象的平均分<总平均分-总标准差(3.22)为低认同。

而对主流文化认同度"高"的有4人,占比1.2%;对主流文化认同度"较高"的共174人,占比52.3%;对主流文化认同度"较低"的共145人,占比43.5%;对主流文化认同度"低"的有10人,占比3.0%(见表5)。

---

① 沈玲:《东南亚新生代华裔文化认同的国别比较研究》,《民族教育研究》2017年第6期。

表5 马来西亚新生代华人对主流文化认同的水平

单位：人，%

水平	人数	百分比
低（<2.35）	10	3.0
较低（2.35~3.45）	145	43.5
较高（3.45~4.55）	174	52.3
高（>4.55）	4	1.2
合计	333	100

注：对主流文化认同的总平均分是3.45，总标准差是1.10，若调查对象的平均分＞总平均分＋总标准差（4.55）为高认同；若总平均分（3.45）＜调查对象的平均分＜总平均分＋总标准差（4.55）为较高认同；若总平均分－总标准差（2.35）＜调查对象的平均分＜平均分（3.45）为较低认同；若调查对象的平均分＜总平均分－总标准差（2.35）为低认同。

涵化落实到马来西亚新生代华人的双重文化认同上，四种模式具体体现为："整合型"，表现为高度认同中华文化，高度认同马来文化，与华族族群、马来群体互动都较多，对两者的身份认同度高；"隔离型"，表现为高度认同中华文化，低度认同马来文化，与华族群体互动较多，较认可华族群体身份；"同化型"，表现为低度认同中华文化，高度认同马来文化，与马来群体互动较多，较认可马来西亚身份；"边缘型"，表现为低度认同中华文化，低度认同马来文化，与马来群体和华族群体互动都较少，对两者的身份认同度都不高。

为了便于统计和分析，我们把上述所说的高认同和较高认同都算作高认同，把较低认同和低认同都算作低认同。经过统计，马来西亚新生代华人文化认同涵化模式中整合型的人数最多，有97人，占比29.1%，其次是边缘型，有93人，占比27.9%，隔离型有62人，占比18.6%，同化型有81人，占比24.3%（见图16）。

根据Berry提出的"主流社会立场的涵化模式"[①]，马来西亚新生代华人

---

① J. W. Berry, "Globalisation and Acculturation," *International Journal of Intercultural Relations*, 32 (2008): 328-336.

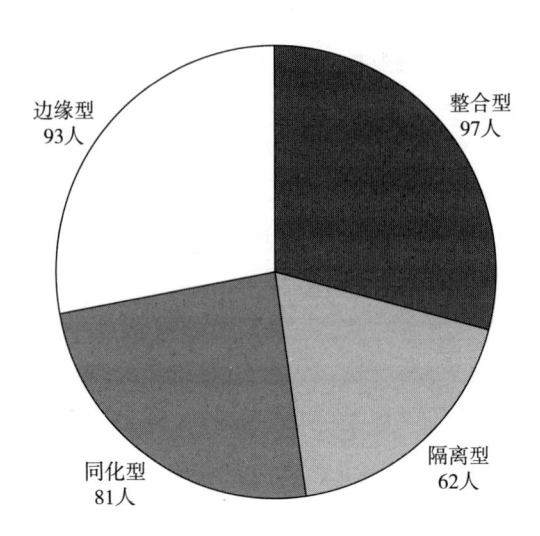

图16 马来西亚新生代华人双重文化认同的涵化模式分布

（边缘型 93人；整合型 97人；同化型 81人；隔离型 62人）

具"沙拉拼盘"（salad bowl）、"多元文化主义"（multiculturalism）的态度最多，这意味着不只是高度认同中华文化这个根源，也对马来文化有一定的认同度。我们通过访谈发现，马来西亚新生代华人为了适应马来西亚的社会环境，他们在保留了中华文化原有的特征外，由于受到当地马来文化的影响，其文化也发生了一定程度的变化，吸收了许多马来民族的文化元素。有学者指出，面对当地化的巨大压力，新生代华人不再像老一辈华人那样不自觉地去适应当地文化，而是自觉地以传统文化的巨大包容性去接纳当地文化，① 这也可解释整合型的新生代华人相对较多一些。回望马来西亚华人的历史，在文化融合的过程中，有些华人深深意识到无论如何努力融入主流文化甚至是完全放弃原生文化，却始终无法改变身为华人的事实，因此唯有善用自己固有的文化传统，适度地融入当地社会，始能在这片土地上与其他族群和平共存。② 马华公会总会长林良实也曾提到"马来西亚华人是马来西亚

---

① 陈衍德：《当代东南亚华人文化与当地主流文化的双向互动》，《对抗、适应与融合——东南亚的民族主义与族际关系》，岳麓书社，2004，第189~201页。
② 李宝钻：《马来西亚华人涵化之研究——以马六甲为中心》，《台湾师范大学历史研究所专刊》1998年第28辑。

人的成分增加,但华人的成分并没有减少"①。我们进一步访谈得知,马来西亚华人群体在经历了几代人的生长,许多土生土长的新生代华人早已适应多文化、多种族的生活环境,这在许多就读于当地国立中学、国立大学以及就职于公共部门体系的新生代华人身上更为显著。他们在日常生活中与主流族群和原生族群有较深入的交流,他们对马来西亚的身份也有较高认同,这也体现出"整合型"涵化模式的特征。

马来西亚新生代华人中有"文化冷感"(exclusion)的人数也很高,意思是其自身认为不用对中华文化有所归属,亦无须对马来文化产生关联。有访谈对象表示,越来越多新生代华人受到日韩、欧美等地区的流行文化的影响,这些流行文化深受马来西亚新生代华人的喜爱。他们接触越来越多的流行文化,却对中华文化感到陌生,谈到中华文化就觉得落伍,② 更不用说不属于自身民族的马来文化。曹云华也指出,马来西亚华人中有部分人确实呈现"西方化"现象,既不接受当地文化,又抛弃华人文化。③ 此外,有访谈对象也指出,由于高昂的学杂费,越来越多的家庭出于经济原因无法让孩子接受纯华文教育,大部分华人家庭开始选择将孩子送往免费的国立中学,而国立中学主要以马来文和英文授课,这使新生代华人群体减少学习中文和中华文化的机会。马来西亚新生代华人"边缘型"的身份,也显示新生代华人双重认同的两难选择在一定程度上反映出族群认同与建构的复杂性,如虽然马来西亚华人长期与马来人杂居,交往频繁与互相通婚,逐渐形成了被高度涵化的"峇峇文化"④,但早期的峇峇华人⑤也在英国殖民时期被涵化,⑥因此有学者主张或许存在一个"第三族群",即"跨文化族群认同"

---

① 骆莉:《马来西亚多元文化社会中的华人文化》,《世界民族》2002年第4期。
② 《东方上电台:对中华文化 青少年兴趣不再?》,马来西亚东方日报,https://www.orientaldaily.com.my/index.php/news/diantai/2013/06/07/57462。
③ 曹云华:《变异与保持——东南亚华人的文化适应》,中国华侨出版社,2001,第25页。
④ 骆莉:《马来西亚多元文化社会中的华人文化》,《世界民族》2002年第4期。
⑤ 峇峇华人,或称土生华人,是古代中国移民和东南亚土著马来人结婚后所生的后代。
⑥ 李宝钻:《马来西亚华人涵化之研究》,台湾师范大学历史研究所,1998。

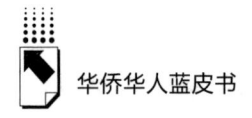

(transcultural ethnic identity)①，能为他们的身份认同提供一个理想的解决方案。

马来西亚新生代华人也有一定比例是属于"大熔炉"（melting pot）的态度，意味着认为应该淡化甚至放弃中华文化这个原生文化，而融入马来文化这个主流文化，以累积在主流社会中竞争的筹码。通过本调查可以看出有不少新生代华人已经弱化对中华文化的认同，而强化对马来文化的认同，如新生代华人多数会参加与他们的事业和日常活动有关的专业团体，而很少会像父祖辈那样参与华团活动，使不少华团出现青黄不接的现象；② 在马来西亚新生代华人受访者中，有64.9%的人认为父辈对祖籍国的感情要比他们深，他们对祖籍国的情感已经有所淡化，③ 这都是值得关注的现象。社会认同理论认为，生活在价值观、规范等差异很大的文化背景中时，自身文化认同的建构和发展就会面临挑战。对于少数民族来说，对本民族文化的认同可能并不能帮助他们获取有效的自我发展。如果能增强对居住国的文化认同，他们就能更好地适应社会。这确实也符合曹云华曾提及的，除了"西方化"，马来西亚华人有的呈现"融合型文化"，有的则呈现"混合型文化"。④

马来西亚新生代华人虽然属于"隔离型"的较少，但还是占了近两成的比例。这部分马来西亚新生代华人对中华文化有着高度的归属感，而不愿意和马来文化有太多的接触。通过访谈可知，确实也有一些新生代华人有着把中华文化传承下去的强烈意愿，因此拒绝马来西亚主流文化的同化，以保留自己固有的传统文化和身份认同意识。19世纪中叶，中国人大量迁徙马来半岛，在马来西亚各地形成了华人聚居的社区，因而与马来人

---

① 王建勤：《华裔学习者跨文化族群认同及其传承语习得研究》，《台湾华语教学研究》2013年第2期。
② 林金树：《马来西亚华人的多元文化经验》，南大教育与研究基金会，http://nantah.org.my/index.php? option = com_content&view = article&id = 173。
③ 杨晋涛、俞云平：《东南亚华裔新生代的"祖籍记忆"——马来西亚、泰国、印度尼西亚个案比较》，《世界民族》2007年第6期。
④ 曹云华：《变异与保持——东南亚华人的文化适应》，中国华侨出版社，2001，第25页。

的交往相对隔绝。① 再加上20世纪70年代以来马来西亚政府推行的一些政策，造成族群关系尖锐的两极化现象，华人社会的"华人性"被高度强调。② 虽然现今不再有如此极端的现象，但曾有调查指出，居住国政府在政策上把华人和土著居民区别对待时，会促使马来西亚新生代华人意识到自己的华族身份。③ 也有调查发现，马来西亚新生代华人心目中的中国形象并不理想，而且中国的吸引力还有待提升。④ 因此，不排除也有一定比例的马来西亚新生代华人属于"隔离型"，维持着对华族身份的高度认同。我们进一步访谈也发现，这样的马来西亚新生代华人较多的是从小学到高中接受纯华文教育为主的群体，有的高中毕业后又直接前往国外念书，通常这样的群体周围几乎没有友族⑤朋友，而"独小"和"独中"也非常强调中华文化与华族身份，通常这样的新生代华人群体对自身的原生身份认同的意识较高。

六 结论与启示

（一）结论

马来西亚新生代华人对于原生文化的认同度高于对主流文化的认同度，对中华文化与华族身份的认同度高于对马来文化与马来西亚身份的认同度，对华族身份的认同度高于对中华文化的认同度，对马来西亚身份的认同度也高于对马来文化的认同度。马来西亚新生代华人在行为倾向、生活形态、传

---

① 骆莉：《马来西亚多元文化社会中的华人文化》，《世界民族》2002年第4期。
② 安焕然：《传承与建构——华人文化调适的研究思路》，《马来西亚人文与社会科学学报》2013年第2期。
③ 杨晋涛、俞云平：《东南亚华裔新生代的"祖籍记忆"——马来西亚、泰国、印度尼西亚个案比较》，《世界民族》2007年第6期。
④ 胡春艳：《马来西亚华裔新生代对中国的认知——基于田野调查的分析》，《华侨华人历史研究》2015年第4期。
⑤ 友族，是马来西亚华人群体对马来民族、印度民族与其他民族的统称。

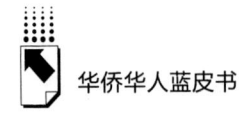

统认知、情感态度、族群互动和身份归属的平均分上都高于理论平均值，代表马来西亚新生代华人已具有双重文化认同的情况，但还是倾向对原生文化的认同，是有着较高华族意识且有着马来西亚意识的新生代华人群体。

马来西亚新生代华人的中华文化认同与华族身份认同之间具有中度正相关。这意味着对马来西亚新生代华人来说，对中华文化的认同度越高，对华族身份的认同度就越高，反之亦然，呈现"共变"的关系。不过也可发现，马来西亚新生代华人在中华文化认同与华族身份认同之间的相互影响有弱化的现象。

关于马来西亚新生代华人的涵化模式，"整合型"人数最多，"隔离型"人数最少，可知马来西亚新生代华人持"沙拉拼盘""多元文化主义"态度的情况最多，持"隔离"态度的情况最少。事实上，马来西亚华人认同是多面的，① 文化表现是多样的，有的很本土，有的很传统，有的很"跨国"，② 这也是他们各个涵化模式之间的差距不大的原因。

（二）启示

1. 传承和传播齐头并进，形式和内容与时俱进

对于中华文化和华族身份认同度较高的马来西亚新生代华人，我们可以从"传承"的视角来延续他们的认同感；对于中华文化和华族身份认同度较低的马来西亚新生代华人，我们则可以从"传播"的角度来加强他们的认同感。各项活动在目的、内容、形式上都应该注重"传承"和"传播"的齐头并进。

不仅如此，构建马来西亚新生代华人的文化认同除了通过传统品牌"寻根之旅"活动以外，可以增加中国现代流行文化元素，对中国现代社会经济样貌等相关内容加强表达，贴近年轻人的日常生活，重视新时代的

---

① 陈志明：《马来西亚华人的认同》，李远龙译，《广西民族学院学报》（哲学社会科学版）1998年第4期。
② 陈志明：《族群认同与国家认同：以马来西亚华人为例（上）》，罗左毅译，《广西民族学院学报》（哲学社会科学版）2002年第5期。

形象塑造。除此之外，在全球化、网络化的背景下，可以借助新兴社交媒体平台和短视频等多种媒介，把中华文化通过不同的渠道传递到新生代华人群体中，扩大中华文化的受众群和影响力，为中华文化在马来西亚民间发展提供条件。

2. 注重马来西亚华人视角，关注新生代切身利益

每年都有不少马来西亚学生到中国留学，2018年共有9479人，按国别排序为第15位。[1] 不少留学生因为回到祖籍国求学而历经了"再华化"[2] 的过程，对于了解中国当地的状况，这些留学生起到了不可忽视的"桥梁"作用。相较于传统的以中国官方为主的海外传播视角，这些马来西亚华人的"他方视角"有更高的可信度和接受度，受语言文化差异、意识形态阻碍等因素的影响较小，最终的效率和效果相对较高。如华侨大学华文学院的海外新"声"代工作室，利用自媒体平台发布东南亚留学生自制的中英双语视频，受到了海内外媒体和网络用户的广泛关注，目前原创视频累计播放量已突破20万次。

马来西亚新生代华人从小生活在马来西亚，对华族身份的认同是受到家庭环境和华人社团环境的影响而形成的。他们不会仅仅因为中国的飞速发展而更加认同中华文化，只有当华人的身份切实影响了他们的利益时，他们的华族身份认同才有可能提升。因此，我们可以继续依托"21世纪海上丝绸之路"，加强与马来西亚的合作，充分吸收马来西亚新生代华人参与到合作中来，通过"政策沟通"和"贸易畅通"来推动"民心相通"。一方面借助他们的语言文化背景来推动两国合作的开展，另一方面吸引他们促进就业，切实提高马来西亚新生代华人的利益，增强他们对于华族身份的认同。

---

[1] 《2018年来华留学统计》，中华人民共和国教育部网站，http://www.moe.gov.cn/jyb_xwfb/gzdt_gzdt/s5987/201904/t20190412_377692.html。

[2] 再华化，指的是东南亚土生土长的华人对华人文化和身份认同的再确认或新寻求（包括同祖籍国联系的建立与加强）。参见刘宏《中国崛起时代的东南亚华侨华人社会：变迁与挑战》，《东南亚研究》2012年第6期。

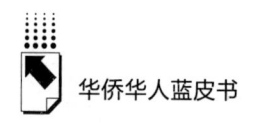

3. 重视新生代在全球化中的复杂认同，挖掘马来西亚华人动态涵化模式

在全球化的背景下，虚拟世界对个体心理与内在经验产生了很大的影响，使个体的认同极具多变性与独特性，同时伴随着认同的困境与矛盾，这不是马来西亚新生代华人的"专利"，而是全世界年轻人普遍的情况。因此我们要认识到认同的复杂性，尤其是马来西亚新生代华人身处在多元文化社会中，对他们的双重认同乃至多重认同需要予以重视。

此外，涵化模式分析让我们认识到马来西亚新生代华人"保持本群体文化的倾向性"和"与其他文化群体交流的倾向性"。然而涵化不是一种固定的结果，个人的认同可以因为心理适应而产生隔离与边缘，也可以因为环境变化而形成整合与同化。而且，涵化模式存在于个体之中，在具有稳定性的同时，也保持着流动性，遇到不同的社会文化环境也会随之产生交互作用，进而可能导致个体更加凸显某种模式。所以，未来我们可以继续深入挖掘马来西亚华人不同时期、不同情境下的涵化模式，从而更加了解他们文化与身份的建构过程。

由于疫情的关系，本研究只对马来西亚 300 多位新生代华人进行调查，虽然我们采用线上发放量表的方式，尽量覆盖马来西亚多个地区，辅以访谈的形式，使用相关文献予以印证，尽量弥补无法亲赴调研的局限，以提高研究结果的可信度和研究性。马来西亚新生代华人数量众多，分布广泛，各地区新生代华人的情况也不尽相同，在某种程度上影响了我们的调查结果，但本研究结论还是具有一定的参考价值。未来还需要对马来西亚更多地域、更多群体展开调查研究，以期更加全面地了解当地新生代华人的双重文化认同情况。

B.6 马来西亚华文教育运动与华人文化认同*

王晓平 张 昕**

摘 要： 马来西亚华文教育运动是马来西亚华人社会一项独具特色的文化传统，它是华人文化没有在马来西亚独立后的关键时期被同化的重要因素，同时也是最直观地反映马来西亚华族文化认同发展变化的重要传统。本文首先回顾了马来西亚华文教育运动在20世纪50年代到80年代的盛况以及当时华人文化认同的高涨。然后重点考察华文教育运动进入20世纪90年代以后的逐渐式微，并分析由此反映出的华人文化认同的困境及其建构形式的转变。最后得出结论认为，如今华文教育运动的渐趋衰落所反映的马来西亚国家文化与族群文化的对立，将导致华人的文化认同建构形式从抗拒性认同向规划性认同转变，而这种转变无论从民族还是国家的层面来看，都是亟须注意的认同危机。

关键词： 马来西亚 华文教育运动 文化认同

20世纪50年代是东南亚历史上的重要节点，也是各国华人文化认同发展的分岔路口。东南亚许多国家华人的文化认同情况正是在这一时期开始走向不同的发展道路。第二次世界大战结束以后，东南亚各国纷纷独立，民族

---

* 本文受"中央高校基本科研业务费专项资金"资助。
** 王晓平（1975~），同济大学特聘教授、博士生导师，上海交通大学人文艺术研究院兼职教授，主要研究方向为比较文学、中国现当代文学；张昕（1995~），华侨大学硕士研究生，研究方向为华文教育。

主义在整个东南亚掀起热潮，使各国的教育政策也发生了变化。华文教育在大多数国家开始受到限制，大受打击，大部分国家华文教育从这时开始走向了当地化的道路，逐渐丧失了传承华人文化的功能。如泰国和印度尼西亚正是在这一时期禁止华文教育；缅甸侨校也在此时被收归国有，华校从此销声匿迹，只有华文补习班勉强存活，但到1967年华文补习班也被取缔。[①] 菲律宾华侨学校经历了这一时期的限制和打击后逐渐菲律宾化，致使即使毕业于华校的华人学生也大多不谙华语。失去了华文教育这个传承华人文化的平台，华人的文化认同岌岌可危，据称"许多年轻一辈的华人，读了十多年的华文，居然连几句普遍的华语会话也不会听不会说，连一般华文书信报刊也看不懂"[②]。与这些国家相比，马来西亚的华人文化不仅幸存下来，还产生了一种以社会运动来表达认同行为的独特传统——华文教育运动（以下简称"华教运动"）。

马来西亚华教运动就是这一特殊时期的特殊产物，像它这样延续数十年不断甚至形成半固定的传统的社会运动在全世界都极其罕见。马来西亚华教运动产生于马来西亚国家独立的关键时期，董教总常年定期举办大会、筹款活动和新闻发布会等活动，并向当局提交备忘录，提出运动要求，华教运动已然成为华人社会的一种半固定的文化传统。它是华人文化没有在马来西亚独立后的关键时期被同化的重要因素，同时也是最直观地反映马来西亚华族文化认同发展变化的重要传统。本文拟以华教运动这一特殊的社会运动在不同时期的发展，探讨马来西亚华人文化认同建构形式的变化趋势。

一 马来西亚华人文化认同与华教运动

（一）文化认同

从文化认同的归属来看，马来西亚华人的文化认同是其族群认同的一个

[①] 林锡星：《缅甸华文教育产生的背景与发展态势》，《东南亚研究》2003年第3期。
[②] 泉源森：《菲律宾华文教育的兴革与展望》，《新世纪华语教学序言》，《马尼拉菲律宾华教中心》2000年第9期。

方面，与族群认同密不可分。人类学家郑晓云认为文化认同是一个群体概念，是人们对于共同文化的一种倾向性的共识和认可。① 在群体中，人们对文化的创造和对事物的认识最终在群体中形成一种共识和认可，并影响和支配整个群体的行为和创造。因此文化认同总是表现为一种集体现象，从这个意义上来说，文化认同与族群认同的意义是相近的。本文所探讨的马来西亚华人的文化认同建构在这个族群共同的历史渊源之上，是其族群认同中最主要的方面。

从文化认同的建构形式来看，马来西亚华人的文化认同属于抗拒性认同。西班牙社会学家曼纽尔·卡斯特（Manuel Castells，1942～）认为所有认同都是被建构的，并提出了认同建构的三种形式，即合法性认同（legitimizing identity）、抗拒性认同（resistance identity）和规划性认同（project identity）。以多元民族国家的少数族群为例，如果该族群在文化上普遍同化于当地主流文化，则属于由社会的支配性制度所引入的合法性认同。如果这个少数族群依然保留着本族群的语言和文化，并且群体成员以积极的认同行为筑起"抵抗的战壕"，在不同于主流社会文化的基础上生存下来，则属于抗拒性认同。如果该族群的成员在几种文化的碰撞中下开始根据不同的社会形势对自己的认同进行规划和选择，则属于规划性认同。抗拒性认同的主要目的是"共同抵抗本不可承受的压迫，通常基于明显的由历史、地理或生物学明确界定的认同，使抵抗的边界更容易本质化"②。从这个定义来看，马来西亚华人的认同建构是典型的抗拒性认同。但值得注意的是，一个族群的认同建构形式并不是一成不变的，以抗拒性开端的文化认同也可能走向合法性认同或规划性认同，即主体可能失去抗拒性转而接受在社会中占主导地位的其他族群文化，或在支配和抵抗的缝隙中根据不同社会形势规划一种新的、对自己的社会地位有利的文化认同。

从文化认同的表现来看，一个群体的文化认同是通过群体成员反应性地

---

① 郑晓云：《文化认同与文化变迁》，中国社会科学出版社，1992。
② Manuel Castells, *The Power of Identity*, 2nd ed, Malden: Wiley-Blackwell, 2010, p. 9.

捍卫、发展和维护族群文化的认同行为中表现出来的,这种认同行为也被称为认同努力（identity work）——个体参与创造、呈现和维持文化认同的行为活动。[1] 国内许多学者也有相似的看法,如王鉴和万明钢认为文化认同主要表现在极力维护本族群的利益及其文化的行为之中。[2] 阎嘉也认为文化认同是动词性质的,它是一种寻求文化认同的行为,如某种"寻根"活动、节日的特殊文化仪式等,都是以行为方式表现出来的文化上的认同行为。[3] 换句话说,只有被外化为行为的文化认同努力才可以被用来衡量文化认同的程度。然而,一个群体中每个个体的行为活动是很难被追踪和调查的,正因为这样,一般的群体认同难以量化来考察。但幸运的是,在马来西亚华族文化认同的建构历史中,他们持续了一种极具民族特色的、极其显著且高度集体性的认同行为——华教运动,给我们考察其认同发展带来了契机。

（二）华教运动

曼纽尔·卡斯特认为社会运动是"一种有意识的集体行动""没有好与坏、进步与倒退之分,它们全部都是'我们是谁'的征候"。[4] 也就是说,社会运动都是关于"我们是谁"的认同问题。华教运动是马来西亚社会运动的一种,特指当地华人对华文教育课题做出的如请愿、游行等形式的集体行动,是亚洲历史最悠久的社会运动之一。[5] 华教运动最直观地反映了华人文化认同发展变化,华人参与运动的认同行为也正是建构其抗拒性文化认同的过程。马来西亚华人这种集体性的文化认同行为经过几十年历史的打磨,甚至已经成为一种文化传统,可以说是我们研究马来西亚华人文化认同的变

---

[1] M. L. Schwalbe, D. Mason-Shrock, "Identity Work as Group Process", in Barry Markovsky, Michael Lovaglia, and R. Simon, (eds.), *Advance in Group Processes*, Vol. XIII: 115 – 150, Greenwich, C7: JAI Press, 1996, pp. 13 – 47.
[2] 王鉴、万明钢:《多元文化与民族认同》,《广西民族研究》2004年第2期。
[3] 阎嘉:《文学研究中的文化身份与文化认同问题》,《江西社会科学》2006年第9期。
[4] 〔美〕曼纽尔·卡斯特:《认同的力量（第2版）》,曹荣湘译,社会科学文献出版社,2006,第3页。
[5] Ang Ming Chee, *Institutions and Social Mobilization: The Chinese Education Movement in Malaysia, 1951 – 2011*, Institute of Southeast Asian Studies, 2014, p. 1.

化趋势的最佳案例。

在认同研究中，群体认同的考察一直以问卷调查的方法为主。笔者认为，单一的问卷调查所反映的浅层的认可和接受，并不足以作为文化认同的考察依据，且极易出现知行不合一的情况。如2011年一项对菲律宾华裔学生做的问卷调查结果显示，有八成左右的华裔青少年认同华语的重要性，认为华人应该学习华语，并认为以后应该让其子女学习华语。[1] 然而随即在考察他们的行为时发现，多语学生在进行交流时，多数华人更愿意用英语和菲律宾语进行交谈，只有一成左右的学生愿意用华语或闽南语。换句话说，问卷调查中所反映的受访者的认知与行为是不一致的。因此本文更倾向于通过显性的认同行为来考察群体认同情况。并且本文所研究的马来西亚华族一直有践行这种集体性的认同行为的文化传统——华教运动，这就给了我们一探究竟的契机。

二　马来西亚华教运动的兴起与文化认同高涨

（一）华教运动从兴起到高潮

马来西亚的华教运动从殖民时期就初露苗头。早在20世纪20年代，在"反对学校注册法令"事件中华人就以大规模社会运动来反抗殖民政府对华文教育的压迫，但这场抗议运动是自发的、无秩序的。因此虽然当时华人对"学校注册法令"群情激奋，但华人内部时有分歧，抗议也没有明确的统一的诉求，导致没能与政府进行有效沟通。尽管当时的运动收效甚微，但我们依然可以从这场轰动的运动中看到华人积极的文化认同行为与抗拒性认同的萌芽。

直到20世纪50年代董总和教总两大华教组织成立以后，马来西亚华教

---

[1] 章石芳：《族群文化认同视野下菲律宾华族移民母语教育发展及方略研究》，博士学位论文，福建师范大学，2011。

运动才开始形成有组织的、有秩序的、族群性的社会运动。比较正式的华教运动可以追溯到1952年华社对《1952年教育法令》的反对。英殖民政府在1952年颁布的教育法令纳入了包括用官方语言为媒介语的国民学校取代华文学校和泰米尔语学校在内的、许多不利于方言学校发展的建议。按照这项法令，华文学校将被逐步淘汰，最终建立一个只有英语和马来语教学的统一教育体系。《1952年教育法令》使华人意识到了华语作为"二等语言"的不利地位，于是以董教总为首的争取"华语成为官方语言"运动由此开始，也成为华教运动的起点。后来又陆续开展了"火炬运动"、"华文独中复兴运动"等，华教运动的势头自此一发不可收拾。

20世纪70年代，马来西亚官方提出的"国家文化政策"进一步激化了华人与马来人的族群矛盾。"国家文化政策"简单来说就是强调马来西亚的国家文化必须以本地区原住民文化及马来族信仰的伊斯兰文化为核心，而华人文化被排除在所谓的"国家文化"之外。政府显然试图使其他族群放弃本来的文化认同，通通转向另一种被赋予了最高地位的文化，从而在文化上实现族群整合。华人对此自然无法认同，1975年全国华团向内阁教育检讨委员会提呈的备忘录，向政府表达了各族群文化平等发展的诉求，该备忘录中强调各族群在文化、宗教和母语教育方面享有基本权利，这与接受和认同国家文化并不冲突。[①]

国家文化政策创造了马来文化在马来西亚少数民族中的特权地位，新经济政策又使马来人享有经济、文化和教育方面的绝对特权。国家对于举办公开的文化活动的权利，建设华人学校、宗教场所及丧葬场所的土地征用权等作出的规定和限制越来越多。[②] 然而政府对华人族群文化的不断威胁和同化企图，反而在华人中萌生出一种独特的抵抗文化，这种抵抗文化正是华教运动形成传统、持续至今的重要动力，也是华人抗拒性文化认同建构的重要途径。而这种从华教运动中凝聚出来的、华族独特的抵抗文化也反过来将华教

[①] 柯嘉逊：《马来西亚华教奋斗史》，董教总教育中心，2002，第90页。
[②] Lee Hock Guan, "Ethnic Relations in Peninsular Malaysia: The Cultural and Economic Dimensions," *Social and Cultural Issues*, Vol.1, No.1, 2000, pp.1-48.

运动推向了高潮。到20世纪80年代，任何关于华人文化和华文教育问题的讨论都可能引发华教运动，如1980年的华小"3M制"①、1984年的华小集会国语化②，以及1987年的华小高职事件③等，每一次华人文化的危机都必然伴随着华人声势浩大的华教运动。以华教运动来团结华人族群、保护华人的母语教育权利已经逐渐成为华人社会的一种传统。

这一时期华人的族群认同和国家认同的对立之所以令华人反应激烈，并不是因为华人所谓的"排外"和"分裂"。恰恰相反，华人所有的反对都是基于本族群文化被视为"他者"并被排斥于合法的国家文化之外。这种对"外来文化"的误解和排斥在跨文化交往中并不罕见。华人与政府在国家独立之初的分歧主要来源于两种对立又紧密联系的文化观——文化普世主义和文化相对主义。文化普世主义将异域文化视为异端并加以排斥甚至消灭，文化相对主义尽管承认文化差异的合理性，但同时也假设了两种文化之间的不可通约性。④ 因此这两种文化观看似冲突，但在本质上都将对方视为"他者"。从这个意义上来说，20世纪70年代到80年代马来西亚国家文化对华人文化的排斥，又何尝不是华人文化对马来文化的排斥？这也正是抗拒性认同建构的特点——一旦围绕自身文化建立起抵抗的战壕，排斥将不可避免。因此从某种程度上来说，这种双向排斥的减弱甚至消失也将影响这个族群文化认同的建构。

（二）华教运动与华人文化认同发展

作为一种社会运动，华教运动不仅在20世纪70年代到80年代推向高

---

① 1980年，马来西亚教育部宣布在全国各华小实行"三M制"。在这个制度下，华文小学除了华文与算术课本为中文以外，其他科目都以马来文为主。参见柯嘉逊《马来西亚华教奋斗史》，董教总教育中心，2002，第116页。
② 参见郑良树《马来西亚华文教育发展史》，马来西亚华校教师会总会（教总），2003。
③ 1987年9月，马来西亚教育部决定在华文小学聘用100名非华语教师。董教总认为聘用不谙华语的教师将会威胁华校和华人学生的发展，因此出现反对运动。
④ 周宁：《跨文化研究的当下问题——序"跨文化研究丛书"》，载王晓平《异域新声：历史阐释学与中国现代文化研究》，厦门大学出版社，2014，第5页。

潮，还逐渐进入了华族的集体记忆，成为一种独具特色的文化传统。在这一时期选择参与华教运动的华人显然是出于一种基于群体的情绪。如前文所述，只有当群体中存在较强的认同时，基于群体的情绪才可能是导致集体行动的原因。而华教运动从兴起到走向高潮的过程也反映了这一时期华人族群文化认同的扩大。这就是华教运动的双重属性——它既反映了华族文化认同的变化，同时又会在运动中提高参与者的文化认同度，即产生认同放大的作用。

认同放大，即现有的认同在群体中变得显著和突出，是由美国社会学家戴维·斯诺（David A. Snow，1943~）和道格·麦克亚当（Doug McAdam，1951~）提出的概念。他们认为，认同形成以后，在其发展中可能会经历认同放大、认同扩展、认同巩固和认同转换等不同的变化。他们特别强调了社会运动在促进群体认同放大的巨大影响。考察有关社会运动的研究，我们会常常见到社会运动与"群体认同"的交叉研究，因为群体认同往往是一种集体性的社会运动产生的动力和源泉。华教运动就是一个典型的例子，对本族群文化的强烈认同促使华人参与了一系列社会运动，而参与运动的华人又在这种特定情境下强化了群体文化认同，从而使华族被边缘化的文化认同变得突出，也即认同放大。值得注意的是，社会运动的这种影响不仅对运动的参与者来说发挥作用，而且对整个族群来说也不例外。

此外，马来西亚的华教运动与一般的社会运动又有所不同。它们的相同点是，都是一系列持续的互动和集体行动，由普通人在既有政治机构之外进行的运动，他们有共同的目标并团结一致。[①] 它们之间所不同的是，一般的社会运动旨在挑战当局，以改变社会经济和政治结构的要素，或改变社会权力的分配和行使。而华教运动本质上是以文化为导向的，是一种对华人的觉醒和教育的运动。华教运动的主要任务是提醒华人潜在的文化和教育危机，

---

① Ming Chee Ang, *Institutions and Social Mobilization: The Chinese Education Movement in Malaysia, 1951-2011*, Institute of Southeast Asian Studies, 2014, p. 8.

使华人警惕政府各种形式的潜移默化的文化同化。无论是现在常见的筹款运动、华校的觉醒运动，还是早期的"火炬运动"①、"华文独中复兴运动"②等，都是以激发华人在文化上的共识性危机为目的，号召他们团结起来发展和捍卫自己的教育和文化权利。因此从这个意义上说，华教运动的意义更主要的是对华人的文化觉醒和教化。正如研究集体行动的荷兰政治心理学家克兰德曼斯·波特（Klandermans Bert, 1944 ~ ）所指出的，社会问题本身并不一定会引发集体行动，只有在被人们赋予一定意义时才会成为问题。③ 华教运动就是将华文教育危机的具体问题赋予了"捍卫华人文化"的意义，并由此引发了华人强烈的共识性的集体情感，从而达到文化认同放大的效果。

在20世纪70年代到80年代，马来西亚华人在这场运动中被放大的文化认同从他们对华校的无条件支持中就可以看出。在整个20世纪70年代，华文小学的师生人数都高于英文小学（后来逐渐被改为马来文小学）的师生人数，并且这个差距还在逐年增大。1971年华文小学师生人数仅比英文小学师生人数多22%，到1978年，这个差距扩大到了66%。④ 20世纪70年代，政府逐渐将英文小学的英文教育向马来文教育转变，加上华教运动的影响激起了华人家长极大的忧患意识，连一些受英文教育的华人父母都决心把子女送入华文小学，家长担心子女会因为接受马来文教育而失去华人文化传统。

---

① 1956年，马来西亚华文教育界在争取官方语言运动的同时也发起了一场全国性的"火炬运动"，以抗议政府将华文学校排除在学生的入学登记站之外的举动。"火炬运动"呼吁华人家长克服政府设下的困难，积极让子女到华文学校就读，在华人中产生了极大的影响，使华校入学率反而发生报复性提高，最终将近八成的华裔子女选择进入华校。参见柯嘉逊《马来西亚华教奋斗史》，董教总教育中心，2002，第59页。

② 马来西亚政府试图淡化华人族群文化并将他们同化的举动，反而在华人中产生了一种更强烈的保留华人的文化独特性的愿望。于是，在历史上一般被称为"华文独中复兴运动"的社会运动于1973年正式兴起。这场运动以复兴如今依然坚持不改制的华文独立中学为目标，发起了百万筹款活动。

③ Klandermans Bert, Dirk Oegema, "Potentials, Networks, Motivations, and Barriers: Steps towards Participation in Social Movements" *American Sociological Review*, 52, 4 (1987): 519-531.

④ 柯嘉逊：《马来西亚华教奋斗史》，董教总教育中心，2002，第85页。

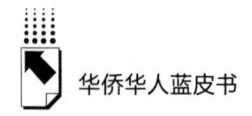

华文独立中学的入学人数更能说明问题,20世纪80年代,华文独立中学的华生人数从1970年的15900人上升到1983年的36633人,增长了一倍不止。[①] 在政府的干预下,只有十几所华文独中没有被改制,坚持母语教育的文化底线。这些华文独中在独立以后全由华人筹款得以维持,加之新经济政策的施压,当时华文独中的设施和教育水平都远不及以马来语为媒介的国民型中学。而且当时国家的统一考试均使用马来语,华文独中升学困难也是不争的事实,这些都是华文独中的致命弱点。在此种情况下,华文独中的华生人数仍能成倍增长,说明华人对华文教育的态度显然是情绪聚焦而不是问题聚焦。这在一般情况下可以说是不合常理的,例如在菲律宾,华人对教育的态度更多的还是以问题聚焦为主。菲律宾的华人家长不将子女送入华文学校的一个最重要原因就是华文教育与华人学生的未来没有相关性,也就是说,在华校就读对他们的前途没有帮助。[②]

马来西亚华人这种看似不合常理的行为在很大程度上是受到文化认同的影响,特别是这一时期如火如荼的华教运动又使华人的文化认同在捍卫华人文化的集体行动中产生了认同放大。直到20世纪80年代,华人文化认同的建构形式仍是抗拒性认同,而且在社会运动的加持下更加难以像同时期的东南亚其他国家的华人那样向合法性认同转变。因此华人在华教运动中被极大地放大的文化认同急需被外化为认同行为,而对凝聚着无数华人的心血并独自支撑着华人文化最后堡垒的华文学校的支持,就成了每一个有共同文化认同的华人表达认同的最好的选择,这也是"华文独中复兴运动"的筹款活动一经开展就得到华人的广泛支持并筹得巨款的重要原因。

---

① Tan Liok Ee, "Chinese Independent Schools in West Malaysia: Varying Responses to Changing Demands," in Jennifer Cushman and Wang Gungwu (ed.), *Changing Identities of the Southeast Asian Chinese Since World War* II, Hong Kong: Hong Kong University Press, 1988, pp. 61–74.
② Ellen H. Palanca:《菲律宾与马来西亚的华文教育之比较研究》,《马来西亚华人研究学刊》第7期,2004。

三 马来西亚华教运动的式微与华人文化认同困境

(一) 从华教运动到"华教界的运动"

进入20世纪90年代中后期,由董教总领导的华教运动很少能再重现20世纪80年代时那样声势浩大的局面,也很少见到华教运动像当时那样在华人中一呼百应的轰动反响。尽管出现了一系列不利于华教发展和华人文化存续的政策如《1996年教育法令》、宏愿学校计划等,但对这些政策的反对都局限在华教界,尽管华教人士竭力奔走、四处召开汇报会,也并未引起华人太大的关心。华人群体虽不能说毫无声援,但这些运动的声音远不能扩散到整个华人社会。还有许多曾在20世纪七八十年代引起极大争议的问题也很少被重提。例如20世纪70年代的国家文化政策,到了90年代以后已经不再能引起华社各界人士的兴趣。[①] 除了那些反应性的运动以外,华教运动中社会参与度和影响力较广的各类筹款活动,是多年来华校重要的资金来源。如"一人一元"活动和周年纪念、各种庆典等仪式活动都曾为华校募集了大量捐款。然而在20世纪90年代中后期,这些筹款活动也已经无法达到目标数额。华教运动在这一时期遭遇的困境由此可见一斑。

进入21世纪以后,华教运动作为一种已经成为文化传统的社会运动,并没有突然消失,而是在经历了回光返照般的短暂辉煌后迅速没落,逐渐从整个华族的集体行动转变为华教界的独角戏。"白小保校运动"兴起正是华教运动没落前最后的辉煌。看起来它似乎又为华教运动重新注入了活力,但这场运动的最终衰落正是华教运动走向下坡的真正开始。

白小,即位于吉隆坡市郊八打灵县的白沙罗华文小学,创建于1930年。当地华裔人口众多,华文小学数量却一直严重不足,以至于招生年年爆满。

---

① Sharon A. Carstens, "Dancing Lions and Disappearing History: The National Culture Debates and Chinese Malaysian Culture," *Crossroads: An Interdisciplinary Journal of Southeast Asian Studies*, 13, 1 (1999): 11–63.

白小也是该县六区①内唯一一所华文小学。为了解决这一问题，白小董事部于1999年马来西亚大选前夕向政府提出增建分校的请求，却意外遭到政府拒绝，随后该校甚至被强制关闭，全校师生在毫无准备的情况下被通知要去培才二校"共校"上课。②并且，马来西亚教育部并没有对任何关于学校未来的所有权状况加以解释，也没有发布任何关于新校舍建设的详细规划。因此许多家长担心白小最终会"消失"或被纳入当时争议极大的宏愿学校计划。③这一情况引发了华人极大的不安，住在该县的近百位学生家长一致反对将孩子送去"共校"上课，坚持将孩子安置在白小对面的一所公庙内上课。这批家长联合社区居民，组织了"保留原校，争取分校"工委会，与白小董事会、董联会等共同争取白小重开，"白小保校运动"就此拉开帷幕。④此次事件在随后的几年里得到了董总、华团、华人政党以及广大华人的大力支持，将运动推向高潮。

"白小保校运动"断断续续持续了长达8年之久。然而这场运动实际上在不到两年的时间里就逐渐失去了广大华人的关注。到2004年以后，这场运动已经看不到什么水花，成为华教人士的独角戏。从2004年起，只有50多名村民坚定地支持这场运动。许多2003年后加入白小的教师对这场运动的态度也比较淡漠，他们几乎不会参与与运动有关的活动。尽管董总努力维持，不断增加教师津贴和福利，但这些教师大多在不到两年的时间里就离开了，同时从2003年开始，白小的新生入学率大幅下降。⑤

这些现象无不显示着华人群体不仅对运动的热情骤减，而且似乎对华文教育也逐渐失去信心。这一点从近年来华文独中初一的新生人数也可以看出

---

① 指八打灵县11区、12区、16区、17区、17a区及19区。参见《华教60年大事记要（1954年~2014年）》，董总网站，https://www.dongzong.my/resource/historical-figure/60year-important。
② 《白沙罗华小迁校事件说明书》，《星洲日报》2001年11月9日。
③ 《担心被纳为宏愿学校，村民反对搬白小》，《南洋商报》2000年11月7日。
④ 《华教60年大事记要（1954年~2014年）》，董总网站，https://www.dongzong.my/resource/historical-figure/60year-important。
⑤ Ming Chee Ang, *Institutions and Social Mobilization: The Chinese Education Movement in Malaysia*, Ph.D., University of Singapore, 2011, pp.258, 265.

端倪。从华小毕业的华人学生如果不是选择华文独中继续接受华文教育，一般就是选择国民型中学或国际学校。从 2014 年开始，华文独中初一的新生人数几乎逐年下降。2013 年华文独中有初一新生 17620 人，到 2019 年下降到 14068 人。[①] 鉴于华文教育在马来西亚华人文化中的地位，这些华人家长对华文教育的选择也在很大程度上代表了他们对华人文化的选择，华人族群中文化认同的减弱已成事实。

尽管近些年来华教运动还在继续，但它似乎只存在于华教界内部，我们几乎已经看不到华人群体对它的支持。如华小董事觉醒运动、华教救亡运动等，都只能称之为"华教界的运动"，成为华教界的"独角戏"，而不再是凝聚着整个华人族群文化认同的华教运动。

（二）华教运动沉寂反映文化认同困境

1. 抗拒性的减弱与融合意愿的提高

通过上述分析，我们不难看出简单地以捍卫族群文化来动员华人已经很难触发华人的集体情绪，如上文所提到的后来加入白小的教师，他们基于华教相对政府的弱势而对运动的效果产生怀疑，因此拒绝参与运动。这实际上是华人群体参与社会运动的心理路径在逐渐发生转变——从基于愤怒的情绪聚焦路径，慢慢过渡为基于效能计算的问题聚焦路径。这就反映出了华人族群整体上文化认同的减弱。日本学者荒井茂夫在 2007 年所做的调查也可以证实这一点。该调查显示，在一些华人聚居人数较多的地区，如吉隆坡和古晋，在文化上认同马来西亚而不是族群文化的华人已经分别高达 50% 和 48%。[②] 在这种强度的族群文化认同下，那些关于华人文化的社会问题无法激起华社的过多反应也就不难理解了。

更加值得注意的是，在这一时期，与华人对华族文化相关问题无动于衷产生鲜明对比的是，他们反而在多族群共同参与的社会性的社会运动上表现

---

① 《董总 2019 年工作报告书》，加影：马来西亚华校董事联合会总会，2019，第 525 页。
② 荒井茂夫：《马来西亚华人社会的语言生活和认同结构——以问卷调查为基础的分析》，《华侨华人历史研究》2007 年第 2 期。

得极为活跃。我们以规模较大的"净选盟运动"为例。净选盟运动,也称Berish①,是一项旨在抗议当时政府选举中的种种舞弊和不公正现象的跨族群性社会运动。这场运动从2006年成立开始,直至2018年大选后才暂时告一段落。净选盟运动可以说是进入21世纪以来马来西亚最大的社会运动,但这并不是它最大的特点。更值得研究的是,这场运动超越了以往任何一次社会运动,打破了有关政治课题的社会运动的族群壁垒,成为一场跨族群的社会运动。在此次运动中,华人的参与不仅是主动、合法的,更是被接纳的,到第四次集会运动②时,华人甚至已经成为运动的主要参与者。据运动参与者统计,在当时的参与者中,华人占到了60%到80%的比例。③ 并且,在这次运动中族群不和谐的声音已经被"一个马来西亚"的声音远远盖过了。少数反对华人参与的负面言论也并没有在参与者中引发波澜。与之相比,更被参与者接受的则是模糊族群界限的观点,"我们不应将讨论集中在种族问题上,而应将注意力集中在净选盟提出的问题上""净选盟有马来人、印第安人、其他种族,他们的存在(无论人数多少)意味着种族并不是问题"④。

通过以上分析,不难看出华人不仅主动参与超越本族群的国家性社会运动,而且在一定程度上获得了其他族群的接纳。虽然运动中的团结很可能只是暂时的,毕竟要消解历史遗留下来的族群对立还有很长的路要走。但这种接纳的确在一定程度上促进了族群分歧的弥合,也为马来西亚人跨越族群界限提供了可能。他者认同对自我认同的影响不言而喻,当以往族群对立的严

---

① Bersih来自马来语中的"干净"一词。净选盟试图通过解决普遍存在的选举不当行为来改革马来西亚的选举制度,以扫除任何选举中的"不干净"的做法,以确保自由和公正的选举。
② 即Bersih 4。
③ Politweet, "Response to the Race of Bersih 4, Protester by Twitter Users in Peninsular Malaysia," https://politweet.wordpress.com/2015/10/08/response-to-the-race-of-bersih-4-protesters-by-twitter-users-in-peninsular-malaysia/.
④ Politweet, "Response to the Race of Bersih 4, Protester by Twitter Users in Peninsular Malaysia," https://politweet.wordpress.com/2015/10/08/response-to-the-race-of-bersih-4-protesters-by-twitter-users-in-peninsular-malaysia/.

峻形势渐趋淡化，华人也开始被社会上新的主导言论以去族群化的态度认同为马来西亚人，他们的族群性和族群认同自然要为逐渐明朗化的国家认同让位。

2. 认同困境：出现规划性认同

净选盟运动之前，有关社会政治问题的全国性的社会运动，如1998年的烈火莫熄运动①等都极少看到华人的影子。而在净选盟运动中，参与的华人身上的标签不再是"华族"，而是被接纳为"马来西亚人"。华人在这场运动中的活跃不只让我们看到了马来西亚社会对华人族群的逐渐接纳，也看到了新一代华人越来越接受国家文化、淡化族群对立甚至主动进行族群融合的趋势。

根据两位马来西亚学者在2020年的调查，平均年龄在10～18岁的马来西亚华裔青少年的族群认同在整体上要远低于他们的父辈。② 尽管仍然有一部分年长的华人依然坚持华人文化认同，但不可否认的是，新生代华人正在变得更容易接受族群接触，也更容易被同化。马来西亚从20世纪七八十年代就开始致力于颁布各种教育政策以实现教育融合的目标，而近年来这些教育改革的效果也开始显现。事实上已经有调查显示，马来西亚的华族和印度裔已经表现出了对其他族群的文化欣赏和社会接受。③ 接触理论认为，当接触发生在一个有利的环境和平等的基础上时，族群间的接触会导致族群间态度的改善。④ 而要达到这种积极效果，除了有利的环境和参与者平等的基础

---

① 烈火莫熄运动，即 Reformasi（马来语），是一场对马来西亚政治生态影响深远的社会运动。1998年时任马来西亚副总理的安瓦尔·易卜拉欣被革职后公开揭发马哈蒂尔领导下的各种贪污、滥权和朋党丑闻，遂引发了一场全国性的以改变马来西亚政治生态环境为目标的社会运动，并获得了众多跨越族群的非政府组织和社会力量的支持，大大提高了马来西亚公民的民主参与。来源：烈火莫熄运动，中文维基百科，https：//bk.tw.lvfukeji.com/zh-hans/%E7%83%88%E7%81%AB%E8%8E%AB%E7%86%84。
② Su-Hie Ting, Su-Lin Ting,"Ethnic Identity and Other-Group Orientation of Ethnic Chinese in Malaysia,"*International Journal of Society, Culture & Language*, Vol.8, Issue 2, 2020, pp.75-89.
③ Mohd Mahzan Awang, Abdul Razaq Ahmad, and Abdul Aziz Abdul Rahman,"Social Integration Practices among Multi-ethnic Youths,"*Kasetsart Journal of Social Sciences*, 13（2011）：1-5.
④ C. Berryman-Fink,"Reducing Prejudice on Campus: The Role of Intergroup Contact in Diversity Education,"*College Student Journal*, Vol.40, Issue 3, 2006, pp.511-515.

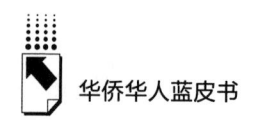

以外，机构支持也是重要因素，这就意味着积极的族群接触在如今的马来西亚社会拥有更好的发生条件，因为教育机构正是实现上述条件的最佳场所之一。①

如今的马来西亚在教育上提供了这种平等接触的契机。马来西亚现今的教育创造了多族群接触的学校环境，包括华校也为了证明自己没有族群分化的意图而主动促进各族群学生融合互动。在学校教育中来自不同族群、不同文化和不同宗教的学生都在平等的基础上进行互动，这为年轻人提供了一个可以改善对来自不同族群的同龄人的消极态度的机会。而在大学教育中，为了加强族群间的联系，其课程和课外活动都极力促进和强调多族群合作学习，学生们还需在规定的民族关系课程中学习马来西亚各民族的文化。这种发生在学生时代的、正向的族群接触的效果将在他们成年后的社会参与中显现出来，如上文提到的马来西亚华人与其他族群共同参与的净选盟运动。

近年来，新生代华人逐渐成为华人群体的主要发声者，而他们发出的却是与他们的父辈、祖辈不同的声音。马来西亚华族的这一代年轻人在文化认同上规划性鲜明，这在社会运动的参与和对语言的规划性认同上尤为明显，这种规划有消极的也有积极的，既包括他们将国家认同和族群认同何者置于优先位置，也包括他们在国家语言、家庭（学校）语言或其他语言的选择上，后者将在下文详述。从他们对社会运动的参与来看，前者的规划性是明显的。他们更突出的认同是作为马来西亚人的国家认同，而不是作为华人的族群认同，因此华人对华教运动的热情远不如对国家性社会运动的参与。有学者认为，华人为了被视为与其他族群进行社会融合并接受国家认同，他们的族群认同必然要被淡化。② 换句话说，新生代华人文化认同的减弱实际上可能是他们国家认同的前景化规划的必然后果。而

---

① A. L. Antonio, "The Role of Interracial Interaction in the Development of Leadership Skills and Cultural Knowledge and Understanding," *Research in Higher Education*, Vol. 42, Issue 5, 2001, pp. 593 - 617.

② Mohd Mahzan Awang, Abdul Razaq Ahmad, and Abdul Aziz Abdul Rahman, "Social Integration Practices among Multi-ethnic Youths," *Kasetsart Journal of Social Sciences*, 13 (2017): 1 - 5.

他们这种规划性的选择也反过来不断重塑着他们对国家认同和族群关系的看法。

在马来西亚特殊的族群政治的语境下,我们很难将文化与族群关系和政治背景剥离开来考察。在本部分,我们通过对华人参与两种社会运动的分析可以发现,新生代华人族群文化认同的背景化与国家认同的前景化,是华文教育体系逐渐式微后各族群间正向接触的必然趋势。如前文所述,马来西亚的华人通过族群接触已经表现出了对其他族群的文化欣赏和社会接受。而在族群融合的问题上,对其他族群的社会接受只是一个开始,文化欣赏、文化适应和民族妥协都是实现族群融合的后续步骤。[①] 这就给马来西亚华族的文化认同发展敲响警钟。我们认为,新生代华人与其他族群在社会运动上表现出的对族群融合的接受与被接受,所释放出的正是规划性的信号,而一个以共同体抗拒为基础的族群一旦出现群体的规划性,文化认同的打破与重构也不再遥不可及。

在上述分析的基础上,我们认为,马来西亚华族的文化认同在进入21世纪以后,其建构形式正在经历着缓慢却深刻的向规划性认同转变的趋势。这种规划性认同可能有不同的表现,或者如上文所述那样,在接受族群融合以后选择一种社会合法性认同,或者如下文即将阐述的那样,在支配和抵抗的缝隙中逃避性地建构起一种可能连他们自己都无法清晰辨认的规划性认同。但无论是何种表现,对族群文化认同来说都是不容小觑的危机。

四 华族文化认同的规划性趋势

尽管在当前的社会环境下,马来西亚华族的文化认同依然可能是以被排斥者的抗拒性认同为基础,但他们围绕着语言和华文教育所筑起的抵抗的壕

[①] Mohd Mahzan Awang, Abdul Razaq Ahmad, and Abdul Aziz Abdul Rahman, "Social Integration Practices among Multi-ethnic Youths," *Kasetsart Journal of Social Sciences*, 13 (2017): 1–5.

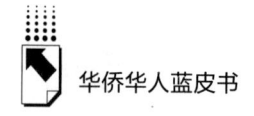

沟显然已经产生了裂缝，那么这种认同难免会产生一些规划性，甚至会扩展到由这种规划性所延伸的认同建构的转型，也就是卡斯特所说的规划性认同。

这种规划性认同是共同体抗拒的进一步延伸，是基于那些建构抗拒性认同的主体最后成功地"反边缘化"——构建起一种新的、重新界定其社会地位的文化认同。但在马来西亚华族这里并不完全是这样，他们虽然经历了漫长的抗拒性文化认同建构时期，但最后既没有成功地"反边缘化"，也没有被社会主导的国家文化所同化而接受合法性的文化认同。而是在群体抗拒性逐渐降低的情况下，依靠着有足够影响力的华文教育体系在一定程度上代替国家教育体系成为一个替代性的、不稳定的支配性制度，从而得以用合法性的方式引入抗拒性文化认同。然而从20世纪90年代至今华文教育所面对的危机来看，这个支配性制度存在着极大的不确定性，国家教育体系一直尝试用各种政策消解它在华人文化认同建构中的权威的支配地位。与此同时，我们还可以看到，进入21世纪以后，曾持续几十年不衰的华教运动式微，这意味着这个族群对既有的社会主导文化即单一的国家文化政策的抗拒性已经无限降低。在这种情况下，马来西亚华族文化认同的规划性将不同于卡斯特所描述的积极的、谋求社会转型的规划性认同，它在某种程度上来说是消极的。

这种消极性表现为他们在支配和抵抗的缝隙中找到了一种新的规划——他们既拒绝社会合法性的文化认同，又对那些集体抗拒性的认同行为失去兴趣，反而在夹缝中做出新的规划。这一点首先可以从马来西亚的社会语言调整看出，根据马来西亚学者王晓梅对马来西亚华人社区社会语言地位的调查，马来西亚的社会语言体系是一个以马来语为高级语言、华语为低级语言的两层体系。然而既不是官方语言，也不是华族母语的英语的地位却要高于华语，并有节节攀升的趋势。[①] 此外，近年来华文学校小升初的入学率逐年

---

① Xiaomei Wang,"The Sociolinguistic Realignment in the Chinese Community in Kuala Lumpur: Past, Present and Future," *Journal of Multilingual and Multicultural Development*, Vol. 31, No. 5, 2010, pp. 479–489.

下降，与之相对的是英语取代了华语和马来语，越来越成为马来西亚年轻人在语言认同上新的规划性选择。有相当多的华人认为自己在整个马来语教育中，最好的口语是英语而不是马来语。在马来亚大学华文学会2002年的一项调查中，受访的华人大学生被要求按优先顺序列出他们认为重要的3种语言，有78%的人认为英语是最重要的，只有14%的华人学生认为汉语是最重要的。在另一项更为细致的调查中，要求华人受访者分别选择适合其小学、中学和高等教育的教学媒介语。在小学阶段，近80%的人选择汉语，约16%的人选择英语。在中学阶段，60%的人选择英语，汉语和马来语各占17%。而在高等教育阶段，有90%的受访者一直认为英语是最受欢迎的，汉语和马来语则分别为5%和3%。[1]

对于说少数民族语言双语者来说，通常认为语言的使用反映了他们需要和渴望认同两种语言，或认同每种语言的一部分。[2] 这也是大多数情况下人们对少数族群双语者或多语者的看法，但在马来西亚的语境下，比起这种多重认同论，另一种假设要更贴切：个体可能会认同一种以上的文化，并在新的文化背景下改变他们的认同，或者发展出在不同文化背景之间移动的能力。[3] 在这种情况下，语言认同的选择反映的是马来西亚华人文化认同的建构出现了一种消极的规划。另一个比较极端的例子是进入21世纪以来马来西亚华人的"二次移民潮"——已经移民定居马来西亚的华人重新大批向其他国家移民。在过去的40年里，华人移民不再是单一地从中国流向其他国家，而是大规模地从各国向世界各地迁移。这些"二次移民"主要从东

---

[1] 陈利良：《马大华文学会调查报告——第三篇完结篇：马大打破沉默 让大专生发言》，《南洋商报》2001年1月6日；陈亚才：《马大华文学会调查报告——第三篇完结篇：被负使命自我鞭策 马大华裔生心系校园》，《南洋商报》2001年1月6日。

[2] J. Lemke, "Language Development and Identity: Multiple Timescales in the Social Ecology of Learning," in C. Dramsch (ed.), *Language Acquisition and Language Socialization*, London: Continuum, 2002, pp. 68-87.

[3] Anne Campbell, "Cultural Identity As a Social Construct," *Intercultural Education*, Vol. 11, No. 1, 2000, pp. 31-39.

南亚地区移民到美国、加拿大和澳大利亚等西方国家。① 特别是马来西亚和印度尼西亚，华人族群持续被边缘化的社会文化环境导致华族人口大量外流。

这就是与抗拒性认同和合法性认同相比，马来西亚华人文化认同出现规划性趋势所存在的不稳定因素。以社会支配性制度引入的合法性认同将指向规范的、同质化的同化主义的社会文化，抗拒性认同则指向更具包容性、多样性的多元主义的社会文化。而规划性认同将给群体的文化认同、国家认同以及个体的自我认同的建构增加更多的矛盾和不确定性。因此马来西亚华人文化认同的规划性趋势无论从民族还是国家的层面来看，都逐渐呈现文化身份认同危机。

结　语

20世纪50年代至80年代是许多东南亚国家独立后教育转型的关键时期，华教运动的出现使马来西亚华人族群产生前所未有的团结和向心力，并使华人在与马来人关于国家文化的争论中保住了华人文化在马来西亚的一席之地。作为华人社会独具特色的文化传统，每一次华教运动都提醒并激发着华人关于文化的共识性危机，这其中蕴含的"抵抗"内核正是华人抗拒性文化认同建构的重要动力和源泉，也是华人免于向合法性认同转变的决定性因素之一。

20世纪90年代以后，马来西亚华人的文化认同建构形式开始以一种不易察觉的方式发生转变。在世纪之交产生的各种社会和制度巨变的语境下，马来西亚少数族群的民族主义和族群认同似乎都在停止扩张，社会上各种形式的排斥话语也在逐渐淡出人们的视野。尽管一些华人依然将自己所遭遇的社会隔离和歧视归咎于华人和马来人不平等的社会地位，但大环境实际上正

---

① Carolyn Cartier, "Diaspora and Social Restructuring in Postcolonial Malaysia," in Laurence J. C. Ma and Carolyn Cartier（eds.）, *The Chinese Diaspora: Space, Place, Mobility and Identity*, Oxford: Rowman and Littlefield Publishers, 2003, pp. 69 - 96.

在向接纳和融合的方向发展。从华人积极的社会参与来看，马来西亚华族正在经历着向规划性认同转变的重要过渡时期。实际上，由抗拒性认同过渡到合法性认同或规划性认同是必然趋势，因为要在如今这种渐趋平和的族群关系和社会环境下一直保持抗拒性认同并不大可能，尤其是在最具抵抗意义的华教运动式微的情况下。

马来西亚华人的文化认同出现规划性认同的一个重要表现就是他们一方面对围绕华教课题的社会运动兴趣缺失，另一方面却对基于国家性事件的社会运动积极参与。这二者之间并不仅仅是文化问题与政治问题的区别，因为在马来西亚族群政治的特殊语境下，文化是很难与政治完全剥离开来讨论的。我们可以从新生代华人的社会参与观察到的最显著的现象是华人与其他族群的双向接纳——华人不再只站在华族的立场与其他族群对立，其他族群也开始不再视其为想象的"他者"。此外，华人的社会语言调整以及"二次移民潮"是其文化认同产生规划性认同转变的另一个重要表现。通过上述分析我们认为，基于国家文化的规划性认同是马来西亚华人文化认同发展的未来趋势，这也是如今马来西亚华人族群文化认同困境的最重要的特征。而由这一特征我们得到的启示是：尽管马来西亚华人文化认同的规划性趋势难以扭转，但归根到底这场危机的源头还是国家文化与族群文化的分立。如果华人族群在此过程中能重振华文教育并使自身文化被合法接纳为国家文化，那么这种危机反倒可能成为保存和延续当地华人文化的转机。

移民与留守篇

Immigrants and Left-behind People

B.7
温州丽岙华侨华人移民西欧调查研究*

徐 辉 吴征涛**

摘　要： 文章从微观的视角介绍了目前侨居西欧的温州丽岙华侨华人的出国历史与原因、职业发展变化过程。研究发现，丽岙海外移民始于20世纪20年代，自然灾害、国内政治、家族环境以及中国独生子女政策等是影响和触发他们产生出国念头的主要原因。在移民初期，他们由于非法居留身份问题，从事一些低端工作，到后来成为合法劳工，并自主创业。这个过程也就是从做苦力，到当雇工、小商贩、摆地摊，到各种规模创业的过程。

---

* 本文为2020年度温州大学特色研究培课题（项目编号：WDQP20 - ZZ002）"丽岙旅欧华侨华人口述历史"的阶段性成果。

** 徐辉，博士，温州大学外国语学院副教授，温州大学侨务公共外交研究所副所长，研究方向为海外移民研究、侨乡研究、日语教育；吴征涛，博士，温州大学外国语学院讲师，研究方向为文化交涉学。

温州丽岙华侨华人移民西欧调查研究

关键词： 丽岙　华侨华人　移民　西欧

丽岙是浙江省温州市瓯海区的一个小型街道，总面积34.7平方公里。丽岙华侨所占人口比例高，他们分布在27个国家和地区。全街道现有人口4.2万人，海外华侨2.2万人，占全街道现有人口的52.4%。有归侨、侨眷1.6万人，占全街道现有人口的38.1%，海外华侨加上街道内归侨、侨眷占全街道总人口的90%左右，① 丽岙全街道几乎都姓"侨"。为了更好地了解丽岙华侨的出国相关情况，笔者对欧洲丽岙华侨进行了深入的访谈，本文是其中的研究成果之一。

一　研究目的及方法

本文的研究目的是了解丽岙华侨移民历史以及各阶段的特点；当初选择出国的原因和动机；出国之后，在国外主要从事的职业。

本文的研究对象是定居欧洲的丽岙籍华侨华人，采用的研究方法是访谈。访谈主要是通过滚雪球抽样的方式完成。滚雪球抽样是指先随机选择一些被访者并对其实施访问，再由他们提供另外属于同一类型研究目标总体的调查对象，根据所形成的线索选择此后的调查对象。调查人员根据后续调查对象，进行此后的调查。滚雪球抽样往往用于对稀少群体的调查。笔者选择的调研单位是丽岙街道归国华侨联合会，并对其主要负责人进行了访谈。之后，委托丽岙街道侨联主席、侨联秘书长，丽岙街道统战部，以及温州市瓯海区商务局、温州市归国华侨联合会相关负责人引荐并介绍海外丽岙华侨，以便采访。在采访过程中，笔者又委托受访者介绍符合条件的其他海外华侨。最终，联系到了在欧洲定居和生活的41位温州籍华侨，其中有效案例为20位。笔者对以上20位华侨进行了深度采访，听取了他们的个人移民及

---

① 以上信息来自2020年4月3日笔者对丽岙街道归国华侨联合会秘书长孙芸荪先生的采访。

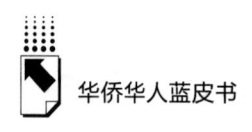

发展历史。考虑到研究伦理问题，本文对所有受访者采用匿名的方式。20位华侨的个人信息如表1所示。

本次的访谈主要通过以下三种方式完成。一是通过微信（线上）采访。这部分采访对象目前都侨居欧洲，不在国内。采访前几日，笔者把采访提纲通过微信发给受访者，之后约定采访具体时间。考虑到欧洲和中国的时差问题，笔者把采访时间放到了受访者比较方便的当地时间上午10时（北京时间下午4时）以后。采访前，笔者征得受访者的同意，对访谈进行了录音。20位华侨中有14位是通过这个方式完成的。二是面对面采访。20位华侨中有5位是通过面对面采访的形式完成的。以上5位均是在2020年疫情暴发前回国，由于疫情，他们暂时在国内生活。三是受访者通过笔答的形式完成。即笔者先给受访者提供采访提纲，受访者拿到提纲后通过笔答的形式完成。20位华侨中有1位是通过这种形式完成的。采访完毕后，笔者第一时间整理采访录音。在整理采访录音的过程中，笔者用红色标注了采访中存在的疑惑和不明了的问题，之后以文字的形式发给受访者查阅并让受访者对采访录音稿的疑问和问题进行了进一步回答。针对笔答问卷，也采取了同样的方法。

表1 受访者的个人信息

序号	姓名	出生年份	出生地	学历	出国年份	职业	定居国家	采访时间
1	WYD	1961	路溪村	初中	1990	贸易公司经理	法国	2020.04.13
2	HQC	1962	路溪村	初中	1991	贸易公司经理	法国	2020.04.19
3	CJY	1963	路溪村	小学	1987	贸易公司经理	法国	2020.04.20
4	CLJ	1967	丽岙街道	中专	1989	贸易公司经理	法国	2020.04.20
5	DGY	1957	华侨新街	小学	1983	会计师事务所所长	法国	2020.05.08
6	DZG	1981	下川村	工商管理硕士	2002	贸易公司经理	意大利	2020.05.09
7	JJY	1963	丽岙街道	初中	1991	中华料理店经理	法国	2020.05.10
8	MYO	1969	丽岙街道	中专	1996	小百货店经理	意大利	2020.04.06
9	WSM	1964	丽岙街道	初中	1990	贸易公司经理	法国	2020.04.23

续表

序号	姓名	出生年份	出生地	学历	出国年份	职业	定居国家	采访时间
10	YZH	1968	丽岙街道	初中	1979	贸易公司经理	法国	2020.04.25
11	ZCB	1972	丽岙街道	高中	1993	贸易公司经理	法国	2020.04.25
12	ZCW	1964	后盾村	初中	1988	贸易公司经理	法国	2020.04.24
13	YCD	1965	丽岙街道	小学	1990	小百货店经理	丹麦	2020.05.13
14	YLZ	1963	丽塘村	初中	1990	贸易公司经理	西班牙	2020.05.16
15	WYW	1975	茶堂村	小学	1986	贸易公司经理	西班牙	2020.05.12
16	YYZ	1970	丽岙街道	大专	2009	佛教寺院住持	意大利	2020.05.21
17	ZAA	1965	下章村	小学	1987	小百货店经理	法国	2020.05.18
18	XAY	1963	杨宅村	小学	1985	小百货店经理	意大利	2020.05.09
19	HXS	1965	叶宅村	初中	1978	贸易公司经理	法国	2020.05.20
20	VUZ	1968	河头村	小学	1989	中华料理店经理	法国	2020.04.17

注：以上资料根据笔者2020年4~6月的调研制作而成。

如表1所示，20位华侨祖籍来自丽岙街道或其下属行政村。最大年龄63岁（1957年出生，年龄以访谈时间计算，下同），最小年龄39岁（1981年出生）。出国前的受教育程度，小学学历7位，初中学历8位，中专学历2位，高中、大专和工商管理硕士学历各1位。出国时间最早的是1978年，最晚的是2009年。从所从事的职业情况来看，贸易公司经理12位，小百货店经理4位，中华料理店经理2位，会计师事务所所长和佛教寺院住持各1位。从定居国家来看，最多的是法国，13位；其次是意大利，4位；第三位是西班牙，2位；最后1位定居丹麦。

二 丽岙华侨出国简史及原因

（一）移民简史

丽岙华侨移民海外有着悠久的历史，根据相关文献[1]和笔者调研，大体

---

[1] 瑞安市人民政府侨务办公室编《瑞安市华侨志》，中华书局，2011。

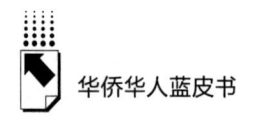

上可以分为以下四个阶段。

第一阶段（1937年以前），称之为"萌芽期"。20世纪20年代，丽岙华侨主要以劳工和经商的方式来到法国，之后慢慢融入法国。① 早在1929年，丽岙街道下呈村汪迪斌等9位（其中7位去法国，2位去荷兰）先辈就离开家乡前往欧洲谋生。1934~1936年3年间，共有238人出国。截至1936年底，丽岙街道共有425人前往欧洲，其中92.7%的人前往法国，去其他国家的人占7.3%。②

第二阶段（1937~1946年），称之为"回国返乡期"。1937年，由于抗日战争全面爆发，出国人数骤减，丽岙华侨大批回国，当年丽岙街道仅有11人出国。当时丽岙华侨大批回国，其主要原因是日本发动全面侵华战争，为挽救民族危亡，具有爱国心的华侨纷纷回国参加抗日战争。1937年"七七"事变后，中国与外国邮路不畅，欧洲华侨无法给家里汇款，部分华侨带钱回国。③ WYD说："在国家最艰难的时候，海外华侨心系祖国，有的华侨甚至把自己的房子卖掉，把钱捐献给国家；有的把正在读高中的孩子送回国学习驾驶战斗机。"④ 1937~1938年欧洲各国忙于备战，社会动荡，生意萧条，华侨处境困难。1939年，第二次世界大战全面爆发，丽岙华侨4人死于国外，44人离开欧洲回国。1942年，下章村的华侨9人从法国马赛回国。1946~1949年，由于国民党挑起内战，交通受阻，出国人员不多。⑤

第三阶段（1949~1978年），称之为"停滞期"。1949年新中国成立后，出国审批相对严格，这一时期丽岙街道出国人数没有明显增加。根据章志诚和周福绵的文章，1957~1960年丽岙街道仅8人出国；从1961年起，出国人数开始增加，当年9人去法国；1962~1965年，丽岙街道有30人去法国，14人去荷兰；1950~1965年，无前往意大利者。1966~1976年，丽

---

① Live Yu-Sion," The Chinese Community in France Immigration, Economic Activity, Cultural Organizational and Representations," *Chinese in Western Europe*, Free Press, 1991, pp. 96–125.
② 引自笔者对丽岙街道归国华侨联合会秘书长孙芸苏的采访。
③ 瑞安市人民政府侨务办公室编《瑞安市华侨志》，中华书局，2011，第225页。
④ 引自2020年4月13日笔者对WYD的采访。
⑤ 瑞安市人民政府侨务办公室编《瑞安市华侨志》，中华书局，2011，第225页。

岙街道有128人出国，其中前往法国的有82人，前往荷兰的有46人。①

第四阶段（1978年改革开放以后），称之为"高潮期"。改革开放以后，出国审批逐渐正常化，丽岙街道出国人数有所增加。温州籍华侨开始前往法国，特别是20世纪90年代前往法国的温州籍华侨增多。本次采访的20人均是这个时期前往法国的。截至1997年底，丽岙街道出国人数达到了9402人，截至2005年底达到了24148人（其中欧洲24006人，大洋洲1人，北美洲87人，南美洲21人，亚洲其他国家33人）。② 根据丽岙街道归国华侨联合会2019年的最新统计数据，丽岙街道23个行政村共有海外华侨32706人，其中前五位的国家是法国（17814人，占54.5%）、意大利（13213人，占40.4%）、荷兰（586人，占1.8%）、西班牙（464人，占1.4%）、葡萄牙（217人，占0.7%），其他国家和地区（412人，占1.3%）。③

（二）移民原因

根据笔者的调研，丽岙华侨出国主要是受自然灾害、国内政治形势、身边及周边华侨获利、欧洲经济发展需求和国内计划生育政策等原因的影响。

第一，受自然灾害的影响。1853年，丽岙遭受了一次严重的水灾。④ 1929年又逢特大自然灾害，虫灾蔓延，稻禾枯死，收成大减。当时丽岙的虫灾十分严重，一亩地仅收十几斤谷子。由于丽岙地方农民口粮不足，生活穷困，许多缺粮户或以地瓜丝掺和米做饭，或以南瓜杂米做饭，过着半饥饱的生活。一直以来，一些生活贫苦的农民、手工业者，为生计所迫，而离乡背井，出国谋生。⑤

第二，受国内政治形势的影响。丽岙早在第一次国内革命战争时期就有

---

① 瑞安市人民政府侨务办公室编《瑞安市华侨志》，中华书局，2011，第225页。
② 瑞安市人民政府侨务办公室编《瑞安市华侨志》，中华书局，2011，第226页。
③ 以上数据来源于丽岙街道归国华侨联合会办公室内部资料。
④ 引自笔者对丽岙街道归国华侨联合会秘书长孙芸荪先生的采访（2020年6月20日）。
⑤ 引自2020年4月19日笔者对HQC的采访。

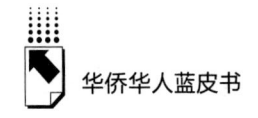

农民协会组织。参加这一组织的贫苦农民,在农民协会的领导下,同当地的封建地主做艰苦的斗争。第二次国内革命战争时期,该镇下呈村贫农出身的杨炳春、郑兴芝等人参加了中国共产党领导的"二五减租"斗争,矛头直指封建地主。当地的封建地主勾结地方官吏,对杨炳春等人进行政治迫害。杨炳春被捕入狱,郑兴梁被抓去坐"老虎凳",郑兴芝被列入追捕对象。这几个参加反封建斗争的人,经组织营救保释出狱以后,感到在当地待下去会有风险,为免遭再次政治迫害,便星夜筹措旅费,逃出丽岙,奔赴欧洲各国避难。①

第三,受丽岙本地华侨获利的影响。丽岙首批旅欧华侨经商获利的消息传到家乡后,诱发了不少想发财的贫苦农民和手工业者。如1935~1936年,在林岩甫、张岩林等人在法国经商获利的影响下全镇掀起出国热潮。② 当时丽岙人出国谋生,也遇到了不少困难。首先是旅费问题。当时,从上海到欧洲各国,每人要支付450银元到500银元。为了筹措旅费,有的卖田卖屋;有的向亲戚朋友求助。其次是办理护照困难。

第四,受周边其他地区华侨获利的影响。20世纪初,前往日本、欧洲国家经商的青田县华侨回国后,在丽岙的丽塘、泊岙和下章村等村购买田地、房屋安家落户。如1912年前往日本的陈仁德,1928年转赴法国做生意,赚了一笔钱,1932年回国,在泊岙村买了40亩田地、3间房子,全家迁入泊岙村定居。以上事例对丽岙人出国谋生产生了很大的影响。③

第五,受欧洲经济发展需求的影响。20世纪20年代末至30年代初期和中期,欧洲各国经济发展迅速,人手不足,需要一大批劳动力,当时政治环境比较宽松,出国相对比较容易。④ WSM说:我爷爷的堂弟,也就是我的叔爷爷在法国,他是一九三几年出国的。当时我爷爷的几个

---

① 引自笔者对丽岙街道归国华侨联合会秘书长孙芸苏先生的采访(2020年6月20日)。
② 引自2020年4月19日笔者对HQC的采访。
③ 瑞安市人民政府侨务办公室编《瑞安市华侨志》,中华书局,2011,第224页。
④ 瑞安市人民政府侨务办公室编《瑞安市华侨志》,中华书局,2011,第224页。

兄弟都以做劳工的方式去了法国。受他们的影响，我也决定出去打拼一下。我记得很清楚，当时从法国回来的华侨前辈们很吃香，我们都围着他们转。①

第六，受国内计划生育政策的影响。20世纪70年代中国开始实施计划生育政策，而丽岙人的生育观念仍然以"多子多福"为主导思想。部分丽岙人为了多生几个孩子，逃避计划生育而出国。ZCB说："我出国有几个原因，其中之一是为了逃避计划生育。我们是农村人，一个孩子是不够的，想多生又不让生。现在可以生二孩。"② 本次笔者采访的20位受访者中，育有3个至4个孩子的占80%以上。

通过文献和本次调研笔者发现，目前出国的手段或途径相对比较容易，但是年轻一代的丽岙人始终保持着老一辈华侨所持有的传统习惯，如通过中介、借款或筹款等方式出国。因为受身边亲戚朋友的影响，出国就能赚钱的念头在丽岙人头脑中始终存在。过去是这样，现在也是这样。

三 欧洲丽岙华侨华人职业

丽岙华侨在海外凭着聪明才智和顽强的创业精神，在欧洲经历了从做苦力（打黑工）、当雇工、做小商贩、摆地摊、创办工厂（小百货店等），到最后创业当经理这一过程。在经历了很多挫折和困难之后，丽岙华侨实现了出国赚钱、养家糊口、建造或购买房子等愿望，也实现了职业的提升和转型。

打黑工是很多丽岙华侨来到法国的第一份工作或者说是不得不从事的工作。之所以要打黑工，与其移民欧洲各国的背景息息相关。在笔者采访的20位丽岙华侨中，有15位华侨是通过非法途径（"黄牛揹③"的形式），5

---

① 引自2020年4月23日笔者对WSM的采访。
② 引自2020年4月25日笔者对ZCB的采访。
③ "黄牛揹"是温州人对通过非法途径出国的一种说法，等同于"蛇头"，指带路人或组织者，一般是指那些把偷渡的人带出国境、从中赚钱的人。

位是通过旅游签证前往欧洲国家，之后滞留。因为初到欧洲国家（主要是法国、意大利和西班牙），没有合法身份，语言不通，为了生活，唯一的办法就是打黑工。王春光教授对海外"黑工"做了以下解释。他认为"黑工"有三层含义：第一层是没有合法居留权的人打工赚钱；第二层是那些有合法身份和打工许可证的人打工不报工，他们有经济收入不缴税，同时可以领取失业救济金；第三层是虽然报工，但是做了修改，把在公司做工申报为个体户，以获取个体户享受的优惠税收政策待遇。① DGY说："刚到巴黎，没有身份，只能先在亲戚家皮包工厂打杂工，每天工作时间很长，大部分都做到夜里十二点以后才收工。那时候大家都是这样干活，工作时间太长，太累。出国之前觉得外国的钱好赚，出来之后才知道原来赚钱这么辛苦，再加上语言不通，说实在的，当时有点后悔出国。"②

YCD说："到法国后，我吃和住都在亲戚家，也在他们的皮包工厂当帮工。因为当时没有合法身份，只能做黑工。但我不甘心，学了点法语ABC后，离开亲戚到温州人开在巴黎三区的中餐馆做餐厨。"③ 在20位受访者中，19人有给他人当雇工的经历。

WSM说："当时，我在越南人开的店里打工。经理给我的月工资是9500法郎，因为我的技术已经很熟练了，每个星期休息一天，如果有加班，每天另外再给500法郎。"④

从事小商贩生意和摆地摊。从1929年至1939年，丽岙有302人前往欧洲各国，其中从事小商贩生意的人有281人，占93.0%。⑤ 邹韬奋在他的作品《萍踪寄语》中写道："这种小商贩教育程度当然无可言，不懂话（指当地的外国语，引者注），不识字，不知道警察所的规章，动辄被外国的警察

---

① 王春光：《温州人在巴黎：一种独特的社会融入模式》，《中国社会科学》1999年第6期，第112页。
② 引自2020年5月8日笔者对DGY的采访。
③ 引自2020年5月13日笔者对YCD的采访。
④ 引自2020年4月23日笔者对WSM的采访。
⑤ 瑞安市人民政府侨务办公室编《瑞安市华侨志》，中华书局，2011，第227页。

驱逐毒打，他们受着痛苦，还莫名其妙！当然更说不到有谁出来保护！"①受访者MYO在介绍他的故事时说："在意大利做小商贩生意不容易，起早贪黑不说，还要看当地人的眼色，常常受到他们的鄙视和欺凌。有时候还会遭受挨打，有苦难言，有理难诉。有的人因为没有居留护照，被当地警察局抓起来关押一个月、三个月，有的甚至六个月的也有。"②很多丽岙华侨在创业当经理之前几乎都做过摆地摊的生意。在欧洲，摆地摊有两种形式，一种是流动摆摊，另一种是固定摆摊。但在法国，无论是流动摆摊还是固定摆摊都需要营业许可证，还需要收取一定的费用。费用根据摆摊的地理位置和所在地区的不同而收费不同，最低每个摊位费是3欧元，比较高的地区是20欧元。而且每3个月必须向当地市场管理部门缴纳一次税金。③根据《瑞安市华侨志》的记载，1939～1945年，丽岙华侨华人干苦力、从事小商贩和摆地摊的人数占法国华侨华人总人数的72.8%。④XAY回忆说："在意大利，不是每天都可以去摆地摊的，有时间上的限制，比如一个星期只有两到三次。生意也不是很好，有时一天也卖不掉几件东西，离住的地方又远，早上早早出去，晚上很晚才回来，说实话，赚不到几个钱。如果说赚，也是赚个辛苦费。"⑤

开工厂、开商店（小百货店）、开饭店，当经理。在温州人的眼里，当经理是富裕的象征，同时也是身份地位的一种体现。经过多年在外打拼，丽岙华侨不满足于给他人打工、从事小商品买卖和摆地摊的生意，开始创业，如开服装和皮革工厂、皮革商店、餐饮店、跨国贸易公司等，涌现出一批又

---

① 邹韬奋：《萍踪寄语》，北京师范大学出版社，2014。《萍踪寄语》是民国时期著名新闻记者邹韬奋所写的一部游记作品。书中收录了他通过考察各国的政治经济和社会状况，特别是各国新闻事业的实际状况所写的作品，包括《船上的民族意识》《月下中流——经苏彝士河》《世界公园的瑞士》《华美窗帷的后面》《大规模的贫民窟》《谒列宁墓》《由柏明汉到塞尔马》等作品。本文中引用的是他在1933年7月，因屡屡揭露政坛黑暗，乘坐意大利轮船"佛尔第"号离国出走欧洲后的所见所闻，有一定的参考价值。
② 引自2020年4月6日笔者对MYO的采访。
③ 以上内容引自笔者在2020年4～6月的采访。
④ 瑞安市人民政府侨务办公室编《瑞安市华侨志》，中华书局，2011，第229页。
⑤ 引自2020年5月9日笔者对XAY的采访。

一批知名的企业家，如老一辈华侨郑振中先生、任岩松先生和杨岩生先生等。① 本次笔者采访的20位中有12位就是通过省吃俭用、勤奋努力创办了跨国贸易公司并拥有自己的品牌产品，而且有些产品远销世界各国。根据《瑞安市华侨志》的记载，1966~1986年，开设皮革商店和皮革工厂的法国华侨占总人数的63.8%，以劳工为主的占23.7%，仅有0.41%的人从事较高层次（比如银行、公司等）的职业。② HQC主要从事服装贸易（主要做女装，在法国和中国有自己的服装工厂），并创建了自己的品牌see u soon，产品远销美国、意大利、瑞士、澳大利亚、日本、迪拜、中国、西班牙、比利时等40多个国家和地区，深受年轻女性的欢迎。HXS初中毕业后就到了法国。从开零售店卖日常生活用品开始，到开连锁店，再到做内衣进出口贸易，最后到商业地产租赁等，经过30年左右的打拼，2010年他经营的公司在巴黎正式挂牌上市。JJY在法国巴黎美丽城经营的中华料理店多次被国内的主流媒体（CCTV）报道，现今已经成为美丽城的一道亮丽的风景和海内外知名的饭店之一。DGY经营的会计师事务所，经过二十几年的努力，受到了广大客户的高度评价和信任，现已成为法国政府公认的注册会计师事务所。除此之外，CJY、CLJ、YZH、ZCB和ZCW等人的跨国贸易公司也实现了良好的业绩。

总结以上欧洲丽岙华侨的职业，可以发现，他们主要从事"三把刀"[餐馆（菜刀）、皮包和皮衣服（皮刀）和裁缝（剪刀）行业]、做小商贩生意和摆地摊等自由职业。VUZ说："我们丽岙人之所以从事'三把刀'职业比较多的理由是，这些行业投资比较少、技术含量不高，适合家庭式经

---

① 1939~1945年，丽岙华侨华人在法国办了11家皮革工厂。1936年郑振中等人合伙在巴黎三区开办了"振瓯公司"，主要经营小百货批发业务。1938年，任岩松等人在巴黎开设了小百货批发商店和皮革工厂。1939年杨岩生等一行人在巴黎三区创办皮革工厂等。1945~1965年，丽岙华侨华人在法国共建皮革工厂27家、餐馆4家、皮革商店1家和百货批发商店1家；在荷兰开办餐馆14家。以上数据参见瑞安市人民政府侨务办公室编《瑞安市华侨志》，中华书局，2011，第228~230页。

② 瑞安市人民政府侨务办公室编《瑞安市华侨志》，中华书局，2011，第230页。

营，而我们温州人最擅长家庭式经营模式。"① 王春光教授认为温州人在经营活动上的一个重要取胜诀窍就是极大地降低经营成本。他们的做法主要表现在，第一，充分发挥家庭各个成员包括未成年孩子（虽然在法律上是不允许的，但是家庭内部很难断定）的作用；第二，雇用没有正式居留身份的人；第三，采用不同的支付工资的方式，以降低雇用工人的税金；第四，做工时间比较灵活，工作时间比较长。因此，可以说欧洲丽岙华侨充分利用自身潜能和群体资源，以自己独特的经营方式做着自己的工作，从而实现自己的经理梦。

四 新生代华侨华人子女的教育问题

对海外温州籍华侨的教育问题，王春光教授1999年在他的论文中称："温州人文化水平和受教育的总体情况并不很理想。在法国巴黎温州籍华侨华人成年人几乎没有接受过教育，生在中国但从小在法国长大的人比在法国出生的人的接受教育程度低。"② 导致这一现象的根本原因是温州经济建设和社会发展缺乏对教育的真正需求，社会对教育的需求不足。③ 众所周知，温州经济是以家庭经营为基础，以家庭工业和联户工业为支柱，以农民购销员为骨干，与城乡集体经济密切结合的双层合作经济。这种经济模式对劳动者的素质并没有很高的要求，教育被认为是可有可无的东西，从而导致了社会对教育的需求严重不足现象。

而在法国出生的华侨华人新生代的受教育程度之所以比较高有很多因素，其中一个重要因素是法国非常重视移民孩子的教育问题，凡是16岁以下的未成年人，都有免费接受教育的权利，如果不去上学，居住地的学校会

---

① 引自2020年4月17日笔者对VUZ的采访。
② 王春光：《温州人在巴黎：一种独特的社会融入模式》，《中国社会科学》1999年第6期，第116页。
③ 鲍炳中、徐东民：《温州教育的现状及其对策》，《上海师范大学学报》1991年第2期，第154页。

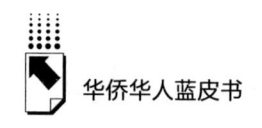

派人到家里动员；另外有合法身份而不去上学的，孩子的父母就会受到法律制裁。① 除此之外，父母经济条件的改善和对教育的重视、国际环境的变化、新生代华侨自身对学习的觉悟等方面也是促使华侨华人新生代受教育程度提高的因素。

本次采访的20位华侨出国前的受教育程度相对比较低，高中和高中以下学历② 16位，占80.0%。这一点和1999年王春光教授得出的结论相同。但是在谈到华侨新生代的教育问题时，WYD说："我自己也深深地体会到没有文化、没有知识的缺陷，因此，我从小告诉我的三个孩子，一定要好好读书，有了知识，你们才会强大……三个孩子都是硕士研究生毕业，会说三个国家以上的语言。"③

从采访中得知，丽岙华侨出国后因为文化程度不高给自己带来了很多不便或麻烦。很多华侨逐渐认识到知识的重要性，要学知识就必须接受教育。老一辈华侨出于工作等原因无法实现自己学习或接受教育的愿望，从而把自己的愿望或者理想转嫁到孩子们的身上，希望通过孩子们来实现自己未能实现的梦想。

DGY说："因为我自己没有读过多少书，去了法国之后吃了很多苦，受了很多罪，认识到知识的重要性。为了不让孩子们走我当时的老路，也为了孩子们能够有一个稳定的工作、幸福的未来，我当时决定一定要给他们提供最好的学习环境和学习的机会。除了学习他们自己喜欢的专业之外，我还要求他们必须学习中文。因为他们在上大学的时候，我和我爱人忙着打工、做生意，也没有太注意到他们在中文方面的学习。直到他们大学毕业后我才意识到他们的中文水平不是很好。于是就决定在他们正式走上工作岗位之前，每个人都必须回国学习一年中文。大女儿（硕士研究生）和二女儿（博士研究生）去上海复旦大学学习中文。三女儿（硕士研究生）去浙江大学学习了一年中文。儿子（硕士研究生）在高中期间去了上海，在法国人开的

---

① 以上内容来自笔者2020年4~6月对受访者的采访。
② 本文把中专学历定为高中以上学历。
③ 引自2020年4月13日笔者对WYD的采访。

学校学习了一年中文，之后回法国读了大学（本科）和（硕士）研究生。"①

WSM 说："我有三个儿子，大儿子大学毕业后继承了我的事业。二儿子1995 年在法国出生，在法国一所大学攻读博士学位，学的是理科，专业是有关电子方面的，具体学什么我也不是很了解。三儿子正在读大学。只要他们想学，砸锅卖铁我们也会支持他们学习。"②

CLJ 说："大女儿已经硕士毕业了，专业是金融管理。目前作为一名审计师助理在法国一家知名审计师事务所工作。小女儿在上大学，专业是法律。"③

另外，本次采访中，在谈到丽岙华侨教育问题时，JJY 说："我们那个年代，大家都很穷，大家都想着如何填饱肚子。你想一想，肚子都填不饱，哪里有心思去学习？很多人说我们温州人不重视教育，没有能力帮助孩子接受更好的教育。我个人认为，他们的说法有一定的片面性，或者他们根本不了解我们温州人。你想一想，谁不希望自己的孩子能够接受良好的教育，出人头地呢……要接受教育就必须有接受教育的条件，没有条件，何谈教育？你说对不对？现在我们有条件了，不仅要鼓励孩子要上大学，而且还要上研究生，甚至攻读博士学位（我二儿子就在攻读博士学位）。为什么他们会这样？原因很简单，因为现在整个社会发生了变化，他们的父母给他们提供了接受教育的条件。"④

目前国家也十分重视海外华文教育。时任中国国务院侨办主任裘援平在"2013 年海外华裔及港澳台地区青少年'中国寻根之旅'夏令营"期间接受记者采访时表示，华文教育是海外华人社会的"留根工程"和"希望工程"，各方面都有义务共同支持这项事业，促使它更好、更快地发展。⑤ 海

---

① 引自 2020 年 5 月 8 日笔者对 DGY 的采访。
② 引自 2020 年 4 月 23 日笔者对 WSM 的采访。
③ 引自 2020 年 4 月 20 日笔者对 CLJ 的采访。
④ 引自 2020 年 5 月 10 日笔者对 JJY 的采访。
⑤ 《裘援平：华文教育关系海外华人的和谐及可持续发展》，中华人民共和国中央人民政府网，http://www.gov.cn/gzdt/2013-08/04/content_2461040.htm。

外相关教育机构也同样重视"华二代""华三代"的教育问题。西班牙华商协会创会会长、西班牙华商中文学校董事长李汝龙在"中国华文教育基金会国庆嘉宾座谈会"上说,"其实,每个海外华侨华人都非常关心华文教育,每个在海外的父母都希望自己的子女会说中国话,了解中华文化。华侨华人家庭如果没有将历史悠久内涵丰富的中华文化传承给孩子们,就太遗憾了"①。老一辈海外丽岙华侨受教育程度的确比较低,不是他们不愿意学习,而是受到当时一些客观条件和经济条件所限。他们经过海外打拼,认识到知识的重要性。DGY 为了让自己的孩子学好中文,让他们专程回国前往上海复旦大学、浙江大学等国内知名高校学习。CLJ 和 JJY 的孩子在本科毕业的基础上读硕士研究生甚至是博士研究生。

除了以上三位之外,VUZ、YCD 等也纷纷表示一定要让孩子们在会说中国话、了解中华文化的基础上学习相关专业知识和技能。因此,很多华侨想方设法创造条件使他们的下一代接受好的教育,给他们创造优越的学习环境。也有部分新生代华侨因为接受了比较好的教育,进入了法国主流社会,进入法国政府机构或企业工作。

五 结语

本文通过采访,从微观的视角了解了丽岙华侨华人出国的历史、原因、职业状况。出于多种原因,丽岙华侨华人通过各种途径,想方设法移民欧洲,从打黑工到创业当经理,终于在欧洲各国立住脚跟,并为自己的后代创造了学习新知、创业发展的机会,改变了自己和新一代的命运。

此外,笔者发现一些有待于进一步讨论和研究的话题。比如调查对象数量有限,相关结论不能完全代表所有在欧洲的丽岙华侨。在接下来

---

① 《海外侨胞吁每一位华侨华人为华文教育出一份力》,中国华文教育网,http://www.hwjyw.com/hjzx/hjxw/200710/t20071010_8270.shtml。

的调研中，需要增加研究对象数量，从宏观方面对欧洲丽岙华侨做进一步的研究。另外，研究群体也需要扩充。本次的调研主要以公司、小百货店、中华料理店经理等为研究对象，接下来对其他群体，比如海外华侨打工者、海外华侨女性和在法国出生的新生代华侨等群体进行调研是有必要的。

B.8
丽岙侨乡留守妇女的分布概况及成因

杨志玲 吴征涛*

摘 要: 本文以温州著名侨乡丽岙街道的跨国留守妇女为研究对象,通过田野调查统计和分析了该街道各行政村留守妇女的分布、特点、类型及成因。丽岙侨乡留守妇女具有规模小、分布平均和留守人员稳定等特点,根据产生原因和留守年限可以分为长年留守型、归国回迁型、新产生留守型三种类型。该街道呈现长年留守型留守妇女逐渐减少、归国回迁型留守妇女少量增加的趋势。丽岙侨乡跨国留守妇女分布现状由丽岙以及基于地缘的浙江省海外移民的婚姻状况和性别比例、我国沿海地区的经济发展状况、留守妇女的自身特点等多重内外因所共同造成。侨乡留守妇女的分类和分布概况的成因分析弥补了相关理论研究和浙江省侨乡留守妇女的地域研究的不足。

关键词: 跨国移民 留守妇女 侨乡家庭结构

人口跨国迁移是改善人类生存和就业的重要方式,对移民的原居住国和住在国社会和文化均产生影响。[①] 国内侨乡家庭因丈夫出国务工或经商,妻

---

* 杨志玲,硕士,温州大学外国语学院讲师,研究方向为认知语言学、侨乡研究;吴征涛,博士,温州大学外国语学院讲师,研究方向为文化交涉学。
① P. Debnath, N. Selim, "Impact of Short Term Male Migration on Their Wives Left Behind: A Case Study of Bangladesh," *Gender and Labor Migration in Asian*, IOM (2009).

子留守家中完成生产和照顾老人小孩的不同性别的社会分工，体现了移民家庭的生存理性，因此侨乡留守妇女对海外迁移现象的发生和持续发展具有不可替代的作用。①

国外学术界主要关注一些发展中国家留守妇女的生存现状。比如，尼泊尔跨国留守妇女的比例达到32%，18~24岁留守和非留守妇女的生育观念和生育状况有所差别。② 2005年印度人口发展调查的结果显示，年龄在15~49岁的印度城市和农村留守妇女比例差距较大，③ 印度比哈尔邦15~45岁的留守妇女因丈夫外出务工对其精神和身体状况造成一些影响。④ 墨西哥留守妇女年龄均值为36.2岁，⑤ 而莫桑比克留守和非留守妇女的年龄均值分别为26.2岁和28.8岁。⑥ 从国外留守妇女相关的研究看，不同的研究者对研究对象的年龄界定趋于年轻化，一些研究虽然没有对研究对象的年龄进行界定，但是研究结果表明留守妇女的平均年龄偏低。

马慧芳、郭培对2010年至2020年农村留守妇女研究进行了综述，指出由于研究者的研究对象、研究地域和研究目的不同，对留守妇女的概念界定存在差异，主要体现在称呼、留守时间、妇女年龄等方面。⑦ 侨乡地区留守

---

① 沈惠芬：《构建中国侨乡女性史：资料与方法的探讨》，《福建论坛》（人文社会科学版）2015年第11期。
② D. Shattuck, S. P. Wasti, N. Limbu, N. Sandra, C. C. Riley, "Man on the Move and the Wives Left Behind: The Impact of Migration on Family Planning in Nepal," *Sexual and Reproductive Health Matters*, 27 (2019).
③ S. Desai, M. Banerji, "Negotiated Identities: Male Migration and Left-behind Wives in India," *Journal of Population Research*, 25 (2008).
④ A. Roy, P. Nangia, "Impact of Male Out-migration on Health Status of Left Behind Wives—A Study of Bihar, India," Meeting of the International Union for the Scientific Study of Population, (2005).
⑤ V. N. S. De Snyder, "Family Life across the Border: Mexican Wives Left Behind," *Hispanic Journal of Behavioral Sciences*, 15 (1993).
⑥ S. T. Yabiru, V. Agadjanian, A. Sevoyan, "Husbands' Labour Migration and Wives' Autonomy, Mozambique 2000–2006," *Population Studies*, 64 (2010).
⑦ 马慧芳、郭培：《近十年我国农村留守妇女研究综述》，《内蒙古农业大学学报》（社会科学版）2020年第2期。

妇女属于侨眷范畴，与近年来学术界探讨颇多的农村地区留守妇女群体不同。① 国内侨乡留守妇女的实证研究主要集中在福建省福州各县区、三明市明溪县，研究均未对跨国留守妇女进行界定，其中一些留守妇女访谈者年龄高达92岁。② 本文在国内农村留守妇女界定的基础上，把侨乡地区跨国留守妇女界定为：丈夫因各种原因（包括但不限于经商或务工等）长期居住国外，该妇女长期留守在家，夫妻聚少离多，连续时间在6个月以上或者近一年累计时间在6个月以上，婚姻处于存续关系，且保留中国国籍的已婚妇女。该界定将"已婚"作为条件，年龄不做上下限，能客观地反映侨乡跨国留守妇女的年龄特点。此外，离异、丧偶均不满足"已婚"的要求，故应排除在外。

国内研究对我国侨乡跨国留守妇女的分布以及该群体占研究地域人口总数的比例不清晰，容易造成读者对侨乡留守妇女分布的认识偏差。首先，研究丽岙侨乡跨国留守妇女分布概况，可将我国侨乡跨国留守妇女与一些发展中国家留守妇女的分布情况进行对比。其次，通过对浙江省典型侨乡跨国留守妇女的研究，能弥补当前侨乡留守妇女的研究主要集中在福建省沿海地区的局限，从研究地域的角度形成一定的互补。进一步而言，分析侨乡留守妇女分布概况，除了能提供留守妇女的定量研究外，还能弥补我国侨乡留守妇女界定、分类和成因研究的不足。最后，在当前国内经济高速发展的背景下，丽岙街道作为浙江沿海地区经济较发达的典型侨乡，通过研究跨国留守妇女的分布现状及成因，有助于了解该群体在新移民时期的发展趋势。

一 研究地域、研究对象和研究方法

丽岙街道地处浙江省东南部温州市瓯海区，是全国著名侨乡、浙江省重

---

① 康君如：《侨乡女性史研究的新进展》，《史学理论研究》2019年第3期。
② 陈凤兰：《侨乡跨国移民的婚姻形态研究——基于对福州"万八嫂"的实证调查》，《福州大学学报》（哲学社会科学版）2014年第4期；林李月、朱宇、王心宁：《跨国迁移对农村留守妇女婚姻家庭生活的影响——基于福建省明溪县H村的个案研究》，《华侨华人历史研究》2016年第3期；林胜：《侨乡跨国家庭的形成、维系与挑战——以福州为例》，《求索》2019年第2期。

点侨乡。2014年浙江省归国华侨联合会（以下简称"侨联"）的统计显示，丽岙街道4.2万的人口中，海外侨胞超过3.27万人，分布在欧美27个国家和地区，部分村有2/3的村民常年旅居海外。此后丽岙街道侨联每年对浙江省侨联的数据进行修正，但总体变化情况不大。本次调研期间，丽岙街道侨联提供的华侨及侨眷人数见表1第2列。

本文的研究对象为丽岙街道的跨国留守妇女。2020年2月，国内新冠肺炎疫情暴发期间，丽岙街道妇女联合会（以下简称"妇联"）为了开展疫情防控、防疫物资分配等工作，在街道和村妇联主席[①]的微信工作群以群消息接龙的形式，由各个行政村和社区妇联主席上报各个村留守妇女的人数，统计了丽岙街道共有留守妇女46人。2020年6月至8月，笔者参与了丽岙街道"芳邻守望公益行"系列活动，对留守妇女的基本情况进行了进一步摸排和调查，排除了大量误报人员，并最终确定丽岙街道的跨国留守妇女共有26人。

此外，笔者采用结构式访谈对丽岙侨乡留守妇女的不同关联群体进行了访谈，即对每位受访人提出关于导致丽岙侨乡留守妇女分布现状原因的问题，请受访者作答。本文一共进行了37人次的深度访谈，访谈对象的类型有：街道和村妇联主席19人[②]、留守妇女7人、村干部4人、侨眷4人和侨联干部3人，访谈对象的具体分布情况见表1最后一列。

二 丽岙侨乡留守妇女的分布概况

（一）留守妇女分布

调研期间所统计的丽岙街道的26名跨国留守妇女，分布于街道所辖15

[①] 2016年，中央进行群团改革，浙江省一些地区率先启动村妇代会改设为村妇联试点工作。2016年上半年丽岙街道"妇改联"试点为梓上村，2016年下半年在丽岙街道所有村全面推开。因此原来的"村妇女主任"在2020年调研期间已经全部被称呼为"村妇联主席"。

[②] 2020年扩镇并村前，丽岙街道共有21个行政村。扩镇并村后，组成了15个行政村和2个社区。笔者调研期间，新一届的村干部尚未换届选举完成，因此访谈的妇联主席均为村原妇联主席。另有几名未访谈的村妇联主席均通过电话或微信的方式核实人数。为了一致性，表格统计和下文称呼，均按照改造后新的行政村和社区来称呼。

个行政村和 2 个社区。该街道各行政村和社区的华侨及侨眷，以及留守妇女的分布概况具体见表 1。

表 1 丽岙侨乡各行政村及社区留守妇女分布

单位：人

行政村或社区*	华侨及侨眷人数**	留守妇女人数	访谈对象
行政村 A	1875	2	村妇联主席（LW）
行政村 B	2617	1	村妇联主席（AY）、村党组织书记（JS）
行政村 C	4079	3	村妇联主席（HL）、村委会主任（ZA）
行政村 D	1862	1	村妇联主席（YY）、留守妇女（LS1）
行政村 E	2247	1	村妇联主席（FB）、村党组织书记（GH）、
行政村 F	1470	2	村妇联主席（DQ）、留守妇女（LS2）
行政村 G	2957	1	村妇联主席（SH）、侨联主席（SG）、侨眷 2 位（CM1、CM2）
行政村 H	2357	4	村妇联主席（AX）、留守妇女（LS3）
行政村 I	3505	0	村原妇联主席 3 位（BD、CM、SL）
行政村 J	553	3	村妇联主席（XL）、留守妇女（LS4）
行政村 K	1189	1	村妇联主席（LZ）、留守妇女（LS5、LS6）
行政村 L	1254	1	村妇联主席（LM）、留守妇女（LS7）
行政村 M	1240	0	村妇联主席（LY）
行政村 N	2058	2	村妇联主席（XC）、村党组织委员（CH）
行政村 O	819	3	村妇联主席（ZL）、侨眷 2 位（CM3、CM4）
社区 P	1151	0	村妇联主席（XH）
社区 Q	1471	1	
共计	32704	26	37 人次［含丽岙街道侨联秘书长（YS）、侨联副主席（DX）、妇联主席（ML）］

注：* 根据学术惯例，本文已对地名、人名做了相应技术处理。
** 表格第二列华侨及侨眷人数来源于丽岙街道侨联提供的旧行政村数据，笔者按照扩镇并村之后的行政村和社区进行统计。
资料来源：以上数据来源于笔者于 2020 年 6 月 18 日至 8 月 10 日的调研。

根据表 1 第 3 列可以看出，丽岙街道行政村 H 留守妇女的人数最多，有 4 人，占总数 26 人的 15.4%；其次是行政村 C、行政村 J 和行政村 O 的留守妇女，分别有 3 人；行政村 A、行政村 F 和行政村 N，分别有 2 人；行政村 I、行政村 M 和社区 P 无留守妇女；剩余的行政村和社区均有 1 位留守妇女。

（二）人数变更的原因

从 2020 年 2 月丽岙街道妇联统计的留守妇女总数为 46 人，到调研期间笔者最终确定为 26 人，引起数据变化的主要原因是各行政村和社区妇联主席的误报。导致留守妇女数据变更的原因[①]可以分为以下几类。

1. 大量丧偶寡居妇女的误报

丽岙侨乡多位留守妇女近年丧偶，原夫妻关系无法存续，其身份从既往留守妇女变成了寡居者。如行政村 A 和行政村 I 在过去 10 年期间，分别有 4 位和 5 位原留守妇女丧偶。2019 年行政村 I 有 1 位原留守妇女的丈夫在国外因车祸去世，使该妇女的身份发生了变化。村妇联主席将此类妇女当作留守妇女上报的现象比较普遍。

2. 留守妇女婚姻状况变成离异

近几年，一些原留守妇女的婚姻状况发生了变化，村妇联主席未能及时了解，从而导致上报数据不准确。以行政村 G 为例，2019 年该村有 1 位既往留守妇女办理了离婚手续，但未向村妇联更新婚姻状况。

3. 受新冠肺炎疫情影响，失去留守妇女身份

由于新冠肺炎疫情期间，一些国家与中国的航班断航、回国经济成本及便利性等因素的影响，一些原本在春节期间前往国外探亲的妇女，被迫长期居留在丈夫的住在国，从而失去留守妇女的身份。如行政村 I 的一位妇女便属于此类情况。调研期间该妇女表示近期暂无回国打算，因此本文统计时将该既往留守妇女排除在外。

4. 在新冠肺炎疫情防疫物资分配时被错误统计在内

新冠肺炎疫情暴发期间，一些原本长期居住在国外、春节期间回国探亲的妇女，本不属于留守妇女，2020 年 2 月各村妇联为方便防疫物资分配，将此类人员当成留守妇女进行统计和上报。如行政村 O 有 2 位妇女属于此

---

① 误报的原因分析是基于各个行政村和社区的妇联主席的访谈进行的分析。由于没有 2020 年 2 月初每个村上报的原始数据，因此不能对比每个村的误差分布。

类情况。2020年7月初国内和欧洲疫情缓和后，两人已先后回到丈夫的住在国。

5.丈夫在国内的留守妇女

原上报的46位留守妇女中，包括了2位丈夫在国内的留守妇女，其中一位妇女的丈夫在外省务工，另一位妇女的丈夫在国内服刑役。这两位妇女由于丈夫居住地在国内，不在本文丈夫为跨国移民的留守妇女的讨论范围，故未纳入统计。

（三）丽岙侨乡跨国移民留守妇女的分布特点

从表1可见，丽岙侨乡各行政村和社区的留守妇女分布具有以下的显著特点。

1.规模小

丽岙侨乡留守妇女人数少、规模小。按照2020年丽岙街道4.2万的人口总数计算，26位留守妇女占街道总人口的0.06%。段成荣等通过2015年国家统计局1%的抽样研究得出，我国20~59岁的农村留守妇女约有3044万，占全国该年龄段女性的7.29%，占全国总人口的2.21%。[①] 林李月等2016年对福建省明溪县侨乡H镇H村留守妇女的研究，指出H村户籍人口2058人，移民男性人口为170人左右（婚姻状况未知），抽样了50名留守妇女进行了访谈，表明了该侨乡的留守妇女人数在50人（假设50名访谈对象包括了所有留守妇女）至170人（假设170名移民男性均已婚），约占全村户籍人口的2.4%~8.3%。[②] 因此丽岙侨乡留守妇女0.06%的比例，低于全国农村留守妇女和福建省明溪县侨乡H镇H村留守妇女的比例，更远低于2019年尼泊尔跨国留守妇女32%的比例。

2.分布平均

丽岙侨乡各行政村和社区留守妇女的居住位置相对分散，在各个行政村

[①] 段成荣、秦敏、吕利丹：《我国农村留守妻子的分布与生产发展现状——基于2015年1%人口抽样调查数据的分析》，《南方人口》2017年第2期，第36页。

[②] 林李月、朱宁、王心宁：《跨国迁移对农村留守妇女婚姻家庭生活的影响——基于福建省明溪县H村的个案研究》，《华侨华人历史研究》2016年第3期。

和社区人数相对平均，未出现某个行政村或社区的聚居。丽岙侨乡各行政村和社区留守妇女分布的均值为1.53人，留守妇女人数最多的行政村有4人，有7个行政村只有1人，有3个行政村（社区）没有留守妇女。各行政村和社区留守妇女人数与华侨及侨眷的分布基数无关，如行政村I的华侨及侨眷人数达到3505人，留守妇女人数为0；行政村N的华侨及侨眷人数为2058人，留守妇女人数为2人；行政村O的华侨及侨眷人数为819人，留守妇女人数为3人，因此两者之间未形成相关性。

3. 留守妇女人员稳定

丽岙侨乡跨国留守妇女人员稳定，2020年全球新冠肺炎疫情前后的留守妇女基本为同一批人。丽岙街道所有行政村和社区，仅有上文提及的1位既往留守妇女受新冠肺炎疫情影响，留居在丈夫住在国成为非留守妇女，其余26名留守妇女人员名单未发生变化。

（四）丽岙侨乡跨国移民留守妇女的分类

调研期间进行的丽岙侨乡留守妇女生活状况的问卷调查①，共25位留守妇女参与（其中1位留守妇女由于不配合，问卷无法送达，未能参加调研）。问卷调查结果显示，根据留守妇女的自身特点和留守年限，可分为三类，分别为长年留守型、归国回迁型和新产生留守型。

1. 长年留守型

长年留守型留守妇女，长年居住在国内，既没有国外合法居留身份，也没有短期国外旅居经历，大多数夫妻多年跨国相隔，夫妻团聚方式以偶尔丈夫回国探亲为主。其留守时间较长，留守身份稳定，在很长时间内留守身份未发生变化。问卷结果显示，丽岙侨乡留守妇女的留守时间达5年以上的有17位（10年及以上的15位；20年及以上的7位）。

2. 归国回迁型

近5年来，丽岙侨乡一些曾经在国外居住的妇女独自回迁国内居住，其

---

① 问卷内容涉及丽岙侨乡跨国移民留守妇女的基本情况、家庭收入、感情维系、社会支持等。本文只涉及问卷中与留守妇女的留守类型相关问题的分析。

丈夫仍留在国外，她们成为新跨国留守妇女。此类留守妇女产生的原因有：第一，国外经济和生活压力大。国外生活成本相对较高，因此，移民男性作为主要劳动力留在国外，妻子回国减少生活成本。第二，留守妇女的身体原因。由于在国外看病耗时长、效率低、语言不通等问题，或出于就医成本等方面考虑，妇女选择独自回国就医。第三，国外子女独立。此前一些妇女为了照顾子女而居住在国外，子女有自理能力后，本人觉得留在国外意义不大而选择单独回国。第四，无国外合法居留身份。一些妇女早期通过非法途径出国，多年后居留身份仍未合法化，因此选择了回国。第五，国内有老人和孩子需要照顾等。另外，丽岙侨乡尚无因夫妻跨境创业需要而留守国内的留守妇女。由此可见，该群体回国的原因，以上一辈或下一代的家庭责任和自身身体状况为主。

3. 新产生留守型

近5年来，留守妇女的丈夫因海外经商、务工或其他非经济原因出国，如照顾孙子辈等，妻子在国内留守，她们成为新留守妇女。此类留守妇女与长年留守型本质一样，但是由于其丈夫出国时间相对较短，与长年留守型留守妇女的年龄、留守年限等有较大区别。

问卷统计的丽岙侨乡留守妇女的分类、人数、所占比例、平均年龄和平均留守年限等情况见表2。

表2　丽岙侨乡留守妇女分类及基本情况

分类	人数	所占比例(%)	平均年龄(岁)	平均留守年限(年)
长年留守型	17	68.0	51.7	17.8
归国回迁型	6	24.0	50.7	4.8*
新产生留守型	2	8.0	43.0	2.0

注：*有一位留守妇女2008年就已从国外迁回，留守时间长达12年，统计的时候也归于此类，因此引起留守妇女平均留守年限偏高。

资料来源：以上数据来源于笔者于2020年6月18日至8月10日的调研。

如表2所示，丽岙侨乡长年留守型留守妇女有17人，占问卷总人数的68.0%；归国回迁型有6人，占24.0%；新产生留守型有2人，占

8.0%。因此,丽岙侨乡长年留守型留守妇女比重最大。5 年前与近 5 年内归国回迁型留守妇女分别有 1 位和 5 位,可见此类留守妇女有小幅增长的趋势①。

丽岙侨乡长年留守型和归国回迁型留守妇女的平均年龄分别为 51.7 岁和 50.7 岁;新产生留守型留守妇女的平均年龄为 43.0 岁。因此,长年留守型和归国回迁型留守妇女平均年龄较大,无明显差异;新产生留守型留守妇女年龄相对较小。

丽岙侨乡长年留守型留守妇女的平均留守年限为 17.8 年;归国回迁型和新产生留守型留守妇女的平均留守年限相对较短,分别为 4.8 年和 2.0 年。因此,丽岙侨乡留守妇女大部分留守时间长、留守身份稳定。

三 丽岙侨乡留守妇女分布现状的成因

丽岙侨乡的留守妇女分布现状,是移民背景下诸多因素共同促成的结果。自 1929 年丽岙出现第一批海外移民以来,在近一个世纪的内外因作用下,构成了目前留守妇女人数少、规模小、少量回流的现状。造成丽岙侨乡跨国留守妇女分布现状的主要原因有多种,分别对以上三类留守妇女的规模产生了不同的影响。

(一)丽岙侨乡已婚和未婚的海外移民人数相对均衡

20 世纪 80 年代以来,我国沿海和边境地区涌现的移民潮时期,丽岙侨乡海外移民的未婚者和已婚者数量相对均衡,对留守妇女的分布现状产生了短期和长期的影响。

1. 已婚海外移民的影响

(1)已婚夫妻团聚使国内留守妇女减少

对于已婚者移民而言,改善家庭生活状况是其出国的主要目标。国际移

---

① 排除上文提及的留守时间为 12 年的归国回迁型妇女,实际上近 5 年内出现的留守妇女共 7 位,归国回迁型有 5 位。

民通过跨国劳动力迁移，利用多样化家庭收入来源来提高家庭抗风险能力。① 因此，丽岙侨乡已婚家庭核心成员外出务工现象比较突出，此后原本分居两国的夫妻把团聚放在家庭决策的首位，在不同时期以各种非正规途径和方式在海外实现夫妻团聚。② 这些途径也是丽岙侨乡夫妻海外团聚的主要途径，虽然相对快速便捷，但经济成本和生命代价高。因此，一些家庭也采用正规合法形式，丈夫在国外获得合法居留身份后，以申请家庭团聚的方式帮助妻子获得住在国居留身份，减少家庭成员整体移民的成本。20世纪末21世纪初，丽岙侨乡移民家庭竞相把留守在国内的妻子接到国外，使第一类长年留守型留守妇女大幅减少。

> 以前丽岙街道的侨联主席和秘书，这两位都是让他们的老婆先出国的，因为他们当时都是公职人员，一位是银行的行长，另一位是当时的书记，所以他们的老婆先出国定居，以后他们才出国，这是一种情况。第二种情况就是男的先出国，等在国外稳定以后，老婆孩子再出去。第三种情况是夫妻双方一起出国，这种情况是比较多的，我知道行政村C有一位，他原来是做铝合金门窗的，那个时候他的生意挺好的，经济状况也不错，后来他们夫妻俩一起出国了。（受访者YS）

（2）早期已婚移民带出国的子女使海外适婚群体增加

20世纪八九十年代丽岙侨乡出国潮盛行，已婚移民夫妻团聚的同时，子女被一同带往国外。这批子女现在均已成年，构成海外适婚年龄华侨华人的主要群体。因此早期已婚移民带出国的成年子女引起的海外婚配的增加，使国内跨国留守妇女基数相对稳定。

---

① D. Massey, L. Goldring, J. Durand, "Continuities in Transnational Migration: An Analysis of Nineteen Mexican Communities," *American Journal of Sociology*, 99 (1994).

② 王春光：《流动中的社会网络：温州人在巴黎和北京的行动方式》，《社会学研究》2000年第3期，第115页。

现在国外 30 岁以下的人，就是当初 1990 年至 2000 年出生的人，他们出生的时候正好是出国热的盛行时期。那一辈的父母出国后，基本上经过三五年就把老婆和孩子带出去了。这一部分人，现在已经成长为侨二代，他们在国外找配偶的更多。（受访者 ML）

2. 未婚移民的影响

早期丽岙侨乡海外移民，未婚者占有较大比例。这部分人的受教育程度比较低，大部分小学或初中毕业，不能满足国内就业市场对于求职者学历的要求。为了逃避国内就业市场的压力，他们选择了出国。未婚移民对第三类新产生留守型留守妇女有一定的抑制作用。

（1）未婚移民的海外婚配增加使国内留守妇女人数减少

丽岙侨乡未婚海外新移民的海外婚配增加，使国内留守妇女的基数减少。在新时代移民背景下，我国涌现一批因到海外高校求学而出国的单身人员，这批人有良好的教育、语言和经济背景，在国外择偶的可能性更大。章志诚记载丽岙早在二战期间就有一批旅居欧洲的单身汉华侨，在小贩和摆摊生意中与"西女"长期相处，产生感情，结成夫妻。[①] 因此丽岙籍海外单身者在国外缔结婚姻有特定的历史渊源，对后代的婚姻观念产生了一定的影响。

我肯定是希望我儿子能够娶温州人，或者中国人，但是我听说儿子现在的女朋友好像是外国人。如果他们真正喜欢对方，我也没有办法，毕竟以后过日子的是他们，还是尊重孩子们的选择吧。（受访者 CM1）

（2）海外未婚移民的婚姻观念变化引起已婚群体减少

一些丽岙的海外新生代或侨 1.5 代由于在国外出生或国内出生后被带往国外长大，生活注重享乐和消费，产生了一些不婚主义者或长期单身者。这

---

① 章志诚编《温州华侨史》，今日中国出版社，1999，第 99 页。

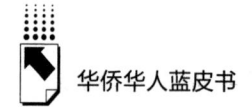

些群体的增加，使已婚群体数量减少。无论这些人潜在的婚配对象在国内或国外，结婚的人少了，可分居的家庭也随之变少，也造成了丽岙侨乡留守妇女数量减少。

> 我儿子现在都35岁了还没找老婆。他出国的时候还是个小孩子，西方思想对他的影响比较大，所以现在也不想结婚。现在我们丽岙到外国的人，三十几岁、四十几岁没结婚的男的有很多，女的三十几岁还没有嫁人的也很多，他们的生活方式就是按照西方国家的一套观念和想法来。前几年我住在意大利普拉多，普拉多那边单身不结婚的，男的女的都很多。他们只管享受，结不结婚对他们来说都无所谓，对他们生活也没有多少影响。如果他们不结婚，也就不存在要不要把老婆孩子留在国内的问题。（受访者CM2）

（二）浙江省海外移民相对平衡的性别比例

浙江省海外移民相对均衡的男女性别结构，是丽岙侨乡留守妇女人数少的一个重要原因。2008年的研究显示，在法国的浙江移民群体男女比例为51∶49，两种性别基本持平。[1] 这与当时国内其他侨乡以青壮年男性为主体的人口国际迁移形成对比，也比2020年我国才达到的整体男女海外移民相对均衡的性别比例52∶48提早了十几年。[2] 这种均衡的性别比例为海外新生代单身男女提供了均等的择偶机会，没有形成海外婚姻挤压（marriage squeeze），[3] 即适婚年龄的男女数量相对平衡，未出现某一性别的相对不足，减少了新产生留守型留守妇女的数量。

---

[1] 李明欢：《法国的中国新移民人口构成分析——以传统、制度与市场为视角》，《厦门大学学报》（哲学社会科学版）2008年第3期。
[2] International Organization for Migration, "World migration report 2020," 2020.
[3] 石坚平：《国际移民与婚姻挤压——以战后四邑侨乡为例的探讨》，《华侨华人历史研究》2011年第4期。

1. 均衡的性别比例保障了基于地缘的择偶传统

以丽岙海外移民比较集中的法国和意大利为例，20世纪末21世纪初温州人向外的迁移和流动，出现了以"大家庭"为单位的"人口大迁徙"，在此过程中男女性别分配自然形成。王春光把这种关系称为人际关系链。① 基于国内的地缘关系，丽岙海外华裔新生代择偶对象首选温州籍或毗邻的青田籍华侨华人，此两地的海外移民达100万左右，占浙江省海外移民的一半，未婚男女择偶选择范围大。此外，国外婚姻的物质要求普遍比温州低，可节省婚嫁成本，因此一些单身男女通过海外完婚来减轻自己的经济压力。另外，在国外长大的华裔新生代，倾向于寻找与自己兴趣爱好和价值观相近的人组建家庭。有一些未婚青年的父母加入当地侨团和商会的主要目的就是扩大在海外华人圈的交际范围，为子女的择偶做准备。

> 我女儿嫁给意大利这边青田籍的了，所以结婚的习俗是按照青田的来。而我儿子在这边娶的老婆原来是温州人，所以他的婚礼就是按照温州习俗来。青田那边结婚省一点的，我们温州那边开销要大很多。按照青田习俗，我女儿结婚只摆了一次酒席。我儿子是订婚摆一次酒，结婚摆一次酒，所以花的钱就会多。最后我女儿和儿子的结婚开支费用差了好几万欧元。不过国外结婚，婚车婚房之类的要求没有像国内一样多。很多年轻人也都选择在国外结婚，因为这里结婚的费用比国内可能还是要少一点。（受访者SC）

2. 女性移民在国外的性别优势

早期在法国的中国移民，由于女性的适应能力和学习能力比男性强，以及受法国绅士风度的社会文化影响，女性外出做生意比男性更容易取得成

---

① 王春光：《流动中的社会网络：温州人在巴黎和北京的行动方式》，《社会学研究》2000年第3期。

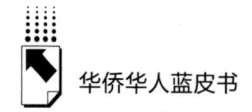

功。[①] 这一现象在丽岙街道的多位行政村妇联主席的访谈中均有提到。因为女性具有独特的语言学习天赋和信息获取渠道广等优势,一部分已婚家庭选择让妻子先出国打拼。未婚子女的父母在决定是否让其出国发展的时候也不以"性别"作为参考。因此在欧洲的丽岙移民女性所占比例大,减少了丽岙侨乡留守妇女的形成。

> 那时候有的家庭让男的先出国,也有的家庭让女的先出国。女的在外面大家聚在一起,信息渠道也畅通一点。那个时候很多人都没有手机,几个女的坐在一起聊天,很多信息都能收集过来。而且很多女的能说会道,到外面学习语言也很快。要是女的在意大利出门,被警察拦下来查身份的可能性都小一点,所以有的国内家庭是派女的先出国的。(受访者CM2)

(三)丽岙相对较高的经济发展水平

浙江沿海地区在经济、教育和医疗等领域的较高发展水平,对不同时期的新老移民产生了影响,也导致了丽岙侨乡留守妇女形成了基数小并不断萎缩的特点,并在近年来促成了归国回迁型留守妇女的小幅增长。

1. 早期丽岙较高的经济发展水平

丽岙街道地处我国沿海地区,得益于我国的改革开放政策,早期经济发展水平较高,因此在20世纪八九十年代的出国潮时期,即使非正规途径出国费用达到人均十几万元,仍然成为当地人出国途径的首选。即便经济状况一般的已婚家庭,也能通过丈夫在国外积蓄或向国内亲友借款,几年内实现夫妻团聚。丽岙侨乡移民夫妻于21世纪初基本上实现在国外团聚,由于经济原因未能实现团聚的第一类长年留守型留守妇女均产生于此阶段。

[①] 邱国珍:《互动与重构:海外温州人民俗观念与行为的传承与变化——以巴黎的温州人为中心》,《民俗研究》2010年第4期。

那个时候通过"包送"① 出国，每个人花费要十几万（元）。夫妻两个人一起出去的家庭，经济实力一般都比较雄厚。上（20）世纪八九十年代，丽岙经济雄厚的家庭还是比较多的。那个时候，丽岙这一带的经济比附近其他几个侨乡都要好。（受访者SG）

2. 当前丽岙较高的经济水平

当前丽岙侨乡经济的发展，带动了海外侨胞和本地居民经济收入和生活水平的提高，给夫妻团聚提供了必要条件。除了丈夫在居住国申请家庭团聚外，一部分分居两国但家庭经济状况良好的夫妻国内外互相探亲频繁，妻子达不到学术界认定的夫妻"分隔时间在6个月以上"的判断标准；有一部分丈夫通过在国外赚取第一桶金后，回国创业而夫妻团聚；还有一部分丈夫由于国外整体经济下行、工作吃力、生活艰苦等，相比近年来家乡经济的快速发展，他们选择回国就业而夫妻团聚。不但如此，当前丽岙侨乡的经济发展也造成了近几年出国人员的减少，抑制了第三类新产生留守型留守妇女的增长。

法国的95%中国移民都是温州和青田人，丽岙籍是最多的。有的在国外混得不错的丽岙人，他们的配偶和子女早就接过去了。也有人在国外开的是破车，住的是破房子。有的房子真的很破旧，一家人也就住几十平（方）米的房子，条件也很艰苦。从现在的国际形势看，如果他们的配偶和孩子已经在法国就算了，如果还没有接过去的，恐怕不是考虑今后要不要接过去，而是要考虑什么时候回国的问题。（受访者DX）

3. 国内教育优势和医疗便利等

近些年，国内沿海经济较发达地区的教育软硬件设施和教育水平的不断改善和提高，以及国内大量私立中小学、国际学校等的出现，让一些本来就

---

① "包送"是温州方言对"非法出国"方式的称呼。

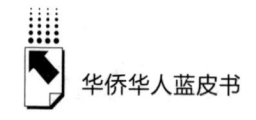

对国外教育理念不认同的海外移民携子女回国接受基础教育。此外，近几年国外的工资待遇和生活成本等与浙江沿海相比没有太大优势，而国内医疗的高效率、母语交流的便利性等，也促使一部分丽岙籍海外移民回国。一方面，移民男性回国后得以夫妻团聚使留守妇女数量减少；另一方面，女性移民回国也产生了一些归国回迁型留守妇女。

> 现在中国发展比较快，国外发展都不太好。那些原本因为经济原因留守或者出国手续被卡住出不了国的妇女，她们老公可以回国。现在在国外待着也不一定是首选。近四五年我们村回国的人比较多，从2015年开始我所认识的有几位男的都回来了，他们在外面这几年都过得不太理想。（受访者CM3）

> 在国外，中国孩子上学是一个大问题。国外上学和我们国内不一样，学生基本上在玩，小孩子从小学到初中，老师天天把孩子带出去玩，就像旅游一样，说是去开拓他们的视野。我们中国孩子在国外读书读得特别好的并不多，能进入国家政府部门工作的也很少。一些中国小孩子即使在国内读书特别好，但是出国之后没有好的学习平台提供给他们，体现不出他们学习能力的优势。他们的父母在国外钱倒是赚了一些，但子女教育不成功给人的感觉就是不一样。以前有些家庭男的出国打工的时候把孩子一起带出国，现在有些也都不带了，有些男的也不愿意出去了。（受访者AY）

（四）丽岙侨乡留守妇女的自身原因

由于丽岙侨乡留守妇女自身原因如年龄大、婚姻观念改变，以及新时期移民环境下家庭决策的影响等，丽岙侨乡留守妇女规模逐渐变小。而夫妻团聚的主观意愿不强、客观地域阻隔等，也是长年留守型留守妇女人员稳定的主要原因。

1. 年龄增长而离世引起的老年留守妇女减少

丽岙侨乡留守妇女及其丈夫年龄不断增长引起的自然死亡，使长年留守型留守妇女人数不断减少。丽岙侨乡大部分留守妇女年龄大、留守时间长，属于历史遗留问题。问卷结果显示，丽岙侨乡跨国长年留守型留守妇女的平均年龄为51.7岁，随着留守妇女的年龄增大，离世人数逐渐增加，留守妇女会越来越萎缩。以20世纪八九十年代海外移民为例，丽岙侨乡当时有一批年龄为三四十岁的移民男性，现在这批人年龄达到七八十岁，处于我国平均寿命边缘。因丈夫离世，原留守妇女变成丧偶寡居老人，也是长年留守型留守妇女群体减少的原因之一，这也是笔者在调研期间发现丽岙街道组织的健康体检等工作受到留守妇女欢迎和好评的主要原因。

> 我们村有一位留守妇女，她丈夫去年车祸去世了。她年纪比较轻，还只有50来岁；还有一位年纪比较大的阿婆，她老公在外国去世了，她在国内跟大儿子一起生活。(受访者BD)

2. 婚姻观念变化引起的离婚人员增加

丽岙侨乡留守妇女因离婚引起婚姻状态变化的人数增加，使留守妇女人数减少。由于现代女性婚姻观念的改变，一些留守妇女不愿意保留徒有形式、没有夫妻实质的婚姻而选择了离婚。农村留守妇女对待离婚态度的变化，从原来的谈离婚色变，到忍气吞声，再到现在的主动提出离婚，正逐渐发生变化。朱欢欢指出，我国农村离婚率逐年升高，由女方提起的离婚诉讼占到了80%以上。[①]

> 年轻一点的人想得开，如果两个人感情不和，他们就会直接离婚了，也不会考虑拖不拖累孩子的问题。现在离婚手续办起来也比较容

---

① 朱欢欢：《马克思主义妇女观视域下农村留守妇女生存现状与对策》，《开封教育学院学报》2018年第11期，第295页。

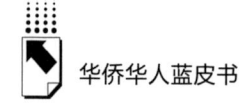

易，分居两三年就可以办理。两个人如果真的过不下去，也不会勉强。这样年轻一批的留守妇女就比较少了，剩下来年纪大一点的妇女觉悟就低一些，她们觉得婚姻拖着就拖着。(受访者ZA)

3. 夫妻团聚意愿不强等主客观因素

丽岙侨乡长年留守型留守妇女人员稳定，与夫妻双方希望团聚的愿望和决心不强烈有关，一部分妇女认为夫妻分居可以减少生活中的矛盾，而夫妻感情的牢固度、客观的地域隔离、团聚所要花费的经济成本、夫妻双方多年身处中外不同文化产生的思想和行为的差异，都造成留守妇女夫妻团聚的意愿不强烈，这也是影响长年留守型留守妇女人员稳定的主要原因。

留守妇女基本上家庭比较贫穷，或者夫妻两个人感情不好。有些夫妻分开都已经二十多年了，现在村里人谈起来，她们自己也会觉得不好意思。感情好的夫妻一般都不会分居两地，一般的夫妻生了小孩子，丈夫怎么舍得把老婆孩子扔在国内？两个人要是结婚，就需要互相扶持，互相关心。(受访者CM1)

4. 归国回迁型未形成规模

近几年丽岙侨乡跨国移民留守妇女的人数相对稳定，新产生留守型留守妇女人数增长变缓，归国回迁型留守妇女缓慢增加，两个群体大致平衡，但是整体呈现归国回迁型略多的趋势，这也是新时代侨乡移民的一大特点。总体来看，归国回迁型留守妇女尚未形成规模。目前丽岙侨乡移民回迁，以老年侨胞夫妻共同回迁为主，妻子单独归国回迁是不得已的选择，上文提到丽岙街道因为夫妻跨境创业需要而留守国内的妇女人数为0，也说明了这一事实。

四 结论

温州著名侨乡丽岙街道各行政村和社区目前共有26名留守妇女，除一些因年龄大而去世、丧偶变成寡居者、少量离异的妇女之外，近几年其他留守妇女数量以及人员相对稳定，其总数占丽岙街道总人口的比例远低于2015年全国农村留守妇女和2016年福建省明溪县某侨乡留守妇女以及2019年尼泊尔跨国留守妇女的比例。对丽岙侨乡留守妇女的研究，对了解我国沿海经济相对发达侨乡地区的留守妇女分布现状和特点有重要意义。相比墨西哥、印度等其他发展中国家，丽岙侨乡跨国留守妇女年龄更大、留守时间更长。

本文对跨国留守妇女进行了界定，并根据留守妇女的产生原因和留守年限将其分为长年留守型、归国回迁型、新产生留守型三种类型，对相关理论研究进行了一定的补充，也反映了各类留守妇女产生的国际移民和侨乡发展的时代背景，并揭示了其年龄及留守年限等特点，对国内其他侨乡地区留守妇女的相关研究有借鉴作用。从统计数据变更情况分析看，丽岙侨乡长年留守型留守妇女正逐渐萎缩，归国回迁型留守妇女人数有少量增加的趋势。早期丽岙海外移民已婚和未婚者数量均衡，分别通过海外夫妻团聚和海外婚配影响了该侨乡的人口和家庭结构。以家庭为单位的海外迁徙，使丽岙及基于地缘的浙江海外移民的男女性别比例相对均衡，促成了海外婚姻缔结，减少了海外婚姻挤压，时间比我国海外移民达到整体均衡的男女性别比例提早了十几年。我国沿海地区较高的发展水平对经济和教育等方面的影响，既加快了原本分居两国的夫妻的团聚，又抑制了丽岙街道新移民男性和新留守妇女的增长。留守妇女自身年龄偏大以及夫妻团聚意愿不强等主客观因素造成了长年留守型留守妇女的人员稳定且不断萎缩。丽岙侨乡跨国留守妇女的分布现状及成因分析，在一定程度上弥补了浙江省侨乡留守妇女的地域研究的不足。

B.9
温州丽岙跨国留守儿童的现状调查*

苏玉洁 吴征涛**

摘 要： 丽岙侨乡的现状之一是留守儿童大多数为跨国留守儿童，然而之前的侨乡留守儿童研究很少单独把丽岙侨乡的跨国留守儿童作为研究的重点和中心，而且目前关于丽岙侨乡的跨国留守儿童的现状研究处于空白。本调查采用问卷调查和个人访谈的方式，并结合2014年的丽岙侨乡留守儿童调查数据与2020年的相关调研数据，探知丽岙侨乡义务教育阶段跨国留守儿童的变化趋势，同时以华侨小学和丽岙第二小学六个年级学生的各科学习成绩表现为例，对比跨国留守儿童和非留守儿童的各科成绩，从侧面反映丽岙侨乡义务教育阶段的跨国留守儿童的生活现状、学习现状和心理现状以及存在的问题。

关键词： 丽岙侨乡 义务教育阶段 跨国留守儿童

由于劳务输入国/地区的经济约束和政策壁垒，以及输出国的亲属关系

---

* 本文是浙江省教育厅科研项目一般项目"跨国留守儿童语言学习现状调查与研究——以丽岙侨乡为例"（Y202044276）的成果之一，温州大学侨特色研究培育项目"跨国留守儿童现状调查——以侨乡丽岙为例"的成果，温州市瓯海区横向课题"关于提升瓯海整体教育水平的研究——以初中教育为例"的成果之一。

** 苏玉洁（1978~），博士，温州大学外国语学院讲师，研究方向为认知语言学、侨乡研究；吴征涛（1991~），博士，温州大学外国语学院讲师，研究方向为东亚史研究、侨乡研究。

和社会网络的支持，不同国家间人口迁移带来的现象之一是大量的儿童不得不留守家乡，形成了跨国留守儿童群体。[1] 关于留守儿童的定义，存在一些不同的观点，比如留守的界定、留守年龄及留守分类等。留守儿童一词最早出现在20世纪90年代，指的是因父母在国内其他地区或在国外工作或留学而留守祖籍地的儿童。后来留守儿童一词意义扩大，泛指因父母离开农村外出务工而被留在乡村的儿童，他们具有地域性、时段性、空间性和动态性的特点。[2] 王晓和童莹认为跨国留守儿童有拥有外籍和没有拥有外籍之分。[3] 跨国留守儿童又被称作父母出国留守儿童、海外留守儿童、侨界留守儿童、侨乡留守儿童、华侨留守儿童等。[4] 基于前人的发现，本文中的跨国留守儿童概念与国内留守儿童（包括城市留守儿童和农村留守儿童）相对，主要指拥有外国国籍或居留权（绿卡），父母双方或一方因工作流动居于国外地区，其自身则留在国内户籍所在地，并因此不能与父母双方共同生活的17周岁[5]及以下的未成年人。

一 研究背景与目的

早期西方的研究主要侧重移民汇款和移民，较少关注非经济的层面，留守群体不是移民研究的重点对象。但是，在21世纪初期，学者采用"移民-留守联结"（migration-left behind nexus）、"跨国家庭"（transnational

---

[1] 肖莉娜：《国际移民、家庭分离与留守儿童：基于文献综述的分析》，载王思斌主编《中国社会工作研究》第13辑，社会科学文献出版社，2016。
[2] 廖传景：《留守儿童安全感研究》，上海交通大学出版社，2016。
[3] 王晓、童莹：《另类的守望者——国内外跨国留守儿童研究进展与前瞻》，《华侨华人历史研究》2019年第3期。
[4] 李子涵、邓纯考：《父母出国留守儿童成长历程探究》，《当代青年研究》2017年第4期；王佑镁：《"跨国寄养"背景下我国农村侨乡留守儿童媒介素养研究》，《现代远距离教育》2013年第4期；潘玉进、田晓霞、王艳蓉：《华侨留守儿童的家庭教育资源与人格、行为的关系——以温州市为例的研究》，《华侨华人历史研究》2010年第3期。
[5] 在此处限定年龄17周岁，而非18周岁，因儿童的法定年龄段是18周岁以下，而年龄达到18周岁的在法律上被规定为成年人了。

family）将移民父母和留守儿童之间的双向互动引入研究中心。相关的研究对象主要为不发达国家的跨国留守儿童，多集中在亚洲地区。近年来，更多的研究致力于探索留守儿童在教育、健康、行为等方面受到父母移民的影响。①

国内有很多针对留守儿童的教育现状研究，主要研究跨国留守儿童的性格、素养、行为、习惯、人格等方面的问题，尤其关注留守儿童的心理问题。目前的研究鲜少聚焦留守儿童的外语学习问题。根据目前所收集到的材料，笔者发现仅有孙浩峰和苏新春聚焦跨国留守儿童的语言学习状况，他们以福建省福清市侨乡的留守儿童为研究对象，侧重侨乡留守儿童的普通话、江阴话、外语与其他语言或方言的选择和使用，研究发现侨乡的留守儿童对方言认同感比较强的现状，并分析了保有方言认同感的几个因素。②

从跨国留守儿童调查所涉及的地域来看，主要涉及浙江省的青田、温州文成两地，有少量的文献研究涉及福建、广东以及边境地区比如云南、吉林等。跨国留守儿童的教育问题是很多研究的焦点，但探讨的角度各不相同。

（1）有些研究者从家庭的角度进行探讨。何毅发现，隔代抚养不利于留守儿童发展并提高文化知识水平，而且不利于留守儿童培养并形成思想品德习惯。他提出，留守儿童的心理健康教育亟待关注，由于长期缺乏应有的

---

① E. Graham, L. P. Jordan, "Migrant Parents and the Psychological Well-Being of Left-Behind Children in Southeast Asia," *Journal of Marriage and Family*, 74（2011）. Hideki Morooka and L. Zai, "International Migration and Education of Left Behind Children in Fujian, China," *Asian Pacific Migration Journal*, 18（2009）. Nguyen Van Luot, Nguyen Ba Dat, "The Psychological Well-Being among Left-Behind Children of Labor Migrant Parents in Rural Northern Vietnam," *Open Journal of Social Sciences*, 5（2017）. Shahid Iqbal, Riaz Ahmed Mozmi, Faiza Iqbal & Mazhar Saeed, "International Male Migration and Its Impact on Education of Children and Wives Left Behind: Evidence from Punjab Pakistan," *Open Journal of Social Sciences*, 2（2014）. K. Wickramage, C. Siriwardhana, P. Vidanapathirana et al., "Risk of Mental Health and Nutritional Problems for Left-behind Children of International Labor Migrants," *BMC Psychiatry*, 15（2015）.

② 孙浩峰、苏新春：《福建侨乡"洋留守儿童"语言生活现状调查研究——基于福清市江阴镇的田野调查》，《语言文字应用》2019年第2期。

亲情关爱和沟通，留守儿童容易出现情感缺位，形成孤独、无助的性格。①王佑镁认为，隔代教育或寄养教育使跨国留守儿童出现教育成长的问题，并提出应用数字化学习的解决策略。②潘玉进、田晓霞、王艳蓉指出家庭教育资源对华侨留守儿童的人格和行为产生影响。③黄成毅等通过分析华侨留守儿童的生活应激、安全感与心理健康教育的相关性，得出华侨留守儿童心理健康影响因素是生活时间，而保护因素是安全感。④大多数的研究者将跨国留守儿童的学习成绩不佳、习惯不良、性格孤僻和心理问题等都归咎于隔代教育。

（2）有些研究者从学校的角度进行探讨。徐缤缤等通过实证说明班级环境、师生信任与自我效能感的关系。⑤陈海娜和郑琼荷以温州籀园小学国际部的全体教师和学生为研究对象，采用观察法和开放式访谈法探讨温州侨乡留守儿童的个别化教学策略，包括锦囊策略、走班制策略、自由策略、内容整合策略、异步教学策略和套餐策略等多种子类型。⑥不过不足的是该研究中缺乏学生学习效果的有效呈现。

（3）有些研究者关注儿童个体的成长历程。田晓霞等探讨不同性别、不同年级的华侨留守儿童的人格和行为差异以及二者的相关性。⑦李子涵和邓纯考探究侨乡留守儿童个体成长历程，发现了其受教育的年龄滞后性、接受环境变化的被动性、家庭内社会化不足及社会替代关系导向不当等不利

---

① 何毅：《侨乡留守儿童发展状况调查报告——以浙江青田县为例》，《中国青年研究》2008年第10期。
② 王佑镁：《信息化服务于农村侨乡留守儿童教育的需求及应对》，《中国信息界》2010年第8期。
③ 潘玉进、田晓霞、王艳蓉：《华侨留守儿童的家庭教育资源与人格、行为的关系——以温州市为例的研究》，《华侨华人历史研究》2010年第3期。
④ 黄成毅、廖传景、徐华炳等：《华侨留守儿童生活事件与心理健康：安全感的作用》，《中国卫生统计》2016年第1期。
⑤ 徐缤缤、郑侠娅、潘玉进：《华侨留守儿童的班级环境、师生信任与自我效能感的关系》，第十五届全国心理学术会议教育理论与教育管理论文，广州，2012。
⑥ 陈海娜、郑琼荷：《侨乡留守儿童的个别化教学策略研究——以温州籀园小学国际部为例》，《科技信息》2012年第12期。
⑦ 田晓霞、潘玉进、郭保林：《温州华侨留守儿童留守经历与家庭教育资源的调查研究》，《温州大学学报》（自然科学版）2012年第1期。

处境。①

王晓和童莹指出跨国留守儿童的研究可拓展的方向有跨国留守儿童的教育展望和教育动机。跨国留守儿童的首要特点是具有跨国性，语言学习更具有目的性、更具有动力。所以跨国留守儿童的语言学习、语言需求、学校外语教学等方面问题是亟待探索的方面。②另外，丽岙侨乡作为温州的典型侨乡，具有侨乡的典型特征，其中跨国留守儿童现象突出，但是当前的侨乡研究很少聚焦丽岙侨乡的跨国留守儿童的现状问题，并且目前也没有专门针对丽岙侨乡跨国留守儿童的研究，因此当前很有必要通过调查切实了解丽岙侨乡的跨国留守儿童的现状与存在的问题。

二 研究对象与方法

在丽岙侨乡留守儿童情况调查初期阶段，主要通过与各行政村的村委和个别村民进行访谈，了解到丽岙侨乡留守儿童的一些基本特点：（1）多为意大利跨国留守儿童，隔代寄养，并且多个儿童拥有共同的隔代监护人。当前，该地区的留守儿童主要为在意大利出生并返回国内户籍所在地寄养的跨国留守儿童。（2）多在小学阶段转学。大多数跨国留守儿童会在小学毕业前后离开寄养地转学至目的国学习和生活，少部分在初中阶段才转学出国。（3）入学地相对集中。目前在丽岙侨乡寄养的义务教育阶段留守儿童大多数在丽岙侨乡的3所中心学校就读，如华侨小学、丽岙第二小学（以下简称丽岙二小）和任岩松中学，22.4%左右的留守儿童为初中生。（4）小学阶段的跨国留守儿童占比高。根据2014年由浙江省侨联发起的在丽岙街道的3所中心学校——华侨小学、丽岙二小和任岩松中学——留守儿童的普查结果，当时3所学校全部的留守儿童人数达到650人，其中仅有少数几名为国内留守儿童，任岩松中学、华侨小学、丽岙二小的小学阶段跨国留守儿童

---

① 李子涵、邓纯考：《父母出国留守儿童成长历程探究》，《当代青年研究》2017年第4期。
② 王晓、童莹：《另类的守望者——国内外跨国留守儿童研究进展与前瞻》，《华侨华人历史研究》2019年第3期。

人数之比为2.3∶5.2∶1。而2020年8月调查期间这3所学校现有的学生人数共计1662人，3所学校的留守儿童人数总共有308名左右[1]，留守比例为18.5%，3所学校的小学阶段跨国留守儿童人数之比为1.26∶0.97∶1。从比值的变化来看，华侨小学的跨国留守儿童人数减少最多。（5）跨国留守儿童数量减少。通过2020年7月至8月在丽岙侨乡各个行政村实地走访调查，笔者了解到近几年丽岙侨乡的跨国留守儿童人数普遍减少，但是大多数村委没有具体统计该村现有跨国留守儿童的数量，因此未能获得各村跨国留守儿童具体人数的信息。

为了进一步了解当前丽岙侨乡义务教育阶段跨国留守儿童的现状，笔者采用调查问卷和个案访谈相结合的方法，调查问卷涉及33个问题，分属4个方面。（1）特征信息：性别、年龄、父母从业领域、国内监护人、父母回家频率、同父母联系频率等；（2）与父母的关系；（3）学习现状；（4）心理状况。2020年7~8月在华侨小学、丽岙二小和任岩松中学给所有308名跨国留守儿童发放了问卷，收回207份，有效问卷204份，全部跨国留守儿童问卷有效率为66.2%。其中华侨小学和丽岙二小参与问卷调查的共有182名跨国留守儿童，收回160份有效问卷，因而华侨小学和丽岙二小的跨国留守儿童问卷有效率为87.9%。本次调查结果足以反映丽岙侨乡的跨国留守儿童的现状与问题。

三 研究结果与讨论

（一）丽岙侨乡三校跨国留守儿童基本特征信息调查

在收回的204份有效问卷中，除7份问卷没有填写性别外，其余197份问卷的跨国留守儿童男女比例为1∶1.35，其中男生84名，占总调查人数的41.2%，女生113名，占总调查人数的55.4%，可见留守女生多于男生。

---

[1] 人数不精确的原因在于任岩松中学学生流动性大，只能提供大概的留守儿童数量。

另外从留守情况的调查来看，除1名学生未填写具体留守情况外，90.2%的留守儿童为隔代寄养，其中有17.7%由外公外婆抚养；9.3%的留守儿童为非隔代寄养。接受调查的留守儿童的年龄最小的是7岁，最大的为15岁，平均年龄为10.2岁，具体年龄分布见表1。

表1 丽岙侨乡跨国留守儿童年龄段频率分布

	年龄	频率	百分比(%)	有效百分比(%)	累计百分比(%)
有效	7	24	11.8	11.8	11.8
	8	27	13.2	13.2	25.0
	9	22	10.8	10.8	35.8
	10	31	15.2	15.2	51.0
	11	45	22.1	22.1	73.0
	12	31	15.2	15.2	88.2
	13	17	8.3	8.3	96.6
	14	6	2.9	2.9	99.5
	15	1	0.5	0.5	100.0
	总计	204	100.0	100.0	
	平均值	10.2	标准偏差	1.962	

注：百分比是指该项占总体的比例，累计百分比就是前几项按照指标从上而下的累加，加到最后一项就是100%；有效百分比是剔除了缺失值等过滤因素的百分比。下同。

资料来源：根据笔者2020年7月至8月调研制作。

按照六年学制计算，一般情况下，小学生入学年龄为满6周岁，六年级学生的年龄为12周岁。表1中年龄为11岁的留守儿童所占的比例最高，占总人数的22.1%，7～12岁的留守儿童占总调查人数的88.2%。由此可见，丽岙侨乡的留守儿童主要为小学生，高年级的小学跨国留守儿童人数超过中低年级阶段的留守儿童人数。

丽岙侨乡跨国留守儿童父母的职业主要分为三种：工人、个体和无业。无业主要指的是务农或家庭主妇。表2所反映的是留守儿童父母从事的职业调查，有9人未填写父母职业，完成该项填写的共有195人。从表2中可见，留守儿童父母往往从事相同的职业，其中有相当一部分的父母在国外打工，比如在国外的餐馆、服装厂等地方工作，占比分别为65.7%和63.2%，少部分的父母在国外经商，分别占总调查人数的26.5%和22.1%。母亲为无业人员的比例超过父亲，多为家庭主妇。

表2 丽岙侨乡跨国留守儿童父母职业统计

		父亲职业				母亲职业			
		频率	百分比(%)	有效百分比(%)	累计百分比(%)	频率	百分比(%)	有效百分比(%)	累计百分比(%)
有效	工人	134	65.7	68.7	68.7	129	63.2	66.2	66.2
	个体	54	26.5	27.7	96.4	45	22.1	23.1	89.2
	无业	7	3.4	3.6	100.0	21	10.3	10.8	100.0
	总计	195	95.6	100.0		195	95.6	100.0	
缺失*		9	4.4			9	4.4		
总计		204	100.0			204	100.0		

注：*缺失指的是问卷中未填写父母的职业情况。

资料来源：根据笔者2020年7月至8月调研制作。

由表3中的统计结果来看，52.0%的留守儿童父母回家的次数为一年一次，占总人数的一半左右，父母回家半年一次的占总人数的17.6%，位列第二，二年一次回家的占总人数的15.7%，最少的是从来没有回家的，有5名儿童，占总人数的2.5%。父母与子女联系频繁的占52.5%，占总人数的一半左右，一个月里几乎每天都有进行视频通话或聊天；还有21.6%的父母则与子女联系不频繁。

表3 丽岙侨乡跨国留守儿童父母回家与子女联系的频率

		父母回家的频率				与子女联系的频率			
	频率	频率	百分比(%)	有效百分比(%)	累计百分比(%)	频率*	百分比(%)	有效百分比(%)	累计百分比(%)
有效	半年一次	36	17.6	17.6	17.6	频繁 107	52.5	53.2	53.2
	一年一次	106	52.0	52.0	69.6	一般 50	24.5	24.9	78.1
	二年一次	32	15.7	15.7	85.3	不频繁 44	21.6	21.9	100.0
	三年一次	8	3.9	3.9	89.2	总计 201	98.5	100.0	
	多年一次	17	8.3	8.3	97.5	缺失 3	1.5		
	从来没有	5	2.5	2.5	100.0				
	总计	204	100.0	100.0		204	100.0		

注：*频率这里指的是子女与父母联系的频率，一个星期联系4~7次及以上的为频繁，一个星期联系2~3次的为一般，一个星期联系0~1次为不频繁。

资料来源：根据笔者2020年7月至8月调研制作。

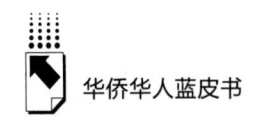

共有192名留守儿童填写了父母职业、与父母联系频率及父母回家的频率等相关信息,通过对这三项调查的交叉分析可以发现职业为工人、回家频率为一年一次的父亲与子女联系的频率分别为频繁39人,一般17人,不频繁17人,而职业为工人、回家频率为一年一次的母亲与子女联系的频率分别为频繁36人,一般17人,不频繁为12人,明显高于从事其他职业的父母的联系频率。从交叉分析的结果来看,父母回家频率与子女联系的频率并非成正比关系。回家频率为半年一次的父母与子女联系的频率低于回家频率为一年的。父母亲的职业为工人的留守儿童联系频率高于个体和无业的父母。总体上来说,丽岙侨乡的留守儿童与其父母的联系比较频繁,几乎每天与父母通过微信视频联系,但也有少部分的留守儿童与父母联系不多,甚至基本没有联系。

父母与子女联系频繁与否可以从一定侧面反映出亲子的关系。丽岙侨乡跨国留守儿童大多数处于义务教育阶段,虽然留守时间相对较长,但能够与父母几乎每天保持联系,说明亲子关系还可以。不过从调查中发现仍有一部分跨国留守儿童与父母联系较少,几乎没有联系。据访谈了解,可能是这些儿童的父母关系不和或者离异等而中断了联系。

(二)与父母关系的调查

父母因工作关系不得不离家外出,将子女留守在家,留守儿童一方面属于被迫留守,另一方面不得不面对父母离家的现实,他们的情绪也因此而受到影响。根据留守儿童在父母回家和离家时的心情调查,可以发现有两种情绪比如开心和伤心分别占据了主导,比如165名留守儿童表示看到父母回家时心情很开心,离开家时心情很伤心,占总调查人数的80.9%;少部分儿童表示没有感觉,占3.4%;表示怀有复杂心情的有5人,占2.5%;表示难受和烦的各有3人,分别占1.5%。父母长期与子女分居两地,对彼此的生活缺乏充分的了解,由此对相互的情感产生影响。

从表4中可见,三种情感比如爱、感恩和思念在所调查的跨国留守儿童中占主导,共占总调查人数的64.3%。其中表示爱父母的有65人,占

31.9%，42人表示对父母怀有感恩之心，占20.6%，24人表示思念在外工作的父母，占11.8%。这说明大部分的跨国留守儿童能够理解父母，懂得感恩父母，从而与父母关系较好。另外，也可以看到一些极端的情况，比如有少部分的儿童还是不能理解其父母，因此他们选择了使用"一般""复杂""无语"甚至"恨"等词语来形容自己对父母怀有的感情。这在一定程度上说明了这些儿童可能对于长期被留守却又无力改变的现状存在不满。

表4 对父母怀有的感情的调查

		频率	百分比(%)	有效百分比(%)	累计百分比(%)
有效	爱	65	31.9	31.9	31.9
	感恩	42	20.6	20.6	52.5
	思念	24	11.8	11.8	64.3
	无	18	8.8	8.8	73.1
	依恋	11	5.4	5.4	78.5
	一般	9	4.4	4.4	82.9
	开心	9	4.4	4.4	87.3
	无语	9	4.4	4.4	91.7
	崇拜	6	2.9	2.9	94.6
	复杂	5	2.5	2.5	97.1
	期待	3	1.5	1.5	98.6
	同情	1	0.5	0.5	99.1
	恨	1	0.5	0.5	99.5
	有爸爸很好	1	0.5	0.5	100.0
	总计	204	100.0	100.0	

资料来源：表根据笔者2020年7月至8月调研制作。

（三）跨国留守儿童的学习现状

对于"生活中最无奈的是什么、最害怕的是什么以及最渴望的是什么"等三个问题，有14.7%的跨国留守儿童表示生活中最无奈的是学习，

10.8%的儿童反映生活中最害怕的和最渴望的也是学习，这说明学习在丽岙侨乡跨国留守儿童心目中存在一定的重要性，同时也反映出如何提高学习是他们担心和苦恼的事情。共有190位儿童对留守情况、学习成绩评价和人际交往能力评价进行了填写，占总调查人数的93.1%。通过对留守情况、学习成绩评价和人际交往能力评价进行交叉分析，得出隔代抚养的留守儿童在三个学习成绩等级的人数都大大超过非隔代抚养的留守儿童，其中学习成绩为中等的评价人数最多，有125人，占填写人数的65.8%。另外，人际交往能力评价的四个等级中隔代抚养的留守儿童人数也超过非隔代抚养的留守儿童人数，其中人际交往能力差的隔代留守儿童人数最多，有85人，占填写人数的44.7%。

为了进一步了解跨国留守儿童在校的成绩表现，以华侨小学和丽岙二小的学生为主要研究对象，调查留守情况与学习成绩的关系。以两所小学2020年春季学期期末测试成绩进行跨国留守儿童与非跨国留守儿童的学习成绩对比，其中收集到华侨小学一年级至六年级的428名学生的期末测试成绩，丽岙二小二年级至六年级的309名学生的期末测试成绩。

一、二年级的学生主要课程为语文和数学，从三年级开始主要课程增加了英语和科学，因此，一年级至六年级非跨国留守儿童的语文和数学成绩个案数最多，有737人，如表5所示，一、二年级的非跨国留守儿童各科成绩平均分均超过留守儿童，比如一年级非跨国留守儿童的语文平均分为92.0分，而跨国留守儿童的语文成绩平均分为83.9分。四年级的两组学生各科成绩表现有些复杂，跨国留守儿童的数学平均分明显高于非跨国留守儿童，而英语平均分明显低于非跨国留守儿童。从五、六年级的各科平均分比较来看，五、六年级的非跨国留守儿童和跨国留守儿童的各科成绩差距与低年级相比明显缩小，甚至有些科目的平均值基本一致，说明是否留守对不同年级的儿童学习好坏存在不同影响。在低年级阶段容易有负面影响，而到高年级阶段留守的负面影响有逐渐减弱的态势。

表5 华侨小学与丽岙二小一年级至六年级跨国留守儿童和非跨国留守儿童各科成绩平均分对比

	非跨国留守儿童				跨国留守儿童			
	语文成绩	数学成绩	英语成绩	科学成绩	语文成绩	数学成绩	英语成绩	科学成绩
一年级	92.0	89.7			83.9	83.3		
二年级	81.9	89.8			75.2	84.0		
三年级	80.2	78.2	85.9	81.1	77.6	79.5	80.5	81.4
四年级	75.8	81.4	78.4	83.8	77.1	83.4	74.5	84.2
五年级	78.4	70.8	71.1	74.3	77.7	69.0	70.4	72.0
六年级	80.6	75.2	81.5	87.5	80.4	77.1	81.1	86.2

注：表中一年级的平均成绩仅代表华侨小学的跨国留守儿童和非跨国留守儿童的成绩。
资料来源：根据笔者2020年7月至8月调研制作。

按照优秀（90~100分）、良好（80~89分）、中等（60~79分）、不理想（60分以下）的等级进行划分，得到以下结果，如图1所示，发现跨国留守儿童和非跨国留守儿童整体等级分布比较接近，除了一、二年级的两类儿童相差较大外，年级越高，等级分布越来越趋于相同。这也恰好说明是否留守对于低年级的跨国留守儿童学习成绩影响比较大。

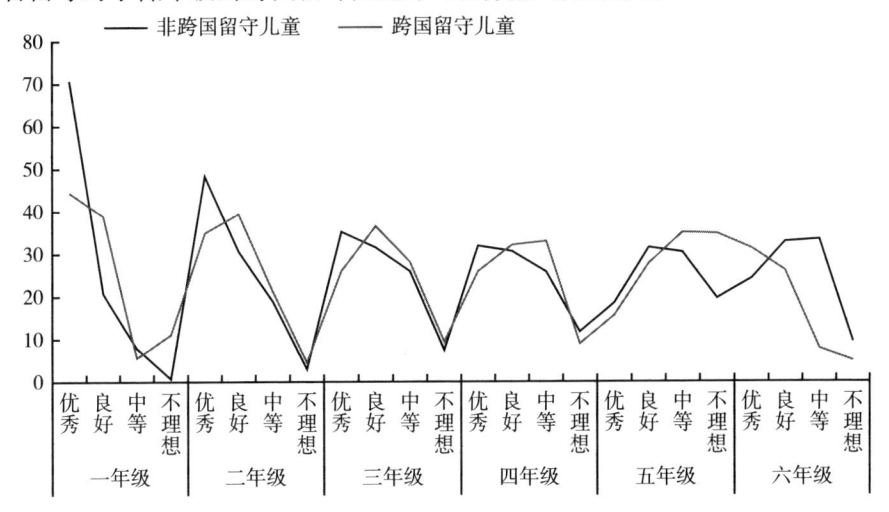

图1 华侨小学与丽岙二小跨国留守儿童与非跨国留守儿童成绩等级分布

资料来源：根据笔者2020年7月至8月调研制作。

另外将一、二年级的跨国留守儿童和非跨国留守儿童进行语文和数学成绩的比较（如表6所示），发现在显著性水平为0.05的条件下，一年级学生的留守性质与语文成绩的皮尔逊相关系数①为0.245，显著性为0.022 < 0.05，与数学成绩的相关系数为0.237，显著性为0.026 < 0.05，因此一年级的留守性质与语文和数学成绩呈正相关。二年级学生的留守性质与语文成绩的相关系数为0.106，显著性为0.221 > 0.05，与数学成绩的相关系数为0.138，显著性为0.109 > 0.05，因此二年级的留守性质与语文和数学成绩不相关。

表6 华侨小学一、二年级与丽岙二小二年级的留守性质与语文、数学成绩的相关性

		留守性质	语文成绩	数学成绩	留守性质	语文成绩	数学成绩
		一年级			二年级		
留守性质	皮尔逊相关性	1	0.245*	0.237*	1	0.106	0.138
	显著性（双尾）		0.022	0.026		0.221	0.109
	个案数	88	88	88	136	136	136
语文成绩	皮尔逊相关性	0.245*	1	0.741**	0.106	1	0.789*
	显著性（双尾）	0.022		0.000	0.221		0.000
	个案数	88	88	88	136	136	136
数学成绩	皮尔逊相关性	0.237*	0.741**	1	0.138	0.789*	1
	显著性（双尾）	0.026	0.000		0.109	0.000	
	个案数	88	88	88	136	136	136

注：*在0.05级别（双尾），相关性显著；**在0.01级别（双尾），相关性显著。
资料来源：根据笔者2020年7月至8月调研制作。

从三年级开始，主要课程由原来的两门增加到四门，从表7的留守性质与语文、数学、英语、科学成绩的相关性结果来看，三年级的留守性质与语文成绩的相关系数为0.073，双尾显著性为0.442 > 0.05，与数学成绩的相关系数为 -0.029，显著性为0.762 > 0.05，与英语成绩的相关系数为

---

① 皮尔逊相关系数的大小，代表了相关的强度，即两个变量共变性的程度，取值范围为（-1, 1）。显著性与皮尔逊相关显著性检验有关，$p < 0.05$时表示相关显著，即在当前的样本下可以明显地观察到两变量的相关，两个变量的相关有统计学意义。

0.170，显著性为 0.073＞0.05，与科学成绩的相关系数为 -0.010，显著性为 0.913，说明三年级的留守性质与各科成绩不具有相关性。

表 7　华侨小学与丽岙二小三年级至六年级的留守性质与各科成绩的相关性

		留守性质	语文	数学	英语	科学
三年级的留守性质	皮尔逊相关性	1	0.073	-0.029	0.170	-0.010
	显著性（双尾）		0.442	0.762	0.073	0.913
	个案数	112	112	112	112	112
四年级的留守性质	皮尔逊相关性	1	-0.032	-0.049	0.094	-0.015
	显著性（双尾）		0.727	0.590	0.304	0.874
	个案数	122	122	122	122	122
五年级的留守性质	皮尔逊相关性	1	0.038	0.042	0.028	0.061
	显著性（双尾）		0.637	0.598	0.730	0.446
	个案数	157	157	157	157	157
六年级的留守性质	皮尔逊相关性	1	0.025	-0.0.029	0.0216	0.040
	显著性（双尾）		0.781	0.751	0.813	0.666
	个案数	122	122	122	122	122

资料来源：根据笔者 2020 年 7 月至 8 月调研制作。

同理，华侨小学和丽岙二小的四年级至六年级的留守性质与各科的双尾显著性均大于 0.05，因此说明四至六年级的留守性质与各科成绩不具有相关性。

（四）跨国留守儿童的心理体验现状

跨国留守儿童不得不留守，跟随祖父母或其他亲戚一起生活。那么留守经历对儿童的心理是否会有影响，会产生什么样的影响等也是调查的重要组成部分。调查主要涉及家庭、学校和社会三个方面。

第一，父母出国打工对留守儿童的影响调查。如表 8 所示，除 2 人未填写相关信息外，其余 202 人中有 119 人认为父母外出工作对他们"没有影响"，占总调查人数的 58.3%，有 49 人认为"影响一般"，占 24.0%，有 34 人认为"影响大"，占 16.7%。可见大多数留守儿童认为父母对他们没有影响。

表8　丽岙侨乡跨国留守儿童父母外出工作影响频率

		频率	百分比(%)	有效百分比(%)	累计百分比(%)
有效	影响大	34	16.7	16.8	16.8
	影响一般	49	24.0	24.3	41.1
	没有影响	119	58.3	58.9	100.0
	总计	202	99.0	100.0	
缺失	系统	2	1.0		
总计		204	100.0		

资料来源：根据笔者2020年7月至8月调研制作。

第二，跨国留守儿童在学校心理体验评价的调查。大多数的留守儿童使用了一些积极的词语，如图2所示，有148人选"快乐"，占71.5%，136人选"愉快"，占65.7%，117人选"安全"，占56.5%，选"充实"的有101人，占48.8%，选"自在"的有82人，占39.6%等。少部分的留守儿童使用了一些消极的词语，由高到低排列，分别为无聊、压抑、郁闷、担忧等。可见，留守儿童喜欢学校，普遍认为上学是快乐的，学习是充实的。

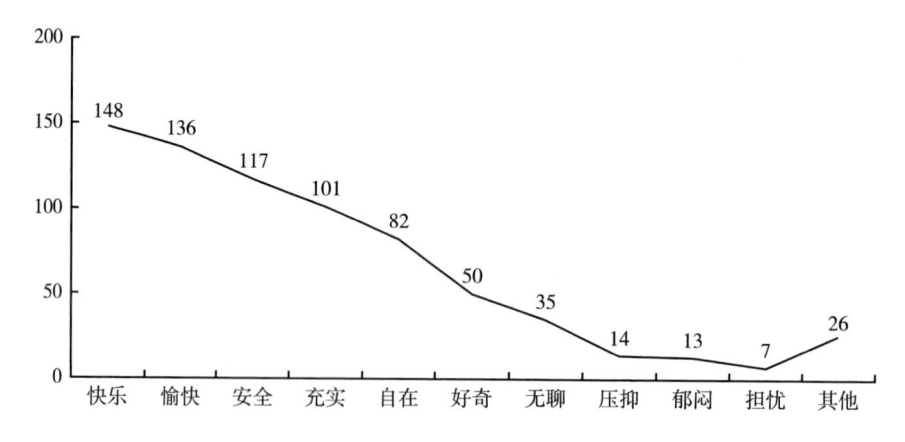

图2　丽岙侨乡跨国留守儿童在校心理体验评价词语调查

资料来源：根据笔者2020年7月至8月调研制作。

第三,跨国留守儿童的人际交往能力的调查。人际交往中比较有挑战的是与陌生人交流。根据与陌生人交流时的内心感受调查,发现表示"害怕"的留守儿童有79人,占38.7%;"讨厌"的有25人,占12.3%;"害羞"的有22人,占10.8%;与之相反,表示"开心"和"好奇"的留守儿童各有27人和8人,合起来占总调查人数的17.1%(见表9)。可见留守儿童不喜欢或抗拒与陌生人交流的比例比较高,因此总的来说,留守儿童一般不善于与陌生人交流。

表9 与陌生人交流时的内心感受

		频率	百分比(%)	有效百分比(%)	累计百分比(%)
有效	害怕	79	38.7	38.7	38.7
	没有	31	15.2	15.2	53.9
	开心	27	13.2	13.2	67.1
	讨厌	25	12.3	12.3	79.4
	害羞	22	10.8	10.8	90.2
	不知道	12	5.9	5.9	96.1
	好奇	8	3.9	3.9	100.0
	总计	204	100.0	100.0	

资料来源:根据笔者2020年7月至8月调研制作。

四 发现的问题与建议

综合丽岙侨乡的入村调研访谈和三校的调查问卷结果,发现丽岙侨乡跨国留守儿童存在以下几个方面的问题。

(一)隔代教育与多孩监护

与国内其他侨乡相比,丽岙侨乡的跨国留守儿童隔代寄养比例更高。根据潘玉进等、李子涵等、孙漪和邓纯考在温州地区、舒文远在浙江青田、朴

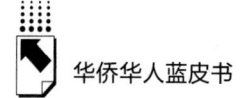

今海和范妍妍在吉林延吉的调查，跨国留守儿童隔代寄养的比例均没有超过丽岙侨乡。①

跨国留守儿童父母的移入国也有所不同，而且同一监护人一般同时监护多名留守儿童，即多孩监护。丽岙侨乡的跨国留守儿童大多数在意大利出生，拥有意大利的居留权，少数在欧洲其他国家出生，现都留守寄养在中国。多个留守儿童往往由同一监护人同时监护，这一点在之前的研究中鲜少被关注。多孩监护的潜在问题在于监护人因精力和能力等方面原因而被动监护，比如乔志华所指出的，隔代教育重生活需求，轻心理需求。② 另外，父母因愧疚的心理往往多在物质上进行补偿，因此使孩子养成任性、浪费的习惯，往往不注重学业。在丽岙侨乡的调查中，还发现隔代寄养的留守儿童问题还包括容易养成自卑、易躁、固执的性格，因注意力不集中、自律性差、难管教等坏习惯而学习差等问题。留守儿童种种适应不良的原因可能是长期处于弥漫性、消极的心理状态。谭钧文和李航则对该问题提出了另外一种看法，指出以往的研究过度关注留守经历所产生的负面影响，从而忽略了以上的影响可能不是留守儿童特有的表现，而是所有儿童的共性。③ 不过留守经历的负面影响则可以通过获得家庭外的支持而改善，比如发展农村寄宿制学校、类家庭模式、亲属监护网络等，从而发展积极心理品质，提高留守儿童的适应性。④

---

① 孙漪、邓纯考：《侨乡留守儿童偏差行为及其动因探析——基于浙江省温州市玉壶镇、丽岙街道两地的调研》，《教师教育论坛》2018年第10期；舒文远：《华侨留守儿童家庭价值观认同问题研究——以浙江青田为例》，《现代交际》2019年第17期；朴今海、范妍妍：《留守到流动：少数民族跨国流动儿童的教育边缘化——以朝鲜族流动儿童为例》，《云南民族大学学报》（社会科学版）2018年第5期。
② 乔志华：《恩平的"洋"留守儿童问题一窥》，《黑龙江史志》2015年第9期。
③ 谭钧文、李航：《华侨留守儿童积极心理品质在孤独感与前瞻适应间的作用》，《中国学校卫生》2018年第4期。
④ 吴霓主编《农村留守儿童教育现状及问题实证研究》，安徽教育出版社，2015；李雪飞：《类家庭模式在侨乡留守儿童中的应用》，《社会福利》2012年第7期；何毅：《侨乡留守儿童发展状况调查报告——以浙江青田县为例》，《中国青年研究》2008年第10期。

（二）与父母关系方面

亲子关系的亲疏常被认为与留守儿童的学习和心理发展有着密切的联系。在评价与父母的关系调查中，79.4%的跨国留守儿童认为与父母关系好，这点发现与舒文远在浙江青田的华侨留守儿童家庭价值观认同问题的调查结果有点不一样。他发现57.9%的留守儿童认为与父母关系一般，而本调查则发现仅有6.4%的儿童持这样的观点。不过有11.3%的跨国留守儿童认为与父母关系不好，比如有儿童提到希望父母不要打骂，对他们多一些尊重等，这说明父母外出工作在一定程度上会影响到亲子关系，从而进一步影响其学习成绩和心理健康。但是在调查中还发现大多数跨国留守儿童对父母外出工作表示理解，认为父母外出工作是赚钱养家，是无奈的选择，并且表示对父母怀有感恩、崇拜等积极情感，还有些留守儿童表现出了换位思考的倾向，因此他们才会有"心疼父母的辛苦""担心他们的健康"等表述。从中可以看出，丽岙侨乡跨国留守儿童在家庭价值观方面的教育还是比较传统的、正面的、积极的。

与父母关系的好坏与彼此联系的频率也有一定的相关性。大部分的跨国留守儿童与父母的联系相对频繁，亲子关系良好。他们不仅爱父母，而且对父母怀有感恩之心，渴望父母常回家甚至回国工作等。另外，调查中还发现仍有21.6%的跨国留守儿童与父母联系不频繁，甚至个别孩子对父母怀有恨意，可见这些留守儿童严重缺乏父母的关爱，亲子关系恶化，这点需要引起必要的关注。

另外，从因素交叉检验中发现跨国留守儿童的年级高低受留守的影响程度不同。低年级阶段的儿童的学习成绩受父母外出工作影响会大一些，表现为跨国留守儿童的成绩总体在中等及以下的水平，尤其是一年级的跨国留守儿童。而在中高年级阶段的儿童受父母外出工作影响则相对较小，甚至没有影响，这从跨国留守儿童和非跨国留守儿童的成绩等级对比结果可以看出这一点。

因此，建议低年级的跨国留守儿童父母可以多跟孩子、孩子的老师加强交流和沟通，应多采用"赏识教育"。[1]

---

[1] 叶敬忠、杨照：《关爱留守儿童——行动与对策》，社会科学文献出版社，2008。

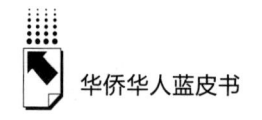

(三)学业方面

从调查数据分析中,发现跨国留守儿童与非跨国留守儿童的学业表现与年级高低有相关性。跨国留守儿童与非跨国留守儿童相比,一年级的学习成绩总体上相对差一些,可能是因为年龄比较小,认知程度受限,再加上祖父母辈的知识水平和文化程度都不高,所以作业辅导成大问题,而且孩子的学习完全依赖社会补习班,这样的结果就是大多数低年级的留守儿童成绩在中等水平。但是随着年级的增加,是否留守的因素对学生的成绩影响也随之减弱,因此中高年级的跨国留守儿童的成绩等级表现和非跨国留守儿童基本一致。另外,对学业的重视程度调查结果说明丽青侨乡的家庭包括父母、监护人和儿童自己对学业的重视程度一般,比如回答"最渴望得到什么""哪些情况出现会让你产生不安或感到无能为力""生活中最害怕什么"等几个问题时,有21名留守儿童将其归咎于学业成绩对他们的影响,占总调查人数的10%左右,这点与杜日辉、田晓霞等的发现基本吻合。①

大多数侨乡留守儿童的研究者倾向于将跨国留守儿童的学习成绩不佳、习惯不良、性格孤僻和心理问题等都归咎于隔代教育,比如教育不严格、对学习要求不高、重养轻教等因素。第二大原因是长期缺失父母关爱和亲情,以及对跨国留守儿童未来过早定位,尤其是职业定位,造成留守儿童的学业成绩与非留守儿童之间的差距。总的说来,跨国留守儿童的学业好坏在一定程度上受父母和监护人的影响,但还要注意到的是也有一小部分的跨国留守儿童成绩优异,这也说明了跨国留守儿童的内在因素对学业好坏也具有一定的影响。调查中问及生活中最害怕的事和最渴望的事,分别有10.8%和14.7%的留守儿童选择了"学习成绩",这从另一个方面说明跨国留守儿童自己同样十分在意学业成绩。

由此可见,跨国留守儿童和非跨国留守儿童具有相同的学习需求,因

---

① 杜日辉:《浙江省丽水市青田县侨乡留守儿童的现状调查》,《浙江万里学院学报》2008年第1期;田晓霞、潘玉进、郭保林:《温州华侨留守儿童留守经历与家庭教育资源的调查研究》,《温州大学学报》(自然科学版)2012年第1期。

此需要家庭和学校联动,给予适当的学习鼓励和引导,积极推动他们参与和开展形式多样的教育活动,强化其内因,营造有益的学习环境,从而培养良好的学习习惯,或者把乡土文化引进课堂,形成有地方特色的校园氛围等等。

(四)心理方面

跨国留守儿童的心理健康问题备受关注,其中刘艳飞、陈阿海等都指出了跨国留守儿童存在的心理健康问题,比如敌视、人际敏感、适应不良、缺乏安全感、孤独等。[①] 这一点与对丽岙侨乡的跨国留守儿童调查发现基本一致。总体上,丽岙侨乡的跨国留守儿童不擅长人际交流,比较抗拒与陌生人的交流,主要表现为害怕、讨厌等心理情绪,而且缺乏安全感,比如害怕孤独、怕黑等心理表现。从对监护人和三所学校的学生处主任的访谈中,还了解到大多数丽岙侨乡的跨国留守儿童比较内向,不善表达,而且比起非留守儿童来说更依赖老师。另外,跨国留守儿童的年级高低受留守的影响程度也存在一定的相关性,心理健康方面低年级的跨国留守儿童受影响程度相对于高年级来说要低一些,父母关系好的跨国留守儿童受影响程度也较高年级来说也要轻一些。

对于跨国留守儿童来说,不得不跨国留守的客观现实是他们难以跨越的鸿沟,只能无奈接受。但是如果他们有同伴一同学习和玩耍的话,可以帮助他们摆脱孤独感,增强其人际交往的能力。另外,学校应该采取积极措施,普及教职工结对帮扶或学生结对帮扶制度,建立留守儿童之家或者留守儿童档案等。

五 结语

丽岙侨乡几乎人人都姓"侨",跨国留守儿童的问题不仅是关系民生的

[①] 刘艳飞:《东南沿海留守儿童类型及心理健康状况比较——以福州连江为例》,《福州党校学报》2010年第6期;陈阿海、郑守猛、陈丽丽:《洋留守儿童的现状及其权益保护研究——基于福州市的追踪调查研究》,《管理观察》2013年第17期。

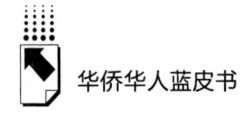

基本问题，还是关系未来侨资源成长与发展的重要问题。本次调查发现丽岙侨乡义务教育阶段跨国留守儿童相对集中在当地的三所中心学校上学，大部分为小学生，仅少数目前在初中阶段。近几年跨国留守儿童的数量呈减少的趋势，比如2014年与2020年相比，丽岙二小跨国留守儿童数量基本保持不变，而华侨小学和任岩松中学出现了大幅减少的态势。

通过问卷调查和访谈，了解到丽岙侨乡的跨国留守儿童在隔代教育、学业需求、心理健康等方面与其他地区的跨国留守儿童存在一些共性，但也有其独特的差异性，比如丽岙侨乡的留守儿童绝大多数属于在意大利出生的跨国留守儿童，因父母工作忙，无暇照顾，在上幼儿园前就被送回国内，跟随祖父母一起生活，其父母回家探亲的频次大多数半年回国一次。在访谈中还了解到留守儿童都有自己的手机，一般不会跟祖父母聊学习的事情，但是他们自己会给父母打微信电话或通过视频聊天跟父母联系，而且父母也能够在工作之余直接与孩子联系，因此父母与子女的联系次数也就相对较多，有相当一部分父母和子女每天保持微信联系。从学业的调查结果来看，跨国留守儿童自身的学习动力也较强，积极性也相对较高。因此在下一步的丽岙侨乡调研中将着重针对跨国留守儿童的语言学习和相关问题进行这方面调查与研究。

本次调研着重调查义务教育阶段的跨国留守儿童的基本特征信息、学习和心理现状，对于学龄前跨国留守儿童的调查尚未探及，另外，初中生具体成绩表现如何，以及跨国留守儿童与国内留守儿童的成绩等级表现也没有在本次调查中具体体现。

B.10 温州侨乡留守儿童的弱势处境问题研究*

邓纯考 严晓秋 叶雪珍**

摘　要： 跨国流动背景下的亲子疏离，家庭结构不稳与监护弱化等，使侨乡留守儿童表现出安全感与依恋感缺失，学业成绩下降与行为偏差，一定程度上的同伴交往极化与家乡认同弱化等。出国父母应当加强亲子沟通的频次与有效性，合理安排出国短期居留计划，重视其学业成长与价值观引导；学校应当推进侨乡留守儿童家校社共育，提高教师"侨"素养，引入大学生志愿者力量等，开展有针对性的教育关爱。

关键词： 温州市　侨乡留守儿童　弱势处境　教育关爱

根据浙江省基本侨情调查数据，浙江籍海外华侨华人、港澳同胞202.04万人，居住在省内的归侨、侨眷、港澳同胞眷属112.42万人，归国留学人员5.67万人，海外留学人员8.96万人。浙江省各市海外华侨华人、

---

* 本文是中国侨联2019～2021年规划课题"侨乡留守儿童现状调查与教育问题研究"（19BZQK209）的阶段性成果，温州大学特色研究培育重点项目"侨乡留守儿童家庭教育影响机制与对策研究"的研究成果。
** 邓纯考，浙江瑞安人，博士，温州大学教育学院副教授，研究方向为农村（侨乡）留守儿童教育；严晓秋，硕士，温州大学教育学院讲师，研究方向为留守儿童教育；叶雪珍，温州大学教育学院小学教育专业2017级本科生，温州大学关爱侨乡留守儿童实践队队长。

港澳同胞按人数从多到少排列前三位是温州、丽水、宁波,分别占总量的34.1%、20.5%、19.6%。①

在本研究中,侨乡留守儿童是指父母一方或双方出国,由于出国父母在国外抚育困难、经济条件与工作条件限制等,而被留在国内的0~17周岁的未成年子女。②温州市侨乡留守儿童数量庞大,温州市侨联统计数据显示,温州市范围内常住户口的父母双方均侨居海外、本人不能与父母一起生活一年以上、年龄在15周岁以下的小学初中在读侨乡留守儿童超过8500人,文成县、瓯海区、瑞安市是三大侨乡,③ 见图1。

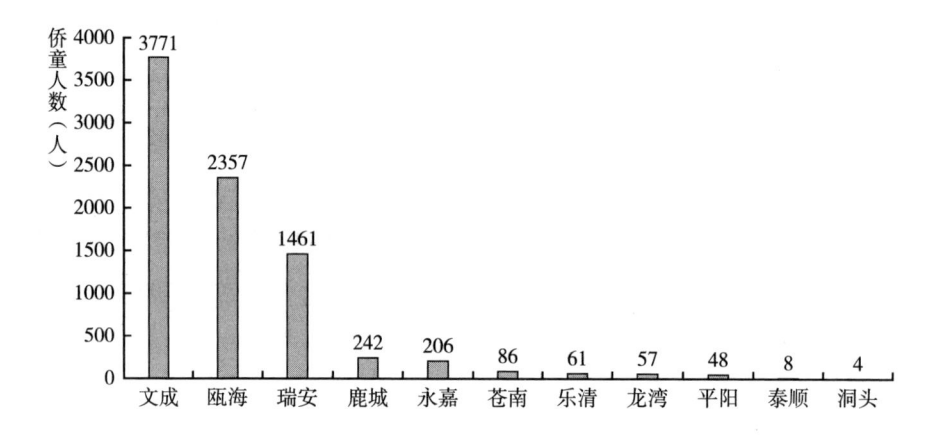

图1 温州市各县市区侨乡留守儿童分布

从国内看,2004年以来,学术研究与政策制定主要关注了中西部父母国内务工的留守儿童群体,对于父母出国的特殊留守儿童群体关注不足。已有研究集中在浙江、福建、广东等侨务大省,主要探讨了侨乡留守儿童的心理健康、家庭教育与学校适应。潘玉进等人的研究认为,"洋留守儿童"的

---

① 浙江省政府新闻办:《浙江发布最新侨情:浙籍海外华侨华人、港澳同胞超200万》,人民网,http://politics.people.com.cn/n/2014/1029/c70731-25932594.html。另外,2014年之后尚无最新全省侨情调查。
② 李子涵、邓纯考:《父母出国留守儿童成长历程探究》,《当代青年研究》2017年第4期。
③ 温州市侨联、温州市教育局:《关于开展全市侨界留守儿童调查工作的通知》(温侨联〔2015〕23号)的调查结果。

居住条件优于国内留守儿童，但家庭教育资源远远不如国内留守儿童；① 刘艳飞对福建连江的研究显示，国际、省际、省内三种留守儿童中，侨乡留守儿童的心理健康状况最差；② 何毅的研究指出，缺乏完整的家庭教育影响了侨乡留守儿童的人格发展，家校教育基本脱节，委托监护人和外出父母对侨乡留守儿童的学习十分重视，但缺乏具体的支持举措；③ 杜日辉认为，隔代教育对侨乡留守儿童文化知识学习与思想品德习惯培养不利，亲情沟通与情感缺失；④ 王佑镁认为侨乡留守儿童的社会适应性较差，甚至出现家国认同的弱化；⑤ 李子涵、邓纯考基于温州侨乡留守儿童案例群分析，指出侨乡留守儿童家庭内社会化不足，其生命历程轨迹不同于一般儿童等。⑥ 国外留守儿童研究的主体是父母出国劳务移民所致的"跨国抚育"儿童。"跨国抚育"指父母离开家乡到国外去经商、务工或学习，把孩子留在家中交给祖辈、亲戚或教师照管的抚育方式。从国外研究看，认为父母出国留守儿童是跨国移民浪潮的产物，在发展中国家尤其是东南亚、中南美洲加勒比地区国家尤为普遍。⑦ 研究表明，父母移民会使儿童认知能力降低，长期移民带来的负面影响大于短期移民。⑧ 一部分留守儿童在父母出国期间甚至处于自我照顾的处境中，过早承担了管理父母寄回的大量金钱和照顾年幼弟妹等责

---

① 潘玉进、田晓霞、王艳蓉：《华侨留守儿童的家庭教育资源与人格、行为的关系——以温州市为例的研究》，《华侨华人历史研究》2010年第3期。
② 刘艳飞：《东南沿海留守儿童类型及心理健康状况比较——以福州连江为例》，《福州党校学报》2010年第6期。
③ 何毅：《侨乡留守儿童发展状况调查报告——以浙江青田县为例》，《中国青年研究》2008年第10期。
④ 杜日辉：《浙江省丽水市青田县侨乡留守儿童的现状调查》，《浙江万里学院学报》2008年第1期。
⑤ 王佑镁：《数字时代都市侨乡留守儿童信息化教育：问题与对策》，《电化教育研究》2013年第9期。
⑥ 李子涵、邓纯考：《父母出国留守儿童成长历程探究》，《当代青年研究》2017年第4期。
⑦ A. Sarbu, "Moldovan Children Struggle to Cope with Their Parents' Economic migration," *UNICEFMoldova*, Vol. 21, 2007.
⑧ Viet Nguyen and Cuong, "Does Parental Migration Really Benefit Left-behind Children? Comparative Evidence from Ethiopia, India, Peru and Vietnam," *Social Science & Medicine*, Vol. 153（C）, 2016, pp. 230 – 239.

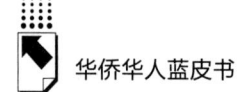

任,他们的学习也受到了影响。① 一些留守儿童长期处于父母缺失的家庭环境,可能会出现社会情绪失调和行为问题等。②

综观已有研究,大多从"问题范式"的取向出发③,认为侨乡留守儿童存在学业不佳、性格孤僻、行为偏差等问题,但对建构"问题"的外在力量,影响"问题"的客观因素则少有探讨。本文基于回溯现实的立场,认为使用形塑侨乡留守儿童的"弱势处境"概念,更能表述在社会变迁与移民潮视野下,侨乡留守儿童的被动性与无奈性,他们的教育生活的被安排性,以及他们所无法拒绝的生命历程。因此,对于侨乡留守儿童"弱势处境"的构成、含义与影响的探讨十分有必要。

一 研究样本

本研究以温州市为例,选取侨乡文成县玉壶镇为样本,聚焦侨乡留守儿童集聚的玉壶镇小学与玉壶镇中学开展调研。研究方法为半结构性访谈与问卷调查。研究人员为温州大学关爱侨乡留守儿童实践队(以下简称"实践队")④。实践队利用支教契机,以2018年文成县玉壶镇中小学与亲情中华"汉语桥"华裔青少年暑期夏令营为平台,选取具有代表性的16位侨乡留守儿童,年龄分布在9~17岁,留守时间主要在3年以上,类别涵盖不同性别、年龄以及抚养方式。个案基本情况见表1。

---

① R. Cortés, "Children and Women Left Behino in Labor Sending Countries: An Appraisal of Social Risks," United Nations Childrens Fund, 2007.
② K. Wickramage et al., "Risk of Mental Health and Nutritional Problems for Left-behind Children of International Labor Migrants," *BMC Psychiatry*, Vol. 15, No. 1, 2015, p. 39.
③ 邓纯考、周谷平:《农村留守儿童研究范式:问题与超越》,《教育发展研究》2017年第18期。
④ 温州大学关爱侨乡留守儿童实践队成立于2016年,以教育学院小教、心理、学前、教技等师范本科生为主,也包括部分法政、人文等学院本科生,现任队长为温州大学教育学院小学教育专业2017级本科生、"2020年中国大学生年度人物"叶雪珍,指导教师为邓纯考、严晓秋。

表1 学生个案基本资料（部分）

序号	性别	年龄	监护方式	父母在国外形式	留守时间
1	男	16	祖辈	母在外	三年以上
2	男	14	祖辈	母在外	三年以上
3	女	16	祖辈	父母在外	一年内
4	女	16	祖辈	父在外	三年以上
5	男	9	祖辈	父母在外	三年以上
6	女	9	祖辈	父母在外	两年内
7	女	9	自己	母在外	两年内
8	男	9	自己	父母在外	两年内
9	女	10	其他亲属	父母在外	两年内
10	女	16	祖辈	父母在外	三年以上
11	男	17	其他亲属	父母在外	三年以上
12	男	13	祖辈	父母在外	三年以上
13	男	14	祖辈	父母在外	三年以上
14	女	14	祖辈	父母在外	三年以上
15	男	17	祖辈	父母在外	三年以上
16	男	15	其他亲属	父母在国内,受访者在国外	三年以上

注：本研究同时对3名侨乡学校教师和校长进行了访谈。

2018年，实践队选取玉壶镇小学与中学进行问卷调查。共发放问卷451份，剔除无效问卷后，得到有效问卷393份，有效率为87.4%，其中男生189名，女生204名，年龄8岁至17岁，有缺失。样本具体分布情况见表2。

表2 调查对象基本情况（部分）

单位：人,%

变量	类别	人数（百分比）	缺失值（百分比）
性别	男	189(48.0)	1(0.3)
	女	204(52.0)	
年龄	7~10岁	52(13.2)	3(0.8)
	11~14岁	262(66.5)	
	15~17岁	77(19.5)	

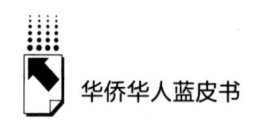

续表

变量	类别	人数(百分比)	缺失值(百分比)
留守情况	父母都在家	52(13.2)	20(5.1)
	父亲外出	27(6.9)	
	母亲外出	19(4.8)	
	父母皆外出	276(70.1)	

二 侨乡留守儿童弱势处境分析

侨乡留守儿童的"问题"指该群体的学校越轨与社会失范行为,如偷盗、打架、破坏财物与伤害他人等;而"弱势处境"是指其在教育生活中所处的不利状况,这种状况由外在于他们的原因造成,如亲子分离、家庭教育缺失、隔代抚养和学校教育缺位等。弱势处境是导致其主观"问题"的重要原因,它源于更大的社会变迁所带来的家庭、学校与社区的变化。调研发现,侨乡留守儿童的弱势处境主要体现在以下几个方面。

(一)跨国流动背景下的亲子疏离

相比国内留守儿童,在跨国时空阻断下,国外父母在空间上与子女相距更为遥远,在时间上更难以抽出时间与子女相处,返乡时间与经济成本更高,因而回国频率更低,回国居住时间更短,亲子团聚次数与沟通相处时间更少。调研显示,出国父母往往选择隔一段较长的时间回家一趟,或者只有在春节回家,从而拉长了亲子分离的时空。另外,由于跨国区域的区时不同,时差也导致亲子沟通频率降低,亲子交流时间短且不充分(见图2)。

亲子沟通是建立和发展亲子关系的主要途径,是指父母与子女之间交换资料、信息、观点、意见、情感和态度,以达到共同的了解、信任和互相合作的过程。16个个案的亲子联系频次中,4个儿童一周一次,3个儿童一月一次,3个儿童一年一次,有6个儿童亲子多年没有联系。多数出国父母一年或两年才回家一次,与孩子的相处时间只有0~3个月。问卷调查显示,

父母多久回老家

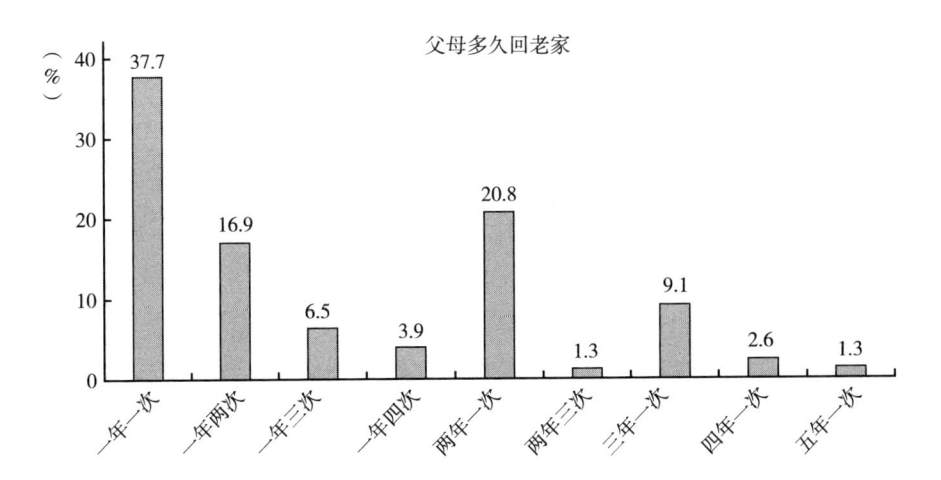

一年一次 37.7
一年两次 16.9
一年三次 6.5
一年四次 3.9
两年一次 20.8
两年三次 1.3
三年一次 9.1
四年一次 2.6
五年一次 1.3

图2　父母回家情况

注：数据来自问卷调查，对322名留守儿单所做的分析。

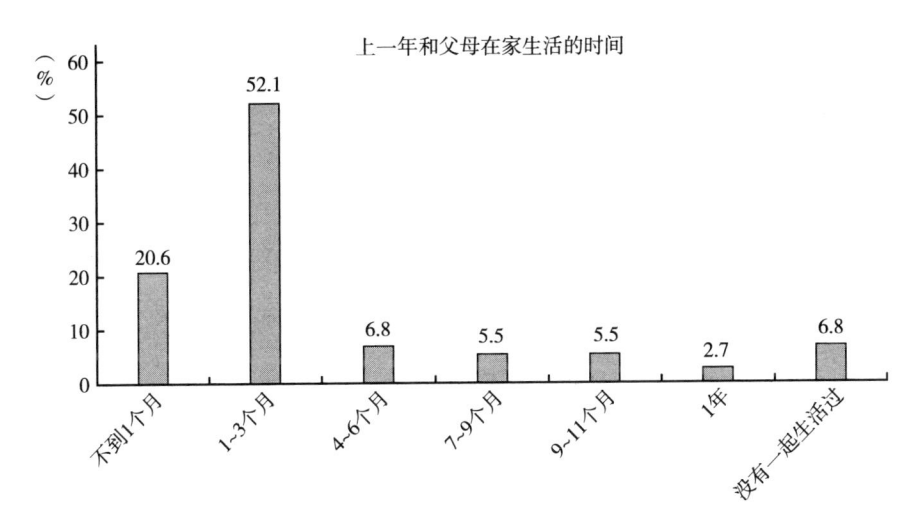

上一年和父母在家生活的时间

不到1个月 20.6
1-3个月 52.1
4-6个月 6.8
7-9个月 5.5
9-11个月 5.5
1年 2.7
没有一起生活过 6.8

图3　与父母共同生活情况

一些侨乡家庭留守儿童长年无法与父母团聚，亲子沟通交流非面对面与虚拟化，大大弱化了亲代的家庭教育与情感功能：

> 我没有想起过妈妈，从我懂事以来我就好像不认识这个人。（小A）
> 我和父母之间互动很少，打电话打着打着就想要挂机。（小B）

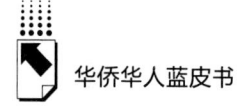

72.2%的侨乡留守儿童呈现不同程度的对父母亲的疏离，亲子间的情感联系较弱，有的甚至排斥自己的父母，恨自己的父母。有的孩子在家期待着父母的归来，但真正见到父母时却难以与他们亲近。亲子团聚时间的压缩，频次的降低，家庭教育的碎片化与替代化等，使侨乡留守儿童在家庭教育中处于弱势地位。

（二）家庭结构不稳

父母婚姻质量与儿童行为问题呈显著负相关，且夫妻冲突可以显著正向预测儿童行为问题。[①] 父母离异的家庭背景可能会在不同程度上影响儿童的自我意识和人际信任的发展。在对父母离异的63个侨乡家庭的调查发现，33名侨乡留守儿童认为父母离异对其造成了非常大的负面影响，所占比例为52.4%。文成县玉壶镇一名父母离异侨乡留守儿童小A，在玉壶镇小学学习期间成绩优异，深受同学的喜爱，父母关系僵化最终离异后，A跟着父亲出国，后父亲再婚，曾经品学兼优的他在国外的学习成绩一落千丈。同时，父—母—子女三角家庭关系链的破损，还导致儿童极度缺乏安全感，表现出自卑、怯懦等性格特质。

（三）家庭监护动荡与监护能力弱化

一是监护弱化。调研显示，温州侨乡留守儿童的抚养方式主要为祖辈抚养、亲属寄养、父亲或母亲单亲抚养等，祖辈抚养的占比高达68.8%。祖辈由于所处时代的局限性，文化层次普遍较低，与儿童存在较大代沟，其教育方式、教育思想与现代社会有巨大落差，对孙辈的监护大多停留在吃饱穿暖层次，无力关注孩子的心理、教育、学业；出于文化、年龄、经济等原因，其对所承担的监护责任感到吃力，呈消极状态，监护能力较弱。

[①] 梁宗保等：《父母婚姻质量与儿童行为问题的追踪研究：儿童努力控制的调节作用》，《心理发展与教育》2013年第5期。

会去听家长会，但是什么都听不懂，对孩子成绩还知道一点，但对孩子的学习情况不怎么了解。（小C奶奶）

祖辈难以给予孩子学业上的帮助，对孩子学业辅导基本无能为力。而远在国外的父母由于距离阻隔，也难以力行对儿童的监护，导致侨乡留守儿童家庭监护弱化。以玉壶镇为例：

玉壶镇是个典型的山区盆地，它位处南田山脉之中的一个小平台上，虽有一些土地可以耕种，但可耕地数量不足和耕种所得不足以维持生存——"种田养活不了自己"，逼迫玉壶住民选择"外跑"出国经商或务工，使玉壶成为典型的华侨聚集镇。当地大部分青壮年劳动力远赴欧洲的意大利务工，在外工作忙碌，生孩子却没有精力抚养，留下很多孩子由家乡祖辈抚养，老人、孩子与他们隔海相望。该校侨乡留守儿童达366人，占学校总人数的52%。

如图4所示：

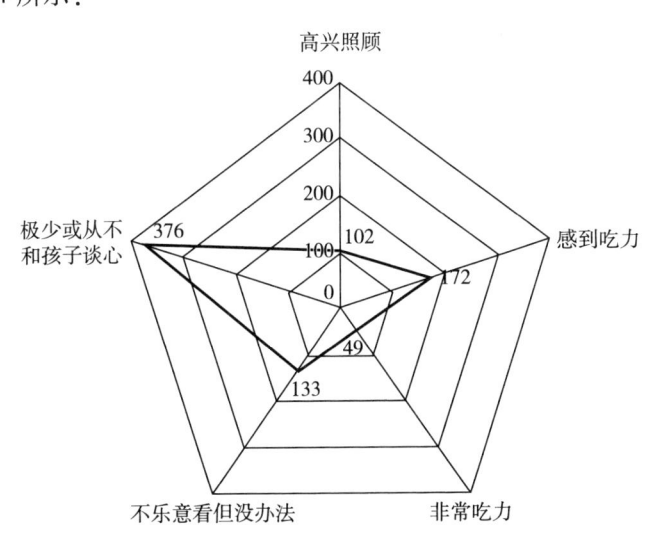

图4　玉壶镇小学留守学生受监护情况

二是监护动荡。访谈发现，部分侨乡留守儿童因为出国居留的需要频繁出国回国，监护主体在父母与祖辈之间来回跳转，监护方式频繁变化，儿童语言、教育、人际关系与文化环境不间断变化，使其难以适应陌生环境而产生交流障碍与隔阂，家庭处境不利也对留守儿童心理适应带来负面影响。①

> 我是在意大利出生的，待到差不多四岁的时候回中国玩了一段时间，后来五岁的时候又出去了，然后一直到爸爸妈妈离婚了，于是妈妈带我回文成读书，那个时候是十岁，在文成待了没多久就在玉壶这边读书了，和爷爷奶奶一起。（小D）

（四）父母对侨乡留守儿童出国预期的影响

出国父母往往具有"出国为上"的心态，早早为孩子规划出国计划。调查显示，侨乡留守儿童中有出国预期的107人，占群体总数的57.2%；而非侨乡留守儿童中，有出国预期的占比仅为19.5%。出国预期下父母认为孩子反正要出国，因此国内学习成绩并不重要，即使成绩不好去国外打工一样赚钱，导致轻视孩子的学业成绩，潜移弱化了侨乡留守儿童的学习积极性。

表3　监护人状况＊出国预期交叉

		有打算	没有打算	总计
目前主要负责照顾你的人	父亲或母亲照顾计数	2	10	12
	占父亲或母亲照顾的百分比(%)	16.7	83.3	100.0
	爷爷奶奶(或外公外婆)照顾计数	93	60	153
	占爷爷奶奶(或外公外婆)照顾计数的百分比(%)	60.8	39.2	100.0
	叔叔婶婶(或阿姨姨丈)照顾计数	3	1	4
	占叔叔婶婶(或阿姨姨丈)照顾的百分比(%)	75.0	25.0	100.0

---

① 范兴华：《家庭处境不利对农村留守儿童心理适应的影响》，湖南师范大学出版社，2012。

续表

目前主要负责照顾你的人		有打算	没有打算	总计
目前主要负责照顾你的人	其他人照顾计数	9	9	18
目前主要负责照顾你的人	占其他人照顾计数的百分比(%)	50.0	50.0	100.0
总计	计数	107	80	187
总计	占比(%)	57.2	42.8	100.0

数据进一步显示，非父母照顾的留守儿童出国预期较高，祖辈抚养的儿童中有60.8%有出国预期，显示父母出国方式与出国预期密切相关。其中父母双方出国的家庭留居国外的意愿最为强烈，对于留守国内子女的出国规划也更加明确，此类留守儿童接受国内教育的不确定性明显高于非留守儿童。

（五）跨国流动对侨乡留守儿童学段性别分布的影响

玉壶镇小学侨乡留守儿童的学段分布见图5。

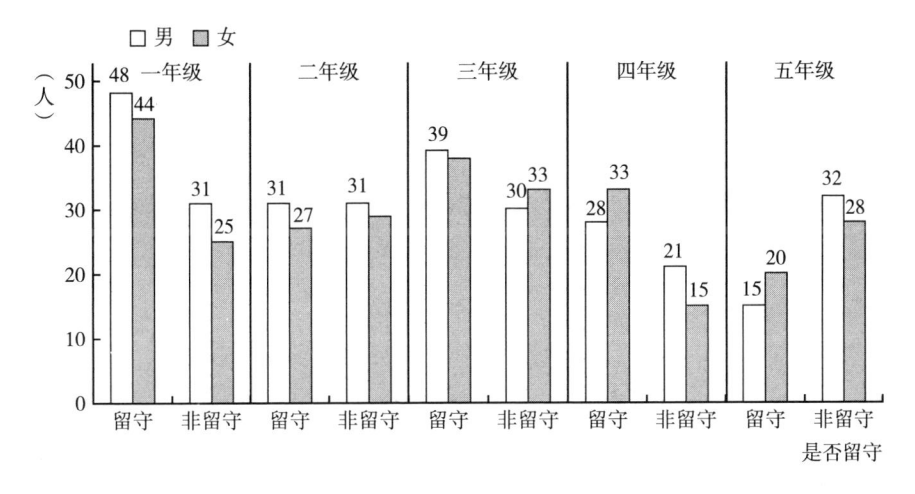

图5 文成县玉壶镇小学侨乡留守儿童与非留守儿童对比

1. 侨乡留守儿童学龄段人数呈倒金字塔分布

图5显示，一年级父母出国留守儿童的数量远远超过非留守儿童，二年级至四年级出国留守儿童数量与非留守儿童数量差距逐渐缩小，到了五年

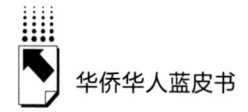

级，出国留守儿童数量已被非留守儿童反超。这显示玉壶镇侨乡留守儿童的数量随年级增高不断减少，而非留守儿童的数量则相对保持稳定。这种年级人数的金字塔状分布在班级中同样得到了体现：

> 玉壶这个地方是比较特殊的，我在玉壶镇小学当过一年班主任，班级人数有的四五十人有的二三十人，年级人数趋势是金字塔趋势，低年级的人数比较多，高年级的人数比较少。一、二、三年级人数都还比较多，一年级有40来个人，到了二、三年级还可以分4个班，到了四年级以后就并成了3个班，原本有120人，后来就剩100来个人，人数越来越少。有些孩子可能在这里上了一年学就出去了，然后又有别的学生进来，就是一直在流动。（玉壶镇小学胡老师）

父母出国留守儿童数量与其就读年级成反比的原因，一是较小的孩子对抚养者的依赖程度很高，出国父母经商或务工，没有足够时间照顾孩子，因此选择把孩子留给祖辈照顾；二是玉壶镇年轻人选择出国经商或工作的时间节点都是结婚前后不久，在国外的事业刚刚起步，没有足够财力支持他们将家人带出海外，所以只能选择将孩子留在家中，让祖辈照顾孩子，也让孩子陪伴祖辈；三是随着年级升高，儿童自理能力增强，抚养者对他们投入的精力与时间也可随之减少，同时父母在国外工作或经商多年逐渐积累起经验和财富，具备了陆续将孩子接出国带在身边抚养的条件。

2. 侨乡留守儿童男女性别比例与年级成反比

调查显示，一、二、三年级中的出国留守男生数量大于女生，但三年级出国留守男女生数量差异开始缩小，四、五年级的出国留守男生数量反而比女生少。侨乡留守儿童性别比例下降的原因源于重男轻女，出国父母具备了接子女出国团聚条件后，通常首先选择接男童出国，让女童继续留守，该现象与全国妇联对全国农村留守儿童人口学统计的分析一致。[①]

---

① 全国妇联课题组：《全国农村留守儿童 城乡流动儿童状况研究报告》，《中国妇运》2013年第6期。

（六）学校缺少针对侨乡留守儿童的教育举措

NVIVO11统计显示，玉壶镇学校教育因素下面的自由节点依次为：学校关爱措施（3），学校缺乏针对性教育（12），学校教育面临的问题（6），其中"学校缺乏针对性教育"是自由节点中参考点数最多的，达到了总和的一半以上，反映了该校缺乏对侨乡留守儿童的针对性教育举措。

表4 "学校教育"因素中子节点的材料信息

节点	节点参考点数	参考点内容具体范例
学校关爱措施	3	举办了关爱侨乡留守儿童夏令营
学校缺乏针对性教育	12	缺乏对侨乡留守儿童针对性教育关爱
学校教育面临的问题	6	学校侨乡留守儿童教育力量不足

对教育体验感的分析发现，侨乡留守儿童对家乡学校的期待与满意感比非留守儿童更高，较多留守儿童表示喜欢待在学校，因为在学校有同学和老师陪伴，而放学后父母不在家，从而产生内心的孤独和无助感，这反映了侨乡学校对于留守儿童交往陪伴的积极作用。但从侨乡留守儿童对学习本身的积极情绪体验调查来看，其总体成就感并不高，显示侨乡学校在激发其学习积极性，提供有针对性的学习支持等方面存在不足。

三 侨乡留守儿童的问题表现

综上所述，这些外在于侨乡留守儿童的客观力量形塑了他们的弱势处境，在他们的教育生活中打下烙印，成为其问题的导火索。

（一）安全感与依恋感的缺失

马斯洛认为，缺乏安全感的人往往感到被拒绝，受冷落或者感到孤独和焦虑，表现出敏感、自我谴责倾向、自卑、以自我为中心等人格特质。调研发现，缺乏安全感是侨乡留守儿童的共性。如当其父母吵架时，其学习成绩也会波动；在学校交往中性格较为孤僻，难以融入集体；虽然内心非常想念父母，却故意表现出对他们的厌恶反应等。

依恋理论指出，幼儿6个月～2岁开始形成依恋，产生对其抚养者特别亲近而不愿意离去的情感，它存在于婴幼儿与其抚养者（主要是母亲）之间，是一种强烈而持久的情感联系（不愿意分开），这时期幼儿最喜欢和依恋对象在一起，依恋对象更容易安抚孩子，幼儿和依恋对象在一起的时候可以产生高度的安全感。① 而大部分侨乡留守儿童在童年时遭遇亲子隔洋分离，在早期依恋形成的关键期缺失了亲代的关怀，这对他们的早期及后期依恋的形成带来巨大挑战，这种总体上偏向负面的影响往往持续相当长的时间。

（二）学业成绩下降

父母出国和隔代抚养对学业支持的弱化，可能对侨乡留守儿童的学业成绩带来不良影响。以2018年玉壶镇小学三年级学生成绩（见表5）为例。

表5 玉壶镇小学三年级学生成绩

单位：%

科目 \ 等第	不及格(0~59分)	及格(60~79分)	良好(80~89分)	优秀(90~100分)
语文	12.1	28.6	34.3	25.0
数学	24.3	36.4	19.3	20.0
英语	10.7	27.1	20.7	41.4
科学	37.1	47.9	12.9	2.1

如表5所示，成绩优秀的侨乡留守儿童仅占少数，部分侨乡留守儿童存在一定的学习问题。从学习表现看，教师反映侨乡留守儿童上课注意力难以集中、学习态度差、学习习惯不好、学习积极性和主动性不高，相信读书无

---

① P. Rouse et al., "Motivation-related Predictors of Physical Activity and Subjective Vitality in Rheumatoid Arthritis Patients: A Test of Basic Needs Theory," Department for Health, Department of Mechanical Engineering Unirenits of Bath, 2011.

用论；部分学生有厌学心理，逃课、逃学，上交作业质量较差，学业情况不佳，等等。

（三）行为偏差与不当消费

行为偏差是指背离、违反社会规范的行为。青少年偏差行为分为一般偏差行为和严重偏差行为。调研发现，由于监护人角色缺失，缺少约束，家庭教育观念偏轨、父母用金钱弥补等诸多因素，侨乡留守儿童较非留守儿童行为偏差现象较为突出。一般偏差行为表现为抽烟酗酒、与社会上的无业人员厮混等；严重偏差行为表现为打架斗殴，赌博，寻衅滋事等。

一是打架斗殴。对侨乡留守儿童本身及他人带来安全隐患。

> 现在都是靠实力来生存的，所以我要靠自己的实力（打架）。同学有时候有些小游戏不让我玩，我就打他们，他们就会让我玩了，他们就像是我的"手下"一样，很听我的话。（小E）

二是甚至出现吸毒、贩毒。文成华侨家境基本比周边务农家庭好，侨乡留守儿童越轨多属于"有钱犯事"型，并且由于出国预期，部分侨乡留守儿童并没有太多的心理愧疚感，法制观念薄弱。

三是错误的消费观。出国父母由于对孩子的亏欠感，选择用多给零花钱和购买电子产品（手机、平板电脑等）、衣物等来弥补陪伴的缺失，认为物质的富裕能够弥补情感的缺失，反而导致孩子产生"金钱至上、享受第一"的错误消费观。部分侨乡留守儿童消费攀比、跟风，进网吧、游戏机室等娱乐场所，出现行为偏差与不当消费的恶性循环。

（四）同伴交往极化

从交往看，侨乡留守儿童与朋友玩游戏感到快乐、喜欢家乡朋友亲戚的比例都低于非留守儿童，非留守儿童的好伙伴个数均值相对较多。侨乡留守儿童群体内容交往也存在差异，一是交往分化严重，有7个以上好朋友的儿童占36.8%，仅有2个以下好朋友的儿童占比高达42.2%；二是父母出国类型对儿童交往带来影响，父母双方出国的儿童更为独立，更加重视同伴交往，有2个好朋友以上的比例高于父母单方出国的儿童15.4个百分点。

仅有2个以下好朋友的侨乡留守儿童大多属于"交往退缩型"，由于父母出国，他（她）们更喜欢待在学校，社交圈狭窄，内心孤独，缺乏陪伴。在被问到"烦恼"时，小F说：

> 我觉得一般没有，但是突然间就会感觉到自己好孤独的感觉，回到家后没有人一起玩。

（五）家乡认同弱化

非参数检验结果显示，侨乡留守儿童和非留守儿童在家乡认同的多方面达到统计显著差异。相比非留守儿童，侨乡留守儿童对家乡、学校、家乡文化等方面的认同感呈现弱化现象。

表6 侨乡留守儿童与非留守儿童家乡认同比较

	检验统计量a,b								
	保护家乡的文化环境，是我应尽的责任	家乡在我心中是一个很重要的地方	我很喜欢家乡的方言、歌谣、民间传说等故事	我喜欢家乡的风味小吃	我觉得家乡风俗如祭神、祭祖等是封建迷信	在老家，我有美好的回忆	我对老家的生活总体很满意	如果离开家乡，我会留恋家乡，想念家乡	我长大后要为家乡发展出力出钱
卡方	6.172	5.873	2.900	8.481	5.454	5.061	5.987	6.965	1.544
df	1	1	1	1	1	1	1	1	1
渐近显著性	0.013	0.015	0.089	0.004	0.020	0.024	0.014	0.008	0.214

注：a. Kruskal Wallis检验；b. 分组变量：儿童类别。

在对两类儿童家乡文化认同感的正向方面调查上，结果显示，在保护民族古迹和文化、家乡的方言认同感、家乡歌谣民间传说故事和家乡风味小吃的喜爱程度四方面上，留守儿童都相对较低。其中对于喜欢家乡风味小吃的调查结果显示，两类儿童的差异达到了统计上的显著性（Kruskal-Wallis检验相伴概率为0.004）。针对两类儿童家乡文化的认同感的负向方面进行调查，在对于家乡地方戏等娱乐活动很土气的判断上，留守儿童对于家乡文化地方戏等娱乐活动的反对情绪更明显。综合正反两方面的调查结果来看，侨乡留守儿童对于家乡文化认可程度低于非留守儿童，呈现文化认同弱化现象。对于是否愿意支持家乡发展等问题，非留守儿童的肯定性回答比例均高于侨乡留守儿童；两类儿童在是否认为家乡重要、在家乡是否有美好回忆、对家乡生活是否满意、是否会思念家乡、是否愿意保护家乡环境五个方面的差异达到了统计显著性。综上，两类儿童对于家乡整体的认同感存在显著差异，相比之下，侨乡留守儿童对家乡的归属感和荣誉感、对家乡建设的责任感都比非留守儿童更低，对家乡整体认同出现弱化。

四 侨乡留守儿童的教育关爱策略

（一）改善跨国亲子沟通，重建亲子基本信任

一方面，出国家长应当丰富跨国远距离亲子沟通方式，改变单一的电话沟通方式，利用微信、QQ等可视化媒介，学习远程陪伴技巧，增加远程亲子沟通的生活情境、情感内容，多关注孩子的情绪和心理变化，将关注点更多地转移到与子女沟通其心理情感的需求等，努力实现亲子间沟通目标的一致性；另一方面，增加远距离亲子沟通交流与现实亲子团聚频次。家长增加亲子沟通频次，积极利用回国探望或暑期安排孩子出国团聚，通过送礼物、倾听、探望等实际行动，加强对跨国分离背景下亲子情感沟通陌生化的修复，注重与孩子建立良好的亲子依恋关系，提升亲子情感体验，提高亲子沟通的有效性，重建亲子间的基本信任。

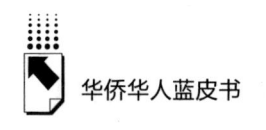

（二）重视侨乡留守儿童学业成长与价值观引导

家长与代理监护人应当更加重视侨乡留守儿童的学业成长。树立正确的出国观，即使儿童出国也要重视学业，不将出国与学业学习相对立，避免出国预期对儿童学习积极性的打击。通过组织类家庭等扩大家庭教育资源，提升家庭教育者的文化水平与教育方法，主动密切联系学校了解孩子的学业状况，共同探讨改善孩子的学习问题，安排儿童课后辅导计划，为孩子及时解决课后疑难提供帮助。家庭教育者应注意个人的价值观与行为方式，进行榜样示范，帮助孩子掌握社会规范，学会承担社会责任；引导孩子积极进行同龄伙伴交往，帮助侨乡留守儿童树立正确的价值观与消费观。

（三）家长合理安排侨乡留守儿童出国短期居留计划

频繁的跨国流动带来抚养人变动、儿童国外语言不通、跨国教育不衔接、同伴交往动荡等，对侨乡留守儿童学校适应与学业造成不良影响。父母应合理安排孩子的出国短居计划，给孩子一定的缓冲时间，在回国时安抚好孩子的情绪，避免因再次长期分离造成心理创伤；重视国内外的衔接情况，减少孩子出国、回国时的不适应，出国前提早学习该国基本语言，减少沟通障碍；回国前提早预习功课，赶上国内学习进度。

（四）探索提升侨乡学校教师"侨"素养

开展侨乡教师"侨"文化学习，引导侨乡教师关注侨乡留守儿童这一特殊群体，把握侨乡留守儿童教育特征，提高教育知识技能。探索实施侨乡教师担任侨乡留守儿童"第二家长"制度，弥补侨乡留守儿童家长角色缺失、代理监护人难以履行监护职责的不足。

（五）引入大学生关爱实践队等社会志愿力量

较多侨乡学校面临专业师资不足、侨乡留守儿童课程开发与实施难的困境。高校大学生志愿者尤其是师范类专业学生具有活力、热情与专业素养，可与专业社工力量相结合，参与学校侨乡留守儿童教育关爱。包括设计侨乡留守儿童的亲子信任教育、安全教育、行为矫正教育、消费教育、心理教育、交往教育、家国认同教育等课程；针对家长的亲子信任课程，增进亲子沟通与家庭团聚重塑亲子信任，满足孩子的情感需求，提高心理安全感；衔接学校课程开展以"侨"为主题的研学实践教育；[①] 走进侨乡与侨乡学校一起开展留守儿童教育关爱，精准帮扶，提高关爱质量，并实现活动的持续性与长效化。

（六）建立侨乡留守儿童家校社共育机制

一是增进家校沟通，密切侨乡留守儿童教育的家校联系与信息反馈。通过线上线下双向渠道，学校教师实时反馈学生情况，提升家长对孩子学业情况、在校行为状况、心理健康状况等的了解，引导家长关注侨乡留守儿童教育生活问题。创新侨乡留守儿童家访方式，开展对出国父母的线上家访与对代理监护人的线下家访，使家访成为侨乡留守儿童家校表现信息的真实交流平台，利用家访指导家长及监护人开展有效家庭教育，建立家校共育有效平台。

二是探索实施侨乡留守儿童国内学校跟班制。对于部分因在上学期间出国而导致学业衔接困难的侨乡留守儿童，学校予以评定并允许其跟班学习，跟上学业进度。

三是更加关注侨乡留守儿童的语文学科学业问题，开展有针对性的辅导与帮扶。实施"师生、生生"结对辅导，建立结对侨乡留守儿童档案记录，记录儿童的学业成绩、学习习惯、家庭教育状况等，分析其弱势学科及问题所在，制定有针对性的计划进行督促，改善侨乡留守儿童个体学业状况。在提高孩子的学习兴趣与成绩的同时，促进侨乡留守儿童与其他儿童的交往发展，树立良好的互助学习氛围。

四是加强学校与侨乡社区的合作，对社区内外的侨乡留守儿童支持资源

[①] 邓纯考、孙芙蓉、李子涵：《具身认知视角下研学旅行与学校课程的衔接》，《中国教育学刊》2020年第10期。

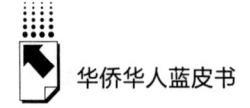

进行发掘与整合，如侨史馆、华文教育基地等，努力发挥其乡土性、可及性、全程性和多样性的优势。①

侨乡的人地矛盾、侨乡早期出国侨民的带动、"一带一路"倡议的驱动等，汇成我国东南沿海侨乡的侨民跨国流动潮。对温州市侨乡留守儿童的调研，揭示了"父母在海外"所带来的侨乡留守儿童面对的弱势处境，其内涵包括跨国亲子分离、家庭结构不稳、家庭教育缺失、祖辈监护能力弱化、出国预期与跨国学业动荡等，以及学校对侨乡留守儿童有针对性的教育关爱的缺失等；这种"弱势处境"对侨乡留守儿童心理、行为、学业、交往与家乡认同带来了负面影响；应当基于家校社协同的视角，合力改变侨乡留守儿童的弱势处境，改善这个特殊留守儿童群体的教育生活。

---

① 邓纯考：《农村留守儿童社区支持的资源与路径——基于西部地区四省两区的调研》，《教育发展研究》2013年第1期。

专 题 篇
Special Topic

B.11
华商网络在中国对泰投资中的作用效果及机制[*]

赵 凯 陈泽平 李 磊[**]

摘　要： 泰国作为积极参与"一带一路"建设的东盟成员国之一，不仅是推动"中国—东盟"合作与"一带一路"高质量建设的重要力量，同时也是华商网络较为密集的国家。泰国华商作为连接中国与泰国的桥梁，是影响中国对泰国投资的重要因素之一。为探究华商网络在中国对泰投资中的作用效果与影响机制，本文以泰国2007~2018年相关数据为研究样本，从泰国华商网络视角出发，通过建立岭回归模型，考察华商网络在中国对泰投资中的影响，然后基于文化交融、信息共享

---

[*] 本文为华侨大学华侨华人研究专项课题"'一带一路'背景下华侨华人移民网络与贸易畅通"（HQHRYB2018-05）的阶段性成果。
[**] 赵凯，经济学博士，华侨大学数量经济研究院-统计学院教授，主要研究方向为数量经济学；陈泽平，华侨大学统计学院硕士研究生，主要研究方向为经济统计；李磊，华侨大学统计学院硕士研究生，主要研究方向为经济统计。

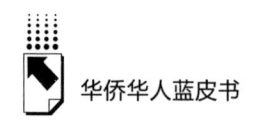

等角度,探讨华商网络在影响中国对泰投资中起到的作用。

关键词: 华商网络 对泰投资 "一带一路"

一 引言

对外投资是一国实现接轨世界、参与全球资源配置、推进技术进步的重要举措。[①] 自2013年习近平主席提出共建"一带一路"倡议以来,中国对外投资稳步发展。中国商务部相关数据显示,2020年我国对外直接投资1329.4亿美元,同比增长3.3%;对"一带一路"沿线58个国家直接投资177.9亿美元,同比增长18.3%,占同期总额的16.2%,较上年提升2.6个百分点。[②] 与此同时,我国对外投资的意向也在不断加强。2015年,国家发展改革委、外交部、商务部联合发布的《推进共建丝绸之路经济带和21世纪海上丝绸之路的愿景与行动》明确指出,要加快"一带一路"投资便利化进程、拓展国家之间的投资领域。该愿景突出强调了投资对带动各国贸易合作、推动"一带一路"高质量发展的重要影响。

东盟国家是"一带一路"沿线的重要组成部分,"中国—东盟"合作对推进"一带一路"建设具有重要作用。泰国作为东盟国家中的重要成员,其在东盟各国中的经济及地理区位优势,决定了"中泰合作"对深化"中国—东盟"合作与"一带一路"建设具有重要意义。2021年是中国与泰国正式建交46周年,也是《中华人民共和国政府和泰王国政府关于可持续发展合作谅解备忘录》签订10周年。随着中泰关系的不断向好发展,两国间的经贸往来也愈发密切。早在2010年,中国已成为泰国第一大出口市场、

[①] 王琳华、者贵昌:《中国对外直接投资形势及特点分析》,《中国经贸导刊(中)》2018年第32期。
[②] 资料来源于中华人民共和国商务部网站,http://www.mofcom.gov.cn/xwfbh/20210121.shtml。

第二大进口来源国及第二大贸易伙伴。此外，泰国投资促进委员会的工作报告显示，2019年中国对泰国直接投资金额达到了2600亿泰铢，超过日本的730亿泰铢，成为泰国的最大投资来源地。中泰经贸往来的日益紧密得益于诸多因素的积极影响，特别是泰国华商网络的建立与发展，它不仅降低了中国对泰国投资的门槛，同时也提升了中国在泰国的投资效率。据中国国务院侨务办公室统计，截至2007年，泰国华人总数为700万左右，约占泰国总人口的12%，且多集中在曼谷、清迈等大中城市。此外，在2009年泰国百家最大上市企业中，华商企业占比为46%，总市值高达441.42亿美元；泰国国内大型企业中，约30%为华商所有，华商大型企业资产规模约为2342亿美元。[①] 泰国华商作为连接中泰关系的重要"桥梁"，他们不仅了解中泰之间的政治、文化、法律的制度差异，同时也熟知泰国社会经济状况。那么，在中国与泰国之间经贸合作不断深化的背景下，泰国的华商网络是不是促进中国对泰国投资的重要因素？华商网络在中国对泰国投资过程中又发挥了怎样的作用？

本文基于Linnemann的经典引力模型，以泰国2007～2018年相关数据为研究样本，首先通过建立岭回归模型，考察泰国华商网络在中国对泰投资中的影响；然后基于文化、信息共享等角度，探讨泰国华商在推动中国对泰投资中所起的作用，并给出相应的结论与政策建议。

二 文献综述

与本文内容相关的文献可大致归纳为华商网络研究现状与对外投资影响因素研究现状两个方面。

（一）华商网络研究现状

目前，学者们就华商网络的定义、主体、地域覆盖范围及特征尚未达成

---

① 刘文正：《21世纪初泰国华商经济地位初探》，《八桂侨刊》2012年第3期。

统一的认识。

首先,就华商网络的定义而言,蒙英华认为,华商网络是以"五缘关系"为联结纽带,以共同利益尤其是共同经济利益为核心,以非正式化的商业和社会纽带及正式化的社团为组织形式所形成的泛商业网。[①] 王勤认为华商网络是基于中华文化背景和商业利益而形成的经营网络系统。[②] 约翰·奈斯比特认为华商网络是由华人宗亲、同乡之网等交织而成的一张铺盖全球的网络。[③] 其次,就华商网络的主体而言,蒙英华认为,华商网络的主体是海外华商群体。[④] 廖小健则认为华商网络的主体包括世界范围内的华人个人与社团、华人与华人企业,以及华人企业之间形成的诸多联系。[⑤] 黄英湖认为华商网络主要由三方面组成,包括华商企业自身的商业网络、海外各地华商联合组成的各级商会,以及各华商企业互相参股合作的商业网络。[⑥] 总体而言,华商网络拥有多重构建主体,包括个人、同乡会、社团以及企业组织。再次,就华商网络的地域覆盖范围而言,王勤认为华商网络的地域覆盖范围包括中国大陆的华商企业,[⑦] 而陈肖英指出,学者们在华商网络的地域覆盖范围上存在分歧主要是忽略了华商网络概念是一个历史范畴,它同中国历史进程密切联系,在不同的时空背景下,华商网络所覆盖的地域是不同的。[⑧] 最后,就华商网络的特征而言,郭梁认为华商网络具有人脉、组织、区位、行业和信息化等五大特征。[⑨] 刘权和罗俊翀认为海外华商网络的特征体现在华人社团的国际化、华商大会的经常性举办,以及以汉字为载体的华

---

① 蒙英华:《海外华商网络与中国对外贸易:理论与证据》,博士学位论文,厦门大学,2008。
② 王勤:《东亚区域经济整合与华商》,《亚太经济》2009年第2期。
③ 〔美〕约翰·奈斯比特:《亚洲大趋势》,蔚文译,外文出版社、经济日报出版社、上海远东出版社,1996,第13~14页。
④ 蒙英华:《华商网络内部信息交流机制研究》,《南洋问题研究》2009年第2期。
⑤ 廖小健:《世界华商网络的发展与潜力》,《世界历史》2004年第3期。
⑥ 黄英湖:《我省发挥侨力优势问题的分析与思考》,《福建论坛》(人文社会科学版)2006年第1期。
⑦ 王勤:《东亚区域经济整合与华商》,《亚太经济》2009年第2期。
⑧ 陈肖英:《纷争与思考:华商网络研究综述》,《八桂侨刊》2017年第3期。
⑨ 郭梁:《辨析华商网络》,《东方企业文化》2005年第10期。

商互联网站的建立。①

尽管学者们就华商网络定义、主体、地域覆盖范围及特征等方面没有达成共识，但对华商网络在促进中外贸易合作中发挥的重要"桥梁"作用持有较为一致的观点。具体而言，华商网络的"桥梁"作用可大致概括为信息共享、文化交融、经济关联及内部治理四个方面。首先，华商网络能够促进东道国同中国的信息交流，减少信息不对称。唐礼智和黄如良通过理论分析，认为华商网络能进一步加强海外华人企业间资金、信息、业务上的联合，起到传递信息、融通资金、降低交易费用、规避风险等作用。②贺书锋和郭羽诞基于2003~2008年中国与87个国家（地区）的对外直接投资数据，研究发现华商网络能够通过信息共享机制促进中国对外直接投资。③方慧和赵甜以2003~2015年中国同"一带一路"沿线44个国家的贸易投资数据为研究样本，通过PPML方法分析发现，华商网络能够促进信息流动，以降低信息不对称和文化差异在投资过程中带来的负面影响。④戴利研和李震以中国对89个国家2003~2015年对外直接投资数据为研究样本，通过探究双边政治关系对中国对外直接投资的影响，发现密切的双边关系有利于促进信息流动，并且能够在一定程度上削弱较高的制度风险带来的不确定性，并最终降低投资成本。⑤其次，华商网络能够加强同东道国的文化联系，降低文化差异在对外投资上的负面影响。许和连和李丽华以2003~2009年中国对外直接投资的66个国家（地区）为研究样本，运用引力模型分析了文化因素在中国对外直接投资区位选择上的作用，发现中国与东道国之间文化差

---

① 刘权、罗俊翀：《华商网络研究现状及其分析》，《暨南学报》（人文科学与社会科学版）2004年第2期。
② 唐礼智、黄如良：《海外华商网络分析及启示》，《福建论坛》（人文社会科学版）2007年第10期。
③ 贺书锋、郭羽诞：《对外直接投资、信息不对称与华商网络》，《山西财经大学学报》2010年第2期。
④ 方慧、赵甜：《中国企业对"一带一路"国家国际化经营方式研究——基于国家距离视角的考察》，《管理世界》2017年第7期。
⑤ 戴利研、李震：《双边政治关系，制度质量与中国对外直接投资》，《经济理论与经济管理》2018年第11期。

异越大,中国对其投资越少。① 蒋冠宏基于2004～2008年中国对外直接投资的企业数据,深入研究了文化距离与中国对外直接投资风险之间的关系,认为较小的文化距离可以降低中国企业对外直接投资的风险。再次,华商网络可以加强东道国同中国的经济联系,促进两国间的贸易与投资。② Rauch和Trindadae研究发现,海外华人网络能够有效促进中国对外贸易的发展。③林在明认为华商网络资源在融合中国经济与世界经济的过程中发挥了显著的桥梁作用。④蒙英华通过分析海外华商网络对中国对外贸易与投资的效果,发现海外华商网络在克服非正式贸易壁垒方面发挥了积极作用,且有助于促进中国对外贸易与投资的发展。⑤陈初昇等以2011～2016年中国同各国(地区)的对外直接投资数据为研究样本,采用引力模型进行研究发现,华商网络能够促进中国企业对外投资水平。⑥张吉鹏和衣长军以2005～2014年中国企业在"一带一路"沿线国家投资的相关数据为样本,分析发现"一带一路"沿线国家华侨华人网络不仅对中国跨国企业海外子公司生存有正向影响,同时也有助于降低中国跨国企业海外子公司退出风险。⑦梁双陆等以中国同东南亚国家的贸易数据为样本,通过建立贸易引力模型分析发现,华人网络对中国与东南亚国家的进出口贸易具有显著影响。⑧最后,华商网络能够形成自己的治理机制,帮助投资者降低违约行为发生的概率,并提高其投资效率。

---

① 许和连、李丽华:《文化差异对中国对外直接投资区位选择的影响分析》,《统计与决策》2011年第17期。
② 蒋冠宏:《制度差异、文化距离与中国企业对外直接投资风险》,《世界经济研究》2015年第8期。
③ James E. Rauch, Vitor Trindade, "Ethnic Chinese Networks in International Trade," *Review of Economics and Statistics*, 84 (2002).
④ 林在明:《企业运用华商网络"走出去"的思考》,《发展研究》2004年第5期。
⑤ 蒙英华:《海外华商网络与中国对外贸易:理论与证据》,博士学位论文,厦门大学,2008。
⑥ 陈初昇、燕晓娟、衣长军:《跨境电商、华商网络与中国企业OFDI》,《浙江大学学报》(人文社会科学版)2019年第6期。
⑦ 张吉鹏、衣长军:《华侨华人网络对中国跨国企业海外子公司生存绩效的影响:以"一带一路"沿线国家为例》,《上海经济》2020年第3期。
⑧ 梁双陆、王壬场、顾北辰:《东南亚华人网络及其贸易创造效应》,《云南社会科学》2020年第6期。

范兆斌和杨俊基于 2003~2012 年中国在 24 个国家海外华人和直接投资的数据，以引力模型为基础检验模型的理论假说，发现海外移民网络的内部治理机制有助于提高合约的执行效率，并降低直接投资活动中的交易成本。① 田珺认为，华人网络的存在能够有效地减轻经济政策不确定性对中国企业对外投资造成的负面影响。②

（二）对外投资影响因素研究现状

有关影响一国对外投资的因素，可大致概括为经济、资源、制度和文化因素四个方面。

经济因素方面，祝继高等认为，只有东道国具备了一定的经济规模与发展水平，才能吸纳外商投资。③ 程惠芳和阮翔选取对中国进行直接投资的 32 个国家（地区）为研究样本，基于引力模型分析发现，投资国与东道国的经济规模总和及双边贸易量与两国的 OFDI 正相关，且投资国与东道国的经济规模和经济水平越相似，两国之间的直接投资流量越大。④ 周晔基于 1984~2003 年我国对外直接投资的数据分析得出，影响我国对外直接投资的因素主要包括出口、GDP 增长率和汇率，其中出口对对外直接投资的正向影响最为显著。⑤ 此外，也有学者认为东道国金融发展水平能够影响我国对其投资的规模与投资效率。⑥ 张友棠和杨柳以 38 个"一带一路"沿线国家 2003~2016 年面板数据为样本，研究发现"一带一路"沿线国家的金融深度、金融效率等金融发展指标的提升对促进我国对外直接投资效率具有显

---

① 范兆斌、杨俊：《海外移民网络、交易成本与外向型直接投资》，《财贸经济》2015 年 4 期。
② 田珺：《不确定性、移民网络和中国企业"走出去"》，《新经济》2020 年第 1 期。
③ 祝继高、王谊、汤谷良：《"一带一路"倡议下的对外投资：研究述评与展望》，《外国经济与管理》2021 年第 3 期。
④ 程惠芳、阮翔：《用引力模型分析中国对外直接投资的区位选择》，《世界经济》2004 年第 11 期。
⑤ 周晔：《我国对外直接投资的宏观影响因素研究》，《企业经济》2005 年第 6 期。
⑥ 刘志东、高洪玮：《东道国金融发展、空间溢出效应与我国对外直接投资——基于"一带一路"沿线国家金融生态的研究》，《国际金融研究》2019 年第 8 期。

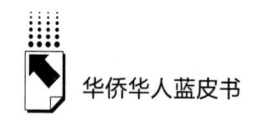

著正向影响。①

资源因素方面，可大致概括为"自然资源禀赋优势论"和"劳动力禀赋优势论"。持"自然资源禀赋优势论"的学者认为，"一带一路"沿线国家所具有的丰富自然资源有利于吸引我国对外投资。② 宋利芳和武皖基于2005~2015年"中国全球投资追踪"数据库和Wind金融数据库的匹配数据，运用引力模型研究发现，我国国有企业的对外直接投资额与东道国的自然资源呈正相关。③ 胡冰和王晓芳以2007~2016年中国同"一带一路"沿线国家对外投资相关数据为样本，采用Heckman两阶段选择模型和因子分析法分析发现，沿线国家丰富的自然资源不仅有利于吸引中国在该国进行投资，同时也有助于扩大中国在该国的投资规模。④ 持"劳动力禀赋优势论"的学者认为，随着我国"人口红利"的逐渐消失，对外寻求丰富且廉价的劳动力资源是推动我国对外投资的重要因素之一。⑤ 邸玉娜和由林青研究发现，"一带一路"沿线国家的劳动力禀赋显著影响了我国对外投资的区位选择，且劳动力成本越高，越不利于投资规模与投资效率的增加。⑥ 此外，蒋冠宏和蒋殿春认为，我国对"一带一路"沿线国家的投资存在战略资源寻求动机，即东道国技术水平越高，越能显著提升我国对其投资的可能性。⑦

制度因素方面，根据全球治理指数的六个维度，从政府效能、法制水平、腐败控制水平、管制质量、政治稳定以及话语权与问责制对东道国制度

---

① 张友棠、杨柳：《"一带一路"国家金融发展与中国对外直接投资效率——基于随机前沿模型的实证分析》，《数量经济技术经济研究》2020年第2期。
② 王颖、吕婕、唐子仪：《中国对"一带一路"沿线国家直接投资的影响因素研究——基于东道国制度环境因素》，《国际贸易问题》2018年第1期。
③ 宋利芳、武皖：《东道国风险、自然资源与国有企业对外直接投资》，《国际贸易问题》2018年第3期。
④ 胡冰、王晓芳：《对"一带一路"国家对外投资支点选择：基于金融生态环境视角》，《世界经济研究》2019年第7期。
⑤ 祝继高、王谊、汤谷良：《"一带一路"倡议下的对外投资：研究述评与展望》，《外国经济与管理》2021年第3期。
⑥ 邸玉娜、由林青：《中国对"一带一路"国家的投资动因、距离因素与区位选择》，《中国软科学》2018年第2期。
⑦ 蒋冠宏、蒋殿春：《中国企业对外直接投资的"出口效应"》，《经济研究》2014年第5期。

进行衡量。已有研究表明，东道国较高的政府效能、法制水平和腐败控制水平均能显著提高我国对"一带一路"沿线国家的投资水平与投资效率；[①] 较高的管制质量有助于提升吸引外商投资的可能性，但不利于提升投资效率。蒋冠宏和蒋殿春基于2004~2008年我国1852家对外投资企业数据，证实了东道国腐败控制水平和法制水平对于我国企业对外投资的促进作用。此外，政治稳定、话语权与问责制对我国对外投资区位选择与投资效率并不存在显著影响，表明我国对外投资不以参与东道国政治决策为目标。[②]

文化因素方面，王霞等认为文化差异作为一种隐蔽的投资壁垒，显著影响着对外投资水平。[③] 有关文化差异与我国对外投资水平关系的研究可大致分为"负相关论"与"非线性相关论"。持"负相关论"观点的研究中，王晓宇和杨言洪基于我国对中东国家的直接投资数据，研究发现较大的双边文化差异能够显著提升对外投资水平。[④] 韩民春和江聪聪以"一带一路"沿线43个主要国家面板数据为样本，研究发现我国对外投资主要集中于与我国文化差异较小的国家。[⑤] 持"非线性相关论"观点的研究中，孙朋军和于鹏认为对外投资动因不同，文化差异对我国对外投资的影响效果不同。具体而言，当对外投资以寻求资源为目标时，文化差异与我国对外投资水平显著负相关；当对外投资以寻求市场为目标时，文化差异与我国对外投资水平显著正相关。[⑥] 蒋冠宏基于2004~2008年我国1852家有对外直接投资的企业数据，通过检验我国与东道国之间的文化距离对我国企业对外直接投资风险

[①] 王金波：《双边政治关系、东道国制度质量与中国对外直接投资的区位选择——基于2005~2017年中国企业对外直接投资的定量研究》，《当代亚太》2019年第3期。

[②] 蒋冠宏、蒋殿春：《中国企业对外直接投资的"出口效应"》，《经济研究》2014年第5期。

[③] 王霞、程磊、刘甜：《文化差异、制度质量对中国对"一带一路"沿线国家直接投资的影响》，《投资研究》2020年第11期。

[④] 王晓宇、杨言洪：《非正式制度距离对我国对中东直接投资影响研究》，《投资研究》2019年第11期。

[⑤] 韩民春、江聪聪：《政治风险、文化距离和双边关系对中国对外直接投资的影响——基于"一带一路"沿线主要国家的研究》，《贵州财经大学学报》2017年第2期。

[⑥] 孙朋军、于鹏：《文化距离对中国企业落实"一带一路"投资战略的影响》，《中国流通经济》2016年第2期。

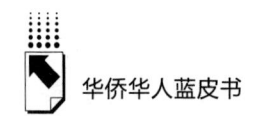

的影响，发现适度的文化差异会降低我国企业对外直接投资的风险，过度的文化差异则会增加对外投资的风险。①

综上可知，已有研究多基于宏观面板数据探讨华商网络与我国对外投资的关系，少有围绕某一具体东道国探究华商网络对我国对外投资的作用效果。基于此，本文将基于华商网络，探究华商网络在中国对泰国直接投资中的影响及其作用方式。

三 对泰投资研究现状分析

（一）泰国华人基本情况

1. 泰国人口情况

2021年联合国公布的数据显示，2019年，泰国总人口为6962.6万人；2020年，泰国总人口为6992.9万人。此外，就2020年泰国各城市人口数量（见图1）而言，曼谷人口数量最多，以510.4万人在泰国城市中排名第一，其次分别是北榄府、暖武里府等地区。

图2展示了1955~2020年泰国城市和农村的人口分布情况，从图2可以发现泰国的城市化进程不断提高。截至2020年底，泰国的人口城市化率已经达到51.1%。

从泰国民族分布（见图3）可以看出，泰国是一个由泰族、华族、马来族以及其他民族组成的多元化国家。其中，泰族人数最多，占泰国总人口的75%；其次是华族，占泰国总人口的14%。

图4展示了2007~2019年泰国华人数量的分布情况，在泰国的华人数量总体呈现"先增后减再平"的趋势。截至2019年，在泰国生活定居的华人有701万人。②

---

① 蒋冠宏：《制度差异、文化距离与中国企业对外直接投资风险》，《世界经济研究》2015年第8期。
② 数据来源于台湾地区2019年《侨务统计年报》，http://www.ocac.gov.tw/。

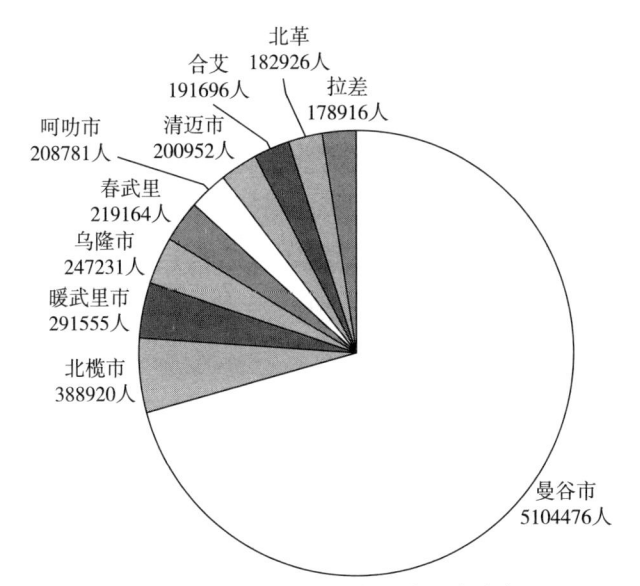

图1 2020年泰国人口数量前十大城市

北榄市 388920人
暖武里市 291555人
乌隆市 247231人
春武里 219164人
呵叻市 208781人
清迈市 200952人
合艾 191696人
北革 182926人
拉差 178916人
曼谷市 5104476人

资料来源：世界实时统计数据网，https://www.worldometers.info/。

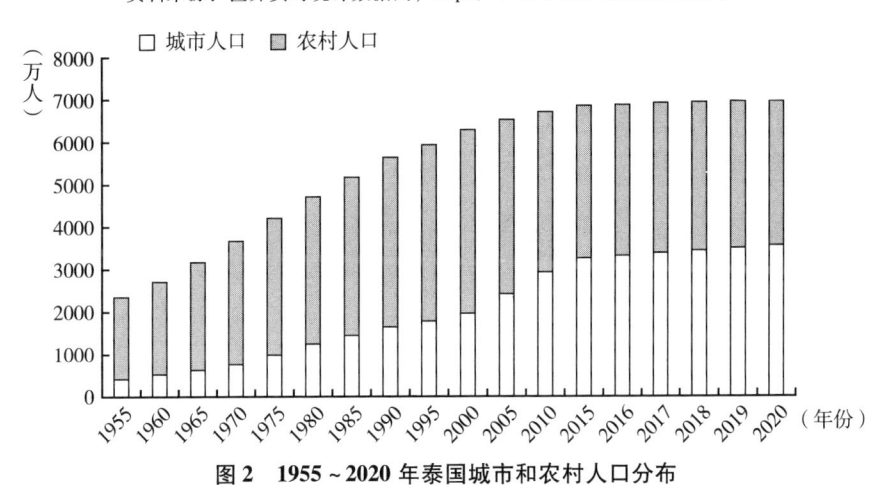

图2 1955~2020年泰国城市和农村人口分布

资料来源：世界实时统计数据网，https://www.worldometers.info/。

2. 泰国华商资产情况

华商活跃在泰国的各个经济领域，包括制造业、房地产业、建筑业、农业、金融业以及其他各类服务业，对泰国国民经济发展具有重要的作用。美国《福布斯》杂志资料显示，2010年全球2000强企业中，泰国共有14家

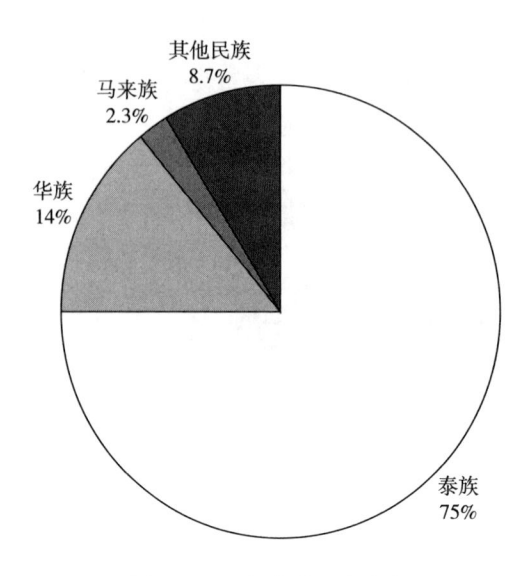

图 3　2016 年泰国民族分布

资料来源：世界人口网，https://www.renkou.org.cn/。

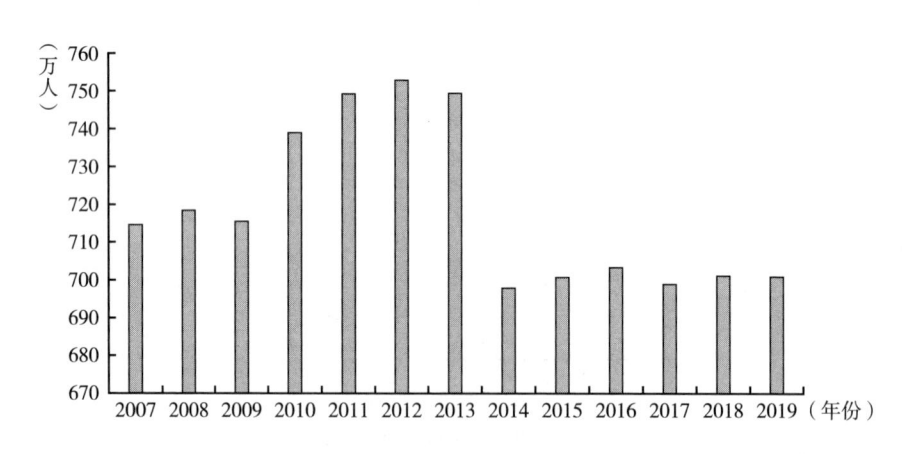

图 4　2007~2019 年泰国华人数量

资料来源：根据世界银行数据库、《华侨华人研究报告（2020）》（社会科学文献出版社，2020）及台湾地区 2019 年《侨务统计年报》信息整理汇编。

上榜企业，其中有 5 家是华商企业，分别是泰华农民银行、盘古银行、大城银行、卜峰食品公司以及泰国酿酒公司。此外，根据《亚洲周刊》颁布的

"全球华商1000强",2018年有10家泰国华人企业上榜(见表1),总资产达到了2986.045亿美元,可见泰国华人整体经济实力雄厚。

表1 全球华商1000强中泰国华商企业分布情况

公司名称	总资产(百万美元)	市值(百万美元)	排名
CP All Public Company Limited	10615.8	18157.9	97
开泰银行	85469.7	14350.9	118
盘古银行	90639.7	11876.5	148
Thai Beverage Public Company Limited	11827.0	11291.4	158
Central Pattana Public Company Limited	3552.6	10656.8	167
大城银行	61543.1	8899.0	207
卜蜂食品公司	17486.6	6535.4	282
True Corporation Public Co. Ltd.	13709.8	5917.4	304
泰达电子大众股份有限公司	1359.9	2587.0	732
京都水泥大众有限公司	2400.3	2149.7	850

注:排名按照市值大小进行排序。
资料来源:2018年《亚洲周刊》"全球华商1000强",http://www.yzzk.com。

3. 中泰文化交流情况

长期以来,泰国华人始终不忘自己的祖籍国文化。在泰国的华人群体身怀"中华文化情结",积极传承中华文化,并进行中华文化的宣传与推广。孔子学院作为中泰文化交流的重要场所,对推动泰国了解中华文化、加深中泰文化交流具有重要作用。相关资料显示,2006年8月,中国在泰国的第一家孔子学院在孔敬大学成立;[1] 同年11月,全球首家孔子课堂在曼谷唐人街岱密中学成立。截至2019年底,泰国已有16所孔子学院和11个孔子课堂。[2] 此外,泰国华人在中华文化风俗的基础上,通过吸收借鉴泰国的优秀文化,逐渐形成了独一无二的泰国华人文化,在泰国社会中影响深远。泰国华人凭借丰富的人脉资源和华商网络的优势,"以侨为桥",形成了人文

---

[1] 陈俊源:《泰国孔子学院发展现状、困境与对策》,《传播与版权》2017年第11期。
[2] 刘念慈:《"一带一路"背景下泰国孔子学院文化活动本土化发展现状及推进对策——以清迈大学孔子学院为例》,《智库时代》2020年第4期。

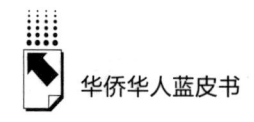

交流的重要纽带，促进华人资本与泰国本地资本相互融合，为引进中国的投资打下了良好的民意基础。

4. 政治影响力情况

在政治上，泰国对华政治态度较为友好，泰国华人的政治话语权也相对较大。在泰国历史上，华人同泰国王室的关系一直比较密切，自现代选举制度确立之后，华人中的政治精英逐渐活跃，在国家层面及地方层面的政治领域中都能够见到华人的身影。泰国华人通过参政议政，积极参与泰国国家政治事务，为泰国政府发展对华关系建言献策，充当两国政治交往的使者，有利于加深泰国政府对中国政治和政策的理解，增进中国与泰国之间的政治互信，极大地促进两国关系的发展。

随着华人在泰国的政治影响力和政治地位的提升，华人可以更好地保护切身经济利益，同时，政治与经济的互动作用能够有效保障中泰合作项目有效落实，促进双边投资贸易，惠及两国人民。

（二）外商对泰国投资状况概述

根据美国新闻网发布的最新全球调查数据，"2020年全球最佳创业国家"排名中，泰国位居榜首；"2020年世界上最适合投资的国家"排名中，泰国位居第二名。

1. 泰国吸收外资的整体状况

泰国投资促进委员会《2020年投资总体情况报告》显示，受政府出台的十大重点产业、产业集群、东部经济走廊等一系列投资促进政策的影响，2020年泰国吸引投资促进项目1717个，总投资金额为4811.50亿泰铢。其中东部地区的投资促进项目共513个，投资金额为2231.30亿泰铢，占总投资金额的46.37%。在东部经济走廊地区中，罗勇府的投资金额最高，其次分别是春武里府和北柳地区。[①]

---

① 资料来源于《2020年投资总体情况报告》，https://www.boi.go.th/upload/content/investmentpromotion2020.pdf。

2. 外商在泰国的投资概况

根据泰国投资促进委员会发布的《2020年外商直接投资总体简况》，2020年泰国外商直接投资项目批准总数量为923个，总投资金额为2522.27亿泰铢。表2列出了2020年泰国10大外商来源地投资批准情况，其中日本对泰国投资项目210个，投资金额643.57亿泰铢，为泰国第一大外资来源地；其次是中国大陆以投资项目181个，投资金额557.88亿泰铢，为泰国的第二大外资来源地。[①]

表2 2020年对泰国投资前十位的国家和地区

国家/地区	项目数量(个)	投资金额(亿泰铢)	排名
日本	210	643.57	1
中国大陆	181	557.88	2
荷兰	65	212.69	3
新加坡	136	188.67	4
中国台湾	71	156.42	5
香港	70	140.35	6
美国	38	137.42	7
德国	17	31.62	8
奥地利	1	24.76	9
瑞士	18	23.22	10

注：排名按照投资金额大小进行排序。
资料来源：《2020年外商直接投资总体简况》，https：//www.boi.go.th/upload/content/Q4%202020_600a81a312120.pdf。

泰国丰富的自然资源以及廉价的劳动力，吸引了大量的外资在泰国投资建厂。2020年《对外投资合作国别（地区）指南》相关数据显示，泰国的自然资源主要有钾盐、锡、钨、锑、铅、铁、锌、铜、钼、镍、铬、铀等，还有重晶石、宝石、石油、天然气等。其中钾盐储量4367万吨，居世界首位；

[①] 资料来源于《2020年外商直接投资总体简况》，https：//www.boi.go.th/upload/content/Q4%202020_600a81a312120.pdf。

石油总储量 2559 万吨；褐煤蕴藏量约 20 亿吨；天然气蕴藏量约 3659.5 亿立方米。[1] 丰富的自然资源和廉价的劳动力也使外商主要集中投资于泰国的工业制造。表 3 显示，外商在泰国的投资主要集中在金属制品和机器加工、服务业以及电子商务，而对高新科技行业的投资最少。

表3 2020 年泰国各行业批准外商投资项目及投资金额

行业类型	项目数量(个)	投资金额(亿泰铢)
农产品	57	81.85
矿产及陶瓷制品	32	218.70
轻工行业/纺纱品	64	80.77
金属制品和机器加工	234	779.37
电子商务	233	552.13
化工及纸业	57	170.71
服务业	245	634.68
高新科技	1	4.06
总计	923	2522.27

资料来源：《2020 年外商直接投资总体简况》，https：//www.boi.go.th/upload/content/Q4%202020_600a81a312120.pdf。

2020 年受新冠肺炎疫情的影响，全球经济都遭受不同程度的负面影响。泰国投资促进委员会公布的数据（见图5）显示，2020 年批准的外商直接投资项目 923 个，投资金额 2522.27 亿泰铢，与 2019 年同期相比，项目数量增加 5.37%，投资金额下降 10.52%。

泰国作为"一带一路"沿线的重要节点国家，是中国企业"走出去"的重要平台。本文从 CEIC 数据库获得了 2007～2019 年中国对泰国直接投资的相关数据（见图6），从图6 可知，2007 年中国对泰国直接投资仅为 7641 万美元，而 2019 年中国对泰国直接投资则达到了 137191 万美元，接近 2007 年投资金额的 18 倍。

---

[1] 资料来源于《对外投资合作国别（地区）指南》，中国商务部网站，http：//www.mofcom.gov.cn/dl/gbdqzn/upload/taiguo.pdf。

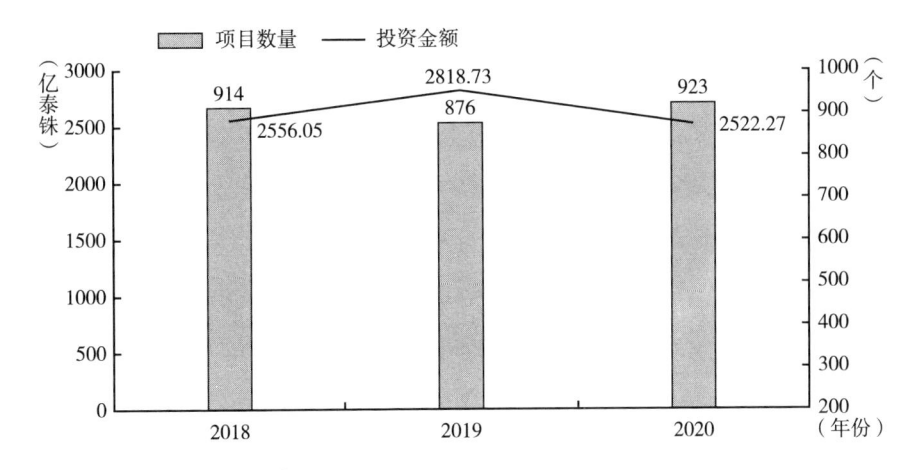

图 5　2018~2020 年泰国批准外商投资项目及金额情况

资料来源:《2020 年外商直接投资总体简况》,https://www.boi.go.th/upload/content/Q4%202020_600a81a312120.pdf。

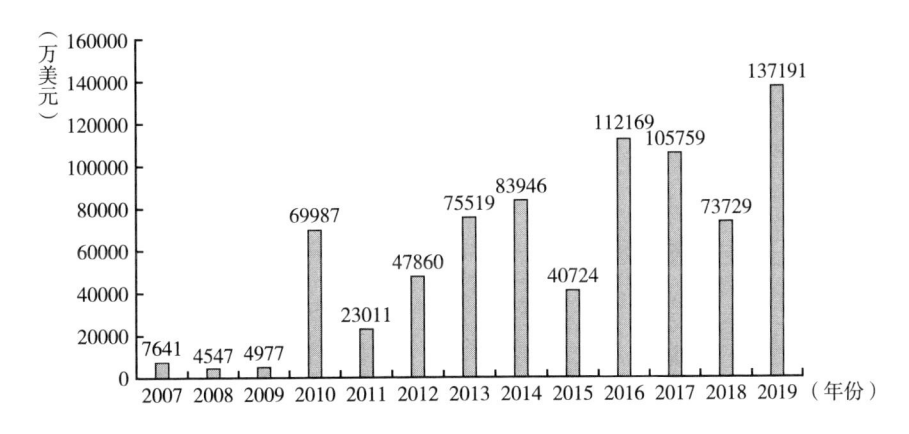

图 6　2007~2019 年中国对泰国直接投资金额

资料来源:根据 CEIC 数据库信息整理。

近年来,越来越多的中国企业在泰国投资建厂。相关资料显示,中国在泰国最近三年的外商直接投资排名中,始终位列前三。2019 年,中国首次超越日本成为泰国最大投资来源地,这表明中国已经是泰国非常重要的外资来源地。

2020年《中国对泰国直接投资统计数据》（见表4）显示，就投资项目数量而言，泰国全年共批准923个外商投资项目，其中中国获批181个投资项目，占总项目数量的19.61%。从投资金额看，中国对泰国直接投资的行业领域主要集中在金属制品和机械加工行业、矿产及陶瓷制品行业、轻工行业、电子商务等，而中国对泰国的高新科技行业投资金额为零。从外商投资金额来看，获批外商总投资金额为2522.27亿泰铢，其中，中国获批投资金额达557.88亿泰铢，占总投资金额的比例为22.12%。

表4 2020年泰国批准中国的投资项目及金额

行业类型	项目数量（个）	投资金额（亿泰铢）
农产品	11	4.52
矿产及陶瓷制品	15	181.84
轻工行业/纺纱品	24	44.20
金属制品和机器加工	55	229.25
电子商务	40	43.90
化工及纸业	21	37.05
服务业	15	17.12
高新科技	0	0
总计	181	557.88

资料来源：2020年《中国对泰国直接投资统计数据》，https://www.boi.go.th/upload/content/China%20（Jan–Dec）%202020_600a7f74953f7.pdf。

为加快吸引外商投资，泰国设立了专门的投资促进委员会，旨在统筹管理国内外在泰国的投资活动，以及为泰国企业在国外投资提供服务，并制定强有力的投资优惠政策，包括：税务上的优惠权益，如免缴或减免企业所得税、免缴或减免机器进口税、免缴出口所需的原材料进口关税等；非税务上的优惠权益，如允许引进专家技术人员、允许企业以公司名义获得永久土地所有权、允许外资独立持股、允许汇出外汇，以及其他保障和保护措施等。[1] 此外，为鼓励外商投资，泰国投资促进委员会还放宽了对外商持股比例的限制，即允许外商持大部分或全部股份。近几年中国逐渐加大了对泰国

---

[1] 资料来源于《对外投资合作国别（地区）指南》，中国商务部网站，http://www.mofcom.gov.cn/dl/gbdqzn/upload/taiguo.pdf。

的投资，这不仅仅是中国"走出去"战略所需，同时也离不开泰国营商环境的改善和各种优惠政策的实施。

四 实证分析

本部分以2007~2018年中国对泰国直接投资的相关数据为研究样本，基于经典引力模型建立对外投资引力方程，探究华商网络在中国对泰国投资中的作用。

（一）数据来源及变量说明

华商资产。有关华商资产的数据收集难度较大，且当前暂无可供使用的华商数据库。已有研究中，梁双陆等基于《福布斯》国家富豪榜的数据，通过筛选出榜单上的华人企业，并计算榜上的所有华人企业的资产总和，用来描述该国的华商资产。[①] 本文参考梁双陆等的思路，采用《亚洲周刊》每年发布的"全球华商1000强"，并对每年上榜的泰国华人企业进行统计，用榜上华人企业的资产总和来代表泰国的华商资产。

华人存量。本文借鉴Gao的做法，采用泰国的华人存量来作为华商规模的替代变量。[②] 对于华人存量的统计，少数国家官方统计局有针对不同族裔的人口统计，而绝大部分国家的华人数量主要通过各种统计报告获得。本文从世界银行数据库、《华人华侨研究报告（2020）》及《侨务统计年报》中获得泰国2007~2018年的华人人口数据。[③]

中国对泰国直接投资。中国对泰国直接投资为本文的被解释变量，反映

[①] 梁双陆、王壬玚、顾北辰：《东南亚华人网络及其贸易创造效应》，《云南社会科学》2020年第6期。

[②] Ting Gao, "Ethnic Chinese Networks and International Investment: Evidence from Inward FDI in China," *Journal of Asian Economics*, 14 (2003): 611–629.

[③] 赵凯、黄华华、徐圣翔：《"一带一路"倡议对文化沟通和贸易畅通的影响研究》，载贾益民、张禹东、庄国土主编《华侨华人研究报告（2020）》，社会科学文献出版社，2020，第230页；世界银行数据库，https://www.worldbank.org/en/home；台湾地区2007~2019年《侨务统计年报》，http://www.ocac.gov.tw/。

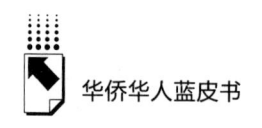

了中国对泰国的投资情况，数据来源为国家统计局。

此外，本文还对如下变量进行了控制：两国之间的 GDP 差值（DGDP），用中国 GDP 减去泰国 GDP 进行衡量；两国的利率差（DIR），以泰国实际利率减去中国实际利率所得进行衡量；汇率（ER），以人民币对泰铢的中间价作为 ER 的代理变量。

表 5、表 6 列出了投资引力模型中涉及的中国对泰国直接投资相关变量的说明及描述性统计，包括各变量的平均值、标准差、最大值、最小值以及四分位数。从描述性统计结果可知：2007～2018 年泰国的华人数量波动较小；中泰两国的 GDP 相差较大，中国的 GDP 远高于泰国的 GDP；中国对泰国直接投资呈现较大的波动，且对泰国直接投资最大值大约是最小值的 25 倍，这说明中国在整体经济规模发展到一定程度之后，开始加大对泰国的投资力度；汇率标准差较小，表明其波动幅度不大，但两国的利率差和华商资产的波动相对较大。

表 5　变量说明与数据来源

变量符号	变量名称	变量解释	数据来源
OFDI	中国对泰国直接投资	中国对泰国的投资金额,反映中国对泰投资情况	国家统计局
Value	华商资产	反映泰国华商的经济实力	《亚洲周刊》
People	华人存量	反映泰国华人数量	世界银行数据库《华侨华人研究报告(2020)》《侨务统计年报》
ER	汇率	人民币对泰铢的中间价	CEIC 数据库
DIR	利率差	泰国的实际利率减去中国的实际利率	CEIC 数据库

表 6　数据的描述性统计

变量	均值	标准差	最小值	第一四分位数	第二四分位数	第三四分位数	最大值
People（人）	7202218	216527.6	6980752	7011426	7151207	7417225	7529793
Value（亿美元）	18784128	7074984	9103550	12222340	18969290	24041910	29860450

续表

变量	均值	标准差	最小值	第一四分位数	第二四分位数	第三四分位数	最大值
OFDI（万美元）	54155.750	38422.610	4547	19168.500	58923.500	77625.750	112169
DGDP（万美元）	771552371	290219321	359551895	533401378	767350572	964199087	1262607304
ER（人民币/泰铢）	4.973	0.272	4.540	4.783	4.975	5.093	5.450
DIR（百分点）	0.858	1.787	-1.140	-0.645	0.435	2.380	3.750

资料来源：根据样本数据计算整理。

（二）模型构建

首先，参考经典引力模型，建立以下对外投资引力方程：

$$\ln OFDI_t = \beta_0 + \beta_1 \ln Value_t + \beta_2 ER_t + \beta_3 \ln DGDP_t + \beta_4 DIR_t + \varepsilon \quad (1)$$

$$\ln OFDI_t = \beta_0 + \beta_1 \ln People_t + \beta_2 ER_t + \beta_3 \ln DGDP_t + \beta_4 DIR_t + \varepsilon \quad (2)$$

其中，t 代表时间，β 为变量的待估系数；OFDI 为被解释变量，表示中国对泰国的直接投资；Value 为华商资产，People 为华人存量，用于度量华商网络的影响；DGDP 表示中泰两国 GDP 的差值（中国 GDP 减去泰国 GDP）；ER 为人民币对泰铢的中间价；DIR 为泰国实际利率与中国实际利率的差值（泰国实际利率减去中国实际利率）；ε 为残差。

（三）数据初步探索

为初步判断泰国华商资产 Value 与中国对泰国直接投资 OFDI 之间是否存在相关关系，本文首先绘制了两者的散点图（见图7），并给出拟合线。拟合结果表明华商资产与中国对泰国的直接投资净额之间呈正相关关系。

图 8 展示了中国和泰国分别在 2007～2018 年的 GDP 走势情况。可以看出，中国的 GDP 增长迅速，而泰国的 GDP 增长则较为缓慢，且两国之间的 GDP 差值在不断增大。

由于本文选取的变量之间存在异方差性，故对数据进行对数化处理，以降低异方差的影响。表 7 列示了数据进行对数化处理后的结果。

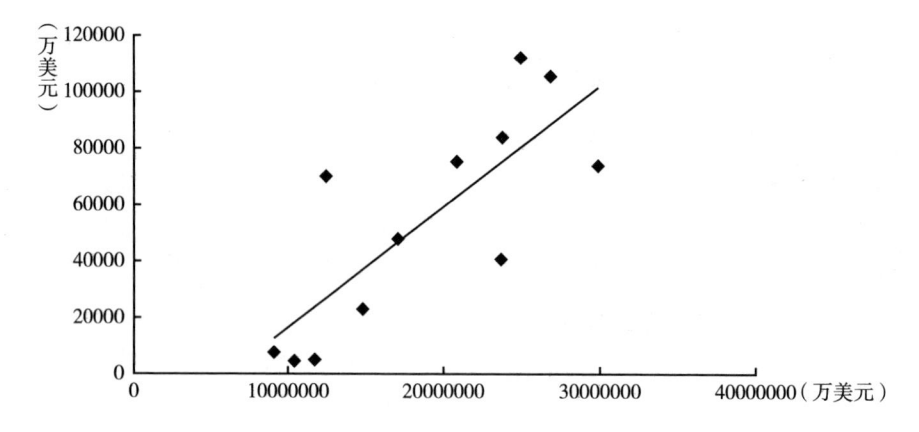

图7 华商资产与中国对泰国投资的分布散点图

资料来源：根据国家统计局信息整理。

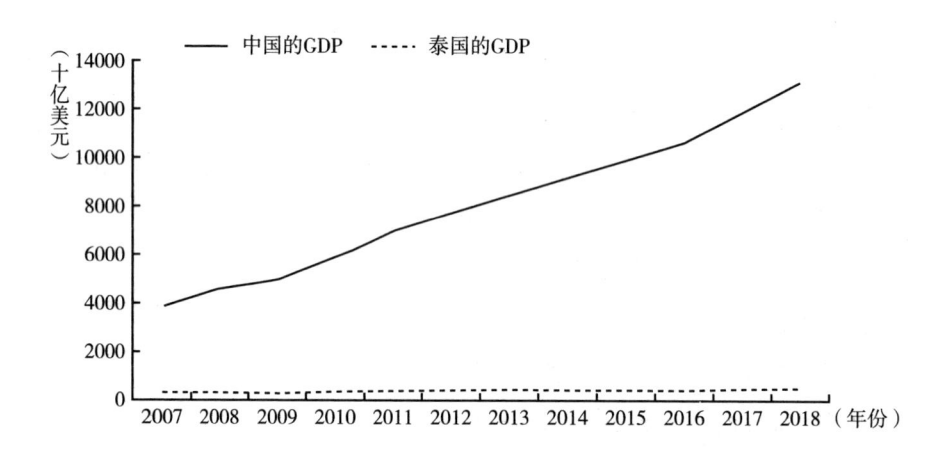

图8 中泰两国GDP走势

资料来源：根据国家统计局信息整理。

表7 数据对数化处理结果

年份	lnPeople	lnValue	lnOFDI	lnDGDP	ER	DIR
2007	15.782	16.024	8.941	19.700	4.540	3.750
2008	15.788	16.159	8.422	19.872	4.800	2.960
2009	15.783	16.277	8.513	19.968	5.020	-0.960

续表

年份	lnPeople	lnValue	lnOFDI	lnDGDP	ER	DIR
2010	15.816	16.332	11.156	20.134	4.680	1.240
2011	15.830	16.511	10.044	20.308	4.730	2.680
2012	15.834	16.654	10.776	20.408	4.940	-0.370
2013	15.830	16.853	11.232	20.506	5.010	-0.540
2014	15.759	16.983	11.338	20.594	5.280	-1.060
2015	15.763	16.980	10.615	20.666	5.450	-0.370
2016	15.766	17.031	11.628	20.748	5.310	-1.140
2017	15.760	17.104	11.569	20.857	5.030	2.280
2018	15.763	17.212	11.208	20.956	4.890	1.820

资料来源：根据样本数据计算整理。

接着，计算变量之间的相关系数，并绘制热力图（见图9）。可以发现，部分变量之间存在高度相关关系，如变量 lnDGDP 和 lnValue 的相关系数接近于1。

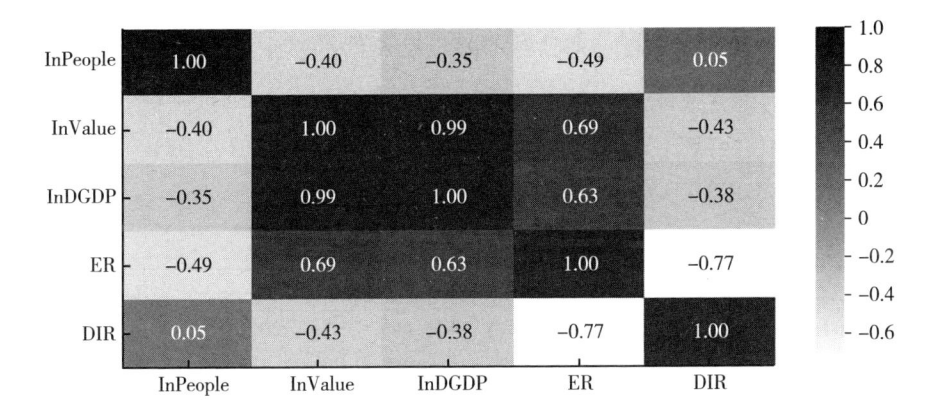

	lnPeople	lnValue	lnDGDP	ER	DIR
lnPeople	1.00	-0.40	-0.35	-0.49	0.05
lnValue	-0.40	1.00	0.99	0.69	-0.43
lnDGDP	-0.35	0.99	1.00	0.63	-0.38
ER	-0.49	0.69	0.63	1.00	-0.77
DIR	0.05	-0.43	-0.38	-0.77	1.00

图9 变量之间的相关系数

资料来源：根据样本数据计算整理。

（四）回归结果及分析

1. 基于华商资产的回归结果

经过数据的初步探索，本文发现部分变量之间存在相关关系，变量之间可能存在多重共线性问题。因此，若采用普通的最小二乘法估计可能会使模型结果失真。为进一步检验各变量之间是否存在多重共线性问题，采用方差膨胀系数（VIF）进行诊断。本文参考王黎明等的《应用回归分析》，以10作为判断边界，当VIF<10，不存在严重的多重共线性关系；当10≤VIF<100，存在较强的多重共线性关系；当VIF≥100，存在严重的多重共线性关系。①

经计算，lnValue、lnDGDP、ER、DIR的方差膨胀系数分别为83.22、72.05、4.74、2.58。其中，lnValue和lnDGDP的方差膨胀系数远大于10，说明存在较强的多重共线性关系。

本文为了解决变量之间存在的多重共线性问题，将采用岭回归法估计模型中各个变量的系数。岭回归实际上是一种改良的最小二乘法，是一种有偏估计回归方法，通过放弃最小二乘的无偏性，以损失部分信息、降低精度为代价来寻求效果稍差但回归系数更符合实际的方程。

首先，本文考虑华商资产在中国对泰国直接投资中所起的作用。基于方程（1），进行岭回归分析。得到在不同步长K时的决定系数RSQ及各变量系数的变化情况（见表8）。其中，K表示步长；RSQ为决定系数，用以评价回归模型拟合好坏。

表8 决定系数和变量系数的变化情况

K	RSQ	lnValue	ER	DIR	lnDGDP
0.000	0.783	0.043	-0.493	-0.382	0.969
0.050	0.775	0.391	-0.387	-0.288	0.565
0.100	0.764	0.391	-0.296	-0.231	0.507
0.150	0.752	0.380	-0.233	-0.194	0.471
0.200	0.742	0.368	-0.186	-0.168	0.445
0.250	0.732	0.357	-0.150	-0.150	0.423
0.300	0.722	0.346	-0.122	-0.136	0.405
0.350	0.714	0.337	-0.099	-0.125	0.390

① 王黎明、陈颖、杨楠：《应用回归分析》，复旦大学出版社，2008，第160~172页。

续表

K	RSQ	lnValue	ER	DIR	lnDGDP
0.400	0.705	0.328	-0.080	-0.117	0.376
0.450	0.698	0.319	-0.064	-0.110	0.364
0.500	0.690	0.312	-0.051	-0.105	0.352
0.550	0.683	0.304	-0.040	-0.101	0.342

资料来源：根据样本数据计算整理。

从图10可知，当K=0.4以后，各参数开始渐趋于稳定。计算K从0~0.5时的岭参数值也可以得知，起初，K值从0到0.05时lnValue和lnDGDP的参数值变化幅度比较大，K=0.4以后，各参数逐渐稳定。因而选取K=0.4，计算此时岭回归的估计结果为：决定系数RSQ=0.7，F=4.18，$p=0.048<0.05$，在5%的显著性水平下可认为模型有效。

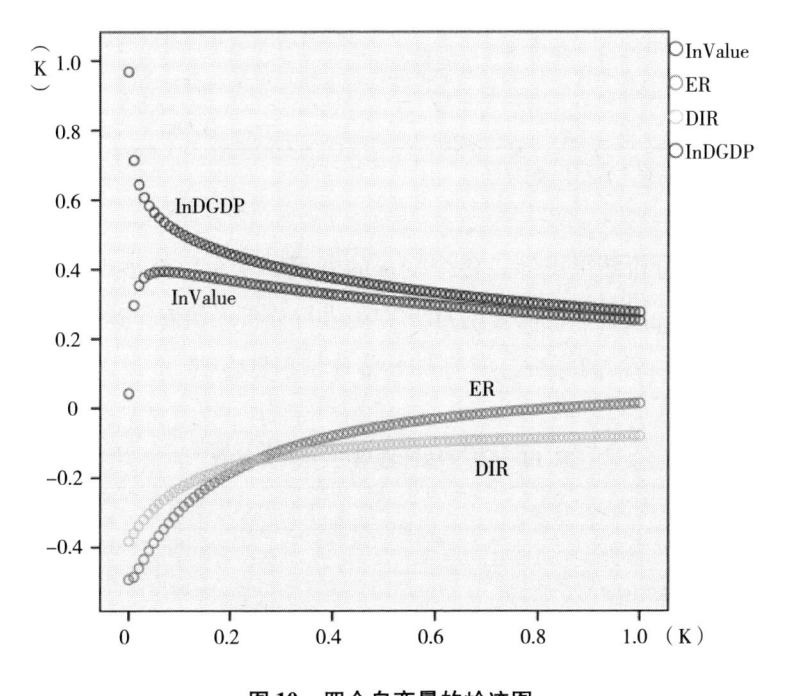

图10　四个自变量的岭迹图

资料来源：根据样本数据计算整理。

岭回归的标准化方程为：

lnOFDI = 0.32lnValue + 0.37lnDGDP − 0.079ER − 0.12DIR

将标准化回归方程还原后，得：

lnOFDI = − 26.3 + 0.96lnValue + 1.1lnDGDP − 0.35ER − 0.08DIR

由分析结果可知：华商资产在中国对泰国直接投资中起到正向影响，具体而言，泰国华商资产每增加1%，中国对泰国直接投资额增加0.96%。

2. 基于华人存量的回归结果

首先，检验自变量之间是否存在严重的共线性问题。表9展示了各个变量的方差膨胀系数。

表9 变量的方差膨胀系数

变量	方差膨胀系数
LnPeople	2.041
lnDGDP	1.761
ER	6.532
DIR	3.985

资料来源：根据样本数据计算整理。

由表9的分析结果可知，各个变量的方程膨胀系数都小于10，故不存在严重的共线性问题，可以采用OLS方法进行分析。接着，运用OLS方法，对方程（2）进行回归分析，模型OLS估计结果见表10。

表10 OLS估计结果——华人存量

变量	估计系数
lnPeople	3.220
lnDGDP	2.951
ER	− 1.718
DIR	− 0.209
常数	− 91.845

资料来源：根据样本数据计算整理。

表 11 模型方差分析结果显示,在显著性水平为 5% 的情况下,F = 6.429,$p = 0.017 < 0.05$,说明在显著性水平 5% 下回归模型显著,即回归结果具有统计意义。对残差序列进行检验,本文采用的是 Durbin – Waston 检验统计量(又称 D.W 统计量)。一般来说,D.W 统计量在 2 左右说明残差服从正态分布,若偏离 2 太多则说明模型的解释力不足。本文的 D.W 统计量为 2.404,在 2 的附近,故可以判定残差服从正态分布,即回归模型有效。

表 11 模型方差分析结果

模型	平方和	自由度	平均值平方	F 值	p 值
回归	12.225	4	3.056	6.429	0.017
残差	3.328	7	0.475		
总计	15.553	11			

资料来源:根据样本数据计算整理。

综合上述的分析结果,华商资产 lnValue 和华人存量 lnPeople 的估计系数都显著为正,表明华商资产和华人存量均可以显著促进中国对泰国的投资,泰国华商在中国对泰国投资的过程中扮演着重要的角色。

五 泰国华商在中国对泰投资中的重要作用

华商网络在中国对泰国直接投资中的独特作用,主要体现在文化交融与信息共享两个方面。

(一)文化交融

文化形式对社会经济发展具有导向性作用,不同的文化形式决定不同的投资方式。文化之间的差异不仅体现在语言与文字上,同时也会产生隐形的文化壁垒,从而增加对外投资的难度与风险。在中国对泰国进行投资建厂的过程中,中国与泰国需要摒弃文明优越思想,通过交流合作、相互包容及相互借鉴等方式缓解文化差异带来的贸易摩擦与隔阂。泰国华商作为中华文化的传承者与泰国文化的体验者，他们不仅熟知中华文化，同时对泰国文化也有所了解。在中国与泰国经贸往来的过程中，他们不仅充当着中华文化海外传播的重要窗口，也是中泰文化交融的重要黏合剂。

泰国华商通过文化交流、传播和推动华文教育创新发展等方式来促进两国之间的文化交流，这不仅在一定程度上扩大了中国的文化影响力，同时也有助于提高泰国当地群众对中国企业的接纳。如泰国中华总商会通过建立华文民校等措施促进中泰的文化交流；泰籍华人罗宗正致力于提升泰国华文教育质量，通过创办"中华文化大乐园"，传授汉语音乐、舞蹈等中华传统艺术，以培养泰国青年人对中华文化的兴趣。

（二）信息共享

信息不对称是导致投资机会流失与道德风险问题产生的主要原因，严重阻碍了中国对外投资的发展。泰国华商作为连通中国与泰国的桥梁，他们不仅熟知中国与泰国的法律、贸易规则及市场状况，同时拥有双边的贸易渠道，且能够通过多种方式向泰国商圈传递中国投资者的合作期望，对加快中国对泰投资进程、提高对泰投资效率具有重要的作用。

泰国华商经过多年的打拼与努力后，拥有了丰富的人力资源和物质资源优势。根据 2020 年《福布斯》泰国富豪榜，榜单前四位（见表12）都是华人企业家，包括正大集团谢氏兄弟、红牛集团许书恩、象牌啤酒苏旭明、尚泰集团郑氏家族。

表12 2020年泰国《福布斯》富豪榜前十

排名	名单	资产（亿美元）
1	正大集团谢氏兄弟	273
2	红牛集团许书恩	202
3	象牌啤酒苏旭明	105
4	尚泰集团郑氏家族	95

续表

排名	名单	资产(亿美元)
5	海湾能源公司 Sarat Rattanawadee	68
6	KingPower 集团 Aiyawat Sriwattanaprapa	38
7	TOA 集团 Prachak Tangkaravakoon	31
8	Osathanugrah 家族	30
9	泰国人寿保险公司 Vanich Chaiyawan	28
10	Muangthai Capital 公司 Chuchat & Daonapa Petaumpai	26.5

资料来源：泰国头条新闻，https://www.thaiheadlines.com/。

泰国华商凭借其庞大的关系网络，通过利用其在泰国的产业基础与政商人脉，不仅可以降低中国对泰国投资的门槛，同时也能推动中泰企业之间的合作，进而提高中国企业对泰国的投资效率。目前，在泰国的大型华人社团组织有泰国中华总商会、泰国潮州会馆、泰国华人青年商会、泰国工商总会、泰华进出口商会等。2019年12月13日，泰国华人青年商会热情接待了广东流通业商会会长陈建华及其商务考察团，双方就新时期响应"一带一路"建设进行交流，并签署了《友好合作协议书》，为以后双方的合作发展打下了良好的基础；2020年11月30日，泰国中华总商会同中国银行（泰国）签署战略合作协议，通过中国银行的优质服务平台加强两地企业的合作；① 2021年2月16日，泰国中华总商会同中国国际贸易促进委员会、中国检验认证集团（泰国）有限公司签署战略合作协议，旨在协助商会会员企业同中方企业合作，并开拓中国市场，以推动中泰两国贸易和投资合作迈上新台阶。② 此外，正大集团等知名华商企业积极协助"一带一路"项目在泰国落地，并利用自身影响力促进中国对泰投资的发展。

---

① 资料来源于泰国泰宝集团，http://www.thailandbao.com/index.php?route=bossblog/article&blog_article_id=2214。
② 资料来源于中国政府网，http://www.gov.cn/xinwen/2021-02/16/content_5587301.htm。

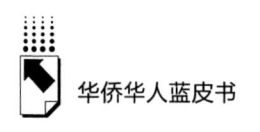

六　结论与政策建议

本文基于2007～2018年泰国华人的相关数据,在Linnemann的经典引力模型的基础上建立了投资引力模型,首先考察了泰国华商网络在中国对泰国投资中的影响,然后基于文化交融、信息共享等角度,探讨了华商在推动中国对泰国投资中起到的作用。本文研究主要得到了以下三个结论,并依据结论给出相应的政策建议。

第一,华商网络对促进中国对泰国投资具有积极的影响。具体而言,泰国华商资产每增加1%,中国对泰国的投资额将增加0.96%;泰国华人存量每增加1%,中国对泰国的投资额便会增加3.22%。因此,中国政府应积极参与华商网络的建设,并以华商网络为平台,积极推进中国对外投资进程。此外,政府也应提高对华商大会等活动的重视程度,积极鼓励那些想要"走出去"的企业参会,促进中国企业与华商企业之间的交流合作。

第二,在中国对泰国投资的过程中,华商网络通过文化交融的方式,不仅减少了中泰经贸合作中的摩擦与隔阂,同时也增强了中泰民众之间的友谊。因此,本文认为,中国应积极加强同泰国之间的人文交流,在教育、文化、体育、旅游等领域开展更加广泛的合作。不仅要加强泰国孔子学院的建设,也要重视两国之间的留学合作事宜,加强中泰两国之间的文化交流。

第三,在中国对泰国投资的过程中,华商网络以信息共享的方式降低了中国对泰国的投资门槛,并提高了企业的投资效率。基于此,本文认为中国应重视泰国华商在缓解"信息不对称"问题中的重要作用,加强同泰国华商之间的交流,建立以企业为主体的对外投资信息服务平台,以提高中国对外投资的效率。

B.12
菲律宾华人商会的发展与功能*

徐晞 魏菲**

摘 要： 本文探究并梳理菲律宾华人商会的发展轨迹、法律界定及组织类型，从历史和现实两个维度挖掘菲律宾华人商会参与"海丝"建设的价值功能。研究发现菲律宾华人商会的发展经历西班牙殖民时期、美国殖民时期、二战后期、20世纪90年代中后期及当前"一带一路"倡议时期等几个阶段，其组织类型可分为九种，通常实行登记或认可两种法律管理制度。菲律宾华人商会的价值主张与其组织属性息息相关，进一步延伸出经济交流平台和民间往来纽带功能，在"海丝"建设中发挥积极作用，具体表现为：深化经贸合作，融入"一带一路"；营造政策环境，增进战略互信；促进人文往来，夯实民意基础。

关键词： "海丝" 华商 菲律宾华人商会

海外华人商会作为华人社团的一类，是由众多华商[①]在自愿基础上结成

---

* 本文系徐晞主持的国家社科基金一般项目"'21世纪海上丝绸之路'沿线华人商会发展与治理研究"的阶段性成果。
** 徐晞，博士，华侨大学政治与公共管理学院教授，研究方向为社会组织管理、公共政策；魏菲，华侨大学政治与公共管理学院硕士研究生，研究方向为社会组织管理、公共政策。
① 本文研究的华商泛指海外华侨、华人、华裔中从事商业经济活动的个人和群体。

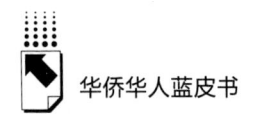

的以保护和增进会员利益为目标的带有族裔和地域特色的经济性社团，形式上包括行业协会、同业公会和各类商会。

菲律宾华人社会是典型的"社团社会"，有华人社团数千，包括血缘性组织（宗亲会等）、地缘性组织（同乡会等）、业缘性组织（行业公会/商会等）和综合性组织等，但在3000多个社团中，有正式的名称与执照、固定会所和专职人员的规模大、实力强、影响力大的社团仅200多个。[①] 关于菲律宾华人社团的命题在学者们研究中菲关系及菲华社会的过程中得以关注，主要涉及四方面：一是宏观介绍菲律宾华人社团的概况，[②] 二是梳理菲律宾华人社团的发展和变迁，[③] 三是分析菲律宾华人社团的功能和作用，[④] 四是聚焦研究宗亲、同乡组织、文化社团、慈善公所或业缘组织等某一类华人社团。[⑤] 然而，现有文献鲜有对华人商会的系统研究，对菲律宾华人商会的研究多是融入对华侨华人或华人社团的研究之中寥寥数笔带过，即使有对菲华最高领导机构——菲华商联总会的专门研究，[⑥] 但也只是关注其"华人"身份，而忽略其"社会组织"身份。

中菲经贸往来历史悠久，早在宋朝时期就有商人到菲律宾，不断与当地

---

① 朱东芹：《菲律宾华侨华人社团现状》，《华侨大学学报》（哲学社会科学版）2010年第2期。
② 杨万秀：《海外华侨华人概况》，广东人民出版社，1989；侨务干部培训教材编写小组：《华侨华人概述》（试用教材），1993；叶杨：《福建华侨华人》，福建人民出版社，1989。
③ 庄国土、陈君：《菲律宾华人社团新变化及其与祖籍地的联系》，载庄国土主编《近30年来东亚华人社团的新变化》，厦门大学出版社，2010，第276页。
④ 杨建：《菲律宾的华侨》，台湾：中华学术院南洋研究所，1986；杨琴：《菲律宾华人社团和谐共生文化环境营造研究》，《广西民族大学学报》（哲学社会科学版）2018年第3期；宋平：《论战后菲律宾华人社团的当地化》，《厦门大学学报》（哲学社会科学版）1995年第3期；曾少聪：《菲律宾华人社会组织的建构及其功能》，《世界民族》2001年第4期。
⑤ 施振民：《菲律宾华人文化的持续——宗亲与同乡组织的在海外的演变》，载李奕园、郭振羽主编《东南亚华人社会研究》上册，台湾：正中书局，1985；泉州华侨历史学会：《华侨史》，泉州晚报印刷厂，1995；刘伯擎：《菲律宾华人文化认同与菲华社团》，福建省五缘文化研究会学术研讨会，泉州，2002；李峻峰：《菲律宾华侨善举公所》，菲律宾华侨善举公所，1977；陈衍德：《集聚与弘扬——海外的福建人社团》，湖南人民出版社，2002；方雄普、许振礼：《海外侨团寻踪》，中国华侨出版社，1995。
⑥ 王日根：《菲华商联总会的发展轨迹探析》，《世界经济与政治论坛》2000年第5期；朱东芹：《论菲华商联总会政治取向的变迁》，《八桂侨刊》2008年第1期。

菲律宾人通婚、融合、同化。菲律宾现有人口1.09亿，华人250万，占菲律宾总人口的2.3%，但这个占比不到3%的群体为菲律宾经济发展做出了突出贡献，是菲律宾经济建设不可或缺的中坚力量，如福布斯菲律宾2021年富豪榜前十位中有八位是华人。2018年中菲两国关系升级为全面战略合作关系，并签署了《中华人民共和国政府与菲律宾共和国政府关于共同推进"一带一路"建设的谅解备忘录》等多项双边合作文件，新的战略定位将为"一带一路"建设带来广阔的发展前景，为华商参与共建"21世纪海上丝绸之路"（以下简称"海丝"）提供契机。作为菲律宾华商结社平台和中菲两国经贸合作桥梁的华人商会有何前世今生？在"海丝"建设中扮演何种角色？

一　菲律宾华人商会的发展轨迹

菲律宾最早成立的华人商会是1720年成立的米商同业公会和19世纪初成立的华侨马车运输同业公会①。直至19世纪后期，随着华人经济影响力的不断扩大，很多布商、木商等华商纷纷结社成立了同业公会，如1880年成立的崇宁社（即后来的中华木商会）、1885年成立的关帝爷会（即后来的福联合布商会）以及1894年成立的义和局布商会，该商会于1903年与福联益布商会合并为中华布商会。② 这时期的华人商会是在西班牙殖民统治下结合"甲必丹"③制度而成立的典型的以团结自卫为目的的行业商会。

20世纪初美国殖民者将"美式民主"移植到菲律宾，大力扶持和资助

---

① 华侨马车运输同业公会具体成立时间不详，只在19世纪前10年的税收记录中有被提及。参见陈君《19世纪后期菲律宾华侨社会变化探究》，硕士学位论文，厦门大学，2009，第39页。
② 陈琮渊：《弦歌不辍　新马泰菲粤籍华人社团》，载张应龙主编《海外粤籍华人社团发展报告2018》，暨南大学出版社，2018，第117页。
③ 19世纪后期，随着菲岛华侨数量的增多，原来的"八连"监督管理体制已无法适应西班牙殖民者的管理需求，转而采取"以华治华"策略，建立"甲必丹"制度。华侨"甲必丹"在管理华社的同时也在一定程度上庇佑了华人，使华人免受殖民者的迫害和剥削。

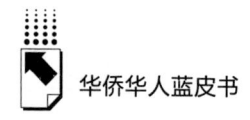

菲律宾非政府组织，为华人商会的发展营造了宽松的制度环境，① 同时希望利用华商倾销美货的方式控制菲律宾经济，鼓励华商开展经济活动，形成了稳定的由中介商操作的"头家制度"，很多行业内的大头家建立了商业联盟，并通过控制价格来建立销售和收购网络。② 但这种低成本、高收益的"头家"经营模式很快将华人置于阻碍菲律宾经济独立的敌对位置，并因此遭遇一系列排华政策及"菲化"运动，严重损害了菲律宾华商的利益，迫使华商以联合方式自保。菲律宾历史上最具影响力之一的菲律宾中华总商会〔成立于1904年，前身是小吕宋中华商务局，1931年易名为菲律宾岷里拉（马尼拉）中华商会〕就是为抗议菲律宾政府实施的限制华人入境的《排华法案》和对华人的种族歧视政策而成立的。在长期带头抗争活动中，菲律宾中华总商会逐渐成长为全国性的华人领导机构。1937年中国抗日战争全面爆发，菲律宾中华总商会积极动员协调，与各个华人社团组建华侨救援抗敌委员会，并对来菲律宾躲避战祸的中国妇女儿童进行庇护。到1947年，菲律宾华人商会已有129个，占各类社团总数的32.17%，是菲律宾数量最多的社团组织。③ 然而，二战后菲律宾中华总商会的影响力不断下降，会员仅有马尼拉市的两三百家商店，并逐步沦为地区性组织，④ 丧失其在菲律宾华社的最高代表机构地位。而广大力量分散且地位被动的华人社团需要被团结起来应对"菲化运动"，菲律宾华商联合总会（1962年改名为菲华商联总会）于1954年应运而生，成功取代了菲律宾中华总商会在菲华社会中的支配地位。作为"五总"之龙头，菲华商联总会更善于运用关系和财力来影响菲律宾政治，以此维护华人在菲律宾的合法权益。

---

① 王晓东：《菲律宾非政府组织研究：发展轨迹、企业化与倡导失灵》，博士学位论文，厦门大学，2012，第54页。
② 龚宁、邢菁华、龙登高：《菲律宾华商网络中"头家制度"的经济学探析（1834—1942）》，《华侨华人历史研究》2020年第1期。
③ 龚宁：《早期菲律宾华侨社团的特点》，搜狐网，https://www.sohu.com/a/140333406_206880。
④ 朱东芹：《菲华商联总会（商总）发展史研究——兼论战后菲华社会的冲突与融合》，博士学位论文，厦门大学，2003，第30页。

20世纪90年代中后期，持投资、旅游、留学签证入境的新移民聚集在马尼拉王彬街或迪维索里亚市场，多从事零售、批发等行业，为菲律宾经济注入新的活力。同时，很多不具备合法身份的非法移民，通过非法滞留、非法偷渡及非正常入境的方式前往菲律宾。[①] 新移民迫切需要社团的群体身份来维护自身合法权益并融入主流社会。2007年成立的菲律宾中国商会总会和2006年成立的旅菲华侨工商联总会就是这些新移民结社的代表。菲律宾中国商会总会主要吸收有合法居住身份的小商品经济华商，旅菲华侨工商联总会则是以马尼拉商品批发市场的小商贩为主要会员，包括部分非法滞留商贩。新移民的加入打破了闽南人占大多数的局面，出现了其他地区新移民结社的商会，例如菲华潮汕青年商会、菲律宾潮汕总商会、菲律宾湖北工商总会、菲律宾江苏商会等。

"一带一路"倡议提出之后，为搭乘中国"一带一路"发展的经济快车，也为了吸引宗族乡情观念日益淡漠的二代三代华商加入，很多华人社团加强了自身的经济功能，呈现明显的"商会化"趋势，甚至在同乡会的基础上再设一个商会，形成"一套人马，两块牌子"的局面。[②] 例如，成立于1993年7月4日的菲律宾晋江同乡会，在2015年10月25日宣布成立菲律宾晋江商会，以此加强菲律宾华商同中国企业家的联系。菲律宾湖南同乡会、菲律宾湖北同乡会等组织也是以挂牌商会的形式转变为菲律宾湖南商会、菲律宾湖北商会。[③] 同时，出现了专门服务于"一带一路"的华人商会即菲律宾丝绸之路国际商会，它是由丝绸之路国际总商会副主席蔡聪妙于2016年10月13日发起创立的，旨在响应"一带一路"倡议，为会员打造可以融通国内外资源、信息、资金等的平台，为推动菲律宾"海丝"各经济领域发展提供实质性助力。[④]

---

① 代帆:《菲律宾中国新移民研究——马尼拉中国城田野调查》,《太平洋学报》2009年第10期。
② 2020年12月7日访谈B商会副主席。
③ 杨琴:《菲律宾华人社团和谐共生文化环境营造研究》,《广西民族大学学报》(哲学社会科学版) 2018年第3期。
④ 菲律宾丝绸之路国际商会官网，http://www.feixinph.com/club/news/82.html。

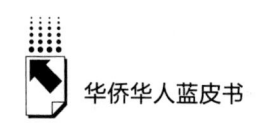

二 菲律宾华人商会的法律界定和组织类型

（一）菲律宾华人商会的法律注册程序

菲律宾的非营利组织（NPO）并非法律概念上的组织，其法律框架带有明显的美国色彩，大多以（非营利）有限公司、合作社等形式存在，也没有一部专门的法律来统一规定 NPO 的活动，[①]而是散见于菲律宾《宪法》、《公司法》、《共和国第 7160 法案》、总统第 902—A 号令、《税收法》及《海关法》等各个法律之中。[②]菲律宾对 NPO 的法律登记制度比较宽松，主要实行登记和认可两种制度，NPO 可以自主决定登记与否。登记是当组织符合法律规定后，以法律的形式授予其法律地位，并以（非营利）有限公司、合作社、劳工组织等形式注册；认可则是对提供某种特殊服务为目的而成立的 NPO 给予官方承认，这类未经正式登记注册成立的组织既无法拥有法人地位也无法享受免税待遇。[③]菲律宾华人商会大多数属于后者，只有当商会有资产尤其是固定资产时才进行登记注册，并依据《菲律宾修订公司法》注册为（非营利）有限公司,[④] 如菲华商联总会便是以无股份非营利有限公司组织的形式存在。可见，在菲律宾，NPO 只是作为一种称谓在国家财政统计系统中使用，并不以是否正式登记注册为必要条件。

菲律宾华人商会实行的是双重登记管理制度，根据《菲律宾修订公司法》，菲律宾华人商会必须先向菲律宾证券交易委员会（SCE）申请注册（5 人以上发起）、向菲律宾贸工部（DTI）申请商业名称，之后再取得商会

[①] 王晓东：《菲律宾非政府组织研究：发展轨迹、企业化与倡导失灵》，博士学位论文，厦门大学，2012，第 164 页。
[②] 樊欢欢：《对外国社会组织规范管理的国际比较研究》（民政部理论研究课题项目），https://wenku.baidu.com/view/b5d2756c25c52cc58bd6beb0.html。
[③] 杨超：《菲律宾的非政府组织》，《东南亚纵横》2011 年第 7 期。
[④] 2020 年 12 月 5 日访谈 A 商会秘书长。

所在地市长的批准。此外，要求发起人必须满足"菲律宾常住居民应占多数"这一条件，于是很多华人商会在成立之初通过"拉人头凑数"来组建商会。① 华人商会作为"以促进社会福利发展为目的"的非营利组织，可在SCE批准其组织章程后90天内，通过向当地财政官员及其下属的登记管理部门提交有关文件，申请获得免税受赠组织资格，享受免交商业所得税待遇。② 菲律宾禁止NPO直接利用其资产从事任何以营利为目的的商业活动，但允许用一定数量的资金进行投资，包括在银行定期储蓄、购买股票、债券，或通过购置完全用于维持组织运作的土地及其他资产来进行合法商业投资，但需上缴部分商业所得税。③ 因此，很多华人商会注册为公司之后，往往选择以公益慈善组织的形式存在，最常见的是在办公大厦放置佛堂，以此避免因资产收益或房产出租收入所带来的税收。④

（二）菲律宾华人商会的组织类型

菲律宾华人商会的组织分类标准有两种：一是以中国的行政区划为标准进行分类；二是以华商的行业属性和活动领域为标准进行分类。菲律宾华人以闽南人为主，多来自泉州地区的晋江（尤其南部乡镇）和石狮，故菲律宾华人商会具有很强的地域特征，一方面，菲律宾华人具有与生俱来的乡土归属感，因而早期移民多以同乡、宗亲为纽带组建社团，与族人相伴而居，共谋发展；另一方面，菲律宾华人商会曾在殖民统治者"以华治华，分而治之"的刻意安排下，以帮派而分，具有明显的方言和地缘色彩。⑤ 因此，绝大多数菲律宾华人商会的分类，并非以菲律宾的省、府为单位进行划分，

---

① 2020年11月30日访谈A商会秘书长。
② 樊欢欢：《对外国社会组织规范管理的国际比较研究》（民政部理论研究课题项目），https://wenku.baidu.com/view/b5d2756c25c52cc58bd6beb0.html。
③ 张磊：《菲律宾非政府组织对外交的影响》，硕士学位论文，华中师范大学，2012，第14页。
④ 2020年12月5日访谈A商会秘书长。
⑤ 庄国土：《早期东亚华人社团形成的主要纽带》，载庄国土主编《近30年来东亚华人社团的新变化》，厦门大学出版社，2010。

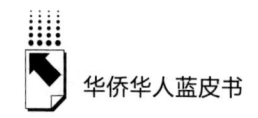

而是以中国的行政区划为分类单位,具体可以分为全国性商会(如菲律宾中国商会总会)、省级商会(如菲律宾福建总商会、菲律宾湖南商会、菲律宾香港商会)、市级商会(如菲律宾泉州总商会)、县级商会(如菲律宾晋江同乡总商会、菲律宾南安商会)、乡镇级商会(如菲律宾晋江市金井镇联乡总商会)。

但也有学者认为,研究华人社会,应当从当地的脉络着手,而非仅把华人社会当作孤立于当地社会之外的华人社会来研究。[1] 从菲律宾本土视角出发,综合华商结社群体和活动领域,本研究认为菲律宾华人商会还可以分为以下九种类型。①代表菲律宾全体华商共同利益的综合性商会,如菲华商联总会、菲华工商总会、菲律宾中国商会总会、旅菲华侨工商联总会、菲律宾华商经贸联合会,其中菲律宾中国商会总会、旅菲华侨工商联总会主要是新侨的结社。②代表菲律宾青年华商共同利益的综合性商会,如菲华青商会、菲律宾福建青年联合会、各社团青年委员会。③各大商会组织在菲律宾各省市或繁华地区的分会,如菲律宾宿务菲华商会、菲律宾纳卯菲华商会、中国商会各地区分会。④市区性商业中心内多个商场华人批发商和零售商的结社,如菲华一路发商会、菲华溪仔婆联合总商会、菲律宾墨拉兰总商会,其中菲华一路发商会是168商场业主的结社。⑤以业缘为基础的同业公会,如菲律宾成衣纺织联合会、菲律宾餐馆总商会、菲律宾木商公会、菲律宾电器商联总会。⑥中资企业在菲律宾的结社,如中资企业(菲律宾)协会。⑦专门为"一带一路"服务的商会,如菲律宾丝绸之路国际商会。⑧由同乡会、宗亲会、校友会等其他华人社团易名或加挂牌为商会,如菲律宾晋江同乡总商会、菲律宾厦门联谊总商会。⑨世界性华商组织在菲律宾的分支,如世界福建青年联会·菲律宾分会。

由此可见,不管基于哪种视角,华人商会建立的初衷都是为了满足地方

---

[1] 叶春荣:《人类学的海外华人研究——兼论一个新的方向》,《"中央研究院"民族学研究所集刊》第75期,1993年,第181页。

性华侨华人的经济需要和精神需求,① 这既是菲律宾华侨华人长期互助自存的有效延续,也是早期以地缘或以同乡会为背景的同业公会进一步适应和融入菲律宾多元社会生存的需求。

(三)菲律宾华人商会的组织属性

菲律宾华人商会作为会员制的非营利组织,具有社团性、互益性、非营利性、志愿性、经济性和非政府性等一般商会(行业协会)共性特征。除此之外,菲律宾华人商会为了适应住在国多元社会生存与时代发展,兼具准政治性、民族性、国际性等特殊属性。①准政治性。华人权益争取以及华人参政离不开华人商会的支持和推动,华人商会往往通过社会影响或经济支持的方式与菲律宾政治人物或政党建立密切关系,以此换取菲政府当局对华人商会和华侨领袖的支持。例如,菲华商联总会,一方面为菲政府所用,实行上传下达及管理华人社会的工作;另一方面为华人社会所用,发挥维护侨胞权益、表达华人诉求及代表华人同政府谈判的作用,② 因此菲华商联总会选举领导人,除了要考虑个人财富,更要考虑同菲律宾政府关系的密切程度。②民族性。菲律宾华人仅占菲律宾总人口的2.3%,③ 华人作为社会少数族裔和弱势群体,自发地依赖家族和乡土关系来自我保护,在彼此信任的基础上从事商业活动,在商业信息的传递、信贷关系的形成和商业契约的履行过程中形成相互间的合作与信任关系,以中华民族传统的五缘关系为纽带逐渐形成商业联盟和行业联合。菲律宾华人闽籍占85%~90%,④ 其中2/3为晋

---

① 曹一宁:《文化视野下海外华人商会兴起之动因——以海外温州商会为例》,《社科纵横》2011年第12期。
② 孙莹:《恩庇主义视野下的菲律宾华侨华人群体研究》,硕士学位论文,华中师范大学,2016,第106页。
③ 商务部国际贸易经济合作研究院等:《2020年对外投资合作国别(地区)指南——菲律宾》,https://www.yidaiyilu.gov.cn/wcm.files/upload/CMSydylgw/201901/201901311055014.pdf。
④ 张应龙:《海外粤籍华人社团发展报告》,暨南大学出版社,2018,第113页。

江籍,① 晋江籍社团多以同乡、宗亲为基础,具有明显的宗族性特征及强烈的乡土情谊,并通过会务交叉、社团领导人互兼等"会中会"的组织体系将菲律宾华人商会与华人人际圈内的同乡组织、宗族网络或宗亲团体错综交织在一起。② ③国际性。近年来,随着经济区域化、全球化趋势的增强,科技革命的迅猛发展以及华人经济实力的不断壮大,菲律宾华人商会以经济交流为核心,加强同其他国家华侨华人及祖籍国之间的联系,不仅华人商会经济活动呈现国际化趋势,而且与其他华人社团建立国际性的联系机制,具体表现为:其一,以分会的形式加入国际性华商组织,如世界福建青年联会·菲律宾分会、菲律宾丝绸之路国际商会;其二,主办世界华商大会,如菲华商联总会于2009年11月20日主办了第十届世界华商大会;其三,积极参与各类国际性联谊活动,如参与世界闽籍华侨华人社团联谊大会。

三 菲律宾华人商会参与"海丝"建设的价值功能

(一)菲律宾华人商会的价值主张及功能延伸

从历史维度看,菲律宾华人商会的功能演变大致经历四个阶段:早期菲律宾华人商会主要以华社内部互助联谊、举办公益福利活动等一般功能为主;二战期间以筹集钱物支援中国抗战为主;中菲建交后以服务主流社会、维护华社权益及增进中菲友好关系等多元立体性功能为主;近年来,在全球经济一体化和"一带一路"大背景下,经济交流平台功能日益突出,并在"中华民族伟大复兴"及"构建人类命运共同体"感召下进一步发挥民间往来纽带功能。从现实维度看,菲律宾华人商会的价值主张与

---

① 庄国土、陈君:《菲律宾华人社团新变化及其与祖籍地的联系》,载庄国土主编《近30年来东亚华人社团的新变化》,厦门大学出版社,2010,第271页。
② 庄国土:《菲华晋江籍社团的变化及近30年与祖籍地的联系》,《南洋问题研究》2001年第1期。

其组织属性息息相关。一方面，华人商会具有行业协会的共性特征，是一个"人合"性质的自愿组织，其价值主张以整合经济社会资源，提供公共服务，强化自律，改善商业环境及最大限度地增进华商共同利益为主，发挥经济交流平台功能。①另一方面，菲律宾华人商会具有准政治性、民族性和国际性三项适应住在国社会生存的特殊属性，其价值主张以融入住在国主流社会、维系华人人际圈及引导经济走向区域合作和全球化为主，发挥民间往来纽带功能。

基于菲律宾华人商会的价值主张，与菲律宾其他非营利组织或一般华人社团相比，华人商会在"海丝"建设中能发挥积极作用，具体表现在以下三方面：一是通过深化经贸合作融入"一带一路"；二是通过国内政策沟通促进两国战略互信；三是通过促进人文往来夯实民意基础（见图1）。

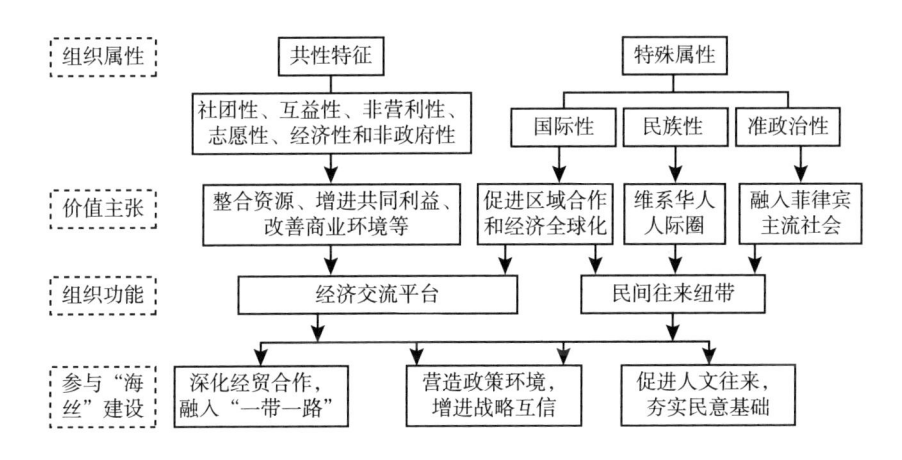

图1　菲律宾华人商会的组织属性和价值功能

资料来源：笔者分析并自制。

从郁建兴关于商会参与公共政策影响的三个渠道出发，②菲律宾华人商会也通过以下三个渠道来表达华人公共需求：一是作为菲政府在国家建设

---

① 徐晞：《美国华人商会对促进中美关系的作用与效应分析》，《中国软科学》2016年第9期。
② 郁建兴：《行业协会：寻求与企业、政府之间的良性互动》，《经济社会体制比较》2006年第2期。

和发展过程中的有力伙伴及特邀嘉宾参与政策改革研讨活动。如2016年1月19日,总统候选人杜特尔特便莅访菲华商联总会谈论其竞选政纲的多项改革工作。二是通过会见、礼访等形式向菲政府部门探讨相关问题。如2017年1月5日,在理事长张昭和的指示下,菲华商联总会副理事长兼外交委员会督导黄年容、主任施超权在菲华商联总会会见马尼拉市交通主任,共同探讨马尼拉市交通堵塞问题。三是商会精英人物通过与政府官员建立私人联系而创造沟通关系,例如菲华商联总会成立以来,几乎每一次代表大会都会邀请包括菲律宾总统在内的政府要员出席,菲华商联总会各届领导人上任都会前往拜谒总统,平时也与菲国政要保持着经常性的密切联系。①这一现象不仅存在于菲华商联总会这一华社领导机构身上,在其他华人商会的精英人物身上也有所体现;不仅体现在捐款捐校、参加菲政府官员生日宴会及宴请菲政府官员等大型活动上,还体现在春节、中秋送礼物等小活动中。

(二)菲律宾华人商会参与"海丝"建设的功能发挥

1. 深化经贸合作,融入"一带一路"

自2016年菲律宾总统杜特尔特上台以后,中菲经贸合作全面发展,并推动两国关系不断向前发展。据中国商务部统计,中菲双边贸易额已从1975年建交时的7200万美元上升至2019年的600亿美元,中国已成为菲律宾第一大贸易伙伴、第一大进口来源地和第四大出口目的地。②作为发展中国家,菲律宾经济结构侧重服务业,具有优越的人力资源优势,但基础设施落后,农业、制造业基础薄弱,严重制约了菲律宾经济发展,而中国工业化水平和基础设施建设水平显著高于菲律宾,两国在经济上具有很强的互补

---

① 朱东芹:《论菲华商联总会的成立及其功能》,《华侨华人历史研究》2003年第2期。
② 《建交45年,中菲演绎经贸合作"亲密伙伴"》,中国东盟传媒网,http://www.china-asean-media.com/show-12-22651-1.html。

性。① 华人商会作为菲律宾民间财富的代表拥有广泛的商业和信息网络，可有效助推中国企业"走出去"。①成立全球首个海外"'一带一路'咨询中心"。2019年6月21日菲华商联总会"菲律宾'一带一路'咨询中心"揭牌，旨在充分发挥海外华侨华人的信息、语言优势，为来菲律宾考察、投资的商人提供菲律宾有关"一带一路"项目的资讯、有关菲律宾投资和经商的法律资讯、有关菲律宾相关政府部门的资料和信息、有关行业商会的资料和信息，以及相关的免费法律咨询等五项服务，为中国企业与华商企业联手发展创造良好的营商环境，实现合作共赢。② ②参与并举办各类投资贸易洽谈会。"一带一路"倡议在促进沿线国家共同繁荣的同时也为住在国华商的事业发展带来巨大机遇，菲律宾华商及华人商会积极支持并参与共建"一带一路"，具体表现在：其一，热情接待来菲律宾访问的中国商贸团，并积极向他们引荐菲律宾贸工部、交通部、公造部等相关政府部门，为中资企业打开投资门路；其二，积极参加并举办各类经贸合作论坛，密切双边合作关系，以促进共同利益；其三，充分利用商会自身的国际商业网络，建立"一带一路"多边合作关系。以菲律宾丝绸之路国际商会（PSRICC）为例，PSRICC先后对接由中国香港、广西、海南、山东德州、辽宁沈阳、江苏、云南等地政府部门和贸促会带领的商务代表团，并签署多项友好合作协议，例如2018年5月10日与中国贸促会沈阳分会、2018年7月25日与南京侨商联合会签署《友好合作协议》，增强各方互信，推动两国经贸信息沟通与项目合作。此外，PSRICC还成功举办了一系列商机对接会、博览会推介会及合作论坛，并与菲律宾政府部门、商会合作承办了菲律宾的国家级经济会议和中菲两国经贸论坛，推动中菲经贸融合，例如2019年12月12日，菲律宾贵州商会与供港食品联盟在PSRICC促成下签订战略合作协议，为贵州

---

① 陆建人、蔡琦：《"一带一路"倡议下中国与菲律宾的经济合作》，《国际经济合作》2017年第3期。
② 《全球首个海外"'一带一路'咨询中心"马尼拉揭牌》，中国新闻网，https：//www.sohu.com/a/322301493_123753。

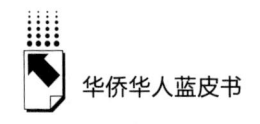

产品投放菲律宾市场确定了合作关系。①

2. 营造政策环境，增进战略互信

政治互信，是一个不断积累的过程，需要一个全方位的沟通协调。官方高层保持良好对话机制十分重要，同时也要推动"战略与经济对话"等机制向地方政府、社区、非政府组织延伸。散落各地的菲律宾华人商会及商会侨领与两国政府官员联系紧密，依托广泛的社会关系和人脉网络，可以促进两国地方政府、社区互访交流，弥补共识不足，从基层社会奠定两国合作基石。①为两国高层牵线搭桥。无论菲律宾政府更迭导致对华态度如何变化，菲律宾华人依然对中国怀有深厚的感情，与中国保持良好的民间交往，并始终与菲律宾高层保持沟通，强调菲中友好的历史性和重要性，为改善菲中两国关系做出切实努力。② 2014年菲华商联总会入选首批挂牌"华助中心"的华人商会，成为联系中国侨务部门的海外华人服务机构，③ 马尼拉华助中心还与中国大使馆领事部开展工作交流会，共同探讨侨社问题。杜特尔特总统重视发展菲中经贸友好关系，多次率领商界领袖对中国进行国事访问，其中菲律宾丝绸之路国际商会的创会主席蔡聪妙2019年组织经贸代表团跟随杜特尔特总统访华，并与菲律宾工商部和菲律宾工商总会联合主办了总投资额达121亿美元的菲中商业协议签署仪式，共同推动中菲经贸友好合作。在中国领导人访菲期间，菲律宾华人商会积极配合中国驻菲大使馆的维安工作，为两国领导人创造和平安稳的沟通环境。如2018年习近平主席对菲律宾进行国事访问期间，菲律宾中国商会总会在中国驻菲大使馆的统一指导下，组织总会和全菲11个分会的500人连续两天协助维安工作。②促进两国地方政府的合作。除了两国高层领导互访之外，菲律宾华人商会还会以商务考察、缔结友好商会、推动双方建立友好城市等方式开展交往，既丰富了

---

① 菲律宾丝绸之路国际商会官网，http：//www.feixinph.com/club/news/82.html。
② 《"这五年·我与中国"：菲华商联总会进入新时代》，中国侨网，http：//www.chinaqw.com/huazhu/2017/08－21/158305.shtml。
③ 杨凯淇：《华侨华人社团联谊大会推出"华社之光"十家社团》，中国新闻网，http：//news.eastday.com/eastday/13news/auto/news/world/u7ai1709030_K4.html。

国际交往形式，又可以让外部世界直观了解中国。① 如2017年4月菲华商联总会领导陪同吉林省松原市市长拜会菲律宾旅游部部长，双方就加强中菲旅游领域合作交换意见，并建立友好合作关系；2018年2月菲华商联总会一团45人在中华全国归国华侨联合会的邀请下，访问中国北京、山西及厦门，希望加强菲律宾与当地政府之间的政治、经济和民间联系。② 菲律宾华人商会也常以自身为媒介推动两国省级政府或基层政府签约缔结姐妹城市，进一步传达和落实高层共同理念。③ 如在菲律宾中国商会总会的牵线下，菲律宾重要的经济城市达沃市与中国闽南金三角核心晋江市自2016年以来开展了一系列城市间的互访活动，并于2018年2月签署建立友好城市关系意向书，进一步推动两地各领域合作，实现中菲两国互利共赢。④

3. 促进人文往来，夯实民意基础

菲律宾华人大多在菲律宾出生和长大，已融入菲律宾经济、文化、生活等各个方面，具有熟悉当地风土人情、通晓双边语言的显著优势，并且菲律宾华人具有强烈的乡土情怀，不仅将传统的闽南文化、中华文化带到菲律宾，还积极开展社会公益项目、兴办华文教育，在促进两国人民民心相通方面积极发挥桥梁和纽带作用。①积极开展社会公益项目。"菲华三宝"——"捐建农村校舍运动""菲华志愿消防队""菲华义诊队"是菲华社会从20世纪60年代开始实施的回馈当地社会、获取菲主流社会的信任和认同、促进中菲友好的三大社会福利方案，迄今已惠及数以百万计的菲律宾人。⑤ 其中，"捐建农村校舍运动"是20世纪60年代菲华商联总会为消除菲律宾主流社会的排华情绪，推出的第一个社会福利方案，共捐赠5800多座农村校

---

① 赵启正：《由民间外交到公共外交》，《外交评论（外交学院学报）》2009年第5期。
② 菲华商联总会官网，https：//www.ffcccii.org/。
③ 刘庆、郭映珍：《"一带一路"视域下中菲民心相通的路径探讨》，《西部学刊》2019年第1期。
④ 《菲律宾达沃市与中国晋江缔结友好城市 实现互利共赢》，东南网，http：//www.fj.chinanews.com/news/fj_qlxdb/2018/2018－11－14/425900.html。
⑤ 《"菲华三宝"：华人在菲律宾的公益事业》，东南网，https：//www.163.com/dy/article/G13IP82M0541LBHV.html。

舍，近11600间教室，有力地缓解了菲律宾校荒问题，为菲律宾孩童提供更多的受教育机会。"菲华志愿消防队"和"菲华义诊队"由华社共同组织，菲华商联总会等华人商会会员积极参与。此外，为因应菲律宾每年的台风、水灾等天然灾害，包括菲华商联总会、菲律宾中国商会总会等在内的七大社团，于2012年共同发起成立了"华社救灾基金"，至2018年"华社救灾基金"的成员已扩大至11个单位，因此也被誉为"华社第四宝"①。②大力推动华文教育事业。菲律宾是东南亚地区最早创办华校的国家之一，②菲华商联总会的永远名誉理事长陈永栽先生不仅在菲律宾大力出资捐建华校，还连续17年资助菲华青少年学中文夏令营，亲自带领学生参加"中国寻根之旅"活动。同时，为支持、推广菲律宾华文教育，菲华商联总会不仅与原中国国家汉办合作，每年从中国引进华文志愿者教师，还于2004年创设了"华生流失补助金"（SAFE），帮助华校贫苦的优秀学生继续就读，这一方案得到了华社众多商会及热心社会人士的支持与认同，累计捐款8000余万元，受惠学生也有8000余人。③据笔者访谈得知，华校中一些办学条件好、收费高的学校（即"贵族学校"），能吸引较多生源，一些经济条件较好的本土居民也倾向于将孩子送去华校就读，这在一定程度上深化了华人与当地人之间的人文交流。同时，在闽南文化盛行的菲律宾，学习中文尤其是闽南语，更有助于本地人找工作。菲律宾华人商会还通过捐款、互访、邀请中国教师去菲律宾旅游等方式积极加强同国内高校的联系与合作，为华裔新生代了解中国文化、提升中文水平创造机会与平台。③广泛开展文化交流活动。华人商会是中菲两国文化交流的"躬行者"，并以当地民众喜闻乐见的方式积极举办和开展文化交流活动。作为华人在菲律宾生存与发展的产物，华人商会在运行与发展的过程中就带有强烈的文化烙印，并通过举办各类传统文化活动，发挥文化交流的作用。在菲律宾华人商会等华社的努力下，中国的

---

① 菲华商联总会官网，https：//www.ffcccii.org/。
② 樊静静：《菲律宾华文教育现状研究》，硕士学位论文，西安石油大学，2020，摘要页。
③ 《菲律宾华商联谊总会热心华教 发放华生流失补助金》，东南网，http：//www.chinaqw.com/hqhr/2014/10-09/20723.shtml。

春节自2012年起被列入菲律宾传统法定节日。同时，菲律宾华人商会还联合菲当地政府部门共同庆祝菲传统遗产文化月、菲中友谊日、菲律宾独立节、菲中传统文化节日等活动，增进中菲两国人民友谊。作为中菲两国友好往来的使者，菲律宾华人商会将促进中菲文化交流作为重要的工作内容之一，并积极承办由中国政府举行的各类文化交流活动，包括"福建省风景文化"图片展览、"福建周美食节"、"大美晋江摄影诗展"、"丝路话语艺术展"、"华裔青少年书画征文"比赛、"文化中国·中华才艺（舞蹈）"大赛、"文化中国·魅力中原"讲坛等。除此之外，菲律宾华人商会充分利用华文媒体等大众媒体的舆论力量进行宣传和推广，客观展示中国，传播中国故事，协同菲律宾政府官员、媒体人士及青少年来中国参观、旅游，亲眼感受"中国之变，中国之发展"，从而消除菲律宾国内对中国的误解与偏见。

B.13
日本中国新移民调查研究*

贾永会**

摘　要： 本文通过对日本官方统计数据和笔者在日调查资料的分析，考察近十年来日本中国新移民的人口特征与发展动态，得出以下主要结论。在规模和构成上，日本中国新移民人口规模扩大，职业类型多样，技能实习签证劳工人数下降，在日留学、就职以及创业人数攀升，高学历、高技术人口比例提高。在来源和分布上，日本中国新移民来源省份广泛，在日本高度集中在东京、大阪两大都市圈。在年龄分布上，以适龄劳动力为主体，20~39岁所占比例尤高。在身份选择上，多选择在日永住身份，入籍人数较少且呈下降趋势。日本中国新移民所组织或参与的华人社团、华文媒体、华文教育、华商企业蓬勃发展。日本中国新移民不仅是中日两国社会开放和交流的受益者和见证者，而且是当今促进两国社会进一步发展和互动的参与者和贡献者。他们通过自身的工作、社会活动，成为推动中日交流、改善中日关系、沟通中日民心的重要力量。

关键词： 日本　中国新移民　华人社团　华文媒体　华文教育

---

* 本文系"中央高校基本科研业务费资助项目·华侨大学哲学社会科学青年学者成长工程项目"（编号：20SKGC-QG10）的研究成果。
** 贾永会，历史学博士，华侨大学国际关系学院/华侨华人研究院讲师，主要从事华侨华人研究。

1978年中国实行改革开放政策，陆续有中国公民通过留学、工作、投资、家庭移民等方式移居海外，是为中国新移民。① 日本是中国新移民的主要移居国之一。目前学界对日本中国新移民的研究主要有以下方面。廖赤阳、杨文凯对日本中华总商会、日本华人教授会、日本新华侨华人会进行了细致分析，② 刘宏、沈博等对日本华人企业家的企业家精神、企业文化做了具体讨论，③ 鞠玉华对日本华文学校与文化传承有专门考察，④ 刘双对日本的中国留学生群体有深入探讨。⑤ Glenda S. Roberts、张慧婧、任慕从移民接收国角度分析日本的移民政策。⑥ 刘双、邵春芬、戴二彪对日本中国新移民

---

① 改革开放以后中国人移居海外的规模不断扩大。我国侨务工作部门和华侨华人研究界日益关注这一群体，并用"中国新移民"称之。王赓武、刘宏、庄国土、张秀明等学者都有专门研究，所见既有差异，也有一些共识。在移出时间上，学界有20世纪70年代、1978年以及移居国与中国具体建交时间等不同界定。在移出地域上，学界有中国大陆（内地）、中国大陆（内地）及港澳台等不同限定。在新移民类型上，学界论及类型有留学、技术、家庭、投资、劳务、非法移民等。本文综合既有研究定义如是。此定义认同既有研究中较为普遍的以1978年为起点的时间限定。对于中国人移民日本而言，1978年不仅是中国改革开放，也是《中日友好和平条约》签订的时间节点。同时，定义增加了中国新移民的主要类型方式，突出了新移民较之前的移民具有高学历、高技术等新特征。另外，定义认为中国新移民既包括从中国大陆移出者，也包括从中国港澳台移出者。不同于华侨、华人的概念，中国新移民不以国籍界定，既包括中国公民，也包括已经加入外国国籍的原中国公民，但群体具有在中国出生成长并在改革开放以后从中国移居国外这一共同特征。
② 廖赤阳：《当代华人知识分子的跨国实践及其理念》，《华人研究国际学报》2012年第2期；廖赤阳：《日本中华总商会：以"新华侨"为主体的跨国华人经济社团》，《华侨华人历史研究》2012年第4期；杨文凯：《日本新华人华侨会》，载廖赤阳主编《跨越疆界：留学生与新华侨》，社会科学文献出版社，2015。
③ 刘宏：《跨国场域下的企业家精神、国家与社会网络：日本和新加坡的新移民个案分析》，《跨界亚洲的理念与实践》，南京大学出版社，2013；沈博、周波波：《新华商企业跨文化管理中的"鸡尾酒效应"及其启示：以日本华商严浩及其高技术企业EPS为例》，《华侨华人历史研究》2019年第3期。
④ 鞠玉华：《日本华侨华人子女文化传承与文化认同研究》，暨南大学出版社，2015。
⑤ Gracia Liu-Farrer, *Labor Migration from China to Japan: International Students, Transnational Migrants*, New York: Routledge, 2011.
⑥ Glenda S. Roberts, "An Immigration Policy by Any Other Name: Semantics of Immigration to Japan," *Social Science Japan Journal*, Vol. 21, No. 1 (2017): 89 - 102. 张慧婧：《21世纪以来日本外国人政策的变化特征及其影响因素探析》，《华侨华人历史研究》2019年第1期；任慕：《日本移民政策的修订及其动因分析：市场需求与社会关系的平衡》，《日本学刊》2021年第1期。

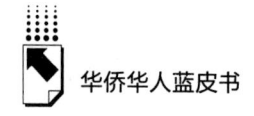

的整体特征有一定论述。① 总体来看,目前学界对日本中国新移民的研究多为个案分析,整体性分析较少,近十年来日本中国新移民的新特点和新趋势有待更多研究。

本文以日本中国新移民为研究对象,通过数据分析、田野调查等实证研究方式,考察近十年来日本中国新移民的发展动态。本文主体分为四个部分。第一部分通过统计数据分析日本中国新移民的规模、来源地、聚居地、年龄分布、职业类型以及永住与入籍等方面的特征。第二部分考察日本中国新移民的社团、媒体、学校、企业的特点。第三、第四部分探讨影响日本中国新移民流动和发展的因素,以及他们在中日交流互动中的角色和作用。

一 日本中国新移民的人口特征②

(一)日本中国新移民总数不断攀升

据日本总务省统计局的人口统计与预测,2010年日本总人口有1.28亿,2020年有1.26亿。③ 日本人口呈现人口总体规模缩小、适龄劳动力人口减少、老龄人口增多的趋势。这是日本引进外国劳动力的重要影响因素。

---

① Gracia Liu-Farrer, "Chinese Newcomers in Japan: Migration Trends, Profiles and the Impact of the 2011 Earthquake," *Asian and Pacific Migration Journal*, Vol. 22, No. 2 (2013): 231 - 257. Chunfen Shao, "The Formation and Development of the Contemporary Chinese Diaspora in Japan," in *Contemporary Chinese Diasporas*, edited by Min Zhou, Singapore: Palgrave Macmillan, 2017, pp. 147 - 165. 戴二彪:《二十一世纪的日本华侨华人》,载丘进主编《华侨华人研究报告(2013)》,社会科学文献出版社,2014。

② 中国新移民不以国籍界定,既包括中国公民,也包括已经加入外国国籍的原中国公民。本文所使用的日本法务省《在留外国人统计》中的在日中国人数据,统计的是在日中国公民,不包括入籍日本者。不过,日本中国新移民具有特殊性,以中国公民为主体,入籍者所占比例较小,因此不影响本文以在日中国人数据反映和推测日本中国新移民的总体特征。此外,本文也使用日本法务省《归化许可申请者数、归化许可者数以及归化不许可者数推移》的数据来说明中国新移民的入籍情况。

③ 日本总务省统计局:《人口推计》,https://www.stat.go.jp/data/jinsui/new.html。

根据日本法务省 2021 年公布的最新数据，截至 2020 年 6 月，在日外国人共有 2885904 人。其中，在日中国人（含台湾）有 846764 人，占总体的 29.3%，是在日外国人第一大群体（见图 1）。①

图 1　在日外国人总数统计（2012～2020）

资料来源：日本法务省《在留外国人统计》。

（二）在日中国新移民来源省份分布广泛

在 20 世纪八九十年代，中国新移民主要来自福建和上海等地。但从 20 世纪 90 年代后期尤其是进入 21 世纪以来，中国新移民来自中国各地，尤其是来自中国东北的移民势头强劲。2011 年以前，日本法务省对在留外国人的籍贯有作统计。从其统计数据可以看出，在日中国新移民不再仅仅是来自东南沿海地区，而是来自中国各个省份。截至 2011 年底，在日中国人主要来自辽宁（105127）、黑龙江（77753）、福建（64028）、山东（59353）、吉林（56909）、上海（56843）、江苏（41066）、北京（23506）（见图 2）。

---

① 日本法务省：《在留外国人统计》，日本法务省网站，http://www.moj.go.jp/housei/toukei/toukei_ichiran_nyukan。本部分分析数据主要来自日本法务省统计。日本法务省统计自 2011 年起，对在日中国人的统计将"中国大陆""台湾"单独列出。本文中除留学生就业情况只列出中国大陆留学生数据以外，其他数据均将二者合并。不再一一注释说明。

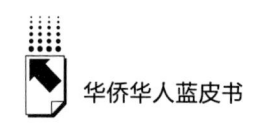

总体上，来自中国各省份的移民规模也不断扩大。但 2011 年日本发生"3·11"地震，当年中国新移民人口规模相对于以往有所缩小。

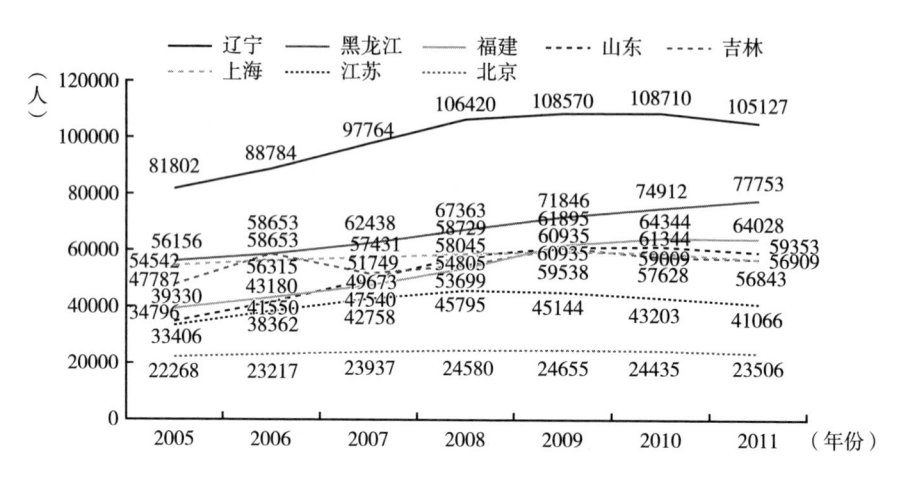

图 2 在日中国人籍贯省份分布

资料来源：日本法务省《在留外国人统计》。

（三）中国新移民在日分布较为集中

根据日本法务省统计数据，截至 2020 年 6 月，在日中国人的最大聚居地是东京（29.0%），如果加上东京周围的神奈川（9.5%）、埼玉（9.3%）、千叶（7.0%），超过一半的中国人生活在东京都市圈。其次，在日中国人聚集在以大阪（8.8%）为核心，包括兵库（3.1%）、京都（2.0%）在内的大阪都市圈。再次，在日中国人较为集中的地方还有爱知（6.1%）、福冈（2.5%）、广岛（1.7%）。除此之外，另有 21.0% 的中国人分布在其他地区（见图 3）。

（四）日本中国新移民以青壮年劳动力为主，女性多于男性

根据日本总务省统计局数据，2020 年，日本 15 岁以下人口有 1499.5 万人（12%），15~64 岁人口有 7443.8 万人（59%），65 岁及以上人口有

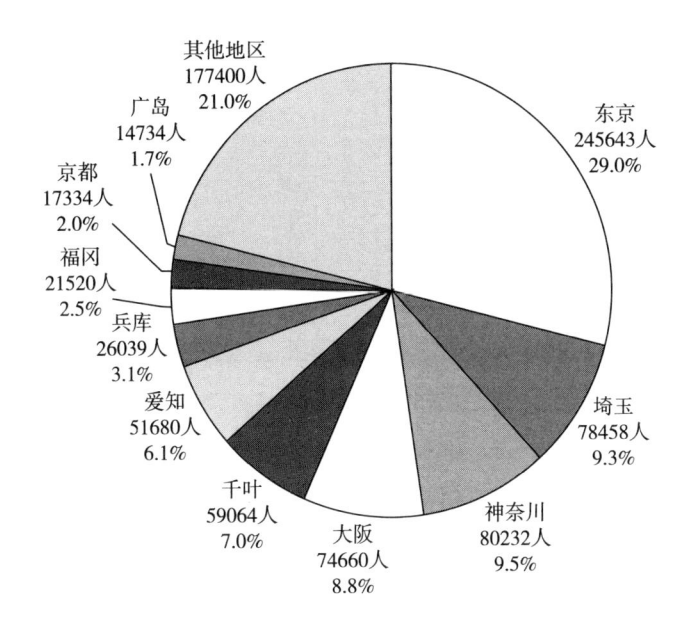

图 3 2020 年在日中国人分布情况

资料来源：日本法务省《在留外国人统计》。

3621.8 万人（29%）。① 但是根据图 4 所示的在日中国人年龄结构来看，0~19 岁在日中国人，有 117812 人（13.9%）。20~39 岁，有 469008 人（55.4%）。40~59 岁，有 212221 人（25.1%）。60 岁及以上，有 47723 人（5.6%）（见图 4）。可以看出，在日中国人以适龄劳动力为主，未来的适龄劳动力其次，老龄人口比例很低。从性别来看，在日中国女性多于男性（见图 5）。

（五）在日中国新移民职业类型多样

日本对在日外国人设置了"教授、艺术、宗教、报道、高度专门职、经营管理、法律会计业务、医疗、研究、教育、技术人文知识国际业务、企业内转勤、介护、兴行、技能、特定技能、技能实习、文化活动、留学、研修、家族滞在、特定活动、永住、日本人配偶者等、永住者配偶等、定住

---

① 日本总务省统计局：《人口推计》，https://www.stat.go.jp/data/jinsui/new.html。

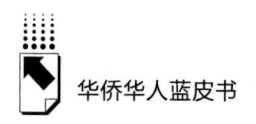

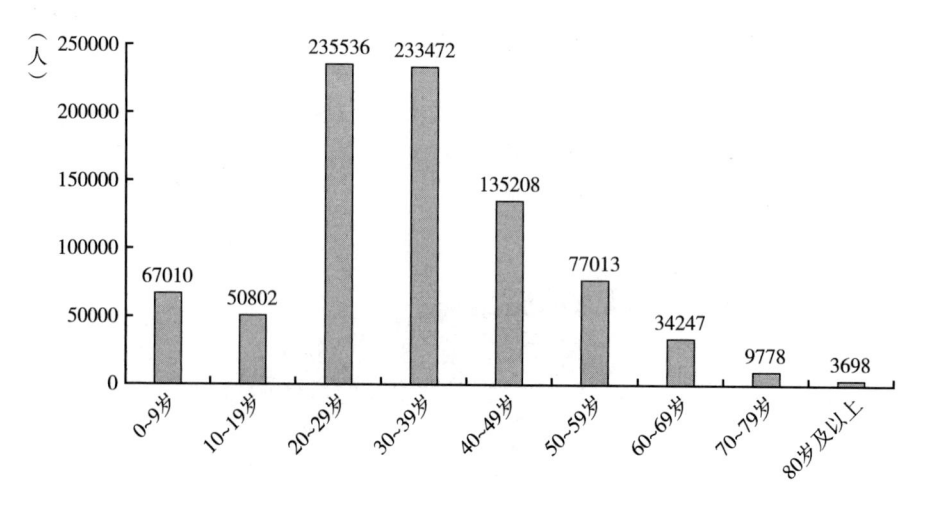

图 4　2020 年在日中国人年龄分布

资料来源：日本法务省《在留外国人统计》。

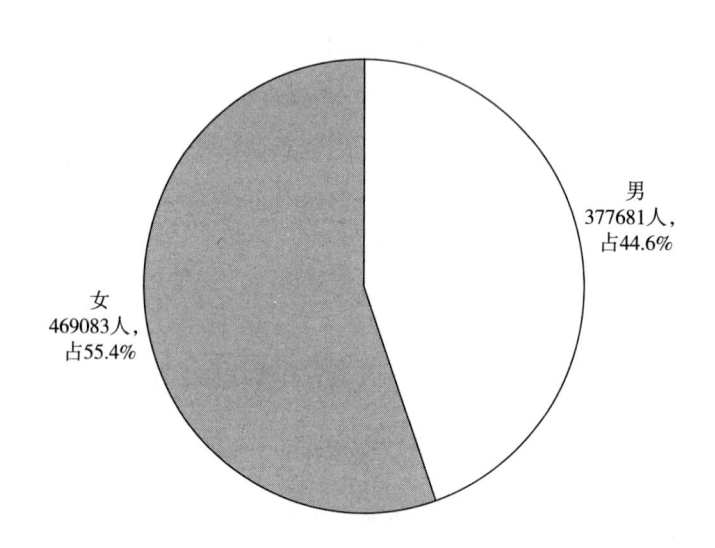

图 5　2020 年在日中国人性别比例

男 377681 人，占 44.6%
女 469083 人，占 55.4%

资料来源：日本法务省《在留外国人统计》。

者、特别永住者"等主要在留资格类型。① 图6列出在日中国人持有的六种在留资格。

图6 在日中国新移民类型人数变化（2012～2020）

注：高度专门职为2015年以后新增签证类型。2020年数据只到2020年6月底。
资料来源：日本法务省《在留外国人统计》。

1. 留学②

日本政府非常重视接收外国留学生。1983年，日本政府提出"十万留学生计划"，2008年，又推出"三十万留学生计划"，吸引世界各地学生到

---

① 日本法务省：《在留外国人统计》，http://www.moj.go.jp/housei/toukei/toukei_ichiran_touroku.html。
② 在国际移民与中国新移民研究中，"移民"一词存在不同解释。移民有两层不同含义：a. 人口迁移，既包括永久性迁移动机的移民，也包括非永久性迁移动机的移民；b. 迁往国外某地永久定居，只包括永久性迁移动机的移民。定义的不同影响到移民范畴的界定，如留学生、劳工等群体是否属于国际移民便在学界存有分歧。李明欢教授对国际移民的研究认为，跨越主权国家边界，以非官方身份在非本人出生国居住达一年以上，即为国际移民。她指出，以时间为序，迁移可以分为短期和长期迁移，或临时和永久迁移；以目的为标准，迁移可分为工作性、团聚性、学习性、投资性、休闲性和托庇性迁移六大类。其中，前往外国求学的留学生，是学习性迁移的主体。在这一定义下，移民取a. 含义；在留学期间的中国留学生属于国际移民。不过，在既有中国新移民研究中，虽然很多学者用"从中国移居国外"定义新移民，接近移民a. 含义，但只把完成学业并留居国外的中国留学生算作中国新移民，实际上是b. 含义之范畴，与其定义有所不符。中国新移民作为当代国际移民的组成部分，其中的"移民"本文认为宜取a. 含义。因此，本文既考察持有"留学"签证尚在留学期间的中国留学生情况，也考察中国留学生在完成学业后将留学签证变更为工作签证的情况。留学是中国人移居日本的重要渠道和方式。

日本留学。1978年以后，日本是中国人主要留学目的地之一。如图6所示，从签证类型来看，2019年底，在日中国留学生达到峰值154684人。2020年6月底最新数据，在日中国留学生仍有126691人。从在日外国留学生总体来看，中国留学生也是日本外国留学生的第一大群体。2020年6月底，在日外国留学生共有280273人，中国留学生126691人，占45.2%。可见中国留学生对日本国际留学市场有重要的影响作用。

在日中国新移民专业人士大多是由留学生身份转变而来。图7显示，2019年，共有11580名在日中国大陆留学生将留学签证变更为就业签证。10509人从事技术人文知识国际业务，322人进入经营管理领域，249人从事医疗行业，246人进入高校工作，还有117人拿到高度专门职签证。从日本外国留学生整体来看，中国留学生变更就业签证人数占在日外国留学生变更就业签证人数总体的37.4%，可见对日本就业市场具有重要的作用。

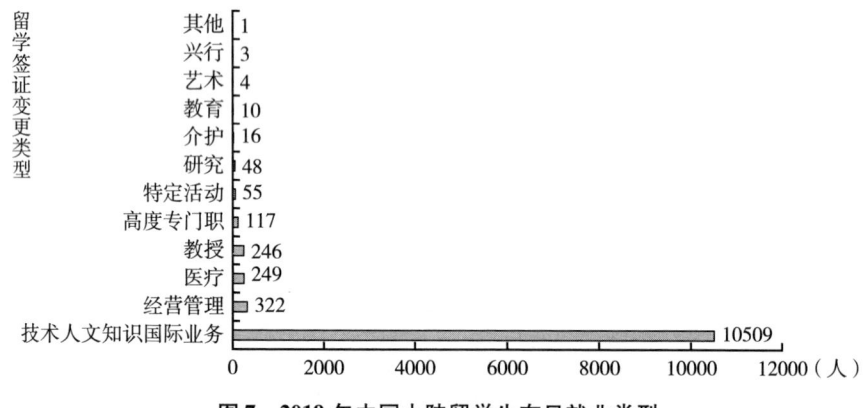

图7 2019年中国大陆留学生在日就业类型

资料来源：日本出入国在留管理厅《令和元年留学生在日本企业就职情况》。

2. 技术、人文知识、国际业务

此类签证主要提供给在日本企业就职的外国人。"技术"类持有者主要是自然科学专业人士，"人文知识"类持有者主要是法律学、经济学、社会学等人文科学专业人士。"国际业务"类持有者主要是从事需要有一定跨文化理解和交际能力工作的人士。2015年以前，"技术"、"人文知识 国际业务"为两类签证，2015年以后，两类签证合并，数据也是合并统计。根据2015年以前的单独统计数据来看，在2014年技术签证有28873人，人文知识、国际业务签证有38016人，后者多于前者。从总体来看，2012年有56163人，2020年增至108625人，几乎翻倍（见图6）。此类签证主要是由日本中国留学生转变而来（见图7）。

3. 技能实习

随着人口老龄化、少子化，除了高端人才外，中低层劳动力也是日本急需引进的外国人类型。在日中低层外劳指持有"介护、技能、特定技能、技能实习"等签证，在医护、餐饮、建筑、制造、农业等行业从业的技能劳动者。

日本外劳来源国也几经变化。20世纪90年代初，日本开启移民侧门，引进日系人，如巴西、秘鲁日裔，从事中低端劳动。同时，从1993年开始，日本通过"研修"制度（后为"技能实习"），从中国输入了大批劳动力。但"技能实习"签证持有者来源国在21世纪第一个十年逐渐发生了变化。图6显示，在日中国人"技能实习"签证持有者人数从2012年的111401人不断减少至2020年的73180人。越南等东南亚国家成为日本外劳的新兴来源地。

2018年12月日本国会通过并公布了《出入境管理及难民认定法》修正案。2019年4月1日，该法案正式生效。修正案计划未来5年引进34万名劳动者，从事建筑、农业、医护、船舶等行业的特定技能工作。

4. 经营管理

经营管理签证者主要是在日经商外国人。2015年以前名称为"投资经营"，2015年以后改为"经营管理"。如图6所示，2012年，从事经营管理的中国人有4754人。2020年，达到15176人。图7显示，2020年有322名中国留学生将留学签证变更为经营管理，说明在日中国留学生毕业后大多进入公司就职，其次是自己创业。下文在华商企业一部分也将指出，由高学历、高技术留学生和专业人士创办的互联网、文化传媒、科技类公司，在日本华商企业中独树一帜。

5. 高度专门职

日本的高级人才签证是2012年以来新设的实行积分制的人才制度，主要吸引学术研究、专业技术、经营管理方面的高端人才在日本工作生活。该签证在2012年推行之初，放在"特定活动"下面的"高度人才"一列。2015年以后，单独设立"高度专门职"一列。高级人才签证为日本外国高级人才提供了诸多便利，如给予五年居住年限，缩短申请永住的年限要求，两年甚至最快一年可以申请永住，允许携带配偶子女、家政人员等，以吸引高端人才。[①]

如图6所示，从2015年至2020年，持有高度专门职签证的中国人不断攀升，从2015年的1008人增加至2020年的11202人。2020年，持有此签证的外国人总数为16286人，中国人占68.8%。

6. 教授

"教授"签证是日本政府颁发给"在日本的大学、同等于大学的教育机关以及高等专门学校从事研究、研究指导以及教育活动的外国人"的一种签证类型。[②] 不过，已经选择永住或者是加入日本国籍的华人学者则不在此类签证统计之列。尽管如此，"教授"签证的统计数据还是大致反映了在日华人学者的人数。1992年，中国人持有该签证的人数仅有572人，而到了2006年，这一数目上升到2507人。如图6所示，2020年则有1496人。持有"教授"签证的日本外国人总体来看，中国人居于首位。相对于其他日本中国新移民职业类型来看，"教授"签证人数并非以量突出，而是以文化资本和文化影响力而独树一帜。有些人做到日本大学副校长、院长等资深职位。他们是教育、文化、科技界的精英人士，又有中国新移民的身份，因而能在中日人文交流中扮演重要角色。

（六）永住与入籍情况

"永住"是指具有在日永久居留资格。"入籍"是指加入日籍外国人士。

[①] 日本法务省：《在留外国人统计》，http://www.moj.go.jp/housei/toukei/toukei_ichiran_touroku.html。

[②] 日本法务省：《在留外国人统计》，http://www.moj.go.jp/housei/toukei/toukei_ichiran_touroku.html。

两类人士不再具有职业类型区分。总体上，在日中国人多选择永住，每年虽有一定中国人入籍，但只是少数。

如图8所示，在日外国人中永住外国人规模不断扩大，至2020年达到800872人。从国籍来看，中国人永住者最多，有301281人。其次是菲律宾人和巴西人。

图8 日本外国人永住人数统计（2012~2020）

资料来源：日本法务省《在留外国人统计》。

每年也有一定数量的中国人入籍日本。从1952年以来，共有149948中国人取得日本国籍。根据1978年以来的情况，20世纪80年代较为平缓，有1000余人。20世纪90年代增势明显，到2000年达到峰值5335人。21世纪第一个十年有所回降，但仍处于较高水平。20世纪第二个十年，中国人入籍人数呈下降趋势。2020年有2881人入籍（见图9）。

二 日本华人社团、华文媒体、华文教育、华商企业发展动态

（一）华人社团

日本中国新移民社团数量增多、类型多样。社团是海外华人社会的重要

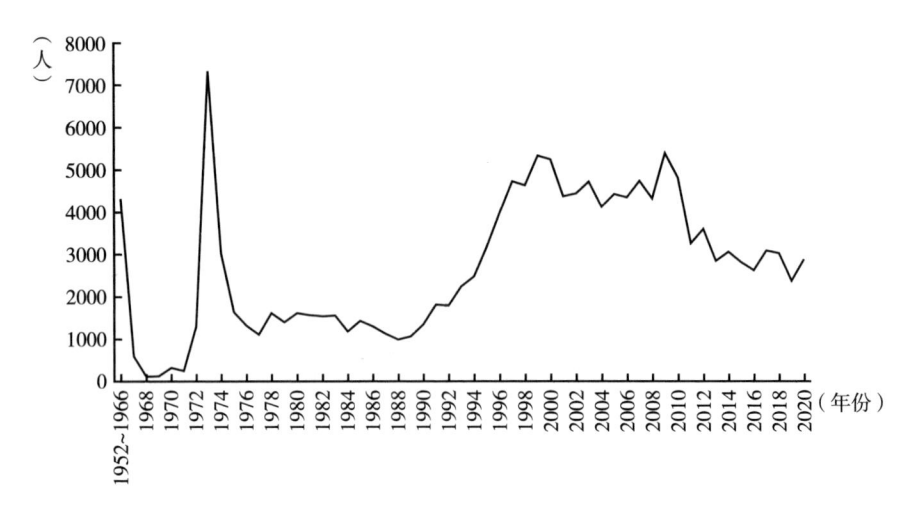

图 9　中国人入籍日本人数统计（1952～2020）

资料来源：日本法务省民事局《归化许可申请者数、归化许可者数以及归化不许可者数推移》。

支柱。从在日中国新移民社团成立的时间来看，华人社团近30年呈加速式发展。笔者通过不完全统计100余个社团发现，最近10年来，日本中国新移民社团的发展蔚然壮观。从社团的类型来看，有三大类社团值得关注：专业人士社团，同乡会和地方商会，以及联合会和总会。

专业人士社团繁荣发展。本文的专业人士社团指的是由如工程师、律师、医生、教授、博士等高技术、高学历中国新移民组建的团体组织。例如，在日中国科学技术者联盟成立于1993年，组织者和成员为高新技术人士。该社团积极与中国政府及地方政府合作，举办交流活动，为在日华人高技术人才回国创业牵线搭桥。全日本中国人博士协会成立于1996年。目前该协会约有510名会员，其中有34%的会员在日本大学工作，32%的会员在研究机构工作，还有28%的会员在企业工作，还有6%为学生。日本华人教授会议成立于2003年，会员100余人，主要由在日本大学任教的华人教授以及日本华人文化精英组成。

同乡会、地方商会方兴未艾。地缘社团主要指以中国地缘为基础建立的社团，不包括以日本地缘为基础的社团。在当代日本，笔者通过调查分析发现，大多数基于中国省份的社团是2010年以后才纷纷成立的。来自中国各省份的移民规模不断扩大，为各省份新移民依据地缘纽带组织同乡会和商会提供了条件和需求。

联合会整合日本中国新移民社团力量。联合会、总会属于综合类社团。目前日本最大的华人联合会是全日本华侨华人联合会。2003年，8个在日本活跃的中国新移民社团（在日中国科学技术者联盟、全日本中国人博士协会、日本中华总商会、日本华人教授会议、在日中国律师联合会、中国留日同学总会、西日本新华侨华人联合会、北海道新华侨华人联合会）联合发起成立了"日本新华侨华人会"，目的是"促进日本华人社会的大团结大联合"①。2013年，日本新华侨华人会更名为"全日本华侨华人联合会"（以下简称"全华联"）。目前，全华联约有72个社团会员加入。社团的宗旨是："继承和发扬历代在日华侨华人的优良传统，加强在日华侨华人团体的相互联系，促进各地华侨华人的亲睦和交流；维护在日华侨华人的合法权益，提高在日华侨华人的社会地位和声誉；致力中日友好交流与合作，促进中日两国在经济、文化和科技等各个领域的发展。"②

新冠肺炎疫情暴发以来，日本中国新移民社团积极参与抗疫行动。全华联作为华侨华人代表，极大地整合中国新移民社团资源和网络，并与政府和社会各界广泛联系。同乡会、地缘商会、校友会、专业人士社团等能够发出募捐倡议书，并调动企业、媒体、政界、华人社会等各方资源，筹集善款或医疗物资。与此同时，他们还与中国驻日大使馆、中国地方政府部门快速对接，实现物资的分配。另外，在中国各地开始援助海外华侨华人及其所在国时，这些中国新移民社团也成为沟通华人社会和祖籍国、华人社会和移居国、祖籍国和移居国的桥梁。

---

① 杨文凯：《日本新华人华侨会》，载廖赤阳主编《跨越疆界：留学生与新华侨》，社会科学文献出版社，2015，第206页。
② 全日本华侨华人联合会网站，https://www.ucrj.jp/regulations/cn-regulations/。

表1 日本中国新移民社团部分名单

类型	名称
同乡会	日本湖南同乡会、日本山西同乡会、在日天津同乡会、日本四川同乡会、日本吉林同乡会、日本北京同乡会、日本海南同乡会、日本甘肃同乡会、日本长春同乡会、日本山东同乡会等
地方商会	日本山西总商会、日本徽商协会、日本黑龙江省经济文化交流促进协会、日本福建经济文化促进会、日本天津经济发展促进会、日本川渝总商会、日本内蒙古经济文化交流协会、日本泉州商会、日本福建总商会、日本湖州经济文化促进会等
日本地缘社团	西日本新华侨华人联合会、北海道华侨华人联合会、长崎新华侨华人协会、富山县华侨华人会、宫城华侨华人联合会等
专业人士社团	在日中国科学技术者联盟、日中经济发展中心、留日中国人生命科学学会、全日本中国人博士协会、在日中国律师联合会、日本华人教授会议、在日华人女性交流会、日本华文教育协会、在日中国厨师精英协会、日中青年经济文化交流协会等
校友会	南开日本校友会、上海交通大学日本校友会、复旦大学日本校友会、浙江大学日本校友会、湘潭大学日本校友会、吉林大学日本校友会、内蒙古大学日本校友会、厦门大学日本校友会、武汉大学日本校友会、哈尔滨理工大学日本校友会等
总会、联合会	日本中华总商会、全日本华侨华人联合会

资料来源：笔者根据各社团网站、新闻报道等资料综合整理制作。

（二）华文媒体

媒体主要有报纸、广播、电视和互联网新媒体。近年较为活跃、影响力较大的中文媒体及其经营者见表2。

从媒体形式看，华文媒体朝着全媒体方向发展。他们不仅有自己的报纸，也运营报纸电子版、网站、公众号等新媒体客户端。例如，《日本新华侨报》既有网站，也有电子报，还有微信公众号等。

从媒体内容看，华文媒体报道范围广泛。《中文导报》栏目包括专栏、视点、华人新闻、中国新闻、日本新闻、财经新闻、宏观市场行情、旅游、生活、信息发布、侨务等。

表2　日本华文媒体部分名单

序号	媒体名称	创办者及企业	创办时间
1	《中文导报》	李叶 中文产业株式会社	1992
2	《日本东方新报》	日本文华传媒株式会社	1993
3	《日本新华侨报》	蒋丰	1999
4	大富电视	张丽玲 大富株式会社	1998
5	《关西华文时报》	黑濑道子 槐花社文化传播有限公司	2002
6	日本华人网 小春网	王轶岩 小春株式会社	2004

资料来源：笔者根据媒体报道研究、各媒体网站等综合整理制作。

从媒体受众看，读者来自不同阶层和地区。《中文导报》读者包括"教授、公司职员、企业家、家庭主妇、留学生、归国者以及学习中文的日本人等。高学历读者占半数以上"①。同时，他们在面向在日华人、学习中文的日本人的同时，也拥有中国读者。因此，谈到日本华文传媒的发展，杨文凯指出："既要讲好中国，也要传递日本，这是在日华媒履行媒体重要职责的正反面，不可偏废。"②

从经营者看，经营较好的几家华文媒体，与其经营者具备新闻传媒专业训练或从业经历密不可分。蒋丰于1988年赴日前，曾在《中国青年》杂志工作。杨文凯毕业于复旦大学新闻系，赴日后投身《中文导报》的创办和经营。段跃中赴日前曾是《中国青年报》记者、编辑，从1998年开始在日本发行《日本侨报电子周刊》，经营日本侨报社。

这些精英人士不仅经营自己的华文媒体，也具有较丰富的媒体网络和资源，并且是活跃的评论家、发言人。蒋丰采访过多位日本国会议员，还与《人民日报》合作，担任日文版《人民日报 海外版 日本月刊》总编辑。杨文凯也与日本主流媒体《朝日新闻》等有交流合作。

华文媒体并非都是华侨华人创办的。《关西华文时报》由翻译出版公司

---

① 中文产业株式会社网站：《中文导报》，https：//www.chubun.jp/chubun_com.php。
② 杨文凯：《〈中文导报〉愿景》，中国侨网，http：//www.chinaqw.com/hwmt/2019/10-08/233371.shtml。

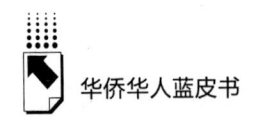

发行，社长黑濑道子是日本人，1971年在日本广岛出生，曾在中国留学和工作。返回日本后，在大阪经营翻译出版公司。

（三）华文教育

本文的华文教育为广义概念，泛指在日本以教授中文为主要内容、有中国新移民参与的教育机构及其活动。华文教育的对象既包括华侨华人，也包括非华侨华人。因此，除了传统的华文学校，周末中文学校、孔子学院等的国际中文教育机构也在本文讨论范围。

日本有五所全日制华文学校：横滨山手中华学校、横滨中华学院、神户中华同文学校、东京中华学校、大阪中华学校。横滨山手中华学校建校于1898年。该校校长张岩松是在日中国新移民。他毕业于北京语言大学，曾经在华文学院任教，后来到日本横滨山手中华学校任教，曾任学校教导部长、学园理事会理事。从2014年，开始担任该校校长。神户中华同文学校建校于1899年，原名神户华侨同文学校。1939年，更改为现名。神户中华同文学校校长张述洲出生于天津，1983年毕业于中央音乐学院。后担任天津歌剧团艺术室副主任。1989年1月，张述洲赴日本神户求学。1994年毕业于兵库教育大学研究生院。之后到神户中华同文学校任教。从2016年起，开始担任该校校长。

周末中文学校为海外中文学习机构（见表3）。东京同源中文学校为日本较早的周末中文学校，创办于1995年。此外还有长城学院（2011）、花漾汉语（2017）等中文教育机构。这些机构的出现迎合了日本社会对中文的学习需求，在语言培训市场占有一席之地。其讲师多来自中国新移民国际中文教育教师。

日本孔子学院为较为特殊的一类国际中文教育机构，为中日双方合作创办。从2005年至今，在日本共有15所孔子学院，具体名单见表4。孔子学院一般由日本高校承办，并与中国高校合作。对日本高校来说，孔子学院对推动其学校的汉语教育，满足学生的汉语学习需求有重要作用。对中方合作高校来说，中国与日本高校间的合作交流，提升本校国际中文教育水平，也有重要意义。很多孔子学院承担了大学的汉语教学课程。

除了华文学校，相关华人社团及其侨领在推广国际中文教育中也扮演着重要角色。例如颜安曾任全华联会长，卸任后投身华文教育事业，任日本华文教育协会会长。他带领协会积极开展活动，联系日本周末中文学校，举办师资培训、语言讲座、汉语比赛等，促进了日本中文教育事业的发展。

表3　日本周末中文学校部分名单

序号	学校名称	负责人	创办时间
1	同源中文学校	杨林	1995
2	CJC中文学校	陈丽芳	2003
3	宇贤教育学院	方贞华	2006
4	睦新中文学校	侯艳妹	2008
5	长城学院	张佶	2011
6	熊猫博雅学苑	翟高燕	2015
7	花漾汉语	薛伟	2017

资料来源：笔者根据日本华文教育协会及各周末中文学校网站资料综合整理制作。

表4　日本孔子学院一览

序号	启动时间	日本孔子学院	中方合作机构
1	2005	日本立命馆孔子学院	北京大学
2	2006	日本樱美林大学孔子学院	同济大学
3	2006	日本北陆大学孔子学院	北京语言大学
4	2006	日本爱知大学孔子学院	南开大学
5	2007	日本札幌大学孔子学院	广东外语外贸大学
6	2007	日本立命馆亚洲太平洋大学孔子学院	浙江大学
7	2007	日本早稻田大学孔子学院	北京大学
8	2007	日本冈山商科大学孔子学院	大连外国语大学
9	2007	日本大阪产业大学孔子学院	上海外国语大学
10	2008	日本福山大学孔子学院	对外经济贸易大学、上海师范大学
11	2008	日本工学院大学孔子学院	北京航空航天大学
12	2010	日本关西外国语大学孔子学院	北京语言大学
13	2012	日本学校法人兵库医科大学中医药孔子学院	北京中医药大学
14	2015	日本武藏野大学孔子学院	天津外国语大学
15	2018	日本山梨学院大学孔子学院	西安交通大学

资料来源：笔者根据孔子学院官方网站资料等综合整理制作。

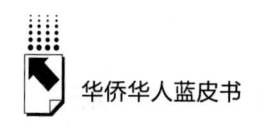

（四）华商企业

日本中国新移民企业在近年来也取得了飞速发展。日本中国新移民企业从规模来看，以中小企业为主，但也有一定数量的大型企业或上市公司。从领域来看，很多华商企业经营范围在餐饮、贸易、制造等领域，但由留学生、专业人士创办的互联网、高科技公司成为日本华商企业的鲜明特色。

中日之间经贸往来为日本华商企业提供了发展空间。例如，潘若卫创办的公司，在业务上包括"中国IT市场调查，为日系软件公司等企业在中国的发展提供支持"[①]。王秀德创办的日本源清田株式会社在日本拥有三家会社和三家工厂，在中国拥有两家公司和一个国家级检测中心。严浩创办的EPS控股株式会社也是一个跨国集团。

同时，日本华商企业与日本企业、中国企业日本分部等都有互动。例如，2015年，日本中华总商会在华为技术日本株式会社举行企业视察研修会，也在Laox会社举行企业视察研修会。[②]

表5 日本中国新移民企业部分名单

序号	企业名称	创办者	成立时间	员工数（人）	主要经营领域
1	EPS控股株式会社*	严浩	1991	6718	医疗器械、医药品等
2	东湖株式会社	徐耀华	1995	—	餐饮
3	中文产业株式会社	李叶	1995	300	文化传媒
4	日本侨报株式会社	段景子	1996	—	文化出版
5	株式会社ビッグハンズ	潘若卫	1998	360	技术开放、信息咨询
6	日本源清田株式会社	王秀德	2004	200	食品加工销售
7	小春株式会社	王轶岩	2008	30	文化传媒

注：*在东京证券交易所一部（主板）上市，证券代码4282。
资料来源：笔者根据日本中华总商会、企业网站等资料综合整理制作。

---

① 株式会社ビッグハンズ网站：《会社介绍》，http：//www.bighandz.co.jp/htmlTokyo/enterprise03.html。
② 日本中华总商会会刊：《交游》，2011年。

三 日本中国新移民发展的影响因素

（一）日本方面

日本社会的开放、经济的发展、留学生政策和移民政策等为中国新移民的出现和发展提供了条件。与中国的改革开放大致同一时期，日本政府开始推动日本社会国际化以及高等教育国际化，在1983年提出了"十万留学生计划"，积极接收外国留学生。这为中国人留学日本打开了通道。此外，中国人也通过工作、投资、家庭移民等方式进入日本。

（二）中国方面

中国的改革开放政策是中国人移居海外的前提条件。中国实行改革开放政策，就开始选派人员出国留学。尔后，中国逐步开放自费留学。通过留学而移居日本是很多日本中国新移民的重要流动途径。不过，在中国经济快速发展的背景下，2010年以后入籍日本人数减少，反映出希望保留中国国籍、能够从中日两国跨国流动中寻求更好发展机会的人士增多。近年来，在回国热潮下，也有一些日本中国新移民精英回国发展。疫情暴发以后，在日中国新移民人数也有所减少。

（三）中日关系

中日关系主要指广义的政治、经济、人文关系。日本中国新移民的出现和发展受到中日关系的直接影响。1972年，中日两国实现邦交正常化。但直至1978年，两国签订《中日和平友好条约》。当年，邓小平副总理访问日本。同年，中国开始实行改革开放政策。次年，廖承志率领官方代表团访问日本。在此期间，日本官员也多次到访中国，最有名的是当时的日本首相大平正芳访问中国。两国高层互动之外，民间交流也日益频繁。20世纪80

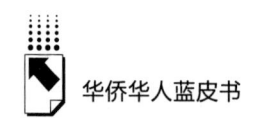

年代在中国成立的"大平学校"便是中日人文交往的一个范例：日本派遣教师到中国教授日语、日本文化。一些中国学员学成后赴日留学。中日两国学人的共同努力极大地促进了中日交流。

四　日本中国新移民在中日交流中的角色和作用

（一）推动日本社会发展

中国新移民在各自不同的领域推动了日本社会的发展。留学生不仅是日本高等教育发展的贡献者，也是日本中低端、高端就业市场的重要供应源。[①] 留学生留学期间，往往在餐馆、工厂、便利店打工，供给了日本的中低层劳动力市场。而留学生毕业后，很多又进入高校科研机构、高新技术企业等，从而转变为日本所需要的高端人才。日本中国新移民学者把"中国"融入自身的教学、研究与行政工作，丰富了日本大学的教学研究和多元文化环境，向日本社会提供了了解中国的一个重要渠道。日本中国新移民企业家在日本经营，成为日本经济发展的重要组成部分；他们拥有跨语言、跨文化、跨地域、跨国界的社会网络和社会资本，成为沟通中日经贸的纽带和桥梁。

（二）促进中日交流互动

日本中国新移民不仅通过自己的专业工作，也通过一系列社会活动促进了中日的交流互动。日本中国新移民社团通过日语/中文比赛的形式，引导两国青年一代增进彼此理解。值得一提的是，汉语作文比赛面向学习汉语的日本人，以激发他们学习汉语、了解中国、到中国旅行求学的热情。这些民间交流活动促进了中日之间的良性互动，巩固了两国友好的民间基础。日本的华文媒体也不仅为在日华人提供服务，也有一定的日本人读者群、中国国

---

① Gracia Liu-Farrer, *Labor Migration from China to Japan: International Students, Transnational Migrants*, New York: Routledge, 2011.

内民众读者群,成为国际传播的重要力量,在向日本传递中国、向中国传递日本方面扮演着重要角色。日本华文教育不仅面对华侨华人及其子女,也面向日本人之中有学习兴趣者或有志于从事中日交流相关事业的人士,促进了中日之间的语言、文化和人员交流。

结　语

本文以日本中国新移民为研究对象,通过对日本官方统计数据、笔者田野调查资料的分析,得出以下主要结论。在规模和构成上,日本中国新移民人口规模扩大,职业类型多样,技能实习签证劳工人数下降,在日本留学、就职以及创业人数攀升,高学历、高技术人口比例提高。在来源和分布上,日本中国新移民来源省份广泛,在日本高度集中在东京、大阪两大都市圈。在年龄分布上,以适龄劳动力为主体,20~39岁所占比例尤高。在身份选择上,多选择在日永住身份,入籍日本人数较少且呈下降趋势。在社会活动上,日本中国新移民所组织或参与的华人社团、华文媒体、华文教育和华商企业蓬勃发展。日本中国新移民不仅是中日两国社会开放和交流的受益者和见证者,而且是当今促进两国社会进一步发展和互动的参与者和贡献者。他们通过自身的工作、社会活动,成为推动中日交流、改善中日关系、沟通中日民心的重要力量。

B.14
阿根廷中国新移民调查研究*

洪桂治 胡建刚 罗燕玲**

摘　要： 从20世纪70年代至今，阿根廷的中国新移民从不足千人迅速增长到18万人，成为阿根廷的第四大移民群体。其在来源分布、从业、社团建设、教育等方面呈现以下特点：来源地高度集中于福建省，受教育程度普遍较低，非正规移民为数众多；大多从事超市零售、进出口贸易与餐饮等行业；社团组建数量多，发展快，形式以同乡会和商会为主；"洋留守儿童"占比高，华文教育发展潜力大。其在生存与发展上主要面临以下困境：营商环境堪忧，安全事件频发；新冠肺炎疫情让传统行业经营更加困难；非正规移民生存日益艰难；子女受教育难，低学历困境正在代际延续。鉴于此，阿根廷中国新移民可从以下几个方面寻求破解困境之道：一是凝心聚力，华人社团主动作为维护自身合法权益；二是立足"一带一路"，谋求行业发展新商机；三是中阿合作，推动阿根廷中文教育发展。

关键词： 阿根廷　新移民　华人社团　华文教育　跨国留守儿童

---

* 本文系福建省社会科学规划项目"'一带一路'视域下华文教育传播福建优秀文化的策略与途径研究"（2019－2022）的阶段性研究成果。
** 洪桂治，博士，华侨大学华文教育研究院讲师，研究方向为海外华文教育、现代汉语词汇；胡建刚，博士，华侨大学华文教育研究院副院长、副教授，研究方向为海外华文教育、现代汉语语法；罗燕玲，硕士，华侨大学华文学院讲师，研究方向为海外华文教育。

一 引言

阿根廷是南美第二大国，首都布宜诺斯艾利斯。官方语言为西班牙语。截至2020年，全国人口约为4537.7万。① 中国与阿根廷于1972年2月19日建交，两国即将迎来建交50周年。2004年，中阿建立战略伙伴关系。2014年，中阿宣布建立全面战略伙伴关系。习近平主席先后于2014年和2018年两次访问阿根廷。阿根廷与中国同是20国集团成员国，两国之间经贸交往密切，阿根廷是中国在拉美的第五大贸易伙伴，中国是阿根廷的全球第二大贸易伙伴、第一大农产品出口目的地国和第三大投资来源国。两国之间文化与人文交流频繁，2014年，阿根廷成立了第一所公立全日制中西文双语学校；2020年，阿根廷参议院批准设立中国文化中心；双方合作建设了3所孔子学院；两国共有8个省、市之间建立了友好省（市）关系，如北京市与布宜诺斯艾利斯市、福建省与米西奥内斯省、成都市与拉普拉塔市等。

阿根廷的中国新移民数量约有18万②，占阿根廷人口总数的0.4%，为阿根廷第四大移民群体。对新移民进行专项调查，有利于了解该群体在住在国的生存与发展状况，掌握其在人口发展、行业分布、社团建设、子女教育、融入主流等方面的特点，分析其当前面临的主要困难与问题，进而提出有针对性的解决方案。本研究所指"阿根廷的中国新移民"，为20世纪70年代起从中国大陆和港澳台地区移居至阿根廷的中国移民，既包括拥有阿根廷永久居留权、临时居留权的移民，也包括非正规移民。③

---

① 《阿根廷国家概况》，中国外交部网站，https：//www.fmprc.gov.cn/web/gjhdq_676201/gj_676203/nmz_680924/1206_680926/1206x0_680928/。
② 2017年，时任中国驻阿根廷大使杨万明在中阿建交45周年招待会上的讲话指出，在阿根廷的华侨华人约为18万。本研究于2021年4月至5月实施调查，对阿根廷侨领刘芳勇先生进行访谈并通过其向中国驻阿根廷大使馆有关工作人员、多位侨领核实，均认为，到目前为止，阿根廷约有18万名华侨华人是较为真实可靠的数据。
③ 无论是学术界还是有关部门，对"新移民"的定义存有一些争议。就时间界限而言，有人主张界定为"二战以后"或"新中国成立以后"，有人主张采用"20世纪后期"（转下页注）

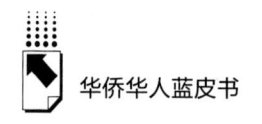

二 阿根廷中国新移民生存与发展现状

(一) 阿根廷中国新移民数量变化与分布变迁

1. 阿根廷中国新移民人口数量变化

(1) 20世纪70年代：不足1000人，以中国台湾移民为主

1972年中阿建交时，阿根廷华侨华人约有700人。1972年中国台湾天主教神父赵雅博率领10户台湾人到阿根廷，此后通过家庭团聚等方式，阿根廷的台湾移民逐渐增多。1980年，增至1200人。这一时期，阿根廷的中国移民以台湾移民为主。

(2) 20世纪80年代：最多时近3万人，中国台湾移民居多，中国大陆移民开始增加

20世纪80年代，台湾人开始大规模移民阿根廷，他们大多以投资移民、家庭团聚的形式入阿，在阿根廷从事农牧渔业。1983年至1984年，台胞由中国台湾、巴拉圭、玻利维亚等地向阿根廷移民形成高潮。从1970年到1986年，官方统计的居留阿根廷的中国移民数达9363人（以中国台湾移民为主）。1987年，阿根廷的中国移民有27500人。[1] 1989年阿根廷爆发经济危机，约有1.5万中国移民移居美国、加拿大、日本等国，或返回中国台

(接上页注③) 或 "20世纪70年代以来"；就地域范围而言，有人主张"新移民"仅指中国大陆向海外其他国家的移民，有人主张应包括中国大陆和港澳台地区的移民，以及东南亚等地的华人再移民；就身份构成而言，有人主张"新移民"不应包括以留学名义出国、学成后留居当地的原留学人员，特别是公派留学人员。还有人提出，"新移民"与老华侨相对，应称呼"新华侨"（简称"新侨"）。有关讨论可参见张秀明《国际移民体系中的中国大陆移民——也谈新移民问题》，《华侨华人历史研究》2001年第1期。因1972年中阿建交是中国人向阿根廷移民的重要时间节点，故本研究将20世纪70年代作为讨论阿根廷中国新移民问题的时间起点。

[1] 另有一说：20世纪80年代，还有上万名韩国山东籍的华侨移居阿根廷。同时，从中国大陆前往阿根廷的也不在少数。80年代初，由上海、广东、福建、江苏、浙江、山东和北京等地赴阿根廷的华侨人数达1万以上，其中上海人占多数。到1988年，阿根廷华侨华人数已逾5万。

湾。至1990年，有台湾移民1万多人。

同一时期，阿根廷的大陆新移民大约有2000人，其中80%来自中国上海。福州市连江县等地的福建人也于20世纪80年代初开始以劳务输出、观光等方式进入阿根廷。他们后来大多通过结婚生子或阿根廷实施"大赦"等途径获得合法身份。

（3）20世纪90年代至21世纪初：3万人左右，福建人开始大规模移民

20世纪90年代以来，阿根廷的中国移民在数量上开始大幅增加。这一时期，中国台湾移民以宗教移民为主，主要是一贯道的团体移民。1990年至2002年，计有6813名中国台湾人移民阿根廷。[①] 到1999年，阿根廷3万名左右的中国移民中，有1.8万人来自中国台湾。2001年，阿根廷再次发生经济危机，不少中国台湾移民离开阿根廷。之后，阿根廷的中国台湾移民人数相对稳定在1万左右。[②]

20世纪90年代，中国大陆移民以技术移民、家庭团聚和非正规移民为主。90年代初，来自莆田、福清和长乐等地的福建人开始移民阿根廷，并在1992年、1994年、1998年掀起了三次华人移民阿根廷的浪潮。[③] 当时，阿根廷的中国超市行业进入了高速发展阶段，多由福建人经营，急缺人手，因此，福建移民快速增加。阿根廷的福建人由1996年的7213人增长至2005年的50579人。[④] 而2005年至2006年，阿根廷中国新移民人数在6万左右。

（4）21世纪以来：约18万人，福建移民占80%以上，以中青年为主

2010年，阿根廷的中国移民及其后代已经达到12万人，成为阿根廷的第四大移民群体。其中，约2万人是中国台湾移民。[⑤] 另有数据显示，到

[①] 陈文寿：《海外台侨与台湾侨务》，香港社会科学出版社有限公司，2009。
[②] 李善龙、曾少聪：《阿根廷移民政策的演变》，《华侨华人历史研究》2019年第2期。
[③] 《阿根廷华人移民数量超12万 引主流媒体大幅报道》，凤凰网，https://news.ifeng.com/c/7faa0d1VFXA。
[④] 郭玉聪：《福建省国际移民的移民网络探析——兼评移民网络理论》，《厦门大学学报》（哲学社会科学版）2009年第6期。
[⑤] 《华人成为阿根廷第四大移民群体》，凤凰网，https://news.ifeng.com/c/7fYynzjKdei。

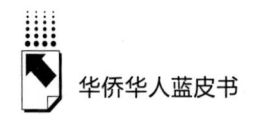

2009年，阿根廷的福建移民已达6.6万人。①

据阿根廷政府相关部门初步统计，目前持有阿根廷永久居留证的中国公民共有10万余人。加上已入籍的华人，以及部分尚无合法身份、正在办理当地合法身份的中国移民，在阿根廷共有华侨华人约18万人。②

新移民以中青年为主，超过90%的新移民的年龄在15岁至64岁，老年人相对较少。由于适婚、适育的中青年较多，每年在阿根廷出生的新移民子女有2000名至3000名。

2. 阿根廷中国新移民分布变迁

（1）来源地高度集中于福建省

从20世纪90年代末至今，新移民的地域来源呈现集中于福建、散布于各省的特点。据阿根廷华侨华人联合总会、阿根廷中华工商企业联合总会主席陈瑞平介绍，福建人，尤其是福州人和莆田人，已成为当前新移民的主体，达15万人之多。其中，福清人约8万，长乐人3万，莆田人3万，其他各市县的人1万有余。③ 中国其他省市与地区，如中国香港、中国台湾、广东、广西、江西、东北三省、江苏、浙江、河南、北京等，也都是新移民的来源地，其中来自台湾地区的新移民约为1万人。

（2）从聚居首都到扩展至全境

在地区分布上，阿根廷2010年的全国人口普查资料显示，中国新移民在阿根廷分布较为广泛，北至萨尔塔省，南至火地岛省，均有中国新移民定居。但在地域上又趋于集中，居住在首都及周边地区的中国新移民最多，最高峰时占比约95%。布宜诺斯艾利斯、罗萨里奥、科尔多瓦和门多萨是新移民分布最集中的城市。

近年来，随着中国新移民日渐增多，加之首都地区经商机会减少，越来

---

① 郭玉聪：《福建省国际移民的移民网络探析——兼评移民网络理论》，《厦门大学学报》（哲学社会科学版）2009年第6期。
② 这一数据系由阿根廷侨领刘芳勇先生与中国驻阿根廷大使馆相关工作人员核实后提供。
③ 李善龙、曾少聪：《阿根廷移民政策的演变》，《华侨华人历史研究》2019年第2期。该文注释显示，该数据由阿根廷华侨华人联合总会、中华工商企业联合会主席陈瑞平于2017年6月16日提供。

越多的中国新移民开始向阿根廷内陆省份迁移,以寻找新的发展空间。如位于阿根廷中西部的内乌肯省,至2015年已有超过400名中国新移民在此定居,该省的内乌肯、普洛捷等城市都有中国新移民分布。布宜诺斯艾利斯市及周边地区聚居的中国新移民比例下降至81.8%。[1]

(3) 受教育程度较低,非正规移民现象突出

阿根廷的中国新移民有80%来自福建。这些新移民主要来自农村地区,学历以高中及以下为主,为"非精英移民"群体。一项对290名旅阿中国新移民的调查显示,145名男性中,初中及以下学历的占55.2%,高中与中专学历的占19.4%;145名女性中,初中及以下学历的占60.0%,高中与中专学历的占16.6%。[2]

1994年以来,阿根廷移民局颁布了第1023号法令,对技术移民和投资移民实行严格管控。不少中国新移民便选择以非正规方式入境。阿根廷移民局2014年的数据显示,检查发现的外国人在阿根廷非正规居留个案,中国新移民占48.8%。[3] 这类新移民或通过非正规手段抵达阿根廷,或通过办理商务、旅游、工作等种类签证来到阿根廷后便滞留。

(二) 阿根廷中国新移民从业领域集中

1. 行业集中于超市零售、进出口贸易与餐饮业

台湾地区新移民20世纪70年代进入阿根廷时,从事外卖者居多,后来慢慢发展进入零售行业。

20世纪90年代初,福建人陆续进入阿根廷,带动了阿根廷的华人超市行业的发展。目前阿根廷已有1.3万余家华人超市。[4] 这些超市既为当地居

---

[1] 《阿根廷华人移民逐渐往内陆迁移 行业也日趋多元》,中国侨网,http://www.chinaqw.com/hqhr/2015/07-22/57843.shtml。
[2] 浙江师范大学孙浩峰老师对来自福建省福清市江阴镇的290名旅阿新移民的学历进行调查得到的数据。
[3] 转引自李善龙、曾少聪《阿根廷移民政策的演变》,《华侨华人历史研究》2019年第2期。
[4] 《阿根廷华侨华人中的抗疫"先锋队"》,中国侨网,http://www.chinaqw.com/hqhr/2020/09-01/268360.shtml。

民提供了生活便利，也为当地人提供了众多就业机会。约90%的超市经营者为来自福建省的新移民。福建新移民抵达阿根廷之后，一般先在亲友、同乡所开超市中工作。他们一边打工，一边积攒经营经验，待时机成熟后便自立门户。目前，超市零售、进出口贸易、餐饮和礼品杂货店是新移民在阿根廷从事的主要行业。据估算，阿根廷的中国新移民中，有60%从事超市行业，15%从事进出口贸易行业，10%从事礼品杂货店行业，10%从事餐饮业，还有5%从事其他行业。①

2. 华商从业渐趋多元化

近年来，由于阿根廷经济形势不佳，许多华商尝试突破原有的三大传统行业，积极推进多元化发展。越来越多的新移民转向经营对华农产品出口业、远洋海产品捕捞业等，并建立了多家由华商投资的牛肉加工厂、种植中国水果蔬菜的农场。在农牧渔领域，中国新移民经营的农场、牧场约有50家，主要分布在福莫萨省、密西翁内斯省、圣菲省和图库曼省等地，养殖牛、鸡、鸭，种植花卉、香蕉、蔬菜等。

部分中国新移民开始从事实体产业，如制造成衣、人造首饰、陶瓷、五金、塑料、木器、造纸、球拍等；大部分为家庭式的工厂作坊，少数为具有一定规模的工厂。部分中国新移民也进入服务业。在首都布宜诺斯艾利斯，从事电器设备、汽车与钟表修理业务和提供洗衣、水电、土木工程服务的中国新移民公司有上百家。也有极少数的中国新移民进入房地产、旅游等行业，如在首都地区，就有数家从事房地产交易的新移民公司；阿根廷南极洲旅行社在该国华侨华人机票业务领域已占据近一半的市场份额。

在布宜诺斯艾利斯地区，从事医生、律师、公证员、教师等职业的中国的新移民约有百人，从事针灸、推拿及开办中医诊所的不下300人，且涌现出一批在当地颇有影响力的精英人物，如来自中国台湾的震森律师事务所律师尤震，长期为阿根廷华人发声，积极助力当地华人维权；国家翻译员马俊

---

① 据阿根廷侨领、阿根廷华人网董事长刘芳勇先生称，这是其与多位阿根廷新移民社团的侨领根据阿根廷新移民从业情况估算的数值。

担任阿根廷国家刑事法院专属翻译,是阿根廷有关华人案件的法院指定翻译;MC 报关行负责人朱佳,在以往多为犹太人从事的报关行业中站稳了脚跟。

布宜诺斯艾利斯还有多家华人经营的武术馆,教授武术、气功、健美操等。其中影响力较大的有阿根廷武术气功联合总会会长钱兰根创办的钱氏武馆、浙江籍华人陈敏的武术俱乐部,以及阿根廷少林拳法馆、蔡李佛拳馆等。

(三)阿根廷中国新移民社团数量增长快速,功能类型多样

阿根廷的中国新移民社团出现得较晚。20 世纪 70 年代,阿根廷的中国移民才开始陆续组织社团。起初,由中国台湾移民组建的侨团不少,后来随着中国大陆移民的大幅增加、老一辈台胞离开阿根廷或老去,中国大陆移民创办的侨团越来越多,实力也日趋强大。截至 2021 年 5 月,新移民社团共有 90 多个[①](见附录 1)。

1. 阿根廷中国新移民社团的主要类型

阿根廷的中国新移民社团包括全侨性的"两总会"、政治性社团、地域性社团、商业性社团、文化与宗教社团、公益性社团等多种类型。

(1) 全侨性社团

阿根廷华侨华人联合总会、阿根廷中华工商企业联合总会是当地的全侨性社团,2006 年在布宜诺斯艾利斯成立,以"促进侨社大团结,建设和谐侨社,互通信息,共同发展"为宗旨。各同乡会、行业协会的正职会长为"两总会"的副主席、副会长、监事长。二者一般以"两总会"的名义共同出现。

(2) 政治性社团

阿根廷中国和平统一促进会于 2001 年成立,长期致力于反"独"促

---

① 这里按照名称对社团进行认定。有的社团,如阿根廷华语闽南同乡联谊总会暨阿根廷闽南工商企业联合会算一个。还有的总会有若干个下设组织,算作一个。如阿根廷福清同乡联谊总会包括阿根廷三福企业商会、阿根廷华侨福清同乡会、阿根廷福清社团联合会、阿中福清会馆。

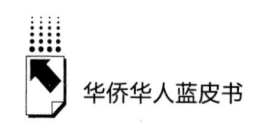

统，广泛联系和团结旅阿两岸侨胞和各界友好人士，积极向阿根廷社会和国际社会宣传一个中国的理念，积极推动祖国和平统一。

（3）地域性社团

地域性社团是以地域为基础的自愿团体，一般为同乡会。阿根廷现有中国新移民同乡会20余个，覆盖福建、广东、浙江、上海、台湾等地，基本上是20世纪80年代之后成立的。其中，以福建籍尤其是福清籍的社团表现最为突出，如福清籍华侨华人的"三会一馆"：华侨三福企业商会、福清社团联合会、华侨福清同乡会、阿中福清会馆。2018年11月28日，由福建省文化和旅游厅与阿根廷华侨福清同乡会共同建设的"中国·福建文化海外驿站"在布宜诺斯艾利斯揭牌。这也是南美洲的第一个福建文化海外驿站。浙江、江西等地的社团也较为活跃。与东南亚国家成立的华人社团不同，阿根廷多组建同乡会而非宗亲会，更重在以地域而非血缘关系来联系彼此。在地域性突出、劳务性移民较多的阿根廷，中国新移民群体的封闭性也十分明显，深受同乡和宗族势力的影响。

阿根廷中国新移民同乡会组织的活动主要围绕其会务及各种节日聚会展开。此外，作为中阿两国往来的桥梁，同乡会作出了重要贡献。如接待来自国内的访问团，包括政府官方访问团和民间经贸访问团等，也组团回祖国考察，如随阿根廷官方访问团访华，并考察国内经贸发展情况，为华侨华人回祖国投资铺路搭桥。

（4）商业性社团

阿根廷现有中国新移民商业性社团30余个。其中，与同乡会这类地域性社团紧密相关的商业性社团最多，如阿根廷三福企业商会、阿根廷浙江华人华侨联合总会、阿根廷广东商会；也有依据行业不同成立的社团，如阿根廷华人进出口商会、阿根廷华人超市公会、阿根廷中华餐饮暨食品行业公会。近年来出现了一些依托社团所在地组建的社团，如阿根廷门多萨中华商会、阿根廷基尔梅斯华人超市商会、阿根廷 BAHIA BLANCA 华人商会。

阿根廷的中国新移民商业社团组织与活动能力参差不齐，其中最为活跃、影响力最大的是阿根廷华人超市公会。该会除推动超市业务外，还关注侨胞的生存与发展、帮助侨胞解决困难、维护侨胞切身利益。

（5）文化与宗教社团

中国新移民创办的文化社团也非常活跃。在当地推广中华文化，既是新移民的谋生之道，也是他们的情怀，为华侨华人融入当地作出了巨大贡献。如在阿根廷传授中国武术30多年的上海籍华人钱兰根成立了"阿根廷武术气功联合总会"；在阿根廷开办武术俱乐部的浙江籍华人陈敏，创办了"阿根廷公民武术协会暨阿根廷武术俱乐部"，在当地普及中国传统武术文化，至今学员人数超过2000。

阿根廷华人文化社团也十分注重吸收当地居民加入。由钱兰根创办的阿根廷武术气功联合总会目前注册会员超过7000人，还有1万多人在社会上通过其他途径学习太极拳和其他武术相关的内容。加入阿根廷武术气功联合总会的武术组织有32个，遍及阿根廷23个省和首都，其中首都有8个武术组织。"现在每个省的武术组织都有4至5位老师，在全国120多所武术学校里大约有150位老师正在阿根廷传播武术和武术背后的文化。"① 由于商业社团或同乡会的经济实力较强，各类大型和重要的华人文化活动，仍由商会或同乡会牵头和组织。

阿根廷76.5%的居民信奉天主教，也有部分新教徒、伊斯兰教徒、佛教徒，以及印第安人部落自己崇拜的神和宗教活动。旅阿的中国新移民也成立了两个主要的宗教团体：阿根廷中国佛教会和阿根廷中华基督长老会。以上两个团体均于20世纪80年代由台湾地区新移民创立，主要用普通话传道。阿根廷中国佛教会在弘法利生、教育文化、社会公益和生命教育等方面开展了大量工作。阿根廷中华基督长老会积极向中国新移民宣传中华基督教义，每逢星期天定期召集教友集会，听取教经，宣传教义。

---

① 《三代武术人让功夫在阿根廷"热"起来》，凤凰网，https：//ishare.ifeng.com/c/s/7naMc9wzUSy。

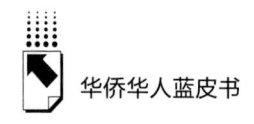

（6）公益性社团

中国新移民现共有9个公益性互助型社团，其中8个分别为阿根廷中华慈善总会、阿根廷妇女儿童联合会、阿根廷华侨华人妇女联合总会、阿根廷布市华侨华人互助会、阿根廷铂烽一心慈善基金会、阿根廷玄武山洪门协会、阿根廷华助中心、"一带一路"阿根廷服务中心等。2020年，为应对新冠肺炎疫情，成立了阿根廷侨界抗疫委员会。

2. 中国新移民中的主要侨领

中国新移民中，涌现出了一大批既有经济实力，又有号召力、热心公益的侨领。如华人议员袁建平、北京同乡会会长李文忠、妇女儿童联合会会长陈静、铂烽一心慈善基金会会长林海宁、华助中心主任严祥兴、阿中贸易促进会主席何文强、华文教育基金会会长刘芳勇等。

（四）阿根廷中国新移民子女数量与中文教育情况

1. 新移民子女数量较大

阿根廷新移民子女是新移民研究中不可忽视的一个群体。由于阿根廷的中国新移民以中青年为主，正值适婚、生育年龄，加上阿根廷当地不限制人口出生，几乎每对华人夫妻都有3个或以上的小孩，所以新移民子女数量较大。据当地侨领估算，最近每年阿根廷中国新移民的新生婴儿有2000人至3000人。以此推算，阿根廷现有中国新移民子女5万至6万人。

2. 新移民子女"洋留守"现象普遍

不少中国新移民会把孩子送回祖籍地，寄养在祖辈或亲戚家中，在当地接受小学、初中教育。孙浩峰对福清市江阴镇旅阿新移民子女的抽样调查显示，76.1%的儿童随爷爷奶奶、外公外婆等祖辈生活，13.3%的儿童随叔、伯、舅、姑、姨等父母辈亲戚生活。其中，年龄在5岁至9岁的儿童最多。[1] 另有数据显示，2017年12月，仅福清市的小学，就有父母旅阿的

---

[1] 孙浩峰、苏新春：《福建侨乡"洋留守儿童"语言生活现状调查研究——基于福清市江阴镇的田野调查》，《语言文字应用》2019年第2期。

"洋留守儿童"769 名。① 调查显示，23.8%的儿童国外生活时长不到 1 年，31%的儿童为 1~2 年，19%的儿童为 3~4 年，5 年以上的为 26.2%。② 孩子成长到 12 岁左右，这些分隔地球两端的家庭成员才会在阿根廷或祖籍地再次团聚。

阿根廷《民族报》的调查显示，中国新移民父母选择让子女"洋留守"的主要原因为：第一，要学好说、写中文必须从孩子幼年开始打基础，否则孩子很难将中文作为母语成为新移民父母的普遍共识；他们认为，离开中国的学习环境，就无法在学习中国语言的过程中树立中华民族的文化价值观。第二，部分新移民认为阿根廷的整体教育质量不如中国。第三，年轻的新移民父母为了生存与发展而努力打拼，他们大多要全身心投入工作，难以匀出时间照顾子女。

3. 新移民子女在地中文教育需求迫切

部分新移民无法或者不想把孩子送回中国，委托亲戚、朋友照顾。在这种情况下，他们就会想办法把孩子送进阿根廷的公立或私立教育机构接受教育，并且利用星期六的时间，把孩子送到就近的中文学校学习中华语言文化。这也就催生了新移民对华文学校等华文教育机构的需求。

目前，阿根廷共有由华侨华人创办的中文学校（或汉语教学机构）15 所，在校学生 3000 余人。其中，主要由台湾地区移民创办、运营的华校有 6 所（见附录 2）。由中国大陆新移民创办的阿根廷华文教育基金会和由台湾地区新移民创办的阿根廷侨校教师联谊会共同推动当地华文教育发展。

在阿根廷，每年有两三千名的中国新移民后代出生，新移民子女数量高达五六万人。受中文教育机构数量、中文教育质量等因素限制，新移民子女在地中文教育需求迫切，却难以得到满足。

---

① 阿根廷华人超市与企业公会副主席、阿根廷阿中贸易促进会副会长念彬在报告《教育部关于国际学生新规或造成"洋留守学生"困境亟待重视》中援引 2017 年 12 月福清市教育局提供的数据。
② 浙江师范大学孙浩峰老师于 2018 年在福建省福清市江阴镇对 145 名父母（或父母一方）旅阿的"洋留守儿童"进行问卷调查得到的数据。

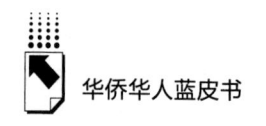

（五）阿根廷中国新移民积极融入主流社会

阿根廷中国新移民主要通过参政议政、推广汉语和中华文化、公益慈善等方式积极与阿根廷社会良性互动，融入主流社会。

1. 积极参政议政

阿根廷华人参政起步较晚，参政意识和意愿都有待提升，但近年来在华人参政议政方面，也有一些可喜的成绩。如，2015年，福建籍华人袁建平被提名为首位华人议员候选人，后正式当选为布宜诺斯艾利斯市立法院议员。2019年10月27日，华人陈源志当选为布宜诺斯艾利斯市13区新一届区政府代表。[①] 2019年10月19日，部分旅阿华人在袁建平议员带领下宣传参政议政的意识，呼吁旅阿华人积极参政议政，行使手中合法权益，为旅阿华人争取合法利益。[②]

2. 推动汉语走进阿根廷社会

虽然阿根廷还没有明确规定将汉语纳入当地国民教育体系，但汉语越来越频繁地进入当地人的视野。

2014年3月17日，在中国驻阿根廷大使馆和布宜诺斯艾利斯市政府联合推动下，阿根廷同时也是南美第一所全日制中西双语学校正式开班授课。学校从幼儿园到小学四年级，共有学生300多名。其中，阿根廷本地孩子占一半。这所学校的成立为新移民提供了更好的选择，不仅有助于新移民更好地融入当地社会，而且能够让新一代移民从儿童时代就逐渐学会与当地社会的共处，对于深化中阿两国人民的友谊与合作具有重要意义。该校校长莫妮卡表达了"推动政府开设中学的中西双语学校、让老师们有更多机会去中国交流"的意愿。[③]

[①] 《阿根廷华人当选布市13区政府代表 冀为华社服务》，中国侨网，http://www.chinaqw.com/hqhr/2019/10-30/235392.shtml，2019年10月30日。

[②] 《阿根廷华人走上街头 吁华人参政议政行使投票权》，中国侨网，http://www.chinagw.com/hqhr/2019/10-21/234669.html。

[③] 《南美第一所中西双语学校在阿根廷起步》，人民网，http://world.people.com.cn/n/2014/0318/c157278-24666833.html。

近年来，阿根廷当地一些主流学校开始提供汉语选修课程。如，圣凯瑟琳中学从2014年开始提供选修课和课外活动，学生在入校时可以选择学习中文或法语，一旦选择就无法修改，当年有15名学生选择了中文。贝尔格拉诺中学是提供汉语课程的中学先驱之一，很早就开设了汉语班。2018年，有40名学生将中文作为必修课。林肯中学也开设了汉语课堂。他们认为，汉语是幼儿园及中学生未来使用的很好的工具，未来孩子们可以用中文与世界更好地沟通。2018年，益华国际中文学校为19名来自不同岗位的成人学员开设汉语学习班，希望培养出更多的双语人才。

现在，在布宜诺斯艾利斯，汉语已经逐渐取代法语的位置，成为中学生学习第三语言的选择。据不完全统计，截至2020年6月，阿根廷全国有20余家汉语教学机构，每年汉语学习者超过3000人。科尔多瓦国立大学、国立罗萨里奥大学等阿根廷高校已将汉语课程纳入选修课。[①] 国立罗萨里奥大学于2000年成立中国研究中心，为阿根廷圣菲省的汉语学习者提供中国语言文化课程。现有学生200余名，分为5个班进行授课。

截至2021年4月，阿根廷共开设了3所孔子学院，分别是2009年揭牌的布宜诺斯艾利斯大学孔子学院（与吉林大学合办）、拉普拉塔大学孔子学院（与西安外国语大学合办）和2020年揭牌的阿根廷科尔多瓦国立大学孔子学院（与暨南大学合办）。

从2019年4月起，在拉普拉塔大学孔子学院与当地政府的共同组织下，阿根廷布宜诺斯艾利斯省开始在全省中小学试点教授汉语普通话。按照计划，汉语普通话教学首先在第907幼儿园、第38小学及第一技术学校展开，然后推广至布宜诺斯艾利斯省省会拉普拉塔所有的中小学，试行3年，并将在未来对教学成果进行评估后再进行大规模的推广。[②]

[①]《第19届"汉语桥"世界大学生中文比赛阿根廷赛区决赛成功举办》，中华人民共和国驻阿根廷大使馆网站，http://ar.china-embassy.org/chn/。
[②]《阿根廷布宜诺斯艾利斯省政府在全省中小学试行推广汉语普通话》，阿根廷华人在线，2019年4月8日。

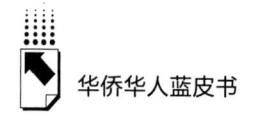

此外，2018年7月，中国驻阿根廷大使馆与阿根廷警方首次联合举办汉语培训班，为期半年，为阿根廷培训20余名机场警察。

3. 努力推广中华文化

一直以来，阿根廷中国新移民都致力于在阿根廷推广中华文化，推动中阿文化交流，加强中阿之间不同文化的沟通，增进阿根廷主流社会和华人群体之间的相互交流与理解，也提升了中国移民在阿根廷社会的形象和影响力。

在阿根廷，布宜诺斯艾利斯市的阿里维尼奥斯街"中国城"，最早是台湾地区移民集中地。2006年，布宜诺斯艾利斯市政府正式将这条街命名为"中国街"，并列入该市旅游景区，同时规定，周末两天、节假日和中国新年，将临时把阿里维尼奥斯街三个街区的道路作为步行街。① 同年，这条街成立了一个"中国街管委会"。现在，这里已经成为一个集中展现中国文化的窗口。每到春节等中国传统节日，这里会举行舞龙舞狮、庙会集市等活动，出售各种具有中国特色的食品和文化商品。

中国文化在阿根廷颇受青睐，这与阿根廷中国新移民长期的努力是分不开的。2012年，江苏籍华人陈静和上海籍华人黄菁等人在侨界支持下共同成立了"金长城文化基金会"，致力于在阿根廷推广中华优秀传统文化。2012年，金长城公司开始承办拉美最大规模的迎新春活动——阿根廷"欢乐春节"新年庙会。2016年，"欢乐春节"新年庙会连续举办两天，阿根廷多位政要与近50个国家驻阿使节、超过60万人参加了庙会活动。② 2014年，陈静团队与阿根廷Metro有线电视台合作，制作阿根廷第一档中文教学与文化电视节目《基础汉语》（CHINO BASICO），获阿根廷政府立法院颁发的"杰出新闻奖"。2016年4月，首档华人制作的西班牙语电视资讯节目《千年》正式播出。这也是整个南美地区唯一的一档用西班牙语全面介绍中

---

① 《阿根廷布宜诺斯艾利斯中国街》，中国华文教育网，http://www.hwjyw.com/zhwh/chinatown/America/200704/t20070429_893.shtml。
② 董珊：《陈静：宁静致远，香飘南美》，《华人时刊》2020年第7期。

国政治、经济、文化、旅游的节目。①

每年的9月4日是阿根廷移民节，政府和各移民社团都要举行庆祝活动，表达国家对各种族移民的尊重和感谢，也表现移民对阿根廷的热爱。多年来，阿根廷华人团体积极参与阿根廷移民节、中阿文化周活动等各项文化交流、庆祝活动，展示本民族文化、美食、歌舞、服装、舞龙舞狮等。② 阿根廷民众积极参与文化体验，显示出对中华文明的欣赏与向往。

2020年8月，阿根廷参议院批准了两国政府在2017年5月17日签署的、在阿根廷设立中国文化中心的协议。这一协议是由阿根廷前总统马克里及前外长豪尔赫·福里签署的。中国文化中心将促进汉语、文化和艺术交流活动，建立图书馆、阅览室和放映室，并将与当地政府机构、文化艺术机构等进行合作。③

4. 参与各类公益慈善活动，助力阿根廷抗疫

阿根廷的中国新移民在发展自身事业、传播中华文化的同时，大力弘扬中华民族扶危济困、乐善好施的美德，积极回馈当地社会。

中国新移民于2020年组织成立了"阿根廷侨界抗疫工作委员会"，帮助同胞和当地民众共同抗疫。截至2021年5月，中国新移民以各种形式为当地捐赠物资近百次，捐助金额超过8000万比索。侨界抗疫工作委员会帮助阿根廷社会抗击疫情的举动，也赢得了当地政府和民众的赞誉，阿根廷外交部曾专门致电中国驻阿根廷使馆表示感谢。④ 侨界与当地人士做到了真正的"守望相助"。如2021年5月18日，侨界向当地一家新冠肺炎核酸检测中心捐赠物资，因为这家检测中心给华侨做新冠肺炎核酸检测时态度友善，帮助了很多侨胞，侨界在有条件时"反哺"支持他们。

---

① 《首档华人制作西语电视资讯节目正式播出》，央视网 - 华人世界，http://tv.cctv.com/2016/04/13/VIDEJtJlpzOvyEhwIhwiUuTr160413.shtml。
② 《移民的庆典：中国侨团参加布市移民节》，阿根廷华人网，https://www.argchina.com/html/show-24212.html。
③ 《阿根廷参议院批准设立中国文化中心》，凤凰网，http://yue.ifeng.com/c/7yw6q5cH4MD。
④ 《阿根廷华侨华人中的抗疫"先锋队"》，中国侨网，http://www.chinaqw.com/hqhr/2020/09-01/268360.shtml。

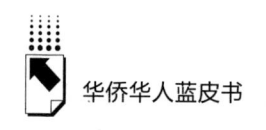

三 阿根廷中国新移民生存与发展困境分析

（一）新移民营商环境艰难，安全事件频发

阿根廷中国新移民在商业经营方面面临着越来越复杂与艰巨的挑战，尤其是在超市行业，表现得最为显著。其面临的困境主要有以下几个方面。

1. 阿根廷加大对华人超市管控力度

近年来，阿根廷对华人超市的管控力度不断加大。有些华人超市由于店主违反超市经营有关规定而被查封。例如，2020年3月，阿根廷圣地亚哥－德尔埃斯特罗省拉班达市一家华人超市因顾客人数超过了规定数量而被查封。2021年2月23日，阿根廷有关部门对首都San Telmo及宪法区的华人超市及社区超市展开执法检查时，发现了多起违反政府最高价格计划的情况。在45起检查中，查封了1家超市，并开出了25张违法告知单。2021年4月，阿根廷皮拉尔市政府征收高额新冠肺炎疫情税，35家华人超市被市政府查封。2021年5月，阿根廷布宜诺斯艾利斯省贝里索市政府城市管控局联合国家移民局拉普拉塔分局对当地的多家华人超市进行了执法检查，查扣了6家超市内过期或没有相应发票的商品。在其中一家华人超市内，国家移民局还发现了一名没有居留权的中国籍公民，因而开出违法告知单。[①] 据了解，新冠肺炎疫情暴发以来，平均每天会进行70次到100次执法检查，若发现违规情况，会开出违法告知单或当场予以查封，华人店主必须更加谨慎。

2. 疫情冲击使华人超市经营压力增大

超市行业是阿根廷实施居家隔离令后政府允许开门营业的行业，以提供基本民生商品。尽管相比其他行业，超市行业受到的影响较小，但情况仍然不容乐观。2020年7月的报道显示：短短几周里，阿根廷有2600家华人超市暂时停业。据中国城商业协会估计，中国城120余家餐馆、超市和礼品

---

① 《多家华人超市遭执法检查 发现过期商品及无身份华人》，阿根廷华人网，https://www.argchina.com/html/show-32464.html。

店，约40家商店将在强制隔离解除后选择永久关门。很多中小型华人超市倒闭，大型超市虽仍在坚持，但生意受冲击很大。受疫情影响，当地物流受阻、客流减少、商品缺货，政府还采取了严格的基础商品限价措施，一些商品几乎没有利润空间，超市经营税收、租金及资金周转压力也很大。像Ultramar这样的大型连锁超市，日营业额也跌至疫情前的1/3。事实上，在新冠肺炎疫情流行之前，华人超市经营已频频出现困境，销售额普遍下降。政府发布的强制居家隔离措施加剧了超市生存问题。此外，在经济危机的情况下，一般的华商无法得到银行的贷款援助。即使那些有银行账号的超市也因银行业问题很难正常运作，造成资金周转上的困难。

3. 安全事件频发

一直以来，中国新移民在阿根廷的安全问题令人担忧，几乎每月都有中国新移民尤其是超市从业者遭受敲诈勒索、恐吓威胁、抢劫、枪击的事件发生。如，2021年4月，两名歹徒在Munro镇对当地一家华人超市实施暴力抢劫，抢走约2万比索，还从另一家店送货员处抢走10万比索。2021年5月，在阿根廷科尔多瓦省，一家华人超市遭遇暴力抢劫，店主受伤，近50万比索现金被抢走。阿根廷政府和社会对此不甚重视，认为是新移民的"黑帮内斗"。一些不法分子倚仗"中阿两国没有引渡条约、阿根廷没有死刑"，甚是猖獗。一方面，新移民的生命、财产安全得不到保障，人人自危；另一方面，这些事件造成了许多负面影响，严重损害了中国人的声誉。

此外，超市坚持营业也面临着感染新冠病毒的风险，有超市因抢劫的嫌犯被确诊新冠肺炎而被迫关门。据媒体报道，阿根廷科连特斯省一个华人超市被发现店主和员工全部被检出感染新冠病毒。[①]

（二）非正规移民生存日益艰难

中国新移民中，有不少是以非正规手段抵达阿根廷的，也有的是以办理

---

① 《阿根廷一华人超市被发现店主和员工全部被检出感染新冠病毒》，网易，https://www.163.com/dy/article/G1RFNEFR0542OR80.html。

商务、旅游、工作等种类签证到阿根廷后滞留下来，等待结婚、生子、大赦等时机获得合法身份。非正规移民抵阿伊始一般在亲友或同乡的店中打工，同时积累经营经验，以期未来能自立门户。但近年来，随着华人超市经营日益艰难、当地货币持续贬值，和国内相比，打工人员收入优势不再明显。据报道，仅2020年7月，阿根廷就有2600多家超市歇业。在这种情况下，非正规移民的就业机会大量减少。同时，阿根廷移民局又加强了对企业非法用工情况的检查，一经查实即罚款80万至100万比索，屡屡有华人超市因聘用了没有居留权的中国籍公民而被处罚、查封。再则，华人员工工资多为当地员工工资的5倍至10倍，很多华人店主在员工聘用上倾向当地员工，以避免聘用非正规移民带来的风险。这样一来，这些非正规移民就陷入无工可做的艰难境地。据估算，新冠肺炎疫情暴发以来至2021年5月，已经有约1万名新移民回国，其中大概一半是以非正规途径抵达阿根廷的新移民。

（三）新移民社团力量分散，未能形成有效的共同体

阿根廷中国新移民社团数量多、类型多样，但各同乡会、商会之间是平行关系，未能形成统一的有力组织，整体力量过于分散。许多社团除了召开换届大会及个别座谈会，以及在中国传统节日举办聚会活动之外，参与或组织的其他社会活动较少，对华侨华人以及当地社会的影响有限。加上各同乡社团间联系较少，尤其是以中国大陆侨民为主的同乡会和以中国台湾侨民为主的同乡会之间仍存在相当深的隔阂，一定程度上也削弱了新移民社团的影响力。甚至存在以"商会"身份作掩护的黑帮，以"保护互助"之名对新移民进行敲诈勒索。据报道，截至2016年，当地有记录的华人黑帮多达17个。[①]

究其原因，旅居阿根廷的中国新移民多为第一代移民，基层新移民群体数量大。初到异国他乡，谋生、立足是第一要务，他们迫切需要来源国组织资源的援助，短时间内也很难积累起有效的社会资源。从中国人开始大量移居阿根

---

① 《阿根廷最大华人黑帮"貔貅"：以敲诈华人为生》，搜狐网，https://www.sohu.com/a/107571250_220034。

廷至今,已有约 30 年,已然形成令人瞩目的新移民群体。新移民群体也试图通过社团建设抱团取暖,但从现状来看,尚有差距,甚至因为个别"商会"的关系,带来负面影响。如何整合现有组织资源,连接当地社会资源,以在侨界乃至当地社会发挥更大的影响力,是当前阿根廷中国新移民社团的重要任务。

(四)新移民子女受教育难,低学历困境正在代际延续

新移民子女受教育难,主要体现在以下几个方面。

第一,现实障碍阻断了他们在地接受主流学校教育的路径。事实上,阿根廷教育水平居拉美国家前列。阿根廷《国家教育法》规定:全国实行 13 年制义务教育,包括学前 1 年,小学 6 年,初中 3 年,高中 3 年,小学入学年龄为 6 岁。新移民子女可入读当地学校。但来自基层的新移民子女往往难以适应阿根廷学校的教学,语言不通、文化差异大、父母无暇照管,都造成了他们在当地接受主流学校教育的困难。

第二,当地中文教育水平无法满足他们在地接受教育的需求。在阿根廷,新移民子女可入读的中文学校包括中国大陆新移民创办的中文学校(以简体汉字、汉语拼音进行教学)、台湾地区新移民创办的中文学校(以繁体汉字、注音符号进行教学)和阿根廷中西双语学校(小学)。现有中文学校数量不足,缺少面向中国大陆新移民子女的全日制中文学校。当地也缺乏中文师资,尤其是以简体汉字、汉语拼音为教学媒介的优秀师资。本土教师希望得到更多师资培训等方面的支持。阿根廷移民局较为烦琐的手续和签证问题也始终困扰着从中国派来的教师,不利于师资的发展,也相应产生了学校经费等问题。阿根廷侨界对投入发展中文教育信心不足,未能认识到发展中文教育的重要性。在阿根廷无论是从事超市行业还是进出口贸易,都相对容易获得不菲的经济利益,因此大多数人士不愿意在中文教育这个需要长期投资的行业投入财力、精力。在这种情况下,阿根廷中文教育整体水平不高,这使很多家长宁愿把孩子送回国也不愿留在阿根廷接受教育。

第三,"洋留守儿童"重返阿根廷,延续父辈低学历困境。新移民子女在 3 岁至 5 岁时回中国接受教育,成长到 12 岁至 15 岁、被父母接回阿根廷

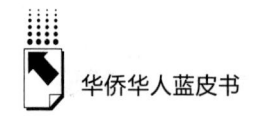

后，又没有能力进入阿根廷的高中或大学进一步接受中等或高等教育。新移民子女在教育衔接上的长期断档，直接导致了目前新移民青年一代中高等教育普及率低、学历低。这种低学历困境正在新移民代际延续，从长远看，它将极大地限制新移民的发展空间。

四 破解阿根廷中国新移民生存与发展困境的对策

（一）凝心聚力，华人社团主动作为维护自身合法权益

华人社团是海外华侨华人的"利益共同体"。面对困难，团结就是最好的武器。在阿根廷，应进一步整合新移民社团力量、资源，引导其建立规范的组织机构，明确分工，为新移民提供庇护或生活上的援助，提供语言、技术等的培训，主动介入调解纠纷与矛盾，积极发挥社团在帮助新移民联络亲情乡谊、维护合法权益、弘扬中华文化、促进中外友好交流等方面的作用。在这方面，南非华人警民合作中心（以下简称"警民中心"）的创建与发展就是一个很好的范例。

警民中心成立的初衷是配合南非警方打击针对华人的犯罪，加强中国侨民与南非警方的紧密联系，后扩展到维权护侨、刑事案件、协助部门执法、普法讲座、民事案件、经济纠纷、组织捐赠、跨国案件等多方面的工作内容。具体来说，一是与中国政府部门互动，连接中国政府资源，包括争取中国政府对社团的经费支持、借助中国驻南非使领馆的行政权力对南非华侨华人社团侨领进行约束与督促、公安部等职能部门对警民中心的日常工作进行专业指导；二是与南非警界、慈善机构、政党团体等相关机构互动，开展多样化的交流活动，包括设立唐人街警务室、为华人聚集地辖区警察提供中文培训、与辖区警局共同合作开展活动；三是处理与华侨华人相关案件，包括华侨华人被抢劫案件、华侨华人之间的纠纷以及发布社会治安信息，提醒华侨华人预防犯罪，并在必要的时候向侨胞提供法律咨询与援助服务等。①

---

① 陈凤兰：《共同体精神与海外华人社团的整合——以南非华人警民合作中心为例》，《华侨华人历史研究》2018年第2期。

阿根廷的新移民群体经过近30年的快速发展，已具备一定的力量。可在侨界推选出有影响力、号召力的有为侨领，整合有效的社团资源，与中国驻阿根廷大使馆、公安部派驻阿根廷警务联络官员、阿根廷警方等相关政府机构形成统一的机构组织，有效联动各方资源。包括：及时向国家有关部门通报新移民的生存与发展状况，争取国家有关部门的有力支持，如协请派遣福建籍警务联络官员等，中国驻阿根廷大使馆对该组织工作提供专业指导；加强与阿根廷警方的沟通、协调、合作，敦促当地政府对新移民生命与财产安全问题给予高度重视与积极维护；为新移民提供有关信息咨询、援助服务。

（二）立足"一带一路"，谋求行业发展新商机

作为21世纪海上丝绸之路的自然延伸，拉美是"一带一路"建设不可或缺的重要参与方。作为地区大国，阿根廷在"一带一路"建设中扮演着重要角色。当前，阿根廷政府正在积极共建"一带一路"，福建省也正加快推进21世纪海上丝绸之路核心区高质量发展。以福建籍移民为主体的阿根廷新移民，更应抓住机遇，与祖（籍）国优势互补、资源共享，围绕市场开拓、产业发展等创新合作模式，闯出一条新路。

第一，着力寻求超市经营新出路。为应对阿根廷2019年以来的经济衰退，许多华人超市开始改变经营策略，通过超市连锁经营降低经营成本。部分业主对经营场所进行软硬件的升级，以吸引更多的客流。另有一些业主加大在电商平台上的投入，谋求"互联网＋"时代的更大发展。特别是新冠肺炎疫情暴发以来，许多华商大力拓展线上销售服务，通过手机通信软件、网站等进行商品预订、销售。部分商家还联合起来，优势互补。有华人超市联合会负责人表示，业主们目前正在开发一个汇集1500个商家的线上购物平台。[1] 目前，已有一家ALIWAN线上企业已经开始运作。

另外，积极寻求多元化发展，谋求新商机。在中国不断扩大对外开放、

---

[1] 《疫情下的阿根廷华人超市：拓展网络销售求生存》，中国侨网，http://www.chinaqw.com/hqhr/2020/04 - 20/254037.shtml。

扩展"一带一路"国际合作、福建加快推进21世纪海上丝绸之路核心区建设的形势下，旅阿华商可在中阿各领域合作的深入发展中寻找机遇，实现转型升级。如，阿根廷农业和畜牧业发达，但当地基础设施建设比较薄弱，这样一来，可以推动一些中国企业到阿根廷投资，开办牛肉加工厂或把牛肉出口到中国。① 据中国驻阿根廷大使馆领事部侨务领事陈志军介绍，越来越多的旅阿华人开始从事对华牛肉等农产品出口业，远洋海产品捕捞业和水产加工，建立了多家由华商投资的牛肉加工厂、种植中国水果蔬菜的农场、木器加工厂和造纸厂等。② 2019年成立的"一带一路"阿根廷服务中心，就致力于促进中阿企业和民间项目的对接。多元化经营与转型升级，是阿根廷华商未来较长时期内的发展之道。

（三）中阿合作，推动阿根廷中文教育发展

阿根廷的中国新移民数量仍在持续增长，新移民子女的教育问题亟待重视。如何突破"洋留守"困境、切断低学历代际传递、推动新移民融入阿根廷主流社会？支持阿根廷华文教育事业发展，进而建立阿根廷—中国学校是关键。

第一，对口帮扶，由福建省支持阿根廷华文教育事业发展。阿根廷华文教育需求旺盛，潜力很大，但当前基础较为薄弱。国内相关部门应加大对阿根廷华文教育的支持力度。针对当地缺乏优秀华文教师的问题，在未来一段时间内可派遣中方教师支援，同时向阿根廷本土华文教师提供更多师资培训的机会，"输血"与"造血"相结合，充实教师队伍。针对阿根廷华文学校教室设备较为落后，许多老师具备多媒体教学能力但无用武之地的困难，③可通过扶持海外示范华文学校建设等渠道，提供急需的教学资源。随着在线华文教育的发展，在有条件的新移民家庭或华文学校里，也可以跨越时空，

---

① 《阿根廷华人传统行业受冲击 华商改变经营策略谋发展》，中国侨网，http://www.chinaqw.com/hqhr/2019/12-26/241135.shtml。
② 《阿根廷华人传统行业受冲击 华商改变经营策略谋发展》，中国侨网，http://www.chinaqw.com/hqhr/2019/12-26/241135.shtml。
③ 《驻阿中国大使馆举办华文教材捐赠仪式》，搜狐网，https://www.sohu.com/a/250844150_155500。

充分利用国内在线教育资源。可通过国内学校和阿根廷当地侨团合作办学等方式,扶持阿根廷华文教育发展。阿根廷的中国新移民有80%左右来自福建,或可由福建省在上述各方面对口支持阿根廷华文教育事业发展。

第二,以中阿建交50周年为契机,推动在阿根廷建立中国学校。在阿根廷,不乏德国、西班牙等国家创办的旨在为该国侨民教育服务的国际学校。中国新移民子女也迫切需要这样一所中国学校。首先要明确的是,"兴建海外中国学校,首要目的是满足海外移民的华文教育需求,为中国政府与其侨务部门职责所在"①。因此,政府应直接参与建设管理,在"建设资金筹划、海外风险评估、教育体系接轨、驻外企业合作、文化传播等方面"协调各方资源。其次,应在教学、管理、师资、教材等各方面形成行之有效的长期执行的制度,切实保障学校的运转。应将办学重点放在义务教育阶段,保证新移民子女接受母语基础教育的权利;可构建中文为主、西班牙文和英文为辅的三语教学体系,在课程设置、教材使用、考试标准等方面与国内现行标准保持基本一致;由中国派遣高水平的教学与管理队伍,且保证该队伍在一定时期内的稳定,避免过于频繁的流动;用好新移民群体的人力、物力资源,整合、协调国内有关机构与阿根廷华文学校、华人社团,优势互补,共同努力。

附录1 阿根廷华人社团一览

序号	名称	备注
(一)全侨性社团		
1	阿根廷华侨华人联合总会	2006年成立,一般以"两总会"名义开展活动。主席陈瑞平。
2	阿根廷中华工商企业联合总会	
(二)政治性社团		
1	阿根廷中国和平统一促进会	2001年成立

---

① 吕挺:《非洲华侨华人新移民教育需求分析与供给模式探索》,载贾益民主编《华侨华人研究报告(2016)》,社会科学文献出版社,2017。

续表

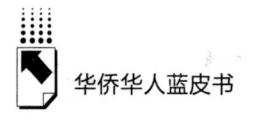

序号	名称	备注
(三)地域性社团		
1	阿根廷福清同乡联谊总会	包括阿根廷三福企业商会、阿根廷华侨福清同乡会、阿根廷福清社团联合会、阿中福清会馆。阿根廷侨界称之为"三会一馆"。 1996年阿根廷三福企业商会成立,现任会长吴章耕。1999年阿根廷华侨福清同乡会成立,现任会长陈世金。2018年在福清成立驻福清联络处。阿根廷福清社团联合会主席林水钦。 2003年,阿根廷福清同乡联谊总会和阿中福清会馆成立,陈瑞平任主席。阿根廷福清同乡联谊总会统筹管理三福企业商会、华侨福清同乡会、阿中福清会馆。
2	阿根廷华侨兴化(莆田)同乡联谊总会	1998年成立,会长黄敏,永久名誉会长王庆苍。下属机构包括:阿根廷莆田同乡会、阿根廷仙游同乡会、阿根廷莆田商会、阿根廷罗萨里奥华人商会、阿根廷图库曼华人商会、阿根廷密西奥内斯华人商会、阿根廷内乌肯华人商会、布省西部地区华人商会、布省LA COSTA地区华人商会。
3	阿根廷华侨华人福州十邑同乡会	2010年成立,现任会长严秀灯。
4	阿根廷福建同乡会	1998年成立,2018年在福州成立阿根廷福建同乡会福州联络处。现任会长林建武。
5	阿根廷平潭同乡会	1998年成立,现任会长杨熙泰。
6	阿根廷连江同乡会	1999年成立,现任会长陈斌。
7	阿根廷长乐同乡会	2001年成立,现任会长陈文。
8	阿根廷华侨闽清同乡会	会长陈凌飞。
9	阿根廷华侨闽南同乡联谊总会暨阿根廷闽南工商企业联合会	2008年成立,会长上官碧旺。
10	阿根廷江西同乡会	2010年成立,会长罗超西。
11	阿根廷华人华侨东北三省同乡联谊总会	现任会长张金良。
12	阿根廷华人华侨上海同乡会	1999年成立,会长陆永兴。(陆永兴移居西班牙后,未再换届改选。)
13	阿根廷北京同乡会	2012年成立,会长李文忠。
14	阿根廷江苏同乡会	不详

续表

序号	名称	备注
15	阿根廷温州同乡联谊会	2007年成立,会长谷建峰。
16	阿根廷舟山同乡会	2017年成立,会长梅田波。
17	阿根廷广东同乡联谊会	1999年成立,会长农林。
18	阿根廷广东广西华侨华人联谊总会	2007年成立,首任会长杨镜湖、名誉会长农林。
19	阿根廷六堆同乡会	1985年3月成立,会长陈俊荣于2020年因新冠肺炎去世,目前无新任会长。会员以祖籍台湾高雄美浓镇的黄、钟、林、朱、陈等姓氏客家人为主体。
20	阿根廷安徽同乡会	1993年成立,会长王学忠。
21	阿根廷青田同乡会	会长张晓峰。
22	阿根廷台湾客家同乡会	1996年成立。
23	阿根廷台湾侨民联谊会	不详
24	中华会馆	不详
25	阿根廷台湾同乡会	1986年11月成立。
26	世界客属总会阿根廷分会	不详
27	世界台湾同乡联谊会阿根廷分会	2013年成立。
28	阿根廷自由华侨联谊会	不详
(四)商业性社团		
1	阿根廷华人进出口商会	名誉会长袁建平,现任会长薛文强。
2	阿根廷华人超市公会	2004年成立,主席陈大明。
3	阿根廷华商协会	会长罗超西。
4	阿根廷华人企业家协会	会长严祥兴,执行主席曾强。
5	阿根廷阿中投资贸易促进会	2017年成立,主席何文强。
6	阿根廷华侨中华商会	会长董其仁。
7	阿根廷三福企业商会	1996年成立,现任会长吴章耕。
8	阿根廷福建商会	主要为福建长乐籍贯人士。
9	阿根廷福建连江商会	会长陈斌。
10	阿根廷莆田商会	阿根廷华侨兴化(莆田)同乡联谊总会的下设机构。
11	阿根廷闽南工商企业联合会	阿根廷闽南同乡联谊总会暨阿根廷闽南工商企业联合会,上官碧旺出任两会会长。
12	阿根廷浙江华侨商会	会长包伟将。

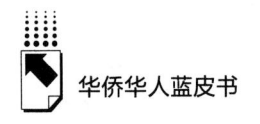

续表

序号	名称	备注
13	阿根廷浙江华人华侨联合总会	即原阿根廷浙江同乡工商联谊总会,2019年更名为阿根廷浙江华人华侨联合总会,会长谷建龙。
14	阿根廷广东商会	会长余永辉。
15	阿根廷广东广西华侨商会	2004年成立,会长朱山松。
16	阿根廷华人华侨东北三省贸易促进会	会长李文琦(已移居他国)。
17	阿根廷东北三省总商会	会长刘金丽。
18	阿根廷中华餐饮暨食品行业公会	会长李秀瀛。
19	阿中地产协会/阿根廷华侨地产协会	会长陈荣华。
20	阿根廷拉普拉塔华商联谊会	会长董春风。
21	阿根廷门多萨中华商会	会长刘芳勇。
22	阿根廷S&T华商联谊会	会长陈德祥。
23	阿根廷BAHIA BLANCA华人商会	会长陈雄。
24	阿根廷TIGRE华人商会	不详
25	阿根廷青商会	不详
26	阿根廷中国城管委会	不详
27	阿根廷中阿商会	不详
28	阿根廷中华两岸商会	会长柯三阳。
29	阿根廷江西总商会	2018年成立,会长刘芳勇。
30	阿根廷基尔梅斯华人超市商会	会长黄汉钦。
31	阿根廷罗萨里奥华商协会	会长陈春荣,执行会长陈圣寿。
32	阿根廷科尔多瓦省华商联合会	会长林坚。
33	阿根廷莫雷诺市华人商会	会长庄将德。
34	阿根廷贵州商会	会长林水钦。
35	阿根廷台湾商会	1995年成立,会长洪国益。
36	阿根廷台湾商会青商会	不详
(五)文化、宗教与公益性社团		
1	阿根廷汉唐足球协会	主席郑为辉。
2	阿根廷汉阿文化协会	会长郭思佳。

续表

序号	名称	备注
3	世界福建青年联合总会阿根廷分会	2010年成立,现任会长林道敏。
4	阿根廷阿中青年联合总会	会长翁金清。
5	阿根廷中国文化艺术联合会	会长汪永兴。
6	阿根廷武术气功联合总会	原阿根廷华人气功协会、阿根廷中国武术气功协会、阿根廷中国绵拳协会、阿根廷中华武术协会,会长钱兰根。
7	阿根廷龙舟协会	会长刘金钢。
8	阿根廷华文教育基金会	会长刘芳勇。
9	阿根廷中国茶文化交流促进会	会长上官碧旺。
10	阿根廷中华针灸学会	1987年成立,会长王钰。
11	阿根廷中医针灸文化学会	会长孙榕榕。
12	阿根廷公民武术协会暨阿根廷武术俱乐部	会长陈敏。
13	阿根廷阿中体育文化交流协会	会长念彬。
14	阿根廷华人书法家协会	主席严昌庭。
15	阿根廷中华文化发展基金会	主席钟顺美。
16	阿根廷中央电视台海外观众俱乐部	
17	阿根廷侨校教师联谊会	1997年成立,首届会长邱士聪。
18	阿根廷中华教科文发展基金会	会长贾薇。
19	阿根廷中国佛教会	20世纪80年代成立。
20	阿根廷中华基督长老会	20世纪80年代成立。
21	阿根廷中华慈善总会	会长曾强。
22	阿根廷妇女儿童联合会	会长陈静。
23	阿根廷华侨华人妇女联合总会	2019年成立,首任会长王华。
24	阿根廷布市华侨华人互助会	会长王国泰。
25	阿根廷铂烽一心慈善基金会	会长林海宁。
26	阿根廷玄武山洪门协会	会长尤震,常务会长林海宁。
27	阿根廷华助中心	主任严祥兴。
28	"一带一路"阿根廷服务中心	中心主任郑为辉。
29	阿根廷侨界抗疫委员会	2020年成立,会长何文强。

(本报告所有图表资料均由课题组调查,阿根廷华人网董事长、阿根廷华文教育基金会会长刘芳勇先生核实,特此说明。)

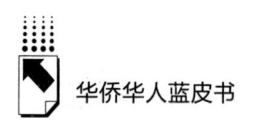

附录2 阿根廷华文教育机构一览

华文教育机构名称	简要介绍
阿根廷中国佛教会中观寺附属侨联中文学校	创办于1973年,是阿根廷第一所由华侨华人创办的中文学校。目前无在任校长。学校为周末制中文学校,共有师生教职员260多位,设有幼幼班、幼儿班、幼儿中班、幼儿学前班、小学1~6年级和初中1~3年级,高中1~3年级等不同班别,共有教室20多间,计算机室1间,另有篮球场、活动中心和教职员办公室。学校每周六开展中文教学,并开设书法、武术、国际象棋、音乐、舞蹈、美术等选修课程。使用中国编写的《中文》教材。
富兰克林中文学校	成立于1998年,校长毛亦丰先生。学校在阿根廷首都建立了3个校区,设小学、初中、高中,共有39个班级,在校学生1200余人。学校教授中文课程,开设绘画班、舞蹈班、武术班、美术班、书法班、足球班等兴趣班和汉语拼音、西班牙语、英文、数学等补习班。学校采用汉语拼音和简化汉字。学校使用《中文》教材,采用上海教育出版社的《数学》教材。
阿根廷新太阳三语学校	阿根廷第一所全日制中西英三语学校。2014年成立中文教学部,贾薇女士任中文部主任。学校设幼儿、小学、初中等不同年级的班别,教授中文、西班牙语、英文三语。
阿根廷益华国际中文学校	2017年8月成立,2018年3月开课。位于布宜诺斯艾利斯省何塞帕斯市,租用何塞帕斯市职业学校教室。中文教学目前使用10间教室和1间办公室,近550平方米。现任校长贾薇。2019年,学生近200名。有7名中文教师和2名西班牙语教师。学生按照年龄和中文程度分班,每周上午10点到下午4点半上课。学校面向青少年儿童开设中文课程、西班牙语补习课程,面向阿根廷成人开设汉语课程。使用中国编写的《中文》教材,并自主研发了面向阿根廷华侨子弟的教学用书及配套教学资料,以简体字、汉语拼音和普通话教学。
阿根廷韩国第一中文学校	校长刘海顺。旅阿东北侨胞创办,主要针对在阿根廷的韩国人和中国东北朝鲜族华裔教授中文。
阿根廷希望中文学校	因疫情已停办。
阿根廷华文教育基金会静雅文化艺术中心	主任吴静。
汉阿文化协会	阿根廷较早的汉语教学机构,初与"Centro Universitario de Idiomas"(大学语言中心,简称CUI)合力办学,现为独立的汉语教学机构。学校开展汉语教学,并承办中国传统节日晚会与庆典等各种活动。现任会长郭思佳。
阿根廷爱育中文学校	成立于1998年。校长何仁豪。中国台湾一贯道教会学校。

续表

华文教育机构名称	简要介绍
阿根廷华兴华侨子弟学校	前身为华侨子女假期补习班。学校设10余个班级,有教职员工10余人,学生200多人。学制为9年。周六上课。
阿根廷中华语文学校	由阿根廷中国佛教会创办。除开设文化课外,还有音乐、绘画、乒乓球等学习小组和诵经团。
阿根廷新兴中文学校	阿根廷中华基督长老教会主办。除中文外,设有英语、法语、西班牙语、数学、电脑及气功等学习班。
中国医药学院	台胞钟清博士于1993年创办中国语言专门学校,在此基础上于2005年创立中国医药学院,以传授中国医药文化为主,开设了中国针灸、推拿、气功等中医课程,是阿根廷第一所中国医药学院。目前,学校每年招收200余名学生。
华语文翻译专科学校	成立于2008年,阿根廷新兴中文学校开设,开设汉语及相关课程。可颁发由阿根廷认证的汉语语言文凭证书。学校使用台湾地区出版的繁体字教材,采用注音符号。
阿根廷汉语教师及翻译协会	简称ATPIC,阿根廷唯一官方认证的汉语专家协会。

Abstract

Annual Report on Overseas Chinese Study (2021) is divided into General Report, Education and Culture, Cultural Identity, Immigrants and Left-behind People, and Special Topic.

In "General Report", the job satisfaction of UK-based Chinese teachers and native Chinese teachers engaged in Chinese education for overseas Chinese groups were surveyed. Through the survey, the study found that the overall satisfaction of the native Chinese teachers is high. Meanwhile, the satisfaction degree of each sub-dimension from high to low is namely, self-realization, interpersonal relationship, further study and promotion, material environment, external support, and leadership management. In addition, teachers showed apparent differences in gender, educational background, and teaching background, including age, institutions, and subjects. Moreover, educational background, teaching experience, and family and organizational support are significant variables that influence the job satisfaction of these native Chinese teachers.

There are three reports for "Education and Culture". The first report explored the professional ability of teachers engaged in Chinese education for overseas Chinese groups in Myanmar, along with the factors affecting their professional levels. On the other hand, the second report studied how Thai Chinese students use different social media to integrate and adapt to the local life in China. Finally, the third report compared the differences between the Thai and Indonesian Chinese students in learning, interpersonal communication, and adaptiveness to local life in China. It is noteworthy that the three reports dismissed the traditional research paradigm reliant on experience summary and perceptual description in Chinese education research. Moreover, the reports presented the possibility and richness of the direction of the Chinese education research.

"Cultural Identity" covers two articles. The first article probed the dual cultural identity and the new generation changes of Chinese culture in Malaysia by using a scale. On the other hand, the second article explored the influence of Chinese education movements on the Malaysian-Chinese cultural identity throughout Malaysian history. Both articles analyzed the identity of different Chinese generations in Malaysia from quantitative and qualitative aspects.

Comprised of four articles, "Immigrants and Left-behind People" includes overseas Chinese and left-behind people in Wenzhou, Zhejiang Province as subjects. The first article studied the history and the status quo of overseas Chinese in Li'ao Town, Wenzhou, emigrating to Western Europe. Meanwhile, the second article discussed the living conditions of Chinese wives of overseas Chinese in Li'ao who stayed in their hometowns. On the other hand, the third article focused on transnational left-behind children's living conditions and learning problems in the compulsory education stage in Aoqiao Village. Furthermore, the fourth article studied the problems of left-behind children in Wenzhou Yuhu Primary School and Yuhu Middle School and revealed the underlying situation of overseas Chinese in Wenzhou, emigrating overseas whose Chinese wives remained in their hometowns.

The "Special Topic" division is comprised of four articles. The first article examined the role and influence of the Chinese business network on China's investments in Thailand from the perspective of the Thai-Chinese business network. Furthermore, the second article analyzed both the internal and external factors that affect the participation of the Philippine Chinese Chambers of Commerce in the Maritime Silk Road. As this analysis is grounded from the development and governance perspectives of the Chinese Chambers of Commerce, it placed forward some suggestions, guiding the aforementioned to participate in and promote the construction of the Maritime Silk Road. Finally, the third article explored the demographic characteristics and development trends of new Chinese immigrants in Japan in the past ten years. It also analyzed the development of Chinese communities, Chinese media, Chinese schools, Chinese business enterprises, and their respective roles in Sino-Japanese exchanges. The fourth articlet makes a special investigation on the population development, industry distribution, community function, children's education and integration into the mainstream of Chinese new immigrants in Argentina, and discusses the main difficulties and development countermeasures.

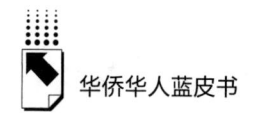

Moreover, *Annual Report on Overseas Chinese Study 2021* put forward valuable policy suggestions as it grasped the latest living conditions of overseas Chinese through the five aspects present above.

Contents

I General Report

B.1 Job Satisfaction Survey of Local TCSL Teachers in the UK
(2018 −2020)　　　　　　　　　　　　　　　　　*Li Xin* / 001

Abstract: TCSL Teachers are those who teach Chinese as second language around the world. This survey reveals the job satisfaction level of local Chinese teachers in the UK and its influencing factors through an in-depth analysis of 144 valid questionnaires. The study found that the interviewed teachers' overall satisfaction is relatively high. The degree of satisfaction in each sub-dimension from high to low is "self-actualization", "interpersonal relationship", "training and promotion", "material environment", "external support" and "Leadership management". Different teachers show obvious differences in gender, teaching experience, educational background, teaching institutions and teaching objects. In terms of influencing factors, educational background, teaching experience, family and organizational environment support affect the job satisfaction of local Chinese teachers in the UK as important significant variables. Based on this, the research puts forward relevant suggestions to improve the job satisfaction level of local teachers from five aspects, namely to improve organizational management and provide external support for the professional development of local teachers, to carry out targeted training for local teachers based on their teaching experience and teaching institutions, to improve local Chinese teachers' emotional intelligence and self-regulate ability, to set up the communication mechanism and professional development opportunities for local Chinese teachers, and to foster the bilateral cooperation between Chinese education researchers and overseas Chinese teachers.

Keywords: The UK; Local TCSL Teachers; Job Satisfaction

II Education and Culture

B.2 An Empirical Study on the Professional Development of Chinese Teachers in Myanmar　　　　　　*Fu Mengyun* / 021

Abstract: The professional development of Chinese teachers emphasizes the professionalism of Chinese educational work, including professional knowledge, professional ability, professional philosophy and professional ethics. By using the survey data, we found that the professional development level of native Chinese teachers in Myanmar was not high, especially in the aspects of professional matching, professionalism, education level and professional knowledge level, by using the survey data. The results also showed that the path of professional development promotion mostly adopted the strategy of external shaping, mainly relying on training. And for the relevant influencing factors, the professional development level of local Chinese teachers in Myanmar was the results of the interaction of individual, family and school factors. Therefore, in order to improve the professional level of Chinese teachers in Myanmar, the government and relevant departments should further improve the income of Chinese teachers, and continue to increase exchanges and cooperation with China. At the same time, teachers themselves should also strengthen teaching reflection and improve professional consciousness.

Keywords: Myanmar; Chinese Teachers; Professional Development

B.3 A Survey on Social Media Use and Intercultural Adaptation
of Chinese Thai Students in China *Hao Yuxin, Yu Qi* / 041

Abstract: The globalization of education has brought about the frequent flow of students across borders. How to complete acculturation in a foreign country is an important issue in this context, but there are few studies on Chinese Thai students. Taking Chinese Thai students as the research object, this paper uses a mixed research method of questionnaire survey and in-depth interview to explore the use of social media and intercultural adaptation of Chinese Thai students. The results show that: first, Thai Chinese students in psychological adaptation, I cultural adaptation life adaptation、recognition of Chinese culture、interpersonal communication performance is not good. Secondly, the order of the intensity of Thai Chinese students' use of social media is WeChat, Facebook, Line, Twitter, Weibo, and QQ, and the media in their residence has become an essential social media tool for international students to complete acculturation and cultural integration. In addition, there are obvious individual differences in the use of social media by Chinese students of Thai origin, among which the language level significantly affects the intercultural communication ability and learning ability of international students on Chinese social media. Thirdly, different social media play different roles in the process of cross-cultural adaptation. Among them, the social media of ancestral home plays a role of psychological relief and long-term companionship in the media use experience of overseas students, which provides the space of belonging and spiritual expression for Thai Chinese overseas students, while the social media of residence plays more of a role of information exchange tool.

Keywords: Social Media; Cross-cultural Adaptation; Chinese Thai Students

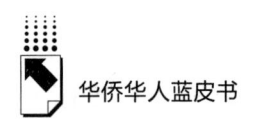

B.4 A Comparative Study on Multi-dimensional Cross-cultural Adaptation of Thai and Indonesian Students of Chinese Origion

Xu Tingting / 066

Abstract: Cross-cultural adaptation is a priority issue to international students. Based on a survey of 244 Thai and Indonesian students of Chinese origion, this paper tries to understand the cross-cultural adaptation of students from both countries in the dimensions of study, communication, life and society. The result shows that the overall situation of cross-cultural adaptation is generally not difficult, almost in the medium level. The most difficult is social adaptation, daily life adaptation is easiest. The cross-cultural adaptation varies from country to country and stage to stage. Indonesian students is easier to adapt to life in China than Thailand students. With the increase of time spent in China, the trend of adaptation is U-shaped. Students from Thailand and Indonesia have a good psychological adjustment in China. According to the characteristics of acculturation, the corresponding strategies and suggestions are put forward.

Keywords: Cross-cultural Adaptation; Thailand Students Learning in China; Indonesian Students Learning in China

Ⅲ Cultural Identity

B.5 A Survey on the Dual Cultural Identity of New Generation of Chinese in Malaysia

Li Peiyu, Wang Bowen and [*Malaysia*] *Li Enhui* / 088

Abstract: Based on the research of 333 new generation Chinese in Malaysia, this paper objects to investigate the situation of dual cultural identity and the phenomenon of acculturation of new generation Chinese overseas. The study found that, in terms of cultural identity, the new generation of Chinese in Malaysia have a higher identification with original culture, and have a lower identification with the mainstream culture. They also maintain a higher identification with Chinese culture and Chinese identity. Compared with Chinese culture and Malay culture, they have a higher identification with Chinese identity and Malay identity. There is a moderate positive correlation between Chinese cultural identity and Chinese identity among the new generation of Chinese in Malaysia, but the mutual influence between them is weakened. There are four forms of acculturation among the new generation of Chinese in Malaysia: integration, assimilation, separation and marginalization. For the new generation of Chinese in Malaysia, the integration of people has the highest number and the separation has the lowest number of people.

Keywords: Malaysia; New Generation of Chinese; Dual Cultural Identity

B.6 Malaysian Chinese Education Movement and the Development of Chinese Cultural Identity   *Wang Xiaoping, Zhang Xin* / 127

Abstract: The Malaysian Chinese Education Movement is a unique cultural tradition of the Malaysian society. It is an important factor that prevents the Chinese culture from being assimilated after the independence of Malaysia. It is also the most distinct reflection of the development and changes of the Malaysian Chinese cultural identity. This article firstly reviews the prosperity of the Chinese Education Movement in the 1950s and 1980s and the rise of Chinese cultural identity at that time. Then it focuses on the gradual decline of the Chinese education movement after the 1990s, and analyzes the dilemma of the Chinese cultural identity and the transformation of its construction. It concludes by arguing that the opposition between Malaysian national culture and ethnic culture reflected in the current decline of the Chinese education movement will lead to a change in the form of the Chinese cultural identity—that is, a transformation from the resistive identity to the project identity. This trend of project identity is an identity crisis that calls for an urgent attention.

Keywords: Malaysia; Chinese Education Movement; Cultural Identity

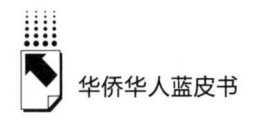

Ⅳ Immigrants and left-behind People

B.7 A Study on Overseas Chinese Immigration from Li'ao
in Wenzhou to Western Europe   *Xu Hui, Wu Zhengtao* / 148

Abstract: From a micro perspective, this paper analyzes the history and reasons of overseas Chinese from Wenzhon Li'ao in western Europe in different stages, evolution and development of their occupation. The emigration of Chinese Diasporas in Li'ao dates back to the 1920s. Primary reasons for their emigration from China was triggered by natural disasters, domestic politics persecution, kin influences, one-child policy in China of different time. At the onset of their emigration, they engaged themselves in sorts of lowlife because of their illegal residential status, and later diverted to legal employment, then to entrepreneurs, namely, from coolies to employees or vendors, and later to small-scale or large-scale businesses.

Keywords: Chinese Diasporas Li'ao; Overseas Chinese; Immigration; Western Europe

B.8 Distribution and Causes of Left-behind Women by Transnational Migrant Husbands in Overseas Chinese' Hometown Li'ao, WenZhou   *Yang Zhiling, Wu Zhengtao* / 164

Abstract: In this case study, this paper utilizes field studies, and analyzes the distribution, characteristics, categorizations and causes of left-behind women by transnational migrant husbands in a famous overseas Chinese' hometown-Li'ao, Wenzhou. It's surprisingly revealed that those left-behind women are small-scaled, evenly distributed and stable. Based on the causes and years they have been left behind, those women can be divvied into the three categories: the long-left-behind, the returning and the newly left-behind. It's discovered that the number of the long left behind is decreasing, and the returning is on the rise. The causes for the current distribution status lie in many factors, such as marriage status and sex ratio of Li'ao and its adjacent counties in Zhejiang, economic development of coastal areas in China and features of Left-behind women themselves. Studies of classification and causes for current distribution make up for the lack of relative theoretical study and regional research on the left behind women in the hometown of overseas Chinese in Zhejiang Province.

Keywords: Transnational Migration; Left-behind Women; Family Structure of Overseas Chinese Hometown

B.9 Investigation on the Current Situation of Transnational Left-behind Children in Li'ao, Wen zhou

Su Yujie, Wu Zhengtao / 184

Abstract: One of the current situations of Li'ao, a hometown of overseas Chinese is that a majority of left-behind children are transnational left-behind children. However, in the former researches on left-behind kids in hometowns of overseas Chinese in China transnational left-behind children in Li'ao are seldom taken as the research priority and focus. What's more, at present there are no researches specifically on the left-behind children as well as their current situations. By means of questionnaire and personal interview, and on the basis of data collected in 2014 and 2020, the present research centers on Li'ao's translational left-behind children in compulsory education, reflecting their changes in number. Meantime, based on the scores of different subjects of transnational and non-transnational children from Grade One to Grade Six in Huaqiao Primary School and Li'ao No. 2 Primary School, study and psychological, it aims to reveal in general the left-behind children's current status of living, study and mind as well as the existing problems.

Keywords: Li'ao the Hometown of Overseas Chinese; Compulsory Education Period; Transnational Left-behind Children

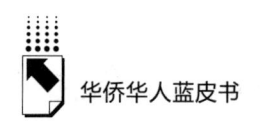

B.10 The Disadvantaged Performance and Educational Care of
Left-behind Children in the Hometown of Overseas Chinese
in Wenzhou

Deng Chunkao, Yan Xiaoqiu and Ye Xuezhen / 205

Abstract: In the context of transnational mobility, parent-child alienation, unstable family structure and weakened guardianship have caused left-behind children in the hometown of overseas Chinese to show a lack of sense of security and attachment, decline in academic performance and behavioral deviations, leading the polarization of peer relationships and the weakening of hometown identity to some extent. In this light, the author suggests that we should carry out targeted educational care for left-behind children in the hometown of overseas Chinese. It is necessary to strengthen the frequency and effectiveness of parent-child communication between parents and children abroad, make reasonable arrangements for short-term stay abroad, pay more attention to the academic growth and value guidance of these children, promote the co-education of home-school and community education for them, improve teachers' "overseas Chinese" quality and introduce the force of university volunteers, etc.

Keywords: Wenzhou; Left-behind Children in the Hometown of Overseas Chinese; Disadvantaged Performance; Educational Care

V Special Topic

B.11 Effect and Mechanism of Chinese Business Network on
China's Investment in Thailand

Zhao Kai, Chen Zeping and Li Lei / 225

Abstract: As one of the ASEAN member states actively participating in the construction of "the Belt and Road", Thailand is not only an important force in improving the quality of "China-ASEAN" cooperation and the construction of "the Belt and Road", it is also a country with a relatively dense network of Chinese businessmen. As a bridge connecting China and Thailand, Chinese businessmen in Thai are one of the important factors affecting China's investment in Thailand. In order to explore the effect and influence mechanism of Chinese Business Network in China's investment in Thailand, this paper firstly uses Thailand's 2007 - 2018 relevant data as the research sample, and uses the ridge regression model to examine the impact of the Chinese Business Network in China's investment in Thailand. Then, discussing the role of China Business Network in influencing China's investment in Thailand from the perspectives of cultural integration and information sharing.

Keywords: Chinese Business Network; Invest in Thailand; The Belt and Road (B&R)

B.12 Development and Function of the Philippine Chinese Chamber of Commerce *Xu Xi, Wei Fei / 255*

Abstract: This paper investigates the development, legal definition and organizational types of the Philippine Chinese chamber of commerce. At the same time, it explores the value and function of the Philippine Chinese chamber of commerce in the construction of the "21st - century Martime Silk Road" from both historical and practical dimensions. The study finds that the development of the Philippine Chinese chamber of commerce has gone through several stages, including the Spanish colonial period, the American colonial period, the late World War II period, the mid - to - late - 1990s and the current "Belt and Road" initiative period. Moreover, there are nine types of organizations, which are usually governed by two legal systems: registration and accreditation. The value proposition of the Philippine Chinese chamber of commerce is closely related to its organizational attributes, which further extends the functions for building economic exchange platform and bridges to connect people. In conclusion, the Philippines Chinese Chamber of Commerce has an active impact in the construction of the

"21ˢᵗ – century Martime Silk Road", which specifically manifested in these three aspects: deepening economic and trade cooperation and integrating into "the Belt and Road"; creating a policy environment and enhancing strategic mutual trust; promoting cultural exchanges and consolidating the foundation of public opinion.

Keywords: 21st Century Maritime Silk Road; Chinese Businessmen; The Philippine Chinese Chamber of Commerce

B.13 A Survey of Chinese New Immigrants in Japan

Jia Yonghui / 272

Abstract: Based on the Japanese official statistics and the author's fieldwork in Japan, this article investigates the demographic characteristics and development dynamics of the Chinese new immigrants to Japan in the past decade, and analyzes the role and function of the Chinese new immigrants in Japan in the communication and interaction between China and Japan from the perspective of international relations. Chinese new immigrant population in Japan is expanding, and the occupation types are diverse, among which the number of trainee workers has decreased, while that of the students, employees and entrepreneurs has increased, therefore the proportion of highly educated and highly skilled people is on the increase. Affected by the Covid-19, there were less students studying abroad in Japan in 2020. Chinese new immigrants' provinces of origin are more extensive, but in Japan, they are highly concentrated in Tokyo and Osaka metropolitan areas. The majority of them are working-age population, among which the proportion of 20 – 39 years old is especially high. Many immigrants choose permanent resident status, and the number of naturalized people is small and on the decline. Organizations based on locality and profession are flourishing, while the Federation of Overseas Chinese in Japan has acted as a unifying force. In addition, Chinese new immigrants in Japan have also been an important player in Chinese language education and Chinese media in Japan in recent years. The Chinese new immigrants in Japan are not only the beneficiaries and witnesses of the opening-up and exchanges between China and Japan, but also the participants and contributors to the further development and interaction of the two societies.

Keywords: Japan; Chinese New Immigrants; Overseas Chinese Organizations; Chinese Media; Chinese Language Education

B.14 A Survey of New Chinese Immigrants in Argentina

Hong Guizhi, Hu Jiangang and Luo Yanling / 294

Abstract: Since the 1970s, the number of new Chinese immigrants in Argentina has increased rapidly from less than 1,000 to about 180,000, becoming the fourth largest group of immigrants in Argentina. Its source distribution, employment, community, education and other aspects show distinct characteristics. The source of new immigrants is highly concentrated in Fujian Province, the education level is generally low, and the phenomenon of irregular immigrants is prominent; Most of them are engaged in supermarket retail, import and export trade, catering; There are many new immigrant associations with rapid development, and they are mainly local associations and chambers of Commerce; In the education of the children of new immigrants, "foreign left behind children" account for a high proportion, and the development potential of Chinese education is great. New Chinese immigrants in Argentina face many difficulties. The local business environment is worrying, and security incidents occur frequently; The epidemic situation has made it more difficult for traditional industries, which are already facing great pressure, to walk; The survival of irregular immigrants is increasingly difficult; The strength of the new immigrant community is scattered; It is difficult for the children of new immigrants to receive education, and the plight of low education is continuing among generations. In view of this, the new immigrants of Argentina can seek ways to solve the difficulties from the following aspects: the first, Chinese communities actively protect their legitimate rights and interests; secondly, based on "the Belt and Road" to seek new opportunities for the industry. Third, China and Argentina strengthen cooperation between China and Argentina to promote the development of Argentine Chinese education.

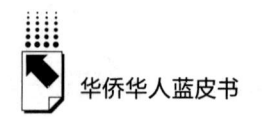

Keywords: Argentina; New Immigrants; Chinese Community; Chinese Language and Culture Education

社会科学文献出版社

皮 书

智库报告的主要形式
同一主题智库报告的聚合

❖ 皮书定义 ❖

皮书是对中国与世界发展状况和热点问题进行年度监测,以专业的角度、专家的视野和实证研究方法,针对某一领域或区域现状与发展态势展开分析和预测,具备前沿性、原创性、实证性、连续性、时效性等特点的公开出版物,由一系列权威研究报告组成。

❖ 皮书作者 ❖

皮书系列报告作者以国内外一流研究机构、知名高校等重点智库的研究人员为主,多为相关领域一流专家学者,他们的观点代表了当下学界对中国与世界的现实和未来最高水平的解读与分析。截至2021年,皮书研创机构有近千家,报告作者累计超过7万人。

❖ 皮书荣誉 ❖

皮书系列已成为社会科学文献出版社的著名图书品牌和中国社会科学院的知名学术品牌。2016年皮书系列正式列入"十三五"国家重点出版规划项目;2013~2021年,重点皮书列入中国社会科学院承担的国家哲学社会科学创新工程项目。

中国皮书网

（网址：www.pishu.cn）

发布皮书研创资讯，传播皮书精彩内容
引领皮书出版潮流，打造皮书服务平台

栏目设置

◆ **关于皮书**
何谓皮书、皮书分类、皮书大事记、
皮书荣誉、皮书出版第一人、皮书编辑部

◆ **最新资讯**
通知公告、新闻动态、媒体聚焦、
网站专题、视频直播、下载专区

◆ **皮书研创**
皮书规范、皮书选题、皮书出版、
皮书研究、研创团队

◆ **皮书评奖评价**
指标体系、皮书评价、皮书评奖

◆ **皮书研究院理事会**
理事会章程、理事单位、个人理事、高级
研究员、理事会秘书处、入会指南

◆ **互动专区**
皮书说、社科数托邦、皮书微博、留言板

所获荣誉

◆ 2008年、2011年、2014年，中国皮书
网均在全国新闻出版业网站荣誉评选中
获得"最具商业价值网站"称号；
◆ 2012年，获得"出版业网站百强"称号。

网库合一

2014年，中国皮书网与皮书数据库端口
合一，实现资源共享。

中国皮书网

权威报告·一手数据·特色资源

皮书数据库
ANNUAL REPORT(YEARBOOK) DATABASE

分析解读当下中国发展变迁的高端智库平台

所获荣誉

- 2019年，入围国家新闻出版署数字出版精品遴选推荐计划项目
- 2016年，入选"'十三五'国家重点电子出版物出版规划骨干工程"
- 2015年，荣获"搜索中国正能量 点赞2015""创新中国科技创新奖"
- 2013年，荣获"中国出版政府奖·网络出版物奖"提名奖
- 连续多年荣获中国数字出版博览会"数字出版·优秀品牌"奖

成为会员

通过网址www.pishu.com.cn访问皮书数据库网站或下载皮书数据库APP，进行手机号码验证或邮箱验证即可成为皮书数据库会员。

会员福利

- 已注册用户购书后可免费获赠100元皮书数据库充值卡。刮开充值卡涂层获取充值密码，登录并进入"会员中心"—"在线充值"—"充值卡充值"，充值成功即可购买和查看数据库内容。
- 会员福利最终解释权归社会科学文献出版社所有。

数据库服务热线：400-008-6695
数据库服务QQ：2475522410
数据库服务邮箱：database@ssap.cn
图书销售热线：010-59367070/7028
图书服务QQ：1265056568
图书服务邮箱：duzhe@ssap.cn

卡号：475994589638
密码：

S 基本子库
SUB DATABASE

中国社会发展数据库（下设12个子库）

整合国内外中国社会发展研究成果，汇聚独家统计数据、深度分析报告，涉及社会、人口、政治、教育、法律等12个领域，为了解中国社会发展动态、跟踪社会核心热点、分析社会发展趋势提供一站式资源搜索和数据服务。

中国经济发展数据库（下设12个子库）

围绕国内外中国经济发展主题研究报告、学术资讯、基础数据等资料构建，内容涵盖宏观经济、农业经济、工业经济、产业经济等12个重点经济领域，为实时掌控经济运行态势、把握经济发展规律、洞察经济形势、进行经济决策提供参考和依据。

中国行业发展数据库（下设17个子库）

以中国国民经济行业分类为依据，覆盖金融业、旅游、医疗卫生、交通运输、能源矿产等100多个行业，跟踪分析国民经济相关行业市场运行状况和政策导向，汇集行业发展前沿资讯，为投资、从业及各种经济决策提供理论基础和实践指导。

中国区域发展数据库（下设6个子库）

对中国特定区域内的经济、社会、文化等领域现状与发展情况进行深度分析和预测，研究层级至县及县以下行政区，涉及省份、区域经济体、城市、农村等不同维度，为地方经济社会宏观态势研究、发展经验研究、案例分析提供数据服务。

中国文化传媒数据库（下设18个子库）

汇聚文化传媒领域专家观点、热点资讯，梳理国内外中国文化发展相关学术研究成果、一手统计数据，涵盖文化产业、新闻传播、电影娱乐、文学艺术、群众文化等18个重点研究领域。为文化传媒研究提供相关数据、研究报告和综合分析服务。

世界经济与国际关系数据库（下设6个子库）

立足"皮书系列"世界经济、国际关系相关学术资源，整合世界经济、国际政治、世界文化与科技、全球性问题、国际组织与国际法、区域研究6大领域研究成果，为世界经济与国际关系研究提供全方位数据分析，为决策和形势研判提供参考。

法律声明

"皮书系列"(含蓝皮书、绿皮书、黄皮书)之品牌由社会科学文献出版社最早使用并持续至今,现已被中国图书市场所熟知。"皮书系列"的相关商标已在中华人民共和国国家工商行政管理总局商标局注册,如 LOGO( )、皮书、Pishu、经济蓝皮书、社会蓝皮书等。"皮书系列"图书的注册商标专用权及封面设计、版式设计的著作权均为社会科学文献出版社所有。未经社会科学文献出版社书面授权许可,任何使用与"皮书系列"图书注册商标、封面设计、版式设计相同或者近似的文字、图形或其组合的行为均系侵权行为。

经作者授权,本书的专有出版权及信息网络传播权等为社会科学文献出版社享有。未经社会科学文献出版社书面授权许可,任何就本书内容的复制、发行或以数字形式进行网络传播的行为均系侵权行为。

社会科学文献出版社将通过法律途径追究上述侵权行为的法律责任,维护自身合法权益。

欢迎社会各界人士对侵犯社会科学文献出版社上述权利的侵权行为进行举报。电话:010-59367121,电子邮箱:fawubu@ssap.cn。

社会科学文献出版社